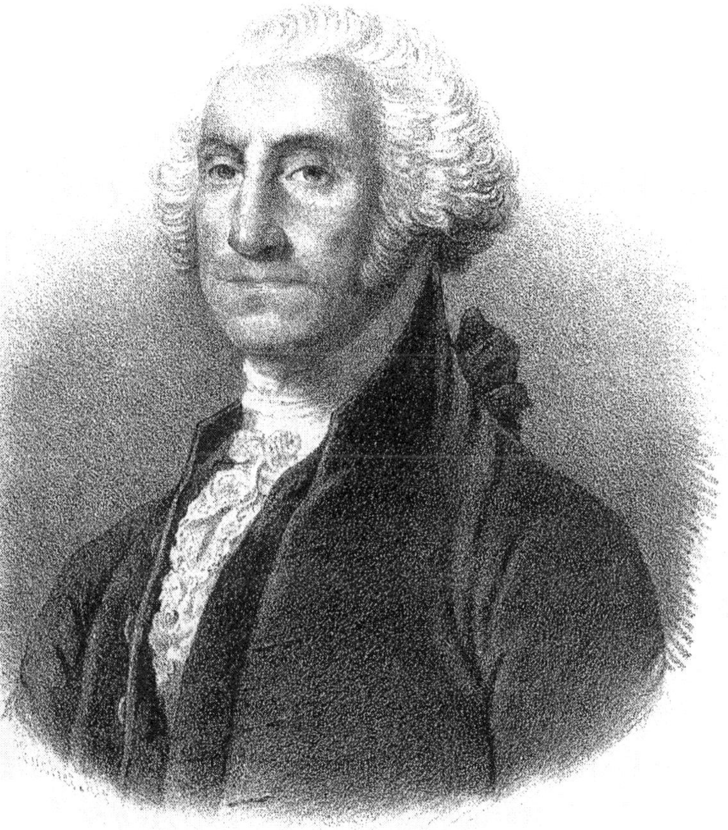

P.S Duval & C°. Lith. Press Ph^a

G° Washington

Geschichte

der

Vereinigten Staaten

von

nach

E. Willard.

Mit den Portraits sämmtlicher Präsidenten, einer Karte Nordamerika's und acht statistischen und chronologischen Tabellen.

Baltimore, Md.

Verlag von Maaß und Cursch.

1852.

Entered according to the Act of Congress in the year 1852, by
MAASS & CURSCH,
in the office of the Clerk of the District Court for the Eastern District
of Pennsylvania.

Chronologische Uebersicht
aller
geschichtlichen Ereignisse seit der Entdeckung Amerika's.

(N.B. Dient zugleich als Inhalts-Verzeichniß.)

Könige von Spanien.	Könige von Frankr.			Seite.	Könige von England.
Philipp II.	Heinrich III.	1585	Raleigh sendet Greenville aus, der eine Colonie auf d. Insel Roanoke zurückläßt	23	Elisabeth.
		1587	Raleigh sendet eine Colonie unter Capt. White nach Roanoke	24	
	Heinrich IV.	1589	Raleigh verkauft sein Patent an die London Compagnie	24	
Philipp III.		1602	B. Gosnold segelt gerade West, entdeckt Cap Cod	24	
		1603	De Monts' Patent auf Acadia	25	Jacob I.
		1604	De Monts gründet Port Royal	25	
		1606	Patent der London u. Plymouth Comp.	26	
		1607	Die Plymouth Compagnie gründet eine Colonie am Kennebec	26	
		—	Die London Comp. gründet die erste dauernde Ansiedelung zu Jamestown	27	
		—	Capt. John Smith wird von Indianern gefangen	28	
			und von Pocahontas befreit	29	
		1608	Champlain gründet Quebec	34	
		—	J. Robinson und seine Gemeinde ziehen nach Holland	36	
		1609	Neues Patent der London Compagnie	30	
		—	Lord Delaware wird zum Gouverneur gewählt	30	
		—	Der Hudsonfluß und der Champlainsee entdeckt	35	
		1613	Pocahontas heirathet John Rolfe	32	
		1614	Capt. J. Smith erforscht die Küste vom Penobscot bis zum Cap Cod	35	
		—	Die Holländer erbauen Manhattan	34	
		1619	Erste Repräsentanten-Versammlung in Virginia	33	
		1620	Einführung von Sträflingen u. Negersclaven in Virginia	34	
		—	6. Sept. Die Pilger verlassen Plymouth	37	
		—	14 Decbr. Die Pilger landen an den Plymouth Felsen	39	
		—	James I. ertheilt dem Großen Rathe von Plymouth einen Freibrief	43	
Philipp IV.	Ludwig XIII.	1621	Verleihung eines Districtes, Mariana genannt, an J. Mason	43	
		—	Bündniß mit Massasoit	40	
		—	Erste Baumwolle in Virginia	60	
		1622	Verleihung eines Districtes, Lacaonia genannt, an Gorges und Mason	44	
		—	Verschwör. der Indianer gegen Virginia	61	
		1624	Virginia wird eine königliche Provinz	61	
		1625	Tod von John Robinson.	43	

Könige von Spanien.	Könige von Frankr.			Seite.	Könige von England.
Philipp IV.	Ludwig XIII.	1627	Schweden und Finnen colonisiren die Westseite des Delaware	58	Karl I.
		1628	Das Patent von Massachusetts und die erste dauernde Ansiedelung zu Salem von J. Endicot u. A.	44	
		1629	Gewährung eines königlichen Freibriefs an die Massachusetts Compagnie	45	
		—	Gründung von Charlestown (Mass.)	45	
		—	Holländer colonisiren die Westseite des Delaware	58	
		1630	Verleihung von Carolina an R. Heath	106	
		1631	Clayborne stiftet eine Colonie auf der Kent-Insel	58	
		—	Die Holländer bauen ein Fort zu Hartfort, Conn.	50	
		1632	Verleih. Marylands an Lord Baltimore	58	
		1633	Erbauung des ersten Hauses zu Windsor, Conn.	50	
		—	Verleih. Connecticuts an engl. Edelleute	50	
		1634	Ansiedelung Marylands begonnen	59	
		—	Jesuiten-Missionäre unter den Huronen	100	
		1635	Henry Vane Gouverneur von Massach.	47	
		—	Der Große Rath von Plymouth übergiebt sein Patent der Krone	63	
		—	Gründung von Fort Say-Brook	51	
		1636	Thomas Hooker und Andere siedeln sich in Hartfort an	51	
		—	Roger Williams gründet Providence	49	
		1637	Der Pequodkrieg	52	
		1638	Rhode Island angesied. v. Clarke u. A.	57	
		—	Harvard College gegründet	57	
		—	Wheelright gründet Exeter, N. Hampsh.	57	
		1639	Eaton und Davenport gründen New Haven	58	
		—	Anna Hutchinson und ihre Lehre	55	
		1640	Gründung Montreals	100	
		1641	New Hampshire u. Massach. vereinigt	57	
	Ludwig XIV.		**1643.**		
		1643	Die Conföderation der vier Neu-England-Colonien	66	
		—	Die Indianer bekriegen die Holländer	75	
		1644	Roger Williams erhält einen Freibrief für Rhode Island und Providence	84	
		1645	Clayborne verursacht Unruhen in Maryland	72	
		—	Friede zwischen den Holländern und den Manhattan Indianern	76	
		—	Hexenverfolgungen	112	
		1646	J. Elliot belehrt die Indianer	84	
		1649	Ein Theil Virginiens an Lord Culpepper und Andere verliehen	68	

Könige von Spanien.	Könige von Frankr.	Jahr	Ereignis	Seite.	Könige von England.
Philipp IV.	Ludwig XIV.	1651	Bedrückung der Colonien durch die Schifffahrtsacte	67	England unter Cromwell.
		—	Der General-Gerichtshof in Hartford passirt ein vorzügliches Schulgesetz	114	
		—	Bürger-Unruhen in Maryland	73	
		—	Quäker-Verfolgungen	98	
		1657	J. Elliot übersetzt die Bibel in die indianische Sprache	85	
		1663	Verleihung Carolina's an Lord Clarendon und Andere	106	Karl II.
		1664	Die Holländer besiegen die Schweden am Delaware	76	
		—	Verleihung eines Patents an den Herzog von York. Col. Nichols nimmt in des Herzogs Namen Besitz von New Amsterdam und nennt es New York	77	
		—	Verleihung New Jersey's an Berkeley und Carteret	82	
Karl II.		1665	Allouez entdeckt den oberen See	102	
		1667	Ausdehnung des Carolina Patents	106	
		1668	Gründung St. Mary's und einer Mission an der grünen Bay	103	
		1670	Versuch, Locke's Constitution in Carolina einzuführen	107	
		1673	Marquette befährt den Mississippi	103	
		1675–1676	König Philipp's Krieg	86	
		—	Drei von den Königsmördern kommen nach Amerika	90	
		—	John Washington verursacht einen Indianerkrieg	68	
		1676	New Jersey wird in Ost- und West-Jersey eingetheilt	83	
		—	Bacon's Rebellion	69	
		1677	Virginia erlangt einen neuen Freibrief	70	
		—	Massachusetts kauft Maine	91	
		1679	New Hampshire wird eine kön. Provinz	91	
		—	Randolph als Zollinspect. in New Engl.	92	
		1680	Gründung Charleston's (S. C.)	107	
		1681	Penn empfängt ein Patent auf Pennsylvania	79	
		1682	Penn empfängt einen Theil der Jerseys	79	
		—	Penn's Ankunft in Amerika	80	
		—	Erste gesetzgebende Versammlung in Pennsylvania	80	
		—	Philadelphia gegründet	81	
		—	Penn's Vertrag mit den Indianern	81	
		—	Zwölf Quäker kaufen Ost-Jersey	83	
		—	Der Freibrief von Massachusetts wird aufgehoben	92	
		1684	La Salle besucht und benennt Louisiana	105	

Könige von Spanien.	Könige von Frankr.			Seite.	Könige von England.
Karl II.	Ludwig XIV.	1686	Andros als General-Gouverneur tyrannisirt New England	93	Jacob II.
		1687	Andros versucht sich in Besitz des Freibriefs von Connecticut zu setzen	94	
		1688	New York und New Jersey unter der Jurisdiction von Andros	94	
		—	Revolution in England	94	
		—	König-Wilhelm's-Krieg	108	Wilhelm und Maria.
		1689	Andros und Randolph gefangen genommen	94	
		—	Connecticut und Rhode Island nehmen ihre Freibriefe wieder auf	94	
		—	Jacob Leisler setzt sich in Besitz der Regierung von New York	96	
		1690	Die von Gouverneur Frontenac ausgesandten Truppen zerstören Schenectady, Lachsfälle und Casco	109	
		—	Ein Congreß versammelt sich in Albany	97	
		—	Phipps erfolgloser Einfall in Canada	110	
		—	Französische Protestanten siedeln sich in Virginia und Carolina an	107	
		1691	Sloughter, Gouverneur von New York	97	
			1692.		
		1692	Massachus. erhält einen neuen Freibrief	111	
		—	Spanier gründen Berar in Texas		
		—	Penn wird der Regierung Pennsylvania's für zwei Jahre enthoben	121	
		1693	Abschaffung von Locke's Constitution in Carolina	107	
		—	Gouverneur Fletcher führt episcopalische Prediger ein	119	
		1697	Der Friede von Ryswick beendigt den König-Wilhelm's-Krieg	115	
		1698	Seeräubereien Kids	119	
		1699	Spanier gründen Pensacola	125	Anna.
Philipp V.		1701	Penn verleiht Pennsylvania einen neuen Freibrief	121	
		1702	Die Jerseys werden vereinigt	120	
		—	England im Kriege mit Frankreich und Spanien	115	
		—	Königin-Anna-Krieg in Amerika	116	
		—	Gouverneur Moore von Süd-Carolina macht einen erfolglosen Versuch St. Augustine zu nehmen	122	
		—	Mobile gegründet von canadischen Franzosen unter d'Iberville	126	
		—	Streitigkeiten zwischen der Gesetzgebung und dem Gouverneur v. Massachusetts	127	

Könige von Spanien.	Könige von Frankr.			Seite.	Könige von England.
Philipp V	Ludwig XIV.	1703	Die sogenannten „Territoria" werden von Pennsylvania getrennt und Delaware genannt	121	Anna.
		1704	Deerfield zerstört	115	
		1706	Die episcopalische Kirche in Connecticut eingeführt	115	
		—	Franzosen und Spanier fallen in Carolina ein	123	
		1708	Die Saybrook-Plattform	114	
		1710	Deutsche Edelleute wandern ein	117	
		1712	Indianerkrieg in Nord-Carolina	123	
		1713	Erbauung von Fort Crown Point und Niagara durch die Franzosen	126	
		—	Der Friede von Utrecht beendigt den Königin-Anna-Krieg	117	
	Ludwig XV.	1715	Indianerkrieg in Süd-Carolina	124	Georg I.
		1716	Gründung von Natchez	126	
		1717–1720	Vater Ralle's Krieg	118	
		1718	Gründung von New Orleans	126	
		1719–1720	Empörungen in Carolina	125	
		1723	Erste Ansiedelung in Vermont	127	
		1729	Nord- und Süd-Carolina erhalten besondere Regierungen	125	Georg II.
		1732	Bildung einer Compagnie in England, um Georgia anzusiedeln	128	
			1733.		
		1733	Erste Ansiedelung in Georgia	128	
		1736	Schottländer und Deutsche lassen sich in Georgia nieder	130	
		1738	Aufstand der Schwarzen in Carolina	129	
		1740	Oglethorpe fällt in Florida ein	129	
		1742	Eine spanische Flotte bedroht Georgia	129	
		1744	Krieg zwischen England und Frankreich	131	
		1745	Die Colonisten unter Col. Pepperell nehmen den Franzosen Louisburg und Cap Breton ab	131	
Ferdinand VI.		1748	Friede in Aachen geschlossen	131	
		1750	Widerstreitende Ansprüche der Engländer und Franzosen	132	
		—	Bildung einer Ohio-Gesellschaft	132	
		1753	Washington wird als Gesandter durch Dinwiddie zu den Franzosen geschickt	133	
		1754	Washington capitulirt zu Fort Necessity	135	
		—	Die Delegaten von sieben Provinzen versammeln sich in Albany. Eine Union der Colonien wird vorgeschlagen und von Connecticut verworfen	136	
		1755	Juli. Braddock's Niederlage	137	

Könige von Spanien.	Könige von Frankr.			Seite.	Könige von England.
Karl III.	Ludwig XVI.	1775	10. Mai. Die Amerikaner nehmen Ticonderoga und Crown Point	164	Karl II.
		—	Der Congreß versammelt sich wieder in Philadelphia	165	
		—	Die königlichen Regierungen in den südlichen Staaten werden beseitigt	165	
		—	Große Verstärkungen engl. Truppen treffen in Boston ein	165	
		—	15. Juni. Washington wird Oberbefehlshaber	166	
		—	17. Juni. Schlacht auf Bunkershill	166	
		—	Dr. Franklin der erste General-Postmeister	167	
		—	13. Nov. Arnold erscheint vor Quebec, wird aber gezwungen sich zurückzuziehen	168	
		—	31. Dec. Die Amerikaner werden bei Quebec geschlagen und Montgomery getödtet	168	
		1776	1. Jan. Norfolk, Va., von den Royalisten niedergebrannt	169	
		—	Jan. Thomas Paine veröffentlicht seinen „Gesunden Menschenverstand"	169	
		—	17. März Die Engl. räumen Boston	171	
		—	Juni. Die Amerikaner räumen Canada	171	
		—	28. Juni. Die Engländer werden von Fort Moultrie zurückgeschlagen	172	
		—	Washington verlegt sein Hauptquartier nach New York	172	

1776.

Könige von Frankr.	Vereinigte Staaten.			Seite.	
Ludwig XVI.	Continental-Congreß.	1776	4. Juli. **Die Erklärung der Unabhängigkeit**	172	
		—	27. Aug. Die Schlacht auf Long Island	175	
		—	15. Sept. Die Engländer ziehen in New York ein	175	
		—	28. Oct. Washington räumt die Harlemhöhen	176	
		—	16. Nov. Die Engländer nehmen Fort Washington	177	
		—	Washington zieht sich durch New Jersey zurück	177	
		—	26. Dec. Er schlägt die Engl. bei Trenton	178	
		1777	3. Jan. und bei Princeton	179	
		—	La Fayette vertheidigt die amerik. Sache	181	
		—	5. Juli. Die Amerikaner verlassen Ticonderoga	182	
		—	16. Aug. Schlacht bei Bennington	183	
		—	11. Sept. Schlacht bei Brandywine	186	
		—	19. Sept. Schlacht bei Stillwater	184	
		—	25. Sept. Einzug der Engl. in Philad.	186	
		—	4. Oct. Schlacht bei Germantown	186	
		—	7. Oct. Schlacht bei Saratoga	184	

Könige von Frankr.	Vereinigte Staaten.			Seite.	Könige von England
Ludwig XVI.	Continental-Congreß.	1777	17. Oct. Gefangennehm. Burgoyne's und seiner Armee	184	Georg III.
		—	11. Dec. Washington bezieht Winterquartiere in Valley Forge	186	
		1778	Intriguen gegen Washington	186	
		—	6. Febr. Schutzbündniß mit Frankreich	188	
		—	Das Parlament sendet drei Commissäre nach Amerika	188	
		—	18. Juni. Die Engl. räumen Philad.	188	
		—	28. Juni. Schlacht bei Monmouth	189	
		—	Ankunft einer französischen Flotte unter d'Estaing	189	
		—	9. Aug. Sullivan fällt in Rhode Island ein, zieht sich aber wieder zurück, da er von der französischen Flotte nicht unterstützt wird	189	
		—	29. Dec. Die Engländer nehmen Savannah	190	
		1779	Die Engländer greifen Port Royal ohne Erfolg an	191	
		—	12. Mai. Die Engländer versuchen Charleston zu nehmen	191	
		—	1. Juni. Clinton nimmt Stony- und Verplanks-Points	191	
		—	Juli. Krieg zwischen den Franzosen u. Engländern in Westindien	192	
		—	15. Juli. Die Amerikan. unter Wayne nehmen Stony-Point	191	
		—	Erfolglose Expedition der Engländer nach Penobscot	192	
		—	29. Aug. Sullivan schlägt die Indianer	192	
		—	23. Sept. Paul Jone's Seeschlacht	194	
		—	9. Oct. Die Franzosen und Amerikaner werden von Savannah zurückgeschlagen	193	
		—	Der Congreß beunruhigt durch die Intriguen Spaniens und Frankreichs	195	
		1780	7. Mai. Fort Moultrie ergiebt sich den Engländern	198	
		—	12. Mai. Charleston ergiebt sich den Engländern	198	
		—	Clinton setzt in Süd-Carolina eine königliche Regierung ein	198	
		—	10. Juli. Ein franz. Geschwader unter Rochambeau trifft bei Rhode Island ein	199	
		—	16. Aug. Gates schlägt Cornwallis nahe bei Camden, S. C.	200	
		—	Sept. Arnold's Verrath wird entdeckt	202	
		—	2. Oct. André wird als Spion erhängt	202	
		—	7. Oct. Die Königlichen werden auf dem Königsberg geschlagen	203	
		1781	Aufruhr unter den pennsylv. Truppen	204	

Könige von Frankr.	Verei-nigte Staaten.			Seite.	Könige von England.
Ludwig XVI.	Continental-Congreß.	1781	4. Jan. Arnold verwüstet Virginien	203	Georg III.
		—	Robert Morris wird Finanzminister; der Congreß leiht Geld von Frankreich und Holland	205	
		—	17. Jan. Morgan schlägt Tarleton bei Cowpens; S. C.	205	
		—	15. März. Schlacht bei Guilford	205	
		—	Lafayette vertheidigt Virginien gegen die Engländer	207	
		—	25. April. Die Amerikaner werden bei Hobkirkshill überfallen und geschlagen	206	
		—	10. Mai. Die Engl. verlassen Camden	206	
		—	Die Forts Watson, Georgetown und Motte ergeben sich den Amerikanern	206	
		—	5. Juni. Die Amerik. nehmen Augusta	206	
		—	5. Sept. Gefecht zwischen der engl. u. franz. Flotte bei den Chesapeake Caps	208	
		—	8. Sept. Schlacht bei Eutaw Springs, S. C.	207	
		—	6. Oct. Belagerung von Yorktown	208	
		—	19. Oct. Cornwallis ergiebt sich den Alliirten	208	
		1782	19. April. Vertrag mit Holland	210	
		1783	20. Jan. Unterzeichnung der vorläufigen Friedensartikel in Versailles	210	
		—	Anerkennung der Unabhängigkeit der Verein. Staat. von Schweden, Dänemark, Spanien und Rußland	211	
		—	3. Sept. Unterzeichnung des definitiven Friedensabschlusses	210	
		—	3. Nov. Entlassung der amerik. Armee	211	
		—	25. Nov. Die Engl. räumen New York	211	
		—	23. Dec. Washington legt sein Amt nieder	211	
		1784	Die Verein. Staaten sind mit schweren Schulden belastet, die viel Verlegenheiten verursachen	211	
		1787	Aufstände	212	
		—	Convention in Philadelphia zur Verfertigung einer Constitution	212	
		1789	Eilf Staaten nehmen die Federativ-Constitution an	213	

1789.

	Präsid. der Ver. Staaten.				
	Georg Washington	1789	Endliche Annahme der Federativ-Constitution	215	
		—	30. April. Washington's erste Inauguration	215	
		—	Der Präsident besucht d. Neu-England-Staaten	217	
		—	Nov. Nord-Carolina tritt der Constitution bei	217	

Könige von Frankr.	Präsid. der Ver. Staaten.			Seite.	Könige von England.
Ludwig XVI. Enthauptet 1792.	Georg Washington.	1790	Hamilton's System, die Schulden der Nation zu tilgen, wird angenommen	217	Georg III.
		—	Mai. Rhode Island tritt der Constitution bei	218	
		—	7. Aug. Vertrag mit den Creek-Indian.	221	
		1791	Steuern auf destillirte Spirituosen	218	
		—	Gen. Harmar wird von den Indianern geschlagen	220	
		—	Vermont wird in die Union aufgenom.	219	
Republik. Robespierre.		1792	Kentucky wird in die Union aufgenom.	221	
		—	Der Congreß errichtet eine Münze	220	
		1793	Washington's zweite Inauguration	221	
		—	22. April. Washington veröffentlicht eine Neutralitäts-Proclamation	221	
		1794	Gen. Wayne schlägt die Indianer	222	
Directorium.		1794	19. Nov. Freundschafts- und Handelsvertrag mit England	223	
		1795	Vertrag mit Algier	223	
		—	27. Oct. Vertrag mit Spanien	223	
		1796	Tennessee wird in die Union aufgenom.	223	
		—	Washington veröffentlicht seine Abschieds-Adresse	224	
	John Adams.	1797	4. März. J. Adam's Inauguration	224	
		—	Gesandtschaft nach Frankreich	225	
		1798	Der Congreß bereitet sich zum Kriege mit Frankreich vor	225	
		—	10. Febr. Die französ. Fregatte „Der Insurgent" wird von der Verein. St. Fregatte „Constellation" genommen	226	
Consulat. Bonaparte, erster Consul.		1798	30. Sept. Vertrag mit Frankreich	226	
		1799	14. Dec. Washington's Tod	226	
		1800	Der Gouvernementssitz wird nach dem District Columbia verlegt	227	
		—	Mississippi und Indiana werden zu Territorien erhoben	227	
	Thomas Jefferson.	1801	4. März. Jefferson's erste Inaugurat.	229	
Kaiserreich. Napoleon.		1801	Krieg mit Tripolis	229	
		1802	Ohio wird in die Union aufgenommen	229	
			1803.		
		1803	Ankauf Louisiana's	230	
		—	Die Ver. St. Fregatte „Philadelphia" wird von den Tripolitanern erbeutet	230	
		1804	Decatur erobert die „Philadelphia" wieder und steckt sie im Hafen von Tripolis in Brand	230	

Kaiser von Frankr.	Präsid. der Ver. Staaten.			Seite.	Könige von England.
Napoleon.	Thomas Jefferson.	1804	Aaron Burr tödtet Alexander Hamilton im Duell	231	Georg III.
		1805	Jefferson's zweite Inauguration	231	
		1806	England durchsucht amerikan. Schiffe und preßt amerikanische Seeleute	232	
		1807	22. Decbr. Die amerikan. Regierung ordnet eine Handelssperre an	232	
	James Madison.	1809	4. März. Madison's erste Inaugurat.	232	
		—	Wiederruf der Handelssperre; Erlassung eines Nichtverkehrgesetzes	232	
		—	April. Vertrag mit dem englischen Gesandten Erskine	232	
		1811	16. Mai. Angriff auf die Verein. St. Fregatte „President“	233	
		—	7. Nov. Schlacht bei Tippecanoe	234	
		—	Der Congreß bereitet sich zum Kriege mit England vor	234	
		1812	April. 90tägige Hafensperre	235	
		—	18. Juni. Kriegserklär. gegen England	235	
		—	12. Juli. Gen. Hull fällt in Canada ein	236	
		—	16. Aug. Hull überliefert Detroit den Engländern	237	
		—	19. Aug. Die Verein. St. Fregatte „Constitution“ bemächtigt sich der engl. Fregatte „Guerriere“	237	
		—	30. Aug. Blutbad zu Fort Mims, Ala.	245	
		—	4. Sept. Die Indianer werden bei Fort Harrison geschlagen	238	
		—	7. Sept. Die Verein. St. Fregatte „Essex“ nimmt die englische Kriegsschaluppe „Alert“	237	
		—	18. Oct. Die Verein. St. Corvette „Wasp“ nimmt die englische Corvette „Frolic“ und beide werden von dem engl. Schiffe „Poictiers“ genommen	238	
		—	25. Oct. Die Fregatte „United States“ nimmt die engl. Fregatte „Macedonian“	239	
		—	7. Nov. Niederlage der Creeks bei Talladega	245	
		—	29. Nov. Niederl. derselben bei Autossee	245	
		—	29. Dec. Die Verein. St. Fregatte „Constitution“ nimmt die „Java“	239	
		1813	22. Jan. Schlacht und Blutbad bei Frenchtown	240	
		—	23. Febr. Die „Hornet“ nimmt die engl. Kriegsschaluppe „Peacock“	242	
		—	Blockade des Delaware und der Chesapeake-Bay	242	
		—	4. März. Madison's zweite Inaugurat.	239	
		—	27. April. Die Amerikaner nehmen York, Ober-Can.; Gen. Pike's Tod	241	

Kaiser von Frankr.	Präsid. der Ver. Staaten.			Seite.	Könige von England.
Napoleon, dankt ab am 17. April 1814.	James Madison.	1813	1. Mai. Fort Meigs belagert	240	Georg III.
		—	27. Mai. Fort George ergiebt sich den Amerikanern	241	
		—	28. Mai. Fort Erie ergiebt sich den Amerikanern	241	
		—	1. Juni. Die Ver. St. Fregatte „Chesapeake" wird vom „Shannon" genom.	243	
		—	14. Aug. Die Ver. St. Brigg „Argus" wird vom „Pelican" genommen	243	
		—	4. Sept. Die „Enterprise" nimmt das engl. Schiff „Boxer"	244	
		—	10. Sept. Perry's Sieg auf dem Erie-See	241	
		—	23. Sept. Gen. Harrison nimmt Fort Malden	241	
		—	29. Sept. Gen. Harrison nimmt Detroit	241	
		—	5. Oct. Schlacht an der Themse; Tecumseh's Tod	241	
		—	Commodore Chauncey nimmt eine engl. Flotille auf dem Ontario-See	242	
		1814	28. März. Die engl. Fregatte „Phebe" nimmt die Ver. St. Fregatte „Essex"	254	
König.					
Ludwig XVIII., regiert 11 Monate.		1814	21. April. Die engl. Fregatte „Orpheus" nimmt das Ver. St. Schiff „Frolic"	254	
		—	3. Juli. Die Amerik. nehmen Fort Erie	249	
		—	5. Juli. Schlacht bei Chippewa	249	
		—	11. Juli. Com. Hardy macht feindliche Einfälle in Maine	252	
		—	25. Juli. Schlacht bei Lundy's Lane und Bridgewater	250	
		—	4. Aug. Die Engl. belagern Fort Erie	251	
		—	15. Aug. und werden zum Rückzug gezwungen	251	
		—	24. Aug. Das Gefecht bei Bladensburg; die Engländer nehmen u. plündern Washington, D. C.	252	
		—	27. Aug. Alexandria ergiebt sich den Engländern	252	
		—	11. Sept. Die Amerikaner nehmen das engl. Geschwader auf dem Champlain-See	254	
		—	12. Sept. Die Engländer werden nahe bei Baltimore geschlagen	252	
		—	7. Nov. Gen. Jackson nimmt Pensacola	257	
		—	13. Dec. Die Engländer nehmen eine amerikan. Flotille auf dem Borgne-See	258	
		—	15. Dec. Hartfort-Convention	255	
		—	22. Dec. Die Engländer landen unterhalb New Orleans und treiben die Amerikaner zurück	259	

Könige von Frankr.	Präsid. der Ver. Staaten.			Seite	Könige von England.
Ludw. XVIII. regiert 11 Monate.	James Madison.	1815	8. Jan. Schlacht bei New Orleans	260	Georg III.
		—	15. Jan. Eine engl. Flotille nimmt die Ver. St. Fregatte „President"	261	
		—	17. Febr. Friedensvertrag mit England	261	
		—	20. Febr. Die Verein. St. Fregatte „Constitution" nimmt die „Cyane" und „Levant"	261	
Kais. Napoleon. 100 T.		1815	Krieg mit Algier	262	
König. Ludwig XVIII.		1815	6. Sept. Verträge mit den Indianern	262	
		1816	Der Congreß errichtet eine Nationalbank	262	
		—	Sept. Verträge mit den Chickasaws, Choctaws und Cherokesen	262	
		—	Neuer Tarif zur Ermuthigung der Baumwollen-Fabriken	263	
		—	Gründung einer Colonisations-Gesellschaft zur Uebersiedelung Farbiger nach Afrika	263	
		—	Dec. Indiana wird in die Union aufgenommen	263	
	James Monroe.	1817	Monroe's erste Inauguration	264	
		—	Die Indianer treten ihre Ländereien in Ohio an die Verein. Staaten ab	264	
		—	Gen. Jackson nimmt St. Marks und Pensacola	265	
		—	Krieg mit den Seminolen	265	
		1818	Illinois wird in die Union aufgenom.	266	
		—	Verträge mit England und Schweden	266	
		—	Die Chickasaws treten ihr Land an die Verein. Staaten ab	266	
		1819	Alabama wird in die Union aufgenom.	266	
		—	Arkansas erhält eine Territorial-Regier.	266	
			1819.		
		—	Erwerbung Florida's	267	
		—	Die Gesetzgebung von New York passirt ein Gesetz für weibl. Bildungsanstalten	266	
		1820	Maine trennt sich von Massachusetts und wird in die Union aufgenommen	268	Georg IV.
		1821	Missouri wird in die Union aufgenom.	268	
		—	Monroe's zweite Inauguration	268	
		1822	Handelsvertrag mit Frankreich	268	
		1823	Die Regierung der Ver. St. erkennt die Unabhängigkeit der südamerikan. Republiken an	268	
		1824	Ein neuer Tarif	269	
		—	15. August. General Lafayette besucht Amerika	269	

Könige von Frankr.	Präsid. der Ver. Staaten.			Seite.	Könige von England.
Karl X.	J. Q. Adams.	1825	John Quincy Adams' Inauguration	270	Georg IV.
		1826	4. Juli. J. Adams' u. Jefferson's Tod	270	
		—	Große Aufregung in Bezug auf Freimaurerei	271	
		1828	Veränderung des Tarifs	272	
	Andreas Jackson.	1829	Gen. Jackson's Inauguration	272	Wilhelm IV.
Louis Philipp.		1832	Ausbruch der Cholera	273	
		—	Black-Hawk's-Krieg	272	
		—	19. Nov. Convention der Nullifier in Columbia, S. C.	273	
		—	Der Präsident erläßt eine warnende Proklamation	274	
		—	Der Präsident belegt das Gesetz für Verlängerung des Verein.-Staaten-Bank-Charters mit seinem Veto	283	
		1833	Jackson's zweite Inauguration	274	
		—	20. Mai. Lafayette's Tod	275	
		—	Die Regierungsgelder werden der Ver.-St.-Bank entzogen und den Staatenbanken übergeben	283	
		—	Die Chickasaw's und Choctaw's wandern aus	275	
		1835	Das „Specie Circular"	284	
		—	Sept. Wisconsin erhält eine Territorial-Regierung und Arkansas wird in die Union aufgenommen	282	
		—	Großes Feuer in New York	285	
		1835–1837	Landspeculations-Manie	284	
		1835	Major Dade, Gen. Thompson u. A. werden von den Indianern vernichtet	279	
		—	31. Dec. Gen. Clinh's Schlacht bei Withlacoochee	280	
		1836	2. März. Texas erkl. seine Unabhängigk.	319	
		—	21. April. Schlacht bei San Jacinto	319	
		1837	Michigan wird in die Union aufgenom.	282	
		—	3. März. Die Unabhängigkeit von Texas wird von den Ver. St. anerkannt	319	
	Van Buren.	1837	4. März. Van Buren's Inauguration	283	
		—	Stockung der Geschäfte und allgemeine Geldverlegenheit	285	
		—	10. Mai. Die Banken verweigern die Zahlung in Münze	285	
		1838	Canadier revoltiren gegen die englische Regierung und werden von amerikan. Grenzbewohnern unterstützt	286	Königin. Victoria.
		1840	Tod Stephen van Rensselaer's und Beginn der Antirent-Streitigkeiten in New York	301	

König der Franzos.	Präsid. der Ver. Staaten.			Seite.	Königin von England.
Louis Philipp.	W. H. Harrison.	1841	4. März. W. Henry Harrison's Inauguration	288	Victoria.
		—	4. April. Tod desselben	288	
	John Tyler.	1841	5. April. John Tyler, Präsident	288	
		—	16. Aug. Tyler's erstes Bankveto	290	
		—	18. Aug. Passirung eines Bankerottgesetzes	293	
		—	30. Aug. Neuer Tarif passirt	290	
		—	9. Sept. Tyler's zweites Bankveto	291	
		—	12. Sept. Tyler's Cabinet resignirt mit Ausnahme Webster's	291	
		1842	20. Aug. Ratification des Vertrags mit England, betreffend die nordöstliche Grenze	287	
		1843	18. Mai. Dorr nimmt mit Gewalt das Staatsarsenal von Rhode Island	300	
		1844	Aufruhr in Philadelphia	300	
		—	Die Antirenters halten bewaffnete als Indianer verkleidete Banden	301	
		—	7. Juli. Der Mormonenprophet, Joe Smith, wird in Carthago, Ill., getödtet	302	
		1845	28. Febr. Der Congreß passirt einen Beschluß für die Annexation von Texas	302	
		—	3. März. Der Congreß nimmt Jowa und Florida in die Union auf	299	
	James K. Polk.	1845	4. März. James K. Polk's Inaugur.	303	
		—	30. Juli. Gen. Taylor wird mit Truppen nach Texas beordert	320	
		1846	13. Jan. Gen. Taylor erhält Befehl, an die Mündung des Rio Grande zu rücken	321	
		—	23. April. Mexiko erklärt den Verein. Staaten den Krieg	322	
		—	24. April. Der mexikanische Krieg beginnt mit der Gefangennahme Thoreton's und 63 Dragonern	322	
		—	8. Mai. Taylor's Sieg bei Palo Alto	324	
		—	9. Mai. Taylor's Sieg bei Resaca de la Palma	324	
		—	11. Mai. Der Präsident benachrichtigt den Congreß in einer Botschaft, daß der Krieg begonnen habe	322	
		—	13. Mai. Der Congreß beschließt, Truppen anzuwerben u. bewilligt Geld	322	
		—	16. Juni. Vertrag, betreffend die nördliche Grenze Oregon's	296	
		—	26. Juni. Die Westarmee unter Gen. Kearney verläßt Fort Leavenworth	335	
		—	6. Juli. Amerikanische Californier unter Fremont erklären sich unabhängig	334	

König der Franzos.	Präsid. der Ver. Staaten.			Seite.	Königin von England.
Louis Philipp.	James K. Polk.	1846	7. Juli. Com. Sloat nimmt Monterey, Calif.	333	Victoria.
		—	18. Aug. Gen. Kearney nimmt Besitz von Santa Fé	336	
		—	20. Sept. Die Mittelarmee unter Gen. Wool setzt sich von San Antonio, Tex., aus in Bewegung	328	
		—	21., 22., 23. Sept. Einnahme Monterey's; Waffenstillstand	326	
		—	21. Oct. Gen. Wool nimmt Monclova		
		—	5. Dec. und Parras	328	
		—	22. Nov. Doniphan's Vertrag mit den Navajo's	340	
		—	6. Dec. Schlacht bei San Pascal	338	
		—	25. Dec. Schlacht bei Bracito	341	
		1847	8. Jan. Schlacht bei San Gabriel	338	
		—	19. Jan. Aufstände in New Mexiko; Tod Gouv. Bent's u. A.	343	
		—	24. Jan.—5. Febr. Col. Price's Siege bei Canada, Embudo u. Puebla de Taos	343	
		—	22., 23. Febr. Sieg bei Buena Vista	331	
		—	26. Febr. Gefecht bei Agua Frio	333	
		—	28. Febr. Schlacht bei Sacramento	342	
		—	27. März. Vera Cruz ergiebt sich der amerikan. Armee unter Gen. Scott	345	
		—	18. April. Schlacht bei Cerro Gordo	347	
		—	19. April. Die amerikan. Armee betritt Jalapa, am 22. Perote und am 15. Mai Puebla	348	
		—	20. Aug. Schlacht bei Contreras und Churubusco.	351	
		—	8. Sept. Schlacht bei Molinos del Rey	355	
		—	13. Sept. Schlacht bei Chapultepec	356	
		—	14. Sept. Einnahme Mexiko's	358	
		—	9. Oct. Gefecht bei Huamantla	359	
		—	18. Oct. Gefecht bei Alixco	359	
		1848	2. Febr. Der Friedensvertrag mit Mexiko wird zu Quadalupe unterzeichnet und am 22. vom Präsidenten Polk dem Senate der Verein. St. vorgelegt	360	
Republik					
Die Republik unter einer provis. Regierung.		1848	25. Mai. Gen. Scott wird in New York glänzend empfangen	363	
		—	29. Mai. Wisconsin wird in die Union aufgenommen	305	
		—	12. Juni. Die letzte Abtheilung der amerikan. Armee verläßt Mexiko	363	
Die Republik unter dem Dictat. Cavaignac.		1848	4. Juli. Proclamation des Friedens in Washington	360	
		—	4. Juli. Grundsteinlegung zum Washington-Monument in Washington	364	

Republik Frankreich.	Präsid. der Ver. Staaten.			Seite.	Königin von England.
Die Republik unter dem Dictator Cavaignac ꝛc.	James K. Polk.	1848	1. Aug. Gen. Smith übergiebt Vera Cruz den mexikan. Behörden	363	Victoria.
		—	Oregon erhält eine Territorial-Regier.	366	
		—	8. Dec. Die ersten Depositen von Californiagold werden in der Ver.-St.-Münze niedergelegt	364	
		1848	21. Dec. Versammlung zu Gunsten einer provisorischen Regierung für California zu San Francisco	364	
Die Republik unter dem Präsidenten Louis Napoleon.	Zacharias Taylor.	1849	5. März. Zach. Taylor's Inaugurat.	364	
		—	10. Mai. Aufruhr in New York	369	
		—	15. Mai. Erster Cholerafall in N. York	369	
		—	17. Mai. Großes Feuer in St. Louis	369	
		—	15. Juni. Tod des Expräsidenten Polk	369	
		—	4. Septbr. Convention in Monterey, Calif., zur Anfertig. einer Constitution	364	
		1850	15. Jan. Ujhazy besucht den Präsidenten Taylor	370	
		—	31. März. Calhoun's Tod	365	
		—	19. Mai. Gen. Lopez landet mit 609 Mann bei Cardenas auf Cuba	366	
		—	9. Juli. Präsident Taylor's Tod	369	
	Millard Fillmore.	1850	10. Juli. Millard Fillmore, Präsident	369	
		—	Sept. New Mexiko und Utah erhalten Territorial-Regierungen und California wird als Staat aufgenommen	366	
		—	12. Sept. Die Fugitive Slavebill passirt	365	
		1851	25. April. Der Präsident erläßt eine Proclamation gegen die Cuba-Invasion	367	
		—	4. Juli. Aufstände auf Cuba	367	
		—	3. Aug. Lopez schifft sich mit einer zweiten Expedition nach Cuba ein und landet bei Bahia Honda	367	
		—	13. Aug. Gefecht mit den Spaniern unter Gen. Enna bei Las Pozas	367	
		—	21. Aug. Aufruhr in New Orleans	368	
		—	1. Sept. Lopez wird in Havanna garrotirt	368	
		—	Decbr. Ankunft Ludwig Kossuth's in New York	370	

Anhang.

Geschichte der Verein. Staaten von Nordamerika.

Einleitung.

Natur.—Erste Bevölkerung und Traditionen Amerikas.

Das Land, von dem unsere Geschichte handelt, ist das in den ausgedehnten Grenzen der Vereinigten Staaten von Nord-Amerika eingeschlossene. Der Name: „Die Vereinigten Staaten von Nord-Amerika" ist aber zu lang und die Union hat deshalb ihre Benennung in den der amerikanischen Republik oder noch kürzer „Amerikas" verwandelt. Die Bewohner werden im Inlande, zum Unterschiede von Canadiensern und Mexikanern, schlichtweg Amerikaner genannt, und im Auslande werden die Gesandten ihrer Nation ebenfalls mit dem Namen: „Amerikanische Gesandte" bezeichnet. Die Vereinigten Staaten nennen sich daher auch und haben das Recht dazu sich so zu nennen, nur Amerika. Was die früheren Einwohner des ungeheuern Reichs betrifft, dessen Territorien sich vom atlantischen Ocean bis zum stillen Meere erstrecken, so geht eine wirklich authentische Geschichte derselben wohl nicht weiter zurück, als zu den europäischen Entdeckungen und Ansiedlungen. Dennoch lassen die gefundenen Antiquitäten, wie einzelne Traditionen der Eingebornen auf eine frühere Race, von der wir nichts Genaues wissen, schließen.

Noah, der zweite Vater des Menschengeschlechts, soll nach der großen Sündfluth im westlichen Asien zuerst wieder ans Land gestiegen sein; die beiden Continente nun, Amerika und Asien, nähern sich einander an der Behringsstraße und die frühesten hier von Europäern gefundenen Eingebornen gleichen den Tartaren des östlichen Asiens. Daher die Vermuthung, daß Amerika aus jener Richtung her bevölkert worden sei. Hiergegen spricht aber wieder das, was man an Ruinen, Befestigungswerken, und andern Alterthümern aus Hügeln und Erderhöhungen gegraben hat. Und hier nachstände zu vermuthen, daß besonders das Mississippithal in früherer Zeit von einer civilisirtern Race, als jene Tartaren sind, bewohnt worden sei.

Allerdings soll aber auch die Tartarei in frühern Zeiten von einem andern Geschlechte bevölkert gewesen sein; denn auch dort finden sich Alterthümer, die denen der alten Aegypter gleichen; daher ist es nun vielleicht möglich, daß eben jener Stamm, der jetzt so wenig Spuren hinterlassen, die Behringsstraße durchschnitten und seine Wanderung fortgesetzt habe, bis er die breiten Thäler des fruchtbaren Mississippigrundes und seiner benachbarten Ströme erreichte. Rohere und wildere Stämme folgten aber diesem Zuge und vertrieben die friedlichen Nationen vom urbar gemachten Grund und Boden. Und es läßt sich nicht anders denken, als daß eben diese Nationen, von den Feinden bedrängt, noch weiter gen Süden zogen und so Mexiko, Mittelamerika und Peru erreichten, deren Kunstwerke vollkommen den im Norden und in der Tartarei gefundenen ähnlich sind.

Was nun die jetzigen Indianer betrifft, so stammen jene ausgebreiteten Nationen die sich östlich vom Mississippi finden, von den Leni Lenapes ab und sprechen, obgleich in verschiedenen Dialekten, doch eine Hauptsprache, die von den Franzosen Algonquin genannt wurde. Daher kommt es auch, daß dieser Name in größerer Ausdehnung jener ganzen Race gegeben ist, die noch immer unter dem Namen der Delawaren bekannt ist.

Die Indianer besaßen keine Bücher, noch sonstige Schriftwerke und ihre ganze Literatur bestand nur in Ueberlieferungen und einzelnen Kriegsliedern. Nach diesen wohnte die große Nation der Leni Lenapes einst weit im Westen, zog sich dann östlich und gelangte endlich, nachdem sie eine große Strecke gewandert, an die

Ufer des Mississippi. Hier trafen sie die Mingos oder Irokesen, einen andern mächtigen Stamm, der wahrscheinlich aus dem gleichen Grunde auch vom Westen hierher ausgewandert war und denselben Fluß, aber höher zu den Quellen hinauf, erreicht hatte. Das östliche vom Mississippi gelegene Territorium wurde damals von den Allegewis, einer mächtigen Nation, die viele große Städte hatte, bewohnt, deren Krieger, wie die Tradition sagt, von gigantischem Körperbau waren. Die Lenapes baten um die Erlaubniß, sich in ihrem Lande ansiedeln zu dürfen; aber man verweigerte es ihnen. Da entschlossen sie sich, ihren Weg zu erzwingen und verbündeten sich nun mit den Mingos. Die Allegewis befestigten hierauf ihre Städte und leisteten wackern Widerstand; manche blutige Schlachten wurden geschlagen, die Todten auf Haufen gelegt und mit Erde bedeckt. Aber die Allegewis mußten endlich den mächtigern Feinden weichen, flohen den Mississippi hinab und kehrten nie wieder.

Die beiden siegreichen Nationen theilten jetzt das Land zwischen sich, die Irokesen nahmen Besitz von jenem Theil, der an den Seen und am St. Lorenz lag, und breiteten sich nach und nach über die Thäler seines Stromgebietes aus, während die Lenapes ihre unternehmenden Jäger ausschickten, die die Berge überstiegen und mächtige gen Süd und Ost fließende Ströme entdeckten. Diesen folgten sie bis zum Atlantischen Meer, oder wie sie dieses nannten, zum Salzwassersee. Dem Delaware gaben sie den Namen Lenapehittuck, oder der reißende Fluß der Lenapes. Diesen machten sie zum Mittelpunkt ihrer verschiedenen Verbindungen und dehnten sich von hier bis zum Potomac, Susquehanna und Hudson aus. Im Verlauf der Zeiten theilten sie sich dann in drei Stämme, in die Schildkröten, Truthühner und Wölfe. Die erstern behaupteten den zwischen der Seeküste und den Bergen gelegenen Platz, während die Wölfe ihre Rathsfeuer in Minisink, etwa 25 Meilen westlich von Newburgh und Hudson entzündeten. Als aber diese Regionen später von Europäern besiedelt wurden, zogen sich die Delawaren nach und nach weiter westlich und im Jahre 1770 etwa war der Sitz ihrer Häuptlingschaft in den östlichen Theilen von Ohio.

Mit diesen Conföderationen verbündeten sich wiederum Andere, wie z. B. die Mohikaner, die sich östlich vom Hudson und dessen Quellen ausbreiteten, und die Enkel des Hauptstammes der Lenapes genannt wurden. Die Nation sandte ihre Stämme auch südlich hinab und aus ihr enstanden jene mächtigen Verbindungen, die das Land an Chesapeake bewohnten. Unterdessen hatten die Mingos oder Irokesen, die sich zuerst an den Seen niedergelassen, ihre Grenzen so erweitert, daß sie sich an manchen Stellen den Lenapes näherten. Sie überwältigten auch damals eine mächtige Nation, die Huronen, Adarondacks oder Wyandots genannt, das einzige Volk an der östlichen Küste, welches, wie die indianische Tradition sagt, nicht von Mingos oder Lenapes abstammt. Zwischen den Delawaren und Irokesen entstanden aber endlich Streitigkeiten und ein Krieg begann, über den jedoch von den zwei verschiedenen Nationen auch sehr verschiedene Berichte gegeben werden. Die Ursache liegt in dem thatsächlichen Hergange, daß die Delawaren, obgleich sehr geachtet und von vielen Nationen der Großvater der Stämme genannt, doch aber auch wieder und zwar nach ihrem eigenen Bekenntniß in Betreff aller Kriegsführung zu sogenannten „Weibern" reducirt wurden. Die Irokesen prahlten nun, daß ihre Macht und Gewalt die Delawaren gezwungen hätte, in diesem weibischen Beinamen Schutz zu suchen. Die Delawaren dagegen erklärten die Ursache solcher Benennung auf eine ganz andere und ihrem frühern Ruhme weit entsprechendere Weise. Fürchterlich vernichtende Kriege, sagen sie, hatten beide Nationen fast aufgerieben und die Irokesen sandten ihnen folgende Botschaft: „Es ist nicht gut, daß die Nationen alle miteinander in Feindschaft und Krieg leben, es würde den Untergang der ganzen indianischen Race herbeiführen; wir haben deshalb auf einen Ausweg gesonnen; eine Nation soll die Frau sein und wir Alle wollen die Frau vertheidigen; diese Frau soll keinen Krieg führen, sondern nur Worte des Friedens reden; sie soll die Streitigkeiten beilegen und Die zurechtweisen, die auf thörichten Wegen wandeln. Die Männer sollen dann hören und dieser Frau gehorchen." Die Delawaren fügten sich diesem, und eine große Berathung folgte, in welcher die Irokesen in ihrer Bildersprache erklärten: „Wir kleiden Dich in das lange Gewand einer Frau, wir geben dir Oel und Medicin, und eine Maispflanze mit einer Hacke in die Hand; deiner Sorge überantworten wir den großen Friedensgürtel und die Freundschaftskette."

Mit ziemlicher Gewißheit dürfen wir in diese Zeit die Regierung des großen und berühmten Häuptlings der Delawaren, Tamenund, legen, dessen Feste noch jetzt in New York in der "Tammany Hall" gefeiert werden, während man sein Emblem, den Hirschwedel, als ein Parteizeichen trägt. — Soweit folgen wir den Traditionen der Indianer und es ist wahrscheinlich, daß sie, gleich denen anderer barbarischer Nationen, eine Mischung von Wahrheit und Irrthum enthalten; dennoch liegt eine Einfachheit in der ganzen Erzählung, die sehr viel für sich hat. Man dürfte also die erste Bevölkerung von Amerika den Allegewis zuschreiben, die als eine mehr civilisirte Race durch die Tartarei, die Behringsstraße kamen und am Mississippi hinunterzogen. Ihnen folgten die Lenapes und Mingos und trieben sie wahrscheinlich nach Mexiko, Mittelamerika und Peru. Dieses Argument findet auch noch darin eine nicht unbedeutende Bestätigung, daß die Sprachen, die in ihrem Lande gesprochen wurden, sich in drei verschiedene Stämme theilen lassen und zwar in den der Algonquins, der Irokesen und Mobiler. Ein Theil nämlich des ersten Stammes kann sich leicht etwas östlich gewendet und im Thale von Mobile niedergelassen haben, denn De Soto fand 1540 dort ein Volk, daß in Städten wohnte und mehr civilisirt war, als die es umgebenden Wilden. Auch das spricht vielleicht für die Abstammung der Mobiler Indianer, daß sie sich früher der christlichen Religion und Kultur ergaben, während die übrigen Stämme dies streng verweigerten. Was aber die frühern wilden Nationen, die Lenapes und Mingos, nicht zu thun vermochten: ihren ganzen Urstamm zu vernichten, das haben jetzt unsere civilisirten Mächte zu Stande gebracht. Die Allegewis sind von den Gräbern ihrer Väter vertrieben, oder vernichtet und nur noch einzelne von jenen zahlreichen Stämmen übrig geblieben.

Die Leni Lenapes, Delawaren und Algonquins maßten sich die Oberherrschaft all der nördlichen Stämme, östlich vom Missisippi an, wobei nur die Mingos oder Irokesen, später auch die fünf Nationen genannt, angeschlossen waren, und wiederum eine große Familie bildeten, an deren Spitze die Huronen oder Wyandots standen.

1*

Dies waren, wie es scheint, jene Wilden, die unsere Vorväter an den Ufern des atlantischen Oceans fanden, und deren Gastfreundschaft sie mit Nahrung und Kleidung versah, deren Tapferkeit sie aber auch später in fortwährender Angst und Noth erhielt und mehrmals drohte, das ganze kleine Häuflein der Weißen zu vernichten.

Die den Engländern am frühesten bekannten Indianer waren die virginischen Stämme und zwar von der Zeit her, wo die erste mit Erfolg gekrönte Colonie im November 1607 dort gegründet wurde. Damals wurden die Strecken, die zwischen der Seeküste und den Bergen und vom Potomac zu den südlichen Wassern des Jamesflusses liegen, von mehr als 40 Stämmen bewohnt. Die in den Niederungen zwischen der Seeküste und den Fällen des Flusses bildeten eine Conföderation und waren der Powhatan-Nation befreundet. Diese Conföderation bestand aus 30 Stämmen und ihre ganze Seelenzahl wird auf 8000 angegeben, von denen drei Zehntheile Krieger waren. Das Territorium, über das sie sich ausbreiteten, bestand aus 8000 Quadrat-Meilen und es scheint, daß dies einer der bevölkertsten Distrikte war, da eine Person auf jede Quadrat-Meile kommt. Powhatan war der große Sachem einer Conföderation, die durch die Kraft seines Geistes zusammengehalten wurde und seinen Namen trug. Der Sitz seiner Erblande war im Powhatan, später James und zwar unterhalb der Fälle, nicht weit von jenem wunderschönen Platze, auf dem Richmond steht. Hier wurde auch Pokahontas, die berühmteste indianische Frau, geboren.

Bald nach der Niederlassung von Jamestown theilten sich die Indianer, welche an den zwischen den Wasserfällen des Flusses und den Bergen gelegenen Hügeln wohnten, in zwei Conföderationen, in die Monahoacks, die aus 8 Stämmen bestanden, im Norden, und in die Monacans, aus 5 Stämmen bestehend, die sich südlich nach Carolina hin erstreckten. Später zogen die letztern, unter dem Namen der Tuscaroren, nördlich und schlossen sich den Irokesen an. Diese 13 Stämme vereinigten sich gegen die Powhatans. Kaum weniger hervorragend sind aber in der amerikanischen Geschichte auch die fünf Hauptstämme von Neu-England, den nordöstlichen Staaten der Union; von diesen waren die ersten unter dem Namen der Wampanoags oder Pokanokets bekannt, welche zwei der berühmtesten neuengländischen Häuptlinge erzeugten. Es war Vater und Sohn: Massasoit, seiner Weisheit und Güte wegen und Metacom oder Philipp seiner heroischen Tapferkeit wegen berühmt. Ihre Unterthanen bewohnten das Land, das am Cap Cod liegt und sich an der Seeküste hinstreckt; es ist dasselbe, was jetzt den südlichen Theil von Massachusetts und den östlichen Theil von Rhode Island umschließt. Verschiedene Stämme, die auf den benachbarten Inseln wohnen, waren dem großen Sachem der Pokanokets zinspflichtig.

Im Jahre 1614 landete ein englischer Capitän, Namens Hunt, an dieser Küste, stahl schändlicherweise 27 der harmlosen Eingebornen und schleppte sie nach Malaga, wo er sie als Sclaven verkaufte. Einige wohlwollende Mönche befreiten jedoch einen Theil von diesen wieder und einer derselben, Tisquantum, ging nach England, wo er freundlich aufgenommen wurde. Hunt's Schurkerei kam aber dadurch an den Tag und er wurde verurtheilt und bestraft. Tisquantum dagegen, nachdem er die englische Sprache gelernt und das englische Volk liebgewonnen, kehrte auf einem Schiffe des Capitän Dermer 1619 in sein Vaterland zurück. Der arme Teufel sollte aber nicht viel Freude in seiner Heimath erleben; einem Briefe des Capitäns nach fand er, obgleich er einen Tag lang in den Plätzen seiner Kindheit umher reiste, alle seine Lieben todt.

Die Pokanokets hatten zu jener Zeit mit den andern Neu-Englandstämmen eine Art Pest zu erdulden, die nach der Beschreibung das gelbe Fieber gewesen sein muß; denn die Ueberlieferung lautet, daß die Opfer derselben vor und nach dem Tode „die Farbe eines gelben Kleides gehabt". Nicht weniger als neun Zehntel der Eingebornen müssen auf solche Art in jenem Lande und in einem ganz kurzen Zeitraum umgekommen sein, und es scheint so fast, als ob der Himmel selbst hätte einer civilisirten Race im Voraus Platz machen wollen.

Außer den Pokanokets waren die andern Hauptstämme von Neu-England die Pawtuckets, die Massachusetts, Narragansetts und die Pequods. Die Pawtuckets hatten ihren Hauptsitz in Merrimack, und zwar nahe dessen Mündung und dehnten sich bis zu den Territorien der Massachusetts nach Süden aus. Ihre Zahl soll sich früher auf 3000 belaufen haben; jene schreckliche Epidemie reducirte sie aber auf so viele Hunderte. Die Massachusetts wohnten an der Bay zerstreut, die ihren Namen trägt, und das Wort bezeichnete in ihrer Sprache einen Hügel in der Gestalt eines Pfeils. Ihre Territorien erstreckten sich bis zu den Pawtuckets im Norden und Pokanokets im Süden; die Autorität ihres obersten Häuptlings wurde aber auch von vielen geringeren Stämmen anerkannt, unter denen sich die Neponsetts, Nashuas und die Pocumtucks von Deerfield befinden. Auch diese Nation litt ebensoviel und vielleicht noch mehr, als die der Pawtuckets, von jenem Fieber.

Die Hauptperson dieser Conföderation war, als die Engländer dort landeten, eine Frau, die „Massachusetts Königin". Sie soll die Wittwe eines mächtigen Häuptlings gewesen sein, der 1619 starb. Ihre königliche Residenz, ein Wigwam auf einem flachen Hügel, wurde 1625 von einer Abtheilung der Pilger von Plymouth besucht, und man glaubt, daß er in der Nähe von Milton gelegen habe. Die Pilger von Plymouth bedauerten schon damals, daß sie sich nicht auf diesem Territorium niedergelassen hatten; denn der fruchtbare Boden, die schönen Häfen und die pittoresken Inseln versprachen das Beste und haben auch in neuerer Zeit bewiesen, welcher Cultur sie fähig sind.

Die Narragansetts hatten ihren Hauptplatz und die Residenz ihres großen Sachem auf der Insel Canonicut in der Bay, die noch jetzt ihren Namen trägt. Westlich dehnten sie sich bis zu vier oder fünf Meilen vom Paucatuckfluß aus, wo ihre Territorien denen der Pequods begegneten. Oestlich grenzten sie an die Pokanokets. Durch die pestartige Krankheit war die Zahl ihrer Krieger von 5000 auf 1000 heruntergeschmolzen. Kein Stamm hat aber wohl schöneres Land, bessere Jagdgründe gehabt, als gerade die Narragansetts. Abwechselnde Wälder und Wasser lieferten ihnen gleichen Ueberfluß an Wild wie Fischen und ließen sie ihre Lieblingsreisen mit dem Canoe bewerkstelligen. Es scheint auch, daß sie, da ihnen die Mittel ihrer Subsistenz in so reichem Maaße geboten waren, weniger feindselig sich zeigten, als andere Stämme; der alte Sachem derselben, Canonicus, der Wohlthäter von Rhode Island, ist wenigstens in einer Hinsicht einer der bedeutendsten Männer unter den Wilden; denn er ist eigentlich der einzige indianische Häuptling, der einen vollkommenen Stammbaum aufweisen kann. Und so eifrig war er dabei bemüht, das reine Blut seiner Familie zu erhalten, daß die Sage geht, er hätte, da er für seine beiden Kinder kein gleich altes Geschlecht finden konnte, diese zusammen vermählt. Von diesen entsprang Canonicus und der Vater des prinzlichen Miantonomoh, der ein Verbündeter seines Bruders und der Führer seiner Krieger wurde. Die mehr barbarischen Pequods hatten die östlichen Theile von Connecticut inne und ihre Länder schlossen sich denen der Narragansetts an; die Residenz ihres großen Sachem, Sassacus, lag auf den Höhen von Groton, nahe dem Flusse Pequod, der jetzt die Themse genannt wird. Die Mohikaner unter Uncas, dessen Hauptsitz dort war, wo jetzt Norwich steht, wurden von den Pequods als Unterthanen betrachtet, trugen aber nur unwillig dieses Joch, und als die Pequods gegen die Weißen die Waffen ergriffen, trat Uncas gegen sie auf.

Die Indianer des nördlichen Neu-England, deren verschiedene Namen theilweise in den Flüssen und Seen jenes Landes bewahrt sind, hatten noch außerdem eine Hauptbenennung und hießen die Taratihos oder Abenakis. Sie dehnten sich an der Küste von Maine aus bis nach New Hampshire hin und waren von rauhem und trotzigen Charakter. Ihre blutigen nächtlichen Ueberfälle setzten lange Zeit die friedlichen Bewohner Neu-Englands in Furcht und Schrecken und besonders fürchterlich zeigten sie sich in ihrer Allianz mit den Franzosen in Canada. Unter den Stämmen von New Hampshire wurden die Pennicuhks besonders berühmt, und zwar durch ihren großen Sachem Passaconaway, den man fürchtete, weil man ihn für einen mächtigen Zauberer hielt.

Die Pioniere der canadischen Ansiedelungen fanden, daß die Irokesen und Mingos die Ufer des St. Lorenz bewohnten. Und es scheint, daß sie im Anfang weniger kriegerisch, als die Conföderation, gewesen sein müssen, durch welche sie umgeben und nur zu oft angegriffen wurden. Die Stämme derselben wurden nach ihren verschiedenen Namen Huronen, Wyandots und Adorondacks genannt. Die Irokesen, von diesen gedrängt, zogen sich endlich von den Ufern des St. Lorenz zurück und theilten sich in fünf verschiedene Stämme, die Senecas, Cayugas, Onondagos, Oneidas und Mohawks; nach und nach breiteten sie sich östlich vom Erie See aus, auch südlich am Ontario, und an den romantischen Wassern des nördlichen New York hin, denen sie noch ihre kühnen und harmonischen Namen gegeben haben.

Hier aber hielten sie endlich Stand und wurden nun, durch die ewigen Kriege geübt, die keckſten, wildesten und muthigsten Stämme. Sie überwältigten die Huronen, bekämpften die Delawaren, setzten sich bei allen übrigen Stämmen in Furcht und Schrecken, und als später Frankreich und England ihren Krieg begannen, so wurde ihr Beistand von beiden Ländern gesucht, sie selbst von beiden Ländern gefürchtet. Von den fünf Nationen waren die Mohawks die kriegerischsten; ihr Hauptsitz befand sich in Johnstown an dem schönen Flusse, der noch jetzt ihren Namen trägt. Von dort aus schickten sie ihre Tributsammler nach Osten und Süden, und kamen diese zwischen die feindlichen Indianer des Connecticutflusses und einer oder zwei ihrer alten Krieger trat hervor und schrie: „Wir sind gekommen Euer Blut zu saugen", dann ging ein Angstgeschrei durch das Land: „Die Mohawks, die Mohawks!" Und Alle flohen oder unterwarfen sich.

Von den südlichen Indianern waren die ausgebreitetsten und mächtigsten Conföderationen die der Creeks, meist in Georgia wohnhaft; dann die der Cherokesen in den bergigen Regionen Nord und West; und die der Choctaws und Chickasaws näher dem Mississippi zu.

Die Natchez haben großes Interesse erregt, weil ihre Sprache von denen der benachbarten Stämme ganz verschieden war. Ihre Häuptlinge wurden „Die große Sonne" genannt und wie die Peruaner hatten sie ein Feuer, das sie als geheiligt betrachteten und fortwährend unterhielten. Die Stadt Natchez am Mississippi bezeichnet noch jetzt ihren Hauptsitz.

Die Shawaneser, der Geburtsstamm Tecumses, jenes berühmten Häuptlings, wohnten einst an den Ufern des Sawaney-Flusses in Florida, zogen aber von dort nördlich, zuerst nach Pennsylvania und später nach Ohio.

Erstes Buch.

Von 1492 bis 1643.

Erste Periode.

Von der Entdeckung Amerikas bis zum ersten, von der Königin Elisabeth dem Sir H. Gilbert verliehenen Patent.

(Von 1492 bis 1578.)

Wir haben bis jetzt nur einen kurzen Blick auf das Land geworfen, wie es von seinen frühern Eigenthümern bewohnt wurde. Wir werden es jetzt bald im Besitze europäischer Souveräne sehen, die nur aus dem einfachen Grunde Beschlag darauf legten, weil — eines ihrer Schiffe, das dorthin segelte, es entdeckt hatte.

Würde ein solcher Grund von einer Nation vorgeschützt, die ein civilisirtes Land entdeckte und wollte diese dann wirklichen Besitz davon nehmen, wie es die Europäer mit Amerika gethan, so wiese man sie nicht allein mit bewaffneter Hand zurück, sondern die ganze Welt schrie auch noch über die fürchterlichste Ungerechtigkeit. Bei den armen Wilden aber, die nicht im Stande waren, sich gegen die ihnen überlegenen Waffen zu vertheidigen, scheint das etwas Anderes zu sein, ja im Gegentheil hält man es noch für ein gutes Werk; man bringt ihnen ja die christliche Religion und daß sie selbst darüber zu Grunde gehen, kümmert die Missionare nicht. Im Gegentheile hat das sogar noch einen besondern Nutzen; denn dadurch schwinden die doch sonst Schande halber zu bezahlenden Entschädigungsgelder, wie das noch jetzt die neuere Geschichte bewiesen hat.

Aber auch hier hatte wohl eine Art Vorsehung die Hand mit im Spiele; denn nur durch fürchterliche Revolutionen konnte in civilisirten Ländern für die sich zu stark mehrende Bevölkerung Raum werden. Ein anderer Platz mußte daher gefunden werden und jenes wilde, im Verhältniß zum alten so wenig bewohnte Land bot einen trefflichen Abzugscanal.

Viele tausend Jahre waren aber seit der Schöpfung verflossen und die Bewohner der östlichen Hemisphäre hatten noch nicht einmal eine Ahnung, daß auf dem Planeten, der sie trug, ein anderer Continent von fast demselben Umfange, als der ihnen bekannte, liege. Das erfuhren sie aber auch nicht etwa durch einen glücklichen Zufall; nein, sie verdankten diese Entdeckungen den scharfsinnigen und hartnäckigen Bemühungen eines Mannes, der sich dadurch die größten Verdienste um das Menschengeschlecht erworben hat.

Dies war Christoph Columbus, in Genua im Jahre 1437 geboren, und mit alle den Eigenschaften begabt, die es ihm möglich machten, ein solch ungeheures Unternehmen zu beginnen und durchzuführen: einer lebhaften Einbildungskraft, feurigem Muth, glühendem Eifer und all jenen energischen Gefühlen der Seele, die zu hohen und edeln Thaten führen. Dabei war er ruhig und besonnen, von gutmüthigem, frommen Charakter, aber auch von unablässigem Eifer in dem, was er einmal begonnen. Damals brach sich die Wissenschaft zuerst nach dem langen, traurigen Schlafe des Mittelalters Bahn; die Magnetnadel war erfunden und der Seefahrer brauchte nicht mehr vorsichtig am Ufer hinzufahren, sondern konnte seine Barke jetzt keck und kühn in den Ocean hinaussteuern, um fremde Länder aufzusuchen. Columbus hatte damals die Tochter eines der zu jener Zeit verstorbenen portugiesischen Entdecker geheirathet und erhielt von dessen Wittwe, die bemerkte, mit welchem Eifer der junge Mann alles Das auffaßte, was in dieses Fach einschlug, alle die Mappen, Karten und nautischen Papiere, welche ihrem Gatten gehört hatten. Marco Polo, ein Venetianer, kehrte in eben dieser Zeit aus dem Osten mit glühenden Beschreibungen von Cathay und der Insel Cipango, damals gewöhnlich Ostindien genannt und jetzt unter dem Namen von China und Japan bekannt zurück. Die kugelförmige Gestalt der Erde wurde allerdings damals erst von wenigen Gelehrten zugegeben; Columbus glaubte jedoch, nach der in der Mondfinsterniß bemerkbaren Gestalt derselben, fest daran. Daher vermuthete er auch, daß jene herrlichen Länder, mit deren Beschreibung Marco Polo seine Einbildungskraft entflammt hatte, eben so gut aufgefunden werden könnten, wenn man gen Westen segelte. Freilich hoffte er, wegen falscher Berechnung ihrer Lage, sie in der Hälfte ihrer wirklichen Entfernung zu erreichen. Da er nun nicht mit Unrecht vermuthete, daß die Nation, die eine solche Entdeckung begünstigen würde, auch bedeutende Vortheile daraus ziehen müßte, so bot er seine Dienste zuerst seinem Geburtslande an, fand sich aber leider zurückgewiesen. Hierauf wendete er sich nacheinander an Johann II. von Portugal, durch seinen Bruder Barthomäus an Heinrich VII. von England und persönlich an Ferdinand und Isabella, den König und die Königin von Spanien. Keiner von diesen Monarchen bewies aber im Anfange hinlänglichen Geist, auf solche mächtige Pläne einzugehen, oder schien freigebige Großmuth genug zu besitzen, sie der Wissenschaft wegen zu unterstützen. Am spanischen Hofe hatte er so zwei volle Jahre vergebens zugebracht und war zuletzt so entmuthigt worden, daß er sich schon vorbereitete, seinem Bruder nach England zu folgen, als er durch ein Mandat Isabellens zurückgerufen wurde. Diese Frau erwies sich von allen Souverainen Europas als die einzige, die den großen Erfolg einer solchen Entdeckung zu ahnen schien; und Columbus betrachtete sie auch bis zum letzten Tage seines Lebens als seine erste und kräftigste Beschützerin. Da aber die Königin nicht wußte, auf welche Art sie eine zu solcher Reise nöthige Summe aufbringen sollte, so beschloß sie ihre Juwelen zu opfern und wurde daran nur durch die außerordentlichen Anstrengungen und Bemühungen ihrer Minister verhindert. Seine erste und gewiß die interessanteste Reise aller Seefahrer machte Columbus im Jahre 1492 und entdeckte dabei das erste Land der neuen Welt am 11. October desselben Jahres.

Es war eine Insel, die von den Eingebornen Guanchani genannt wurde, er aber gab ihr im frommen Danke für das glückliche Auffinden seines Ziels den Namen San Salvador. Auf seiner dritten Reise entdeckte er endlich den Continent und zwar die

Küste von Südamerika, etwa 14 Monate später, als die Cabots dessen Ufer im Nordosten erreicht hatten. Durch die Undankbarkeit Ferdinands wurde er aber wie ein Missethäter aus der Welt in Ketten heimgeschickt, die sein Geist der spanischen Monarchie gegeben hatte. Americus Vespucius, ein ehrgeiziger Florentiner, folgte ihm später in seiner Entdeckungslaufbahn und empfing von der Welt eine Ehre, die eigentlich Columbus gebührte, und zwar die, daß sein Name dem Continente gegeben wurde.

Im Jahre 1502 machte der große Entdecker seine vierte und letzte Reise und als er von dieser nach Spanien zurückgekehrt, seine Patronin todt, seine gerechten Forderungen unbeachtet, sich selbst vernachlässigt fand, da brach ihm das Herz und er starb im 69. Jahre seines Alters.

Andere Personen suchten nun mit Columbus die Ehre, und andere Nationen mit Spanien den Gewinn der Entdeckungen zu theilen. Viele Versuche wurden gemacht, um zu beweisen, daß eben dieses Land schon weit früher aufgefunden wäre. Die Waliser brachten eine Geschichte von Madoc, dem Sohn von Owen Gwyneth, der im 12. Jahrhundert westlich gesegelt war, dort ein Land entdeckt hatte, und später eine Colonie dorthin führte, von der man nie wieder etwas gehört. Ist diese Geschichte wirklich wahr, so beweist das noch immer nicht, daß jenes Land Amerika gewesen. Die Norweger entdeckten auch Island und Grönland und zwar im 9. Jahrhundert, und errichteten dort Colonien. Biörn oder Biron, ein Isländer, wurde auf einer Reise nach Grönland, im 11. Jahrhundert, durch einen Sturm südwestlich getrieben und fand eine Region, die er der vielen dort wachsenden Weinreben wegen das Weinland nannte. Aber auch hier fehlt der Beweis, daß dies wirklich Amerika gewesen.

Die europäischen Nationen, die zuerst Amerika entdeckten und colonisirten, sind:

1) die Engländer,
2) die Franzosen,
3) die Spanier,
4) die Holländer.

Aber erst unter der Regierung des wohl politisch klugen, doch grausamen Heinrich VII. von England wurden die Ufer der Vereinigten Staaten entdeckt, und die Namen der Cabots sollten daher mit denen des Columbus von amerikanischen Bürgern im Gedächtniß behalten werden; denn auch sie gehören mit zu der Kette, welche die amerikanische mit der europäischen Geschichte verbindet. John Cabot, ein Eingeborener von Venedig, hatte sich mit seiner Familie in England angesiedelt und er und sein berühmter Sohn, Sebastian, waren Männer von großer Gelehrsamkeit und Unternehmungskraft. Durch eine Commission Heinrichs VII., vom 5. März 1496 datirt (die älteste englische Staatsacte über Amerika), hatten sie die Erlaubniß erhalten, irgend ein heidnisches, christlichen Völkern bis dahin noch nicht bekanntes Land zu entdecken und war das geschehen, so sollten sie diese Länder als des Königs Gouverneure verwalten, indem sie ihm nur ein Fünftheil ihres ganzen Gewinnes auszahlten. Sie segelten im Mai 1497 von England ab und entdeckten im Juni die Insel New Foundland, die sie Prima Vista nannten. Von da aus nördlich steuernd, entdeckten sie zuerst den Continent an der Küste von Labrador, etwa im 55. Breitegrade. Auf ihrer Rückkehr verfolgten sie eine südliche Richtung bis zu einer unbestimmten Entfernung.

Sebastian Cabot segelte ein zweites Mal aus, erreichte Labrador im 58. Breitegrade, wandte sich von dort südlich und wurde der Entdecker der Küste der Vereinigten Staaten, an der er bis zur südlichen Breite von Maryland herniederfuhr. Es ist sehr zu bedauern, daß nur so wenige Einzelheiten von jener für die jetzige Geschichte so wichtige Reisen vorhanden sind.

Franz I. von Frankreich fand später, 1524, und zwar ein Jahr früher, als er bei Pavia geschlagen wurde, einen andern Italiener, John Verrazani, einen Florentiner, den er nach dem Continente hinüberschickte, und dieser befuhr ebenfalls jene Küste bis zur Insel Nova Scotia hinauf, machte aber weiter keine besondere Entdeckungen, sondern kehrte nach Frankreich zurück, schrieb jedoch eine Erzählung seiner Reise, welche den frühesten Originalbericht von den Küsten der Vereinigten Staaten bildete.

Derjenige Seefahrer übrigens, dessen Entdeckungen die Franzosen ihr Eigenthumsrecht an Nordamerika zuschrieben, war James

Cartier. Dieser erreichte nach einer glücklichen Reise von 20 Tagen Cap Bonavista, den östlichen Theil von New Foundland, segelte um die Nordostküste dieser Insel und fand hier gar arges Wetter und eisige Seen. Dann nach Südwesten hinunterhaltend, entdeckte er am St.-Lorenz-Tag den edlen Golf, der noch jetzt den Namen dieses Heiligen trägt. Im Juli lief er in eine Bay ein, die er der Hitze der rasch wechselnden Jahreszeit nach Des Chaleurs nannte; von da an der Küste bis zu einer kleinen Bucht, Gaspé genannt, hinunterlaufend, landete er dort und errichtete ein Kreuz, auf das er ein Schild mit dem Wappen Frankreichs hing, damit erklärend, daß dies Land von jetzt an Frankreich gehören solle. Stürmisches Wetter zwang ihn jedoch bald, zurückzukehren. Im Jahre 1535 segelte er zum zweiten Male aus, erreichte den Golf von St. Lorenz wieder und fuhr nun den Fluß hinauf, dem er denselben Namen gab. Hierauf warf er an einer Insel Anker, auf der er ungemein viel wilden Wein fand und die er die Bacchusinsel nannte, während sie jetzt die Insel von Orleans heißt. Von hier setzte er seine Reise nach der Insel Hochelaga fort, die damals den Hauptsammelplatz mehrerer indianischen Stämme bildete, welche der Sprache nach den Huronen angehörten.

Hierauf kehrte er nach der Bacchusinsel zurück, und erbaute dort ein Fort, litt aber nicht allein durch die ungewohnte Strenge des Winters, sondern auch durch einen Anfall des weit gefährlichern Scorbut, dem ein großer Theil seiner Mannschaft zum Opfer fiel. Im nächsten Frühjahr reiste er nach Frankreich zurück und machte eine furchtbare Beschreibung von dem neugefundenen Lande, das er aber nichtsdestoweniger Neu-Frankreich nannte. Jene Gegend wurde auch Canada genannt; woher übrigens dieser Name entsprang und zu welcher Zeit er ihm gegeben, ist nicht sicher bekannt.

Frankreich besaß jetzt in der neuen Welt eine Strecke, welche ein riesiger Fluß durchströmte, der in Europa seines Gleichen nicht hatte. Und um eine so ausgebreitete Region, obgleich eine Wildniß, zu regieren, suchte Franz De La Roque von Roberval, der bis dahin nur eine kleine Besitzung in der Piccardie besaß, beim König um ein Patent nach, und erhielt bald von demselben die volle Autorität, als Gouverneur jenes ungeheure Territorium zu beherrschen, das die Bay und der Fluß St. Lorenz umschließt. Da er aber ohne Cartier den Platz nie gefunden hätte, so mußte dieser ihn begleiten und erhielt dafür den Titel eines „Hauptlootsen und Generalkapitäns“ des Unternehmens. Um übrigens Colonisten nach jenem fernen Welttheil zu finden, den die Uferbewohner noch fürchteten, wurden die Gefängnisse geöffnet und man kann sich denken, aus welcher Bande dort die ersten Ansiedler bestanden. Es ist daher auch natürlich, daß ein solches Unternehmen keinen guten Erfolg haben konnte. Cartier erreichte allerdings den St. Lorenz, erbaute ein Fort, nahe der Stelle wo jetzt Quebec steht, und verbrachte dort den Winter, während dessen er Gelegenheit bekam, einen von seiner Gesellschaft zu hängen, verschiedene in Eisen zu legen und andere, Männer und Frauen, mit Peitschenhieben zu züchtigen. Im Frühjahre, als er denn endlich fand, daß er gar nichts mit ihnen ausrichten konnte, nahm er sie nach Frankreich zurück und gab sogar im nächsten Jahr seine Gouverneurstelle in Amerika auf, um lieber in ruhigem Frieden in die Piccardie zurückzukehren.

Frankreich näherte sich jetzt der fürchterlichen Krisis der Bartholomäusnacht; der schwache Karl IX. war nur dem Namen nach Souverain, während Catharina von Medicis die wirkliche Macht und Herrschaft besaß. Zu jener Zeit war aber Coligni, jener berühmte Großadmiral, der Freund der Hugenotten und diese wurden von den Monarchen so gefürchtet, daß er, als Coligni ein Projekt vorschlug, eine Colonie derselben in Amerika zu gründen, gern darein willigte. Demzufolge schickte er unter dem Befehl von Johann Ribault, der als ein braver und frommer Protestant bekannt war, zwei mit Hugenotten beladene Schiffe nach der neuen Welt, von denen Viele den besten Familien Frankreichs angehörten. Sie landeten im herrlichen Klima von St. Augustin und entdeckten im Mai den St. John, den sie hiernach den Maifluß nannten. An der Küste in einem nordöstlichen Curse hinsegelnd, ließen sie sich endlich am Eingange des Port-Royal nieder; dort errichteten sie ein Fort und nannten es, dem König von Frankreich zu Ehren, Carolina, ein Name, der sich noch jetzt auf zwei Staaten übertragen hat. Ribault verließ dort seine Colonie und kehrte nach Frankreich zurück.

Der Comandeur des Forts scheint übigens nicht nach Recht und Gewissen regiert zu haben, denn es entstand eine Empörung und er wurde erschlagen. Hierdurch ihres Oberhauptes beraubt, sehnten sich die Colonisten wieder nach Haus zurück und gingen endlich auch wirklich in See, versahen sich aber nicht mit dem zu solcher Reise unumgänglich nöthigen und hinlänglichen Mundvorrath und wurden endlich, verirrt und fast verhungert, von einem brittischen Fahrzeug auf und nach England mit genommen.

Der unermüdliche Coligni ließ sich dadurch aber nicht abschrekken, schickte vielmehr unter Laudonniere eine andere Colonie hinüber, die ebenfalls wieder am Maifluß ihre Wohnstätten erbaute und ein anderes Fort befestigte, daß sie gleichfalls Carolina nannte. Im nächsten Jahre folgte diesen wieder Ribault mit mehreren Schiffen, die gleichfalls Emigranten und Vorräthe enthielten, und da er hier jetzt selbst den Oberbefehl übernahm, so schien auch von da an die Colonie wacker zu gedeihen.

* * *

Um aber nun die Entdeckung einer andern Nation bis zu dieser Zeit zu verfolgen, müssen wir auf 50 Jahre zurückgehen.

Juan Ponce de Leon, ein spanischer Soldat, der auch schon früher mit Columbus gereist war, hatte irgendwo die Idee gefaßt, es existire in der neuen Welt eine Quelle, deren Wasser alle Krankheiten heilen und dem Körper ewige Jugend geben könnte. Der alte Ponce machte sich also im Jahre 1512 auf, diese Quelle zu suchen und sich ein Königreich zu erobern. Er segelte zuerst zu den Bahama-Inseln und steuerte dann Nordwest; am Ostersonntag, der von den Spaniern Pascua florida genannt wird, entdeckte er etwas nördlich von der Breite von St. Augustin, wie er damals glaubte, ein förmliches Blumenland, so herrlich und blühend sahen die Bäume aus. Die Lebensquelle war freilich nicht da, aber Ponce nahm nichtsdesto weniger und zwar in des spanischen Königs Namen, Besitz von diesem Lande und nannte es Florida.

Jener Theil von Süd-Carolina, in dessen Nachbarschaft der Combaheefluß liegt, wurde bald darauf von einem Spanier, Namens Vasquez de Ayllon, besucht, das Land wurde Chicora genannt und der Fluß der Jordan. De Ayllon hatte zwei Schiffe; er lud die Eingebornen ein, sie zu besuchen und während die keineswegs mißtrauischen Wilden auf seinem Decke standen, entfaltete er seine Segel und im nämlichen Augenblicke wurden sie elende Sklaven, die, von ihren Familien gerissen, endlosem Jammer, endloser Arbeit preisgegeben werden sollten. De Ayllon erhielt später einen Befehl, oder vielmehr eine Erlaubniß, das Land zu erobern; die feindselige Gesinnung der Indianer machte ihm das aber unmöglich und zahllose Spanier gingen im fruchtlosen Versuche zu Grunde. Bei einem eben so unglücklichen Angriff der Spanier, unter dem Abenteurer, Narvaez, der Florida und das benachbarte Land unterwerfen wollte, schmolz eine Arme von 300 Spaniern, großentheils berittene Cavaliere, so zusammen, daß nur vier oder fünf von diesen zurückkehrten und selbst diese Wenigen nur nach unendlichen und kaum glaublichen Drangsalen und Mühen.

Diese bestätigten jedoch, daß Florida das reichste Land der Welt sei und Ferdinand de Soto, schon berühmt als der Begleiter Pizarros, des grausamen Eroberers von Peru, und von Ehrgeiz gestachelt, eine eben so weltberühmte Eroberung zu machen, als jener, vernahm kaum die wunderbaren Erzählungen jener Wanderer, als er auch bei Karl V. um eine Erlaubniß nachsuchte, Florida auf seine eignen Kosten zu erobern. Er erhielt sie; sein Ruf verschaffte ihm bald Begleiter und mit hohen Hoffnungen segelte er nach Cuba hinüber, dessen Gouverneur er war. Dort seine Macht noch verstärkend, landete er 1539 zu Espirito Santo in Florida mit 600 Soldaten; es war dies eine größere und besser gerüstete Armee, als die, mit der Cortez Mexico erobert hatte. Er erwartete nun nichts weniger, als ganze Minen von Gold und die reichsten Städte zu finden, und verfolgte auch, von Eingebornen getäuscht und irre geführt, eine lange Zeit hindurch diese Schatten, die stets flohen, sobald er sich näherte. Er wandte sich endlich nördlich, kreuzte die Alleghany-Gebirge, marschirte dann südlich nach Mobile und kämpfte dort einen blutigen Kampf mit dem Volke einer von Mauern umschlossenen Stadt, die mehrere 1000 Bürger oder vielmehr Krieger enthielt. Zu Pensacola traf er Schiffe von Cuba, mit Vorräthen für seine erschöpfte Armee und zu stolz, um weise zu werden, verharrte er hartnäckig bei seinem nutzlosen Plane und ging lieber dem augenscheinlichen Verderben entgegen, als daß er sich die Blöße gegeben, einzugestehen, einen falschen Schritt gethan zu haben.

Die Hoffnung kostbare Metalle zu gewinnen, lockte ihn aber besonders an, und weiter, immer weiter zog er gen Nordwesten, bis er im 34. Breitegrade den majestätischen Mississippi entdeckte. Von hier an wandte er sich westlich, bis er den Wachita erreichte, wo er denn doch endlich, niedergeschlagen und entmuthigt, seinen Curs heimwärts lenkte, dem Strom bis zu seiner Vereinigung mit dem Red River folgte und mit diesem bis da hinunter ging, wo er seine rothen Wasser in die Fluthen des Mississippi ergießt. Dort starb er und sein Körper wurde, in eine hohle Eiche eingeschlossen, dem breiten Strom übergeben, dessen Entdeckung er mit seinem Leben bezahlt hatte.

Der Offizier, der ihm im Befehl folgte, verlor keine Zeit, den traurigen Ueberrest seiner Armee den Mississippi hinunter und wieder nach Cuba zu führen, wo er doch wenigstens, nicht mehr ohne Unterlaß von im Hinterhalt liegenden Wilden bedroht, einmal wieder „ordentlich ausschlafen" konnte.

Sobald die Nachricht nach Spanien kam, daß Florida durch französische Hugenotten colonisirt worden wäre, fand Philipp II. in Pedro Melendez de Ariles einen herrlichen Agenten für seinen eigenen bigotten Plan. Diesem gab er den doppelten Auftrag, sowohl Besitz von jenem Lande zu nehmen, als auch die Ketzer zu vernichten. Ueber 500 Personen begleiteten Melendez, unter denen sich ganze Familien, Soldaten, Handwerker und Priester befanden. Diese erreichten die Küste südlich von der frühern Ansiedlung und entdeckten den Hafen von St. Augustin, im Jahr 1565 am Tage dieses Heiligen. Dort legten sie auch den Grund der Stadt dieses Namens, welche jetzt die älteste der amerikanischen Republik ist, um 40 Jahre älter, als die Nächstfolgende.

Die Franzosen erhielten jetzt von Melendez die fürchterliche Nachricht, daß er gekommen wäre, Alle die zu vernichten, die nicht katholischer Religion seien. Ribault, der vermuthete, die Spanier würden ihren Angriff zu Wasser machen, schiffte sich ein, ihnen zu begegnen. Ein fürchterlicher Sturm warf ihn aber aus seiner Bahn und ließ seine große Flotte stranden. Zu gleicher Zeit durchwanderten die Spanier den Wald und griffen das Fort von der Landseite an. Unvorbereitet und durch solchen Angriff überrascht, blieb ihm natürlich nichts Anders übrig, als sich zu ergeben; grausame Bigotterie schlachtete hier ohne Unterschied des Alters und Geschlechts 900 Hugenotten. Die gestrandeten Schiffsleute wurden später noch gefunden, als sie schwach und erschöpft am Ufer lagen. Melendez lud sie ein, zu ihm zu kommen und seiner Großmuth zu vertrauen; sie kamen und er ermordete sie Alle.

Als die Nachricht dieses Gemetzels an die französische Küste drang, zuckte ein Schrei der Rache durch das ganze Land, aber der Monarch schenkte ihm kein Gehör; was konnte auch der Tod von 900 Hugenotten eine Regierung kümmern, die 7 Jahre später die blutige Bartholomäusnacht in Paris selbst feiern ließ? Nichts desto weniger vergaß das Volk diese Schuld nicht, die es im Blut der Spanier zu tilgen hatte. Und drei Jahre danach schifften sich unter der Leitung des wackern Chevalier Gouges muthige Männer ein, griffen Florida an und erschlugen 200 Spanier.

Die spanische Colonie bekam dadurch einen gewaltigen Stoß, wurde aber doch nicht gänzlich vernichtet und erwies sich als die erste bleibende Ansiedelung, welche Europäer an den Ufern der nordamerikanischen Republik gegründet hatten.

Zweite Periode

Von dem Sir Gilbert verliehenen Patent der Königin Elisabeth, bis zur Landung der Pilger in dem jetzigen New Plymouth.

(Von 1578 bis 1620.)

Die Geschichte der englischen Colonisation in Amerika beginnt mit zwei merkwürdigen Männern, Sir Humphrey-Gilbert und seinem Schwager Sir Walter Raleigh. Die englische Monarchie beanspruchte nämlich das Land und zwar auf Grund der Entdeckung von Sebastian Cabot, und die Königin Elisabeth gab 1578 Sir Humphrey Gilbert ein offenes Patent, was ihm „alle solche entfernte heidnische und barbarische Länder, die er in Nordamerika entdecken und in Besitz nehmen würde," zusprach, vorausgesetzt, daß dieselben noch nicht vorher von einer andern christlichen Regierung in Besitz genommen wären. Hierzu gab sie ihm und seinen Erben das volle Eigenthumsrecht des Bodens, ebenso die Gerichtsbarkeit über jene Länder, und die Seen, welche sie begrenzten, zugleich erklärend, daß Alle die, die sich dort niederlassen würden, sämmtliche Privilegien freier Bürger und Eingebornen von England genießen sollten. Fernerhin verbot sie sogar die Niederlassung anderer Personen in der Nähe irgend eines Platzes selbst bis 200 Leagues Entfernung, welchen Sir Humphrey oder seine Gefährten durch einen Zeitraum von 6 Jahren bewohnt hatten. Für diese Privilegien sollte der, dem das Patent verliehen war, nur die Autorität der englischen Nation als rechtmäßige Obergewalt anerkennen und seinem Souverain einen Fünftheil alles des Goldes und Silbers zahlen, das er in diesen Ländern gewinnen würde.

Im ersten von Gilbert gemachten Versuche, eine Colonie zu gründen, sah er sich getäuscht, denn er stach allerdings in See, mußte aber wieder zurückkehren. Erst auf seiner zweiten Reise erreichte er, und zwar 1583, St. John in New Foundland, wo er Besitz vom Lande für seinen Souverain nahm, indem er eine Säule mit dem brittischen Wappen errichtete. Hiernach suchte er den Engländern die Fischereien jener Ufer zu sichern, die so werthvoll schienen, daß sich schon verschiedene europäische Nationen darum stritten. Von dort segelte er südwestlich, bis er den Breitegrad der Mündung des Kennebec erreichte; hier strandete das größte seiner drei Fahrzeuge und die ganze Mannschaft ging zu Grunde. Gilbert, der es jetzt unmöglich fand, weiter vorzurücken, kehrte nach England zurück. Die kleine Barke aber — denn er hatte selbst das kleinste seiner Fahrzeuge für sich gewählt, damit keiner seiner Leute einer größern Gefahr ausgesetzt wäre, als er, ihr Führer — ging unterwegs in stürmischer See zu Grunde und es wurde nie wieder von ihm gehört.

Der kühne und energische Raleigh, der in Frankreich ein Zögling

Colignis gewesen, nahm nun 1584, mit trotz jenes Unglücksfalles ungedämpftem Eifer, den großen Plan wieder auf, an dem Gilbert sein Vermögen zugesetzt und sein Leben verloren hatte. Sir Walter war schon damals ein Günstling der Königin und erlangte leicht von ihr ein Patent, das ihm dieselben Privilegien zusprach, die sie vor ihm seinem Schwager gewährt.

Raleigh hatte schon von unglücklichen französischen Emigranten die Fruchtbarkeit und das herrliche Klima des Südens rühmen hören und dorthin sandte er jetzt zwei Fahrzeuge unter Philipp Amidas und Arthur Barlow. Diese näherten sich dem Ufer des Pamlico-Sundes und fanden dort ein herrliches, mit wilden Früchten und Blumen bedecktes Land. Auch die Eingebornen schienen so freundlich wie ihr Klima und ihre Vegetation. Des Königs Sohn, Granganimo, kam mit 50 seines Volks, empfing sie mit ausgezeichneter Höflichkeit, und lud sie ein, sie in seinem 20 Meilen von der Küste entfernten Hause zu besuchen. Leider fanden sie ihn nicht dort, aber seine Frau begrüßte sie auf das Herzlichste und Gastfreundlichste, und sie hätten von keiner civilisirten Nation gütiger und liebevoller aufgenommen werden können.

Als die Schiffe aber nach England zurückkehrten und der Königin Elisabeth Nachrichten über dies reizende Land brachten, nannte sie es Virginia, zum Gedächtniß daran, daß diese glückliche Entdeckung unter einer jungfräulichen Königin gemacht sei. Der Name wurde auch bald der ganzen Küste beigelegt.

Raleigh fand nun manche Abenteurer, die sich nach solchen Beschreibungen ihm anschlossen und 1585 rüstete er eine Flotte von 7 Schiffen aus, die unter dem Befehl von Sir Richard Grenville in See ging, dem Laufe von Amidas und Barlow folgte und an derselben Insel, wie jene, landete; Grenville brannte aber hier grausamer Weise ein ganzes Dorf nieder, weil er einen Indianer in Verdacht hatte, einen silbernen Becher gestohlen zu haben. Hiernach ließ er, unter Capitän Lane, auf der Insel Roanoke eine Colonie zurück. Die Colonisten litten aber durch Mangel an Lebensmitteln große Noth und wurden schon im nächsten Jahre durch Francis Drake, der von einer glücklichen Expedition gegen die Spanier in Westindien zurückkehrte, wieder nach England eingeschifft.

Bald nach ihrer Abreise wurden sie durch ein Schiff aufgesucht, das Raleigh mit Vorräthen für sie hingeschickt und später langte Sir Richard Grenville selbst dort an. Da er sie nicht fand, ließ er höchst unvorsichtiger Weise 15 von seinen Leuten zurück, um die Insel in Besitz zu halten und kehrte dann selbst nach England heim. Von dieser kleinen Anzahl hat man aber nie wieder etwas gehört und es ist mehr als wahrscheinlich, daß sie von den beleidigten und rachsüchtigen Wilden vernichtet wurden.

Im Jahre 1587 schickte Raleigh wiederum eine Colonie von 150 Abenteurern nach derselben Insel und zwar unter dem Befehl von Capitain White, der aber blos einen Monat dort blieb, und dann nach England zurückkehrte, um Vorräthe für seine Colonie zu holen. Ehe er abreiste, gebar seine Tochter, eine Mrs. Dare, ein Mädchen, das erste von englischen Eltern in Amerika geborne Kind. Es wurde Virginia getauft.

Raleigh machte nun viele, aber stets vergebliche Versuche, diese Colonie zu unterstützen; denn gerade zu dieser Zeit drohte die spanische Armada England selbst zu überwältigen, und drei Jahre vergingen, ehe er sich nur die Mittel verschaffen konnte, Capitän White mit Vorräthen für sie zurückzuschicken. Da war es aber schon zu spät und nicht Einer von ihnen übriggeblieben, ja trotz aller Versuche, Etwas von ihnen zu erkunden, hat man nie wieder eine Spur von ihnen gefunden. White, in Gefahr, dort selbst zu Grunde zu gehen, mußte wieder nach England flüchten, ohne auch nur einen einzigen Ansiedler am amerikanischen Ufer zurückzulassen.

Hiernach wurde Raleigh leicht bewogen, alle seine Rechte und Ansprüche, die in seinem Patent enthalten waren, einer Compagnie Londoner Kaufleute abzutreten, und diese, die sich begnügte, blos einen kleinlichen Handel mit den Eingebornen zu treiben, machte gar keinen Versuch, einen Theil des Landes für sich zu erobern.

Erst im Jahre 1602 segelte Bartholomeo Gosnold mit 32 Männern von Falmouth ab, steuerte gerade West und war der erste englische Seefahrer, der jenes Land in der geradesten und nächsten Tour erreichte. Er näherte sich der Küste von Nahant, da er aber keinen guten Hafen fand, hielt er mehr nach Süden hinunter und entdeckte dort ein Cap, das er Cod nannte und dieß ist der erste Platz in

Neu-England, den ein Engländer je betreten hat. Von da segelte er um Nantucket herum und entdeckte und benannte Marthas Weinberg, lief in Buzzards Bay ein und gab dort einer reizenden Insel, die er fand, den Namen Elisabeth, seiner Königin zu Ehren. Nahe deren westlichem Ufer auf einer kleinen Insel an einem See baute er ein Fort und Waarenhaus auf und wollte dort eine kleine Colonie zurücklassen. Die Indianer zeigten sich aber so feindlich, daß seine beabsichtigten Ansiedler keine Lust hatten, dort zu bleiben. Nachdem er sein Schiff also fast ganz und gar mit der Sassafras-Wurzel, die damals in der Heilkunde eine sehr bedeutende Rolle spielte, beladen, kehrte er mit allen seinen Leuten nach England zurück und erreichte dies wieder nach einer Passage von 5 Wochen, der kürzesten Zeit, in welcher bis dahin diese Fahrt gemacht worden.

Frankreich, durch den Krieg der Ligue geschwächt, hatte jetzt 50 Jahre lang alle seine Ansprüche auf die Territorien des westlichen Continents vernachlässigt. Nach dieser Zeit fühlte aber doch der unternehmende Geist Heinrich IV. die Wichtigkeit dieses Gegenstandes und im Jahre 1601 gab er Sieur de Monts ein Patent, das ihm das Land Acadia, und zwar mit der ganzen Gerichtsbarkeit, zusprach, wie es sich vom 40—46 Grad nördlicher Breite erstreckte. Im nächsten Jahre segelte de Monts von Frankreich ab und nahm Samuel Champlain als seinen Lootsen mit; als er Cap Sable umschifft, lief er in eine weite Bay ein, die er damals La Baye Française, (Bay von Foundy) nannte und an deren östlicher Seite er Port-Royal gründete. Hiernach untersuchte er die Bay weiter, entdeckte und benannte die Flüsse St. John und St. Croix und segelte hierauf an der Küste bis zum Cap Cod hinauf.

Den Engländern wurde aber bei dieser Sache nicht wohl und James I., der Nachfolger Elisabeths, beschloß dagegen aufzutreten. Er theilte also 1606 den Theil Nordamerikas, der zwischen dem 34. und 45. Grad nördlicher Breite liegt, in zwei fast gleiche Distrikte, und übergab den südlichen Theil, oder die erste Colonie Virginia, zwischen dem 34. und 41. Grade, einer Compagnie von Kaufleuten, welche die Londoner Compagnie genannt wurde; den nördlichen Theil aber oder die zweite Colonie von Virginia, zwischen dem 38. und 45. Grade, einer andern Corporation, der Plymouth-Compagnie. Der König autorisirte diese Gesellschaften, dort Ansiedlungen zu gründen, vorausgesetzt jedoch, daß dieses nicht innerhalb 100 englischer Meilen von einander geschähe und gab ihnen ein Recht, auf das Land an der Küste hin 50 Meilen hinauf und hinunter und bis auf hundert Meilen von ihrer Ansiedelung aus in das Innere gehend.

Die London- und Plymouth-Compagnien säumten denn auch nicht lange, Besitz von dem ihnen anvertrauten Lande zu nehmen und rüsteten Schiffe aus. Das erste, von der letztern Compagnie bemannte, wurde 1606 schon von den Spaniern genommen. Im darauf folgenden Jahr schickten sie jedoch den Admiral Raleigh Gilbert mit 100 Pflanzern, unter Capitän Georg Popham, ihrem Präsidenten, hinüber. Diese landeten glücklich an der Mündung des Kennebecflusses, wo sie ein Waarenhaus erbauten und befestigten. Aber schon nach 2 oder 3 Monaten kehrten die Schiffe nach England zurück und ließen bloß 45 Mann im neuen Lande. Die Leiden dieser sogenannten Sagadahoc-Colonie unter Capitän Popham waren besonders im Winter fast unerträglich. Sie verloren ihr Waarenhaus durch Feuer und ihren Präsidenten durch den Tod, kehrten daher im nächsten Jahr nach England zurück und nannten das Land eine „kalte, dürre, gebirgige Wüste." Dieß war bis zum Jahr 1620 der erste und einzige Versuch, jenen Theil des Landes anzusiedeln. Also nach einer Periode von 110 Jahren, von der Zeit an gerechnet, daß Cabot Nord-Amerika entdeckte, und 24 Jahre, nachdem Raleigh dort die erste Colonie gegründet, lebte noch im Jahre 1607 nicht ein einziger englischer Ansiedler in Amerika.

1607 endlich schickte die London-Compagnie Capitän Christopher Newport mit drei Schiffen und 105 Mann hinüber, unter denen der Seefahrer Gosnold und Capitän John Smith, der Vater Virginiens, war. Dieser hatte sich schon durch seine kühnen Unternehmungen und Abenteuer einen Namen erworben; in seiner Jugend focht er für die Freiheit in Holland und durchreiste dann Frankreich, Egypten und Italien. In Ungarn bekämpfte er die Türken und wurde Offizier. Er war dabei ein schöner stattlicher Mann und besonders von Damen wohlgelitten, ja er soll sogar sowohl in der

Türkei, als in Rußland mehre Male gefangen genommen und nur durch Frauengüte wieder gerettet sein.

Diese Flotte segelte nach den westindischen Inseln; durch einen Sturm aber nördlich über Roanoke getrieben, entdeckte sie so zufällig die Chesapeake Bay, deren Grenzen jetzt Cap Charles und Henry, den Söhnen des Königs zu Ehren, benannt wurden. In diese Bay einlaufend segelten die Abenteurer den Powhatanfluß hinauf, dem sie den Namen James gaben und an dessen Ufer 50 Meilen von seiner Mündung sie ihre Wohnung aufschlugen und einige Hütten erbauten. Der Platz wurde Jamestown genannt, eine Benennung, die er noch bis auf heutigen Tag behalten. Und wenn er auch nie zu irgend einer Bedeutung gelangt ist, ja jetzt sogar nur noch durch immer mehr verfallende Ruinen bezeichnet wird, so war er doch die erste englische Ansiedelung in der neuen Welt und hat daher wenigstens auf den Ruhm des Alters Anspruch zu machen.

Diese Colonie befand sich jetzt im Besitze jener Männer; der pedantische König James hatte aber selbst das Patent aufgesetzt und die Regierungsgewalt gänzlich der Krone vorbehalten; den Colonien war auch gar keine weitere Bürgschaft gegeben, als das etwas sehr unbestimmte Versprechen, daß sie Engländer bleiben sollten. Die Religion wurde ebenfalls nach den Formen und Doctrinen der englischen Kirche eingeführt; eine Theilung des Vermögens fand aber für den Anfang nicht statt, und fünf Jahre lang sollte die Arbeit der einzelnen Individuen der Gesammtheit zu Gute kommen. Sie wählten nun ihren Rath und hatten im Anfang nicht übel Lust, Smith, den Besten von ihnen, auszuschließen. Durch Robert Hunts, eines wackern Mannes Bemühung, wurde aber dieser ungerechte Beschluß zu Nichte gemacht, und Smith bekam die Stellung angewiesen, die ihm als erstem Leiter der Gesellschaft auch gebührte, den Oberbefehl über dieselbe.

Die benachbarten indianischen Stämme belästigten die Colonie fortwährend und verwickelten sie in einzelne Kämpfe und Streitigkeiten; dabei gingen ihnen die Vorräthe aus und Mangel an Lebensmitteln, wie ein Klima, an das sie nicht gewöhnt waren, brachte bald eine Krankheit zum Ausbruch, die gar verderbliche Folgen für sie hatte. Oft starben vier oder fünf an einem Tage und 50 gingen zu Grunde ehe der Winter anbrach. Unter ihnen der wackre Gosnold. Smith war es hier allein, der die Ansiedlung vor gänzlichem Verderben bewahrte; er wußte sowohl die Eingebornen in Furcht zu halten, wie auch sogar Lebensmittel von ihnen geliefert zu bekommen. Dabei ermuthigte er die Furchtsamen und wies die Meuterer in ihre Schranken zurück. Der Winter kam endlich und mit ihm Erlösung von klimatischen Krankheiten, wie auch reichliche Nahrung an Wild und Geflügel.

Die London-Gesellschaft hatte indeß mit einer Ungewißheit der geographischen Lage des Landes, die selbst zu jener Zeit in Erstaunen setzen muß, Befehl gegeben, daß einzelne der nordwest strömenden Flüsse erforscht werden sollten, um eine Passage nach der Südsee zu finden, und Smith, obgleich er einen solchen hoffnungslosen Versuch wohl als das erkannte, was er wirklich war, unterwarf sich doch dem Befehl und machte sich auf, die Quellen des Chickahominys zu untersuchen, deren Wasser etwa nach jener bezeichneten Richtung lagen.

Powhatan, der Häuptling oder König jener wilden Conföderationen, welche die Ufer des James und seines Stromgebietes bewohnte, war bald nach deren Ankunft von den Colonisten besucht worden. Seine königliche Residenz bestand aus 12 Wigwams, nahe der Stelle, wo jetzt Richmond steht. Ihm zunächst an Macht war sein Bruder, Opechacanough, der Häuptling der Pamunkies und Chickahominys. Smith schiffte sich in einer Barke auf den Fluß ein, ging in dieser so weit hinauf, als möglich und verließ sie endlich, wobei er seiner Gesellschaft befahl, daß sie bis zu seiner Rückkehr nicht landen sollten; er ging dann mit vier Begleitern, seinen Zweck verfolgend, am Strome weiter hinauf. Die Indianer hatten aber seine Bewegungen beobachtet, und als die in der Barke Zurückgelassenen dem Befehle nicht gehorchten und ans Land stiegen, überfielen sie dieselben, nahmen sie gefangen und zwangen sie, ihnen zu sagen, welchen Weg ihr Führer genommen. Natürlich konnte der in ihren Wäldern unbekannte Weiße nicht lange den schlauen Söhnen der Wildniß entgehen, sie fanden ihn, überwältigten ihn und schleppten ihn gefangen mit sich fort. Lange Zeit wußten sie nun aber nicht, was sie mit ihm machen, ob sie ihn am Leben lassen, oder ihn tödten sollten; endlich aber gaben ihre Medizinmänner oder Zauderer den Ausschlag und er wurde zum Tode verurtheilt. In Powhatans Residenz sollte der Spruch vollzogen werden und in feierlicher Versammlung brachte man einen Stein, auf dem man ihm mit Kriegskeulen den Kopf zerschmettern wollte.

Das Leben des Europäers hing an einem Haar; schon war er zum Richtplatze geschleppt, schon lag sein Kopf auf dem Stein, und die beiden Krieger standen mit gehobenen Keulen neben ihm, als Pokahontas, die Tochter Powhatans, vorsprang und mit Thränen und Bitten das Leben des Weißen erbat. Man verweigerte es ihr, da kniete das edle Mädchen neben das Opfer nieder und legte ihr eigenes junges Haupt auf das des zum Tode Verdammten. Eine solche Aufopferung rührte selbst die Wilden und Smith war gerettet. Er lebte jetzt eine Zeitlang mit ihnen; während seiner Abwesenheit aber riß Unordnung und Meuterei in seiner eigenen Colonie ein und als er später nach Jamestown zurückkehrte, fand er nur noch 38 Personen am Leben und selbst diese verzweifelten und hatten nur den einzigen Wunsch, ein so ungastliches Land sobald als möglich verlassen zu können. Nichts desto weniger gelang es ihm, theilweise durch Gewalt, theilweise durch Ueberredung sie zu bewegen, noch bis zum nächsten Jahre auszuhalten, wo Newport auch wirklich mit neuen Vorräthen und 120 Auswanderern aus England eintraf; das erfüllte sie mit neuem Vertrauen und erweckte neue Hoffnungen.

Während des Jahres 1608 untersuchte Capitän Smith die Chesapeake Bay bis an ihre Mündung, entdeckte dort den herrlichen Strom, und sammelte neue Erfahrungen über die Producte und über die Eingebornen jenes Landes. Bei einer Excursion, die er den Rappahannock hinauf machte, hatte er ein Scharmützel mit den Mannahoacks, einer Nation, die von den Delawaren abstammte und nahm einen Bruder eines ihrer Häuptlinge gefangen. Von diesem hörte er zuerst die Irokesen erwähnen, die, wie ihm der Indianer sagte, „an einem großen Wasser im Norden wohnten, viele große Boote hatten und so viel Krieger in ihren Schaaren zählten, daß sie mit der ganzen übrigen Welt in Krieg lebten."

Bald nach seiner Rückkehr wurde er zum Präsidenten des Raths ernannt, fand aber unter den neuen Emigranten weiter Nichts, als Goldsucher und Faulenzer. Da er nun einsah, daß eine neue Colonie auf solche Art nicht bestehn konnte, so ließ er ihnen die Wahl, entweder 6 Stunden jeden Tag zu arbeiten, oder Nichts zu Essen zu bekommen. Zu gleicher Zeit schrieb er an den Rath in England, daß sie ihm tüchtige Arbeiter schicken möchten, daß ferner der Befehl gegeben würde, das Goldsuchen einzustellen, und Niemand Etwas auf andere Art zu gewinnen suchen solle, als nur durch Arbeit.

Die London-Compagnie war aber auch indessen durch tüchtige und einflußreiche Männer verstärkt worden; ohne jedoch die Wünsche der Colonie zu berücksichtigen, ja sogar gegen die Interessen derselben, löste sie ein neues Patent, durch das sie das Land in Pacht nahm und alle bisher der Krone zustehende Macht auf sie selbst übertragen wurde. Sie wählte auch dort aus ihrer Mitte einen Gouverneur, der die Colonisten mit unbeschränkter Gewalt regieren sollte. Die Compagnie sammelte nun 500 Abenteurer, unter denen sich meistens Desperados, und förmliche Glücksritter befanden; der auf Lebenszeit gewählte Gouverneur war übrigens der wackere Lord Delaware, (1609) und 9 Schiffe wurden jetzt mit Emigranten befrachtet, über die Capitän Newport den Oberbefehl übernehmen sollte. Da übrigens Lord Delaware noch nicht bereit war, sich einzuschiffen, so wurde der Admiral, mit Sir Thomas Gates und Sir George Somers, mit der Vollmacht abgesandt, die Colonie bis zu jenes Ankunft zu regieren. Newport nahm Gates und Somers in seine eignen Schiffe. Die Flotte hatte aber Unglück. Als sie in die Bermudas kam, zerstreute sie ein furchtbarer Sturm, das Admiralschiff strandete an der felsigen Küste jener Insel und nur sieben von den Schiffen erreichten Jamestown.

Die Einwanderer langten demnach allerdings ohne Befehlshaber an; Smith aber hatte Kraft und Geist genug, ihnen zu imponiren, und zwang die wilde Schaar bald, sich seinen Befehlen zu unterwerfen.

Pocahontas rettete jetzt mehrere Male Smiths Leben und war dadurch auch die unbezweifelte Ursache, daß die Colonie, die jener zusammenhielt, nicht zu Grunde ging. Endlich aber beraubte ein Unglücksfall die junge Ansiedlung doch ihres Vaters. Eine zufällige Explosion von Pulver beschädigte Smith nämlich so, daß keine dort zu erlangende medizinische Hülfe ihn heilen konnte, und, seine Autorität in die Hände George Percy's, des Bruders des Earl von Northumberlands niederlegend, kehrte er nach England zurück. Nach seiner Abreise hörte jedoch die Subordination und der Fleiß, der bis jetzt einen so wohlthätigen Einfluß ausgeübt hatte, vollkommen auf; die Leute wurden nachlässig und leichtsinnig und die Indianer, fortwährend auf der Wacht, bedrängten sie mit feindseligen und unermüdlichen Angriffen, und hielten sogar die sonst gewöhnlichen Zufuhren zurück. Ihre Vorräthe mußten sich natürlich bald erschöpfen; die Hausthiere, die sie zur Zucht frei laufen hatten, wurden eingefangen und verzehrt und die Hungersnoth erreichte endlich einen solchen Grad, daß sie sogar in zwei Fällen Menschenfleisch verzehrt haben sollen. Smith verließ 490 Personen und in sechs Monaten hatte Anarchie und Laster ihre Zahl auf 60 vermindert und selbst diese waren so geschwächt und elend, daß sie ebenfalls unfehlbar zu Grunde gegangen wären, wenn dieser Zustand nur noch wenige Tage länger gedauert hätte.

Unterdessen hatte Sir Thomas Gates und seine Gefährten, die an den Felsen von Bermudas Schiffbruch gelitten, dort die Mittel gefunden, ein Fahrzeug zu bauen und näherten sich Jamestown. Sie freuten sich eines fröhlichen Zusammentreffens mit ihren Freunden. Aber wehe! welch Entsetzen erfaßte sie, als sie dort nur elende Gerippe, ausgedörrte Leichname, denen man Hungersnoth und Todesnähe ansah, trafen. An einen längern Aufenthalt dort war auch gar nicht zu denken; sie mußten den allgemeinen Bitten nachgeben und sich, die Ansiedlung verlassend, mit dem ganzen Ueberrest der Colonisten einschiffen.

Sie fuhren Morgens ab, gingen mit der Strömung hinunter und entdeckten gegen Abend nahe der Flußmündung drei Schiffe, und auf diesen erschien Lord Delaware, ihr väterlicher Gouverneur, brachte ihnen Provisionen und ließ ihre schon fast verzweifelten Herzen neue Hoffnung schöpfen. Dadurch wurden sie so ermuthigt, daß sie zurückkehrten und nun, mit einem wackern Mann an der Spitze, ein neues besseres Leben begannen. Die Colonie gedieh jetzt augenscheinlich; im März 1611 nahm aber des Gouverneurs Gesundheit dermaßen ab, daß er sich gezwungen sah, das Land zu verlassen. Nach Lord Delawares Abreise stand Percy wieder an der Spitze der

Regierung, bis im Mai Sir Thomas Dale eintraf. Er hatte von der Compagnie die Macht erhalten, nach den Kriegsgesetzen zu regieren, und er that das auch, übte dieselben aber mit solcher Mäßigung, daß er gar bald eine vortreffliche Ordnung in die inneren Einrichtungen brachte, und seine Bemühungen mit dem besten Erfolge gekrönt sah. Dennoch konnte die Colonie mit der bis dahin geleisteten Hülfe keineswegs eine blühende genannt werden; und Dale schrieb deshalb nach England um Unterstützung, von wo in weniger als vier Monaten Sir Thomas Gates mit 6 Schiffen und 300 Emigranten nachkam.

Nach Capitän Smiths Abreise hatte Capitän Argall an der Spitze einer fouragirenden Partei erfahren, daß sich Pokahontas auf kurze Zeit in der Familie eines Häuptlings der Potomacs, mit Namen Japazaws, befand. Diesen bestach Argall mit einem glänzenden kupfernen Kessel, die indianische Prinzessin an ihn schändlicher Weise auszuliefern, da er sie seines eignen Interesses wegen gefangen zu nehmen wünschte. Japazaws verabredete sich daher mit seiner Frau, daß diese erklären sollte, sie verspüre eine unwiderstehliche Neugierde, Argalls im Flusse liegende Schiffe zu besuchen. Er solle sich dann stellen, als ob er ärgerlich sei und sie bedrohe, zuletzt aber so weit nachgeben, daß er ihr verspreche, mit ihr aufs Schiff zu gehen, wenn ihre Freundin Pokahontas sie begleiten wolle. Der Plan gelang und die Engländer nahmen die nur durch ihre Gutmüthigkeit verleitete Prinzessin und noch dazu die Wohlthäterin der englischen Colonisten gefangen.

Als sie nach Jamestown geführt worden, sandte man eine sehr ceremoniöse Botschaft an Powhatan, daß er das junge Mädchen, die er beschuldigt wurde, mit verschiedenen Männern und Artikeln, an sich genommen zu haben, auslösen solle. Hierauf antwortete der ehrwürdige alte Häuptling drei Monate nicht; indessen bewarb sich aber ein junger Engländer aus der Colonie, John Rolfe, um das indianische Mädchen und erhielt endlich ihre Einwilligung. Dadurch wurden Alle zufrieden gestellt, und diese Heirath knüpfte auch, so lange Powhatan lebte, einen Freundschaftsbund zwischen den Weißen und Indianern.

Pokahontas wurde unter dem Namen Rebecca in die christliche

Kirche aufgenommen und getauft und später ging sie mit ihrem Gatten nach England, wo sie vom König und der Königin sich gar freundlich aufgenommen sah. Dort fand sie auch ihren frühern Gatten Smith, von dem sie geglaubt hatte, daß er todt sei. Seine Freunde nämlich mußten ihr das auf seinen Befehl sagen. — Als sie ihn zuerst wieder erblickte, drehte sie sich ab von ihm und konnte oder wollte kein Wort mit ihm sprechen; erst nach und nach beruhigte er sie durch seine Schmeichelreden wieder und sie redete ihn jetzt als ihren Vater an, und rief sich die Scenen ihrer früheren Bekanntschaft ins Gedächtniß zurück. Nachdem sie in England einen Sohn geboren, wollte sie wieder in die Heimath gehen, wurde aber leider krank und starb in einem Alter von 22 Jahren. Ihr Sohn wuchs und gedieh dagegen und einige der stolzesten Familien Virginiens leiten jetzt ihren Ursprung von jener edlen indianischen Fürstentochter ab.

Im Jahre 1617 wurde Capitän Argall wirklicher Gouverneur von Virginien, da Lord Delaware, der noch einmal versucht hatte, dorthin zurückzukehren, unterwegs gestorben war. Argall regierte aber mit solcher Härte, daß er überall Unzufriedenheit erregte, und die erste Klage, die deshalb nach England hinübergesandt wurde, kam von einem Manne, den er ungerecht verdammt hatte. Er tyrannisirte nicht allein die Colonisten, sondern betrog sie auch, und der Mann, der nicht gezögert hatte, die unschuldige Pokahontas gefangen zu nehmen, um der Gesellschaft zu nützen, machte sich auch kein Gewissen daraus, die Gesellschaft seines eignen Nutzens wegen zu hintergehen. Die Kunde von seinen Bedrückungen aber wirkte sehr nachtheilig auf die Auswanderer, und der gutmüthige Yeardly wurde endlich durch den Einfluß Sir Edwin Sandy's hinübergesandt, seinen Platz einzunehmen. In demselben Jahre rief Gouverneur Yeardly die erste innere Versammlung, die in Virginien gehalten wurde, zusammen, und diese bestand aus von dem Volke selbst gewählten Repräsentanten, die mit dem Gouverneur und dem eingesetzten Rathe alle wichtigen Sachen zu ordnen und zu reguliren hatten. Die Colonisten, die bis dahin Nichts gewesen waren, als Diener der Compagnie, erlangten dadurch alle die Privilegien und Vortheile von freien Männern.

In dieser Gesellschaft, die in Jamestown zusammen kam, wurden 11 Districte, jeder von zwei Bürgern, vertreten. Das ermuthigte aber die Colonisten ungemein; sie sahen nun den Anfang eines blühenden Landes, und bauten und machten Land urbar nach Herzenslust. Etwas fehlte jedoch den Colonisten noch, um ihnen ihre neue Heimath auch wohnlich zu machen. Es herrschte ein bedeutender Frauenmangel in Amerika, und auf Sandy's Rath wurde eine beträchtliche Anzahl von jungen, einfachen, aber höchst rechtschaffenen und anständigen Mädchen hinübergesandt, die man den jungen Pflanzern verkaufte. Der für sie bezahlte Preis bestand im Anfang aus 100, später aus 150 Pfund Tabak, und man hielt es für die größte Schande, eine in solcher Hinsicht gemachte Schuld nicht ehrlich zu bezahlen.

Zu jener Zeit wurden aber auch auf den Befehl des Königs James die ersten Sträflinge nach Amerika hinübergeführt und dort in die Colonie vertheilt und als Arbeiter verwandt. Auch die Sklaverei begann 1620, wo ein holländisches Schiff, von Afrika kommend, zuerst in Jamestown landete und dort einen Theil seiner Ladung, in Negersklaven bestehend, absetzte.

Schon eine Zeit lang früher, und zwar 1609, war der Hudsonfluß entdeckt und als einer der schiffbarsten und trefflichsten Flüsse Amerikas befunden worden. Da sich aber zwei Nationen um das Recht auf sein Wasser und das benachbarte Land stritten, so entsprangen aus diesen verschiedenartigen Ansprüchen sehr häufige und oft blutige Kriege. Henry Hudson, der Entdecker, war ein geborner Engländer, jedoch im Dienste der holländischen ostindischen Compagnie. Im nächsten Jahre schickten die Holländer Schiffe in diesen Fluß, um einen Handel mit den Eingebornen zu eröffnen. Der Hof von England läugnete zwar ihren Anspruch an dieses Land, was aber die Holländer wenig kümmerte. Sie verfolgten ihr Glück und erbauten bald darauf das Fort Orange und Manhattan, nahe den jetzigen Stadttheilen von Albany und New York.

Im Jahre 1608 führte Champlain unter De Monts eine Colonie nach Amerika und gründete Quebec, und da er sich die Freundschaft der benachbarten Wilden zu erwerben wünschte, so willigte er ein, sie im nächsten Jahre auf einer Expedition gegen die Irokesen zu begleiten, mit denen sie in offener Feindschaft waren. Sie liefen damals auf den See ein, der seinem Entdecker zu Ehren den Namen Champlain bis auf den heutigen Tag geführt, und durchsegelten denselben, bis sie sich seiner Verbindung mit dem See St. Sacrament, jetzt See Georg, näherten. Hier in der Nachbarschaft von Ticonderoga fand ein gewaltiges Gefecht statt, in dem jedoch Champlain und seine Verbündeten Sieger blieben.

Die Plymouth-Compagnie versuchte, nachdem die Sagadok-Ansiedlungen verlassen worden, nicht so bald wieder, eine zweite Colonie zu gründen, und unternahm weiter nichts, als daß sie einige Fischerfahrzeuge nach dem Cap Cod und zu den Indianern schickte, um Oel und Pelzwerk einzunehmen. Später aber schloß sich ihr Capitän Smith, nachdem er von Virginia zurückkam und gern die nordöstliche Küste zu untersuchen wünschte, mit noch vier anderen Abenteurern als Theilnehmer an und sie statteten ein paar Handelsschiffe aus. Smith segelte in dem größten und das andere wurde von dem schon früher erwähnten Capitän Hunt befehligt. Während Smith nun die Küste zu erforschen suchte, erblickte dieser am Land die Pokanokets und stahl über 20 von Massasoits Unterthanen. Smith unterdessen erforschte nach besten Kräften das Ufer mit seinen Buchten und Flüssen, und zwar von der Mündung des Penobscot bis zum Cap Cod hinunter und zeichnete davon eine Karte. Diese legte er nach seiner Rückkehr dem Prinzen Karl vor, und der nannte das Land, da ihm Smith vorstellte, ein so wunderschöner Landstrich verdiene auch einen guten Namen, Neu-England.

Da sich die Franzosen indessen innerhalb der Grenzen der nördlichen Colonie von Virginien niedergelassen hatten, so wurde Capitän Argall von Jamestown ausgeschickt, sie zu vertreiben. Dies gelang ihm auch; er zerstörte Port-Royal und all die französischen Ansiedelungen in Acadia. Bei seiner Rückkehr landete er im holländischen Fort Manhattan und verlangte, daß ihm im Namen des englischen Souverains das Land abgetreten würde. Die holländischen Händler weigerten sich auch gar nicht besonders, die Oberherrschaft des Königs James und unter ihm die des Gouverneurs von Virginien anzuerkennen, und Manhattan wurde so englisch.

Dritte Periode.

Von der Landung der Pilger bis zur ersten Vereinigung der Conföderation der New-England-Colonieen.

(Von 1620 bis 1643.)

Im Jahre 1592 war in England ein Gesetz erlassen: daß alle dortigen Bewohner bei Strafe der Verbannung (und kehrten sie zurück, bei Todesstrafe) der bestehenden Religion angehören müßten. John Robinson und seine Gemeinde, von der Secte der Separatisten im Norden von England, konnten dieses aber mit dem, was sie für gerecht und billig hielten, nicht vereinigen, und beschlossen, einem solchen Lande, das ihnen keine Gewissensfreiheit böte, zu entsagen. Er hatte damals von Amerika gehört und glaubte, nicht mit Unrecht, in jenen Wildnissen mit den Seinigen Gott ungehindert nach der Art, die er für die allein richtige hielt, dienen zu können. Die Reise erschien ihnen aber Allen zu gefährlich und sie zogen vorerst nach Holland hinüber, um dort vielleicht in der Nähe zu erreichen, was ihnen das eigne Vaterland nicht mehr bieten konnte. Aber auch hier fanden sie nicht, was sie suchten und wünschten, nun den schon früher gehegten Plan zu realisiren. Allerdings wäre es jetzt den Holländern lieb gewesen, wenn sie sich in ihrem Lande niedergelassen hätten: sie aber schickten Agenten nach England, um durch den Einfluß Sir Edwin Sandy's ein Patent unter der virginischen Compagnie zu erhalten. Durch Sandy's Hülfe wurde den Bittenden das Patent wirklich ertheilt; aber das genügte ihnen nicht allein, sie brauchten auch Geld, und um dies herbeizuschaffen, errichteten ihre Agenten eine Art Actiengesellschaft, und zwar mit einigen Geschäftsleuten in London, an deren Spitze Mr. Thomas Weston stand. Jene Kaufleute lieferten das Capital und die Emigranten verpfändeten auf sieben Jahre ihre Arbeit zu 10 Pfund Sterling den Mann. Der Nutzen des Unternehmens aber, alle Häuser, Ländereien, Gärten und Felder sollten nach Ablauf jener Zeit unter die Actien-Inhaber nach Verhältniß der Einlagen vertheilt werden.

Hiernach wurden zwei kleine Fahrzeuge, die May-Flower und der Speedwell, eingerichtet; diese konnten aber, wie sich bald erwies, nur einen Theil der Gesellschaft hinüberbringen, und es wurde deshalb beschlossen, daß die Jüngern und Kräftigen zuerst gehen sollten, während die Aelteren, und unter diesen der Prediger, zurückblieben; waren die Ersteren in ihrem Unternehmen glücklich, so wollten sie nach den Zurückgelassenen schicken, waren sie unglücklich, so sollten sie, wenn auch arm, selbst zu ihnen zurückkehren.

Unter den Führern dieser Partei war Elder Brewster, zu jener Zeit 56 Jahre alt, aber an Körper und Geist gesund und stark. John Carver mochte fast eben so alt sein; William Bradford war kühn, unerschrocken und ausdauernd, aber dabei fromm und ein demüthiger Christ. Nächst diesen stehen noch am bedeutendsten da: Eduard Winslow, zu jener Zeit 26 Jahre alt, Allerton und Hopkins und Miles Standish, ein Offizier, der früher von Elisabeth nach Holland gesandt war, um dieses gegen die Spanier zu unterstützen.

Die Pilger, nachdem sie sich in Southampton etwa 14 Tage aufgehalten, gingen in See; ihre Reise schien aber nicht glücklich ausfallen zu wollen, sie mußten zurückkehren, ließen den Speedwell ganz im Stich und schifften sich endlich sämmtlich und zwar in der Zahl von 100 blos auf dem May-Flower ein, mit dem sie am 6. September von Plymouth aus in See stachen. Nach einer stürmischen und gefährlichen Reise erreichten sie endlich am 9. November Cap Cod; die Mündung des Hudson war als der Platz ihrer Colonie ausgewählt worden und sie steuerten daher von dort aus südlich. Hier aber kamen sie in so gefährliche und bösartige Brandung, daß sie, da sich besonders die Frauen fürchteten, weiter zu gehen, und ungeduldig wünschten, das Land zu betreten, zurückzukehren und sich an oder in der Nähe des Cap anzusiedeln beschlossen. Im nächsten Tag segelten sie um die Spitze jenes eigenthümlichen Vorgebirges, und liefen in den Hafen ein, der jetzt Provincetown genannt wird.

Gleich am Bord ihres Schiffes und schon im Hafen unterzeichneten sie jetzt ein Instrument, das zur nöthigen Gründung und Bestätigung ihrer künftigen Einrichtungen unumgänglich nöthig war, und hier in diesem einfachen Document wurde zum ersten Male das große Princip einer freiwilligen Conföderation von unabhängigen Männern ausgesprochen, die einen Staat gründeten, nicht der Regierenden, sondern der Regierten wegen.

Am Bord des May-Flower befand sich dieselbe Anzahl von Personen, die England verlassen hatten. Nur Einer, ein Diener, war gestorben, dafür aber ein Knabe, Peregrine White, unterwegs geboren. Carver wurde augenblicklich zum Gouverneur und Standish zum Capitän ernannt.

Keine behagliche Heimath, keine liebenden Freunde erwarteten die Pilger hier an dieser unwirthlichen Küste. Die, welche ans Ufer gingen, mußten durch die kalte Brandung zu einer ungewohnten Wildniß waten; aber es war nöthig, einen Platz zu finden, auf dem sie ihre Ansiedlung gründen konnten und sie durften keine Zeit dabei verlieren. Die Schaluppe bedurfte unglücklicher Weise einer tüchtigen Reparatur, und indessen ging eine Gesellschaft aus, um das Land in ihrer nächsten Umgebung etwas zu erforschen; sie fanden ihren Aussagen nach „ein klein wenig Korn und viele Gräber", und beim zweiten Ausflug wurden sie sogar von einem wilden Novemberschneesturm überrascht, der in Manchen von ihnen den Keim zu einer tödtlichen Krankheit legte. Das Land war mit Holz bewachsen und zugleich reich an Wild. Als die Schaluppe hergestellt worden, bemannten Carver, Bradford und Winslow mit einer Gesellschaft von 18 Männern dies schwache Fahrzeug und gingen damit auf Untersuchung aus. Am westlichen Ufer des Cap Cod hinsteuernd, umsegelten sie in drei Tagen den innern Kreis der Bay; dann und wann landeten sie, um das Ufer zu untersuchen und schliefen Abends, von Zweigen bedeckt, auf dem harten Boden.

Am zweiten Morgen, als sie eben ihre Gebete vollendet hatten, fanden sie sich plötzlich von Indianern angegriffen; als sie aber gegen diese Front machten und ihre Gewehre entluden, flohen die Wilden. Hierauf setzten sie ihren Weg fort, aber ein furchtbarer Wintersturm ließ sie fast Schiffbruch leiden, und erst nach unsäglichen Gefahren gelang es ihnen, sich unter der Leeseite einer kleinen Insel zu schützen, wo sie in Dunkelheit und Regen landen und ein Feuer entzünden konnten. Am nächsten Morgen fanden sie sich am Eingang eines schönen Hafens; da aber dieser Tag ein Sonntag war, so hielten sie ihn heilig und rasteten, obgleich vielleicht das Leben der ganzen Colonie davon abhing, daß sie ihre Mission so schnell als möglich vollendeten.

Am nächsten Montag, und zwar am 14. December, ein Tag, der in den Annalen von Neu-England nie vergessen wird, erreichten die Pilger zuerst den jetzigen Felsen von Plymouth; da sie hier den Hafen für gut, reiche Quellen und das Land auch fruchtbar fanden, so entschlossen sie sich, ihre Ansiedelungen hier zu gründen und nannten den Platz nach dem Ort, den sie in England zuletzt verlassen hatten. Wenige Tage später brachten sie ihre Schiffe in diesen Hafen, und am 25. December schon begannen sie ihre Bauten, nachdem sie zuvor die ganze Compagnie in 19 Familien getheilt und jeder, je nachdem sie Mitglieder zählte, ihren Bauplatz und ihren Grund und Boden angewiesen hatten.

Ihre Hütten entstanden aber langsam, denn wenn auch ihre Herzen stark waren, so hatten ihre Körper durch die ausgestandenen Mühseligkeiten und Strapazen doch zu viel gelitten, und Manche welkten schon jetzt an Auszehrung dahin. Täglich erkrankten Einige, täglich fast starben sogar ein oder zwei Personen, so daß vor Frühlingsanfang die Hälfte ihrer ganzen Zahl, und unter diesen ihr Gouverneur und seine Frau, in dem fremden Lande begraben lagen. Dennoch bereuten sie nie den Schritt, den sie gethan, und als die May-Flower am 5. April sie verließ, sprach nicht ein Einziger davon, nach England zurückzukehren.

Eingeborne hatten sie bis jetzt nur erst Wenige gesehen; denn kurz vor ihrer Ankunft, wie auch schon früher erwähnt, war ein großer Theil derselben durch eine pestartige Krankheit zu Tausenden hingerafft worden. Und das mag viel dazu beigetragen haben, daß ihre Ansiedelung von dieser Seite so wenig Störung fand. Auch die wenigen Indianer, die sie fanden oder von denen sie aufgesucht wurden, schienen nicht feindlich gegen sie gesinnt; denn sie nahmen sie freundlich auf und erwarben sich dadurch bald ihr Zutrauen. Unter diesen war auch Samoset, ein Indianer, der in Penobscot ein wenig Englisch gelernt hatte, und der ihnen später als Dolmetscher gar wichtige Dienste leistete.

Von diesem hörten sie, daß Massasoit, der Sachem der Pokanokets, nicht weit entfernt von ihnen hause; dieser ließ auch nicht lange auf sich warten und erschien bald darauf auf dem Gipfel eines Hügels, von einer Menge bewaffneter und buntbemalter Begleiter umgeben und verlangte, daß Jemand zu ihm gesandt werde, um mit ihm zu verkehren. Hierzu ward Edward Winslow, seines freundlichen Temperaments wegen von den Ansiedlern am meisten geliebt, kluger Weise gewählt, und Capitän Standish fand unterdeß Gelegenheit, eine Art militärischer Parade mit Trompeten und Trommeln zu veranstalten, welche die Wilden ungemein ergötzte.

Der Sachem, als er hirauf ins Dorf kam, fand sich durch die ihm erwiesene Aufmerksamkeit so geschmeichelt, daß er die Autorität des Königs von England anerkannte und mit den Colonisten ein offensives und defensives Bündniß schloß, das durch einen Zeitraum von 50 Jahren nie gebrochen wurde.

Im Juli gingen Edward Winslow und Stephan Hopkins als Gesandte zu Massasoit am Montaup, und zwar um einen Pelzhandel zu eröffnen und die Freundschaft mit den Eingebornen zu unterhalten. Dem Sachem machten sie dabei mit einem rothen Rocke vom Gouverneur Bradford, der indeß Carver gefolgt war, eine ungeheure Freude, gaben ihm auch dabei zu verstehen, daß seine Unterthanen ein klein wenig zu oft in die Colonie kämen, obgleich sie ihn selbst und seine besondern Freunde stets gern sehen und immer willkommen heißen würden. Sie erwähnten auch, daß sie bei ihrer ersten Ankunft dort eine kleine Quantität vergrabenen Maises gefunden, und, durch die Nothwendigkeit gezwungen, verbraucht hätten; sie wünschten jetzt die Eigenthümer desselben zu erfahren, um ihnen den Verlust zu vergüten, und baten zugleich, daß die Pokanokets ihre Felle und Pelze an die Colonisten verkaufen wollten.

Massasoit berief eine Rathsversammlung zusammen: „Bin ich,“ sagte er, „nicht der Befehlshaber des Landes? ist nicht die und die, und die Stadt — und er zählte ihrer etwa 30 auf — mein eigen? Und müssen nicht Alle die, wenn ich es wünsche, ihre Beute zu mir zum Verkauf bringen?“ — Die Sache hatte etwas Wahres; die Sannops jubelten ihm bei jeder Frage eine unbedenkliche Bejahung zu und die Sache wurde dadurch sehr glücklich entschieden, während der hiermit der Colonie zugesicherte Handel von bedeutender Wichtigkeit für sie wurde. Das Schiff Fortune langte im November an und brachte 35 Personen, die sich den Colonisten anschlossen. Der Mais aber, den sie bei ihrem Ausfluge von Cap Cod gefunden, begründete auch ihre Existenz; denn sie hatten ihn gepflanzt und diese Ernte mußte sie, obgleich sie spärlich genug ausfiel, den zweiten Winter hindurch ernähren.

Massasoit fürchtete die Narragansetts und suchte wahrscheinlich aus diesem Grunde die Freundschaft der Engländer zu bewahren. Canonicus, der alte ehrliche Fürst jener Conföderationen, wurde aber vielleicht durch dies Bündniß beleidigt, oder betrachtete sie auch möglicher Weise als Eindringlinge und beschloß Krieg gegen sie zu führen, den er jedoch ganz offen dadurch ankündigte, daß er dem Gouverneur Bradford ein mit dem Felle einer Klapperschlange zusammengebundenes Bündel Pfeile sandte; Bradford füllte das Fell mit Pulver und Kugeln und schickte es zurück und auf lange Zeit hörten sie Nichts wieder von den feindlichen Absichten.

Die Nachricht kam indessen nach Plymouth, daß Massasoit krank wäre, und Winslow ging mit einem gewissen Mr. John Hampden (von dem man glaubt, daß es der berühmte englische Hampden gewesen sei, der zu jener Zeit Amerika besucht hatte) hinüber nach Montaup. Er fand dort die Indianer in Jammern und Leid und mit den wahnsinnigen Versuchen beschäftigt, ihren Häuptling durch allerlei abergläubischen Hocuspocus zu heilen. Als sich der Europäer ihm näherte, streckte der blinde Mann seine Hand aus und sagte: Bist du Winsnow? (er konnte das l nicht aussprechen) bist du Winsnow? o Winsnow, ich werde Dich wohl nie wiedersehn. Winslow reichte ihm die Medizin, die er für nöthig hielt und der Häuptling genaß; aus Dankbarkeit entdeckte dieser dem Engländer dafür eine Verschwörung, welche die Indianer geschmiedet hatten und der er, wie sie von ihm verlangten, sich anschließen sollte. „Aber jetzt thue ich es nicht," sagte er,"denn jetzt weiß ich, daß mich die Engländer lieben."

Massasoit schlug jetzt vor, daß ein kühner Streich ausgeführt werden müsse, um die Häupter der Verschwörung zu vernichten, und der unerschrockene Standish ging hierauf mit einem Trupp von nur acht Männern keck und kühn in das feindliche Land, griff ein Haus an, wo sich die Hauptverschwörer versammelt hatten und erschlug sie Alle. Es muß übrigens hier, um den Indianern Gerechtigkeit widerfahren zu lassen, bemerkt werden, daß sie zu dieser Verschwörung besonders durch die schurkischen Aufreizungen der Weston'schen Leute bewogen waren. Diese „Westonmen" bestanden aus 60 Engländern, die im Herbst 1621, von Thomas Weston, einem frühern Freund der Pilger, nach Amerika geschickt worden waren. Von den Pilgern freundlich aufgenommen, suchten sie ihnen ihre Güte solcher Art zu lohnen, sahen aber glücklicher Weise ihren teuflischen Plan durch die Unerschrockenheit der frommen Männer vereitelt.

Trotz all der Leiden nun, all der Entbehrungen, die sie ausstanden, und all des Fleißes, den sie auf ihre Colonie verwandten, schien es doch, als wenn die Theilnehmer in London nicht recht mit dem Erfolge zufrieden wären. Sie klagten über den geringen Nutzen und entblödeten sich selbst nicht, ein anderes Fahrzeug hinüber zu schicken, um mit ihnen in ihrem geringen Handel mit den Indianern zu concurriren. Da ging Winslow nach England und es gelang ihm mit sieben seiner Gefährten, eine Strecke Landes zu erkaufen, wodurch ihm und zwar seiner eigenen Person der Boden übertragen wurde. Hierdurch sah er sich in den Stand gesetzt, das Land der Colonie im Ganzen wieder zu verkaufen und er that dies für ein sechsjähriges Handelsmonopol mit den Indianern.

Neu-Plymouth begann jetzt zu blühen; denn da das Land vertheilt worden war, so konnte jede Familie für sich selbst arbeiten und brauchte nicht für fremde Wucherer ihren sauern Schweiß zu vergießen. Ihre Regierung war rein demokratisch. Jeder männliche Einwohner hatte eine Stimme und nur der Gouverneur zwei; allerdings hatten sie im Anfang keinen Freibrief, da sie sich nördlich von den Grenzen der virginischen Compagnie befanden; nichts desto weniger fuhren sie fort in der Ausübung ihrer Regierungsform und erhielten endlich später, nach der Errichtung des großen Raths von Plymouth, wie ich nachher erwähnen werde, eine Verfassung, nach der sie dieselben Rechte unter britischem Schutze ausüben konnten.

Zahlreiche Mitglieder der Leyden'schen Kirche schlossen sich ihnen jetzt nach den ersten Jahren an, und Winslow erzählte, daß das

Volk von Plymouth ihnen 1000 Pfund Sterlinge gab, um ihre Uebersiedelung damit zu bestreiten. Der gute alte Robinson sollte aber selbst das Land seiner Hoffnungen und Wünsche nicht erreichen. Er starb in Leyden, 1625, und zwar zum großen Schmerz der Pilger, die ihre Kirche bis dahin ohne Prediger gehalten, da Elder Brewster nur einstweilen seinen Dienst versehen mußte.

Im November 1620 und zwar in demselben Monat, in welchem die Pilger an der amerikanischen Küste landeten, ertheilte James I. dem Herzog von Lenox, den Marquisen von Buckingham und Hamilton, den Earls von Arundel und Warwick, Sir Ferdinand Gorges und 34 Gefährten einen Freibrief, nannte sie „den großen Rath von Plymouth" und bestimmte, daß sie Neu-England in Amerika anpflanzen und regieren sollten. Dies Patent gab ihnen das Territorium zwischen dem 40. und 48. Grad nördlicher Breite und erstreckte sich durch das ganze feste Land von See zu See; dieser Strich, der früher Nordvirginien genannt worden, behielt jetzt, dem königlichen Willen nach den Namen von Neu-England.

Von diesem Patent entsprangen auch alle künftigen sogenannten Grants, unter denen die neue englische Colonie besiedelt wurde. Man betrieb aber die Geschäfte dieser Corporation, entweder aus bösem Willen, oder aus Unwissenheit, so nachlässig und rücksichtslos, daß endlose Streitigkeiten die einzige Folge davon waren. Sir Ferdinand Gorges war ein Offizier in der Marine der Königin Elisabeth und ein früherer Gefährte Sir Walter Raleighs; verschiedene Umstände hatten aber in ihm den Wunsch erweckt, eine Colonie in Amerika zu gründen. Wahrscheinlich mochte der Ehrgeiz viel zu diesem Plan beitragen, da er vielleicht hoffte, sich dadurch ein Herzogthum zu erwerben. Er scheint auch die Haupttriebfeder dieses großen Raths von Plymouth gewesen zu sein, und wurde dessen Präsident. Aehnliche Motive bewegten Capitän Mason, der die Secretariatsstelle annahm.

Mason verlangte vom großen Rath den absurden Grant all des Landes „vom Fluß Naumkeag (Salem) um das Cap Ann herum" bis zur Mündung des Merrimack, und all des Landes, das zwischen beiden Flüssen liegt, wie all der Inseln, die sich innerhalb drei Meilen von der Küste befinden. Dieser District sollte Mariana genannt werden.

Im nächsten Jahre erhielten Gorges und Mason wiederum vom Rath ein anderes Patent, das ihnen alle die Ländereien „zwischen den Merrimack und Kennebec-Flüssen bis zur großen See und dem Fluß von Canada zurück“ zusicherte. Diese Werke nannten sie Lacaonia. Unter diesem Grant wurden auch einige, aber sehr unbedeutende Ansiedelungen und zwar an der Mündung des Piscataqua und soweit den Fluß hinauf, bis wo die jetzige Stadt Dover liegt, gemacht.

Die Verfolgung der Puritaner hatte indessen unter der Regierung James I., des Nachfolgers der Elisabeth, ihren steten Fortgang, und viele der vorzüglichsten Geistlichen Englands, die ihr Gewissen nicht einem solchen Zwange unterwerfen wollten, wanderten wirklich in ein fremdes Land oder beabsichtigten doch eine Auswanderung. Unter den letztern befand sich Mr. White, ein Prediger von Dorchester, im Süden von England, ein Puritaner, obgleich kein Separatist. Da er erfahren hatte, welches ungestörten Friedens sich seine Brüder in Neu-Plymouth erfreuten, wandte er seine Augen dorthin, und gedachte eine andere Colonie in Neu-England zu gründen. Durch ihn ermuthigt, und zwar schon 1624, ließen sich einige Personen am Cap Ann und später an der jetzigen Stelle von Salem nieder.

Ihre Beschreibungen des Landes, wie auch die Bitten White's, bewogen mehrere Herrn von Dorchester, vom großen Rath zu Plymouth im Jahre 1628 ein Patent zu kaufen, und zwar den Theil Neu-Englands in sich schließend, der zwischen drei Meilen Nord vom Merrimack-Fluß und drei Meilen südlich vom Charles-Fluß liegt, und sich vom atlantischen Meer bis zur Südsee hinstreckt. Auf solche Art verkaufte der gewinnsüchtige Rath durch ein zweites Patent Ländereien, die er schon durch ein früheres an Mason übergeben hatte. John Endicot, ein Puritaner, war der Führer dieser Schaar, und in Salem begann „die Wildniß-Arbeit“ für die Colonie von Massachusetts. Er brachte seine Familie mit und etwa 100 Emigranten.

Im nächsten Jahre erhielten die Eigenthümer von König Charles einen Freibrief, der das Patent des Plymouther Raths bestätigte und ihnen die Regierungsfähigkeit verlieh. Sie wurden unter dem Namen des Gouverneur und der Gesellschaft der Massachusetts-Bay in Neu-England incorporirt.

1629 segelten etwa 300 Personen nach Amerika, von denen sich ein Theil Mr. Endicot in Salem anschloß, die übrigen aber die Küste, nach einer besseren Lage suchend, bereisten, und endlich den Grund von Charlestown legten.

Nach und nach fing man aber in England an einzusehen, daß Amerika größere Freiheiten und eine bessere Aussicht auf eine Existenz bot, als das Mutterland, und die Auswanderung fing an, im Großen betrieben zu werden. Die größte Uebersiedelung fand 1630 mit etwa 800 Personen statt, denen später noch 100 folgten. 17 Fahrzeuge wurden beschäftigt, die Ueberfahrt zu besorgen, und John Winthrop war zum Gouverneur und Führer des Ganzen ernannt. Er und seine Freunde fanden freilich keine gastlichen Tische bereitet, als sie die Wildniß zuerst betraten. Was sie aber mitgebracht hatten, theilten sie auch offen und frei Denen mit, die sie krank und durch Entbehrungen geschwächt antrafen. In Salem mochten sie aber nicht bleiben, da sie dies für hinlänglich besiedelt hielten, und zogen sich deshalb außer dessen Grenzen. Dabei vergaßen sie aber keineswegs die erste Ursache ihrer Auswanderung, den in England erlittenen Religionszwang, und sorgten überall zuerst für die Erbauung von Kirchen. Im August desselben Jahres erhielt Charlestown eine Kirche, zu deren Vorsteher der brave Wilson gewählt wurde. Bald darauf erhielt Dorchester ebenfalls eine, Boston, Roxbury, Watertown folgten, so daß nach dem Ende von zwei Jahren Massachusetts nicht weniger als sieben, von guten Predigern besetzte Kirchen zählte.

Durch den königlichen Freibrief waren die Colonisten ermächtigt worden, aus ihrer eigenen Mitte jährlich einen Gouverneur, einen Vice-Gouverneur und 18 Assistenten zu wählen; jedes Jahr eine General-Gerichtssitzung zu halten und alle solche nöthigen Gesetze zu erlassen, die für ihr Land ihnen erforderlich schienen. Bei einer in Boston gehaltenen Versammlung im October wurde Winthrop wieder zum Gouverneur gewählt, Thomas Dudley dagegen zum Vice-Gouverneur. Im Anfang gewährte man dabei allen freien

Männern eine Stimme; im Mai 1631 dagegen bestimmte der General-Gerichtshof, daß man, um wählen zu können, auch Mitglied irgend einer Kirche sein müsse. Dies war etwas, was man später an Massachusetts besonders getadelt hat, und dennoch muß man bedenken, daß diese Männer ja gerade ihre Heimath und Alles verließen, blos um ihrem religiösen Drange zu folgen, und daß die, welche sich in ihrer Mitte ansiedelten, auch dadurch gewissermaßen bestätigten, daß sie ihren Meinungen oder Gesetzen beitreten wollten. Es läßt sich auf keinen Fall leugnen, daß sie ein gewisses Recht hatten, ein solches Gesetz zu geben; dennoch aber erwies es sich, als sie es später mit Gewalt bestätigt wissen wollten, als nicht gut ausführbar und es führte zu manchen Unannehmlichkeiten. Roger Williams war der Erste, der Religionsduldung dort predigte; dieser ließ sich schon 1631 in Salem nieder.

In diesem selben Jahre besuchten auch mehrere berühmte indianische Häuptlinge Boston, um den Weißen eine Verbindung mit ihnen anzutragen. Vom Land der Narragansetts kam der große Krieger Miantonomoh, ein Neffe des Canonicus, und vom Flusse der Pequods erschien der weise Uncas, der den Autoritäten erklärte: „sein Herz gehöre nicht ihm, sondern den Weißen.“ —

Die nördlichen Colonien blieben stets in einer Freundschaftsverbindung mit den südlichen, mit den Virginiern, und erhielten von diesen Kornvorräthe. Auch betrieben sie einen freundschaftlichen Handel mit den Holländern, die sich am Hudsonfluß niedergelassen. Diese Zeichen wachsenden Wohlstandes wurden aber nach England hinüber gemeldet, wo die Verfolgung der Secten noch immer nachsichtslos betrieben ward, und die natürliche Folge mußten neue Auswanderungen sein. Der Griffin brachte eine wackre Ladung von 300 Seelen, unter denen sich die Väter Connecticuts, Hooker, Haynes und Cotton, befanden. Der letztere siedelte sich in Boston an und übte dort vielen Einfluß auf die Organisation der Kirche aus.

Da die Ansiedlungen in Massachusetts nun zahlreich wurden, und sich schon mehr als 30 Meilen von Boston ausgedehnt hatten, so erwies es sich bald, daß nicht alle Freimänner der Versammlung beiwohnen konnten. Dies führte zu einer Neuerung und änderte die Constitution der Regierung von einer einfachen zu einer Repräsentativ-Demokratie. Es wurde gesetzlich, daß die Freimänner jeder Stadt zwei oder drei aus ihrer eigenen Zahl auswählten, welche alle solche öffentliche Geschäfte, die sie für nöthig und dienlich hielten, in der Generalversammlung vertreten und dabei sämmtliche Freimänner ihres Districts repräsentiren sollten. Eine Ausnahme sollte jedoch bei der Wahl von Stellen stattfinden, wo jeder der Freimänner nach wie vor seine Stimme abgab. Zu diesem Zwecke versammelten sich also sämmtliche wählbare Männer einmal des Jahres, um die Hauptwahl abzuhalten. Die mosaischen Gesetze wurden zur Basis ihres Criminal-Gesetzbuches gemacht.

Karl I., der Sohn und Nachfolger James I., erwies sich eben so starrsinnig in seinem religiösen, wie politischen Despotismus, daß er immer nur mehr und mehr seiner Unterthanen nach fernen Ländern trieb.

Im Jahre 1635 langten nicht weniger als 3000 in Neu-England an; unter diesem Hugh Peters und der junge Henry Vane, der in der spätern Geschichte Englands, seiner politischen Energie und seiner wackeren Vertheidigung der Principien der Freiheit wegen, berühmt geworden ist und nach der Thronbesteigung Karls II. hingerichtet wurde. Vane nahm die Ansiedler dort so für sich ein, daß sie ihn, trotz seiner Jugend und schon das Jahr nach seiner Ankunft. an Winthrop's Stelle zum Gouverneur erwählten.

Roger Williams, der wackere Mann, der zuerst gegen den Zwang bei den Wahlen auftrat, besaß einen freien, kühnen Geist, der das Licht der Wahrheit erkannte und das, was er einmal erkannt, mit starkem Herzen vertheidigte und festhielt. Der Kampf aber, den er in Amerika begann, war gegen die Bedrängung, gegen den Zwang der Seelen. Früher selbst als ein puritanischer Prediger seiner Meinungen wegen von England vertrieben, kam Williams nach Massachusetts, und es schmerzte ihn, hier wieder einen ähnlichen Zwang, wenn auch diesmal von seinen eignen Freunden ausgeübt, zu finden. Er behauptete, daß die Gedanken und Gefühle, in Allem was Religion beträfe, nur von Gott gerichtet werden könnten, und daß das einzige menschliche Tribunal dafür eines Jeden eignes Gewissen sein müsse.

Hiernach verdammte er als ungerecht jenes Gesetz, das nur denen eine Wahlstimme verstattete, die Mitglieder einer Kirche wären, und erregte dadurch nicht geringes Erstaunen. Wenn er aber auch viele Gegner fand, so gewann sein freies und offenes Wesen ihm doch auch wieder die Herzen der Bewohner von Salem, und sie luden ihn ein, sich unter ihnen als ihren Prediger niederzulassen. Die Generalversammlung verbot dies. Williams zog sich hierauf nach Plymouth zurück, wo er zwei Jahre als Prediger blieb, dann aber nach Salem zurückkehrte und wieder freudig vom Volke aufgenommen wurde.

Der Gerichtshof bestrafte die Stadt für jene Ueberschreitungen dadurch, daß er einen gewissen Landstrich, auf den sie ein Recht hatte, zurückhielt. Williams schrieb hierauf an die Kirchen und suchte ihnen die Ungerechtigkeit dieses Verfahrens zu beweisen. Da befahl der Gerichtshof, daß Salem, wenn nicht eine genügende Entschuldigung und Abbitte für diesen Brief käme, seiner bürgerlichen Freiheit beraubt werden solle. Hierauf traten Alle gegen Williams auf, selbst seine Frau; er aber erklärte dem Gerichtshof, vor den er beschieden worden, er sei Willens und freudig bereit, mit seinem Leben die Wahrheit seiner Grundsätze zu bekräftigen, und das Gericht verurtheilte ihn, durch Mr. Cotton dazu bewogen, zur Verbannung. Da übrigens der Winter vor der Thür war, so erhielt er Erlaubniß, bis zum nächsten Frühjahr zu bleiben. Jetzt aber erwachte auch wieder die Liebe seiner frühern Anhänger zu ihm, und Schaaren versammelten sich, um die theure Stimme zu hören, die ihnen so bald entzogen werden sollte. Die Autoritäten geriethen dadurch in Angst und schickten eine Pinasse, die ihn nach England hinüberschaffen sollte; aber — er konnte nirgends gefunden werden.

Jetzt, als ein Wanderer in der Wildniß, hatte er für manche stürmische Nacht weder Nahrung, noch Feuer, noch Gesellschaft; kein Lager, als den kalten Boden, kein Dach für sich, als vielleicht die Höhlungen eines Baumes. Endlich, als sich ihm noch einige wenige Begleiter anschlossen, ließ er sich in Seekonk, später Rehoboth, innerhalb der Grenzen der Colonie am Plymouth nieder. Doch auch da sollte er nicht ruhig bleiben; Winslow war damals Gouverneur daselbst und hielt sich für verpflichtet, Williams mitzutheilen, sein Aufenthalt könne zwischen den beiden Colonien Unfrieden stiften;

unter der Hand rieth er ihm jedoch, seine Richtung der Narragansetts-Bay zu zu nehmen.

Williams vertraute sich jetzt der Großmuth des Canonicus. Dieser Sachem empfing ihn aber im Anfang nichts weniger, als günstig. Die Engländer, sagte er, hätten versucht, ihn zu tödten, und die Pest unter sein Volk gesandt. Williams wußte ihn trotzdem nach und nach für sich zu gewinnen, und er gewährte zuletzt ihm und seinen Begleitern Gastfreundschaft, erklärte aber, er wolle sein Land nicht verkaufen; dagegen schenkte er dem Pilger, der sich auch jetzt der Gunst Miantonomohs, seines Neffen, erfreute, den schmalen Landstrich zwischen den Pawtucket- und Moshasuck-Flüssen, „daß sie sich dort im Frieden niedersetzen und ihres Lebens freuen könnten." Dorthin gingen sie nun, und nannten mit frommer Dankbarkeit den Platz Providence.

Die Bekanntschaft Williams mit den Narragansetts erwies sich als höchst segensreich; denn dadurch erfuhr er, daß von den Indianern eine Verschwörung beabsichtigt sei, die Engländer zu vernichten. An der Spitze derselben stand Sassacus, der mächtige Häuptling der Pequods; die Narragansetts waren durch die Beredsamkeit Mononottos, eines verbündeten Häuptlings des Sassacus, schon sehr gedrängt worden, sich dem Complot anzuschließen. Sie schwankten. Williams aber, der eine gefährliche Reise in ihr Land unternahm, bewog sie, sich lieber mit den Engländern gegen ihre frühern Feinde zu verbinden. Er schrieb dies dem Gouverneur Winthrop, der augenblicklich Miantonomoh einlud, ihn in Boston zu besuchen. Dieser Häuptling ging und schloß dort einen Friedensvertrag und eine Allianz mit den Engländern ab, wobei er sich verpflichtete, mit seinen Narragansetts gegen die Pequods zu stehen, sollten diese in ihrer Feindschaft gegen die Weißen verharren.

Roger Williams wurde ein Baptist und gründete in Providence die erste Baptistenkirche Amerikas.

Was nun Connecticut betrifft, so wollen die Holländer sowohl, als die Engländer, die ersten Entdecker des Connecticutflusses gewesen sein; die Holländer haben aber wohl die meisten Ansprüche darauf. Die in dessen Thal wohnenden Eingebornen wurden durch die kriegerischen Pequods im Osten und die furchtbaren Mohawks im Westen fortwährend in Angst erhalten und wünschten deshalb die Gegenwart der Engländer, damit diese ihnen beistehen könnten. Das ist auch die Ursache, daß Wahquimacut, einer ihrer Sachems, von den Pequods bedrängt, schon 1631 nach Boston und später nach Plymouth ging, und dringend bat, daß eine englische Colonie in sein Land verlegt würde, welches er auf das Reizendste beschrieb. Gouverneur Winthrop lehnte den Vorschlag damals ab; Edward Winslow aber, zu jener Zeit Gouverneur von Plymouth, ging darauf ein und besuchte zu diesem Zwecke das Thal.

Das Volk von Plymouth war schon früher durch die Holländer dazu aufgefordert worden, sich am Connecticutflusse niederzulassen und beschloß jetzt, den schon damals gehegten Plan auszuführen. Der Platz, wo jetzt Windsor liegt, wurde von ihnen zur Errichtung eines Handelshauses bestimmt, sie fanden aber mehr Schwierigkeiten, als sie erwartet und die Holländer, denen es jetzt Leid that, eine andere Nation auf einen so vortheilhaften Platz aufmerksam gemacht zu haben, suchten nun das Territorium für sich selbst in Besitz zu nehmen, und errichteten ein kleines Fort dort, auf einer Landspitze in Sukeag, jetzt Hartfort, am Zusammenfluß des Littleriver mit dem Connecticut, das sie das „Haus der guten Hoffnung" nannten.

Die Materialien für das Plymouther Handelshaus waren an Bord eines Fahrzeugs, das Capitän Holmer befehligte, geschafft und dies erschien bald darauf, den Fluß hinaufsegelnd. Als es sich jedoch dem holländischen Fort gerade gegenüber befand, forderten es die Insassen desselben auf zu halten, oder man würde darauf schießen. Es ließ sich aber dadurch nicht irre machen und das Windsorhaus, das erste im jetzigen Staat Connecticut, wurde erbaut und noch vor dem Einbruche des Winters befestigt.

Die Lage der Puritaner in England war so schlimm und die Colonien in Amerika genossen dagegen einen solchen guten Ruf, daß selbst einige zu dieser Secte gehörige Edelleute eine Auswanderung beschlossen. Für Connecticut erhielt der Earl von Warwick, ein Freund und häufiger Zuhörer des Thomas Hooker ein Patent vom Großen Rathe, das er später dem Lord Say und Seal und Lord Brooke mit Anderen übergab. John Winthrop, ein Sohn des würdigen Gouverneur von Massachusetts, der in Geschäften für diesen

Staat nach England geschickt worden, nahm eine Agentur für die Patente der beiden Lords und wurde von diesen angewiesen, ein Fort an der Mündung des Connecticutflusses zu bauen und in demselben ordentliche und bequeme Wohnhäuser, für sie selbst, wie für ihre Arbeiter zu errichten.

Dies Patent umfaßte jenen Theil von Neu-England, der sich vom Narragansettsfluß 120 Meilen in einer geraden Richtung nahe zum Ufer hin gen Südwesten, wie die Küste von Virginien zu liegt, hinzog, die ganze Breite vom atlantischen Ocean bis zur Südsee mit einbegriffen. Ehe übrigens Mr. Winthrops Commission bekannt worden, hatte schon Thomas Hooker mit seiner Gemeinde beschlossen, Newtown, das spätere Cambridge, zu verlassen und sich am Connecticutflusse anzusiedeln, wozu er auch eine, freilich nicht gern gegebene Erlaubniß vom General-Congreß zu Massachusetts erhalten hatte. Andere Parteien von der Bay befanden sich ebenfalls in Bewegung. Im August wählten einige Pioniere von Dorchester einen Platz in Windsor, nahe dem Plymouther Handelshause, und andere von Watertown ließen sich am Pyquag, jetzt Wethersfield nieder.

Winthrop langte indessen mit seiner Commission an Ort und Stelle an und begann das beabsichtigte Fort zu bauen. Wenige Tage später kam ein holländisches Fahrzeug, das von den „neuen Niederlanden" gesandt worden, unter dem Hafen an und zwar, um Besitz von seinem Eingange zu nehmen. Die Engländer hatten aber indessen zwei Kanonen aufgestellt und verhinderten nicht allein die Landung, sondern beendigten auch ihr Fort, das nach den beiden Patentirten Say-Brook genannt wurde.

Thomas Hooker wird hiernach als der erste Gründer Connecticuts betrachtet und nach und nach befestigte sich die kleine Colonie so bedeutend, daß sie später sogar einer gewaltigen Gefahr begegnen, und sie zurückweisen konnte. Dieser Schlag sollte von den Indianern gegen sie geführt werden, und die Pequods gaben sich die größte Mühe, die übrigen indianischen Stämme zu vereinigen, um die Engländer, besonders die am Connecticutfluß, zu vernichten, oder wenigstens aus dem Lande zu treiben. Wie wir schon früher gesehen, hatten sie sogar die frühere Feindschaft gegen die Narragansetts vergessen, und diese für die gemeinsame Sache zu gewinnen gesucht. Doch der Einfluß Roger Williams machte sie abtrünnig und sie blieben den Weißen treu; auch Uncas, der Mohikanische Sagamore, früher ein Vasall und sogar ein Verbündeter des Sassacus, wurde jetzt sein bitterer Feind. Es war eine gute Sache, für die die Pequods kämpften; sie setzten ihr Leben für ihr Vaterland ein; sie wollten die verjagen, die ihrer Meinung nach und wohl auch in der That, ein Land in Besitz genommen hatten, das ihnen nicht gebührte. Doch zu lange schon mochten sie gezögert haben; jetzt, wo die fremden Eindringlinge Freunde selbst unter den wilden Stämmen zählten, schien es zu spät zu sein.

Trotz alledem aber, daß sich die Pequods von manchen Stämmen zurückgewiesen sahen, beschlossen sie den Krieg auf eigene Faust zu führen. Sie ermordeten zuerst und zwar im Juli 1636, John Oldham, nicht weit von Block Island und begannen damit die Feindseligkeiten. Hiernach machten sie andere Angriffe und schleppten mehrere Gefangene mit sich fort. Sie schnitten von Saybrook einzelne Jäger ab, die sich hinaus gewagt und wurden zuletzt so kühn, daß sie sogar das Fort angriffen, und ihre bösen Absichten in wilden Drohungen laut werden ließen. Hiermit eröffneten sie aber auch einen ununterbrochenen indianischen Krieg. Sie schienen überall zu sein und umlauerten im Busch und Hinterhalt die Ansiedlungen der Weißen. Dadurch erhielten sie die Colonie in steter Angst und Aufregung und brachten Männer, Frauen und Kinder der Verzweiflung nahe. Die armen Leute durften weder essen, schlafen, arbeiten, ja nicht einmal in ihrer Kirche zu Gott beten, ohne ihre Waffen und Munition bei sich zu haben.

Eine Generalversammlung wurde endlich am letzten Mai 1637 zu Hartford zusammenberufen; 30 Personen waren schon getödtet worden und es ließ sich nicht mehr verkennen, daß die Indianer ein allgemeines Blutbad beabsichtigten. Die Versammlung erklärte deshalb und zwar mit Recht, wenigstens nicht ohne Grund, den Krieg gegen diese Stämme.

Die Zahl der Truppen, welche jede Stadt zu liefern hatte, zeigt, wie sehr sich die Bevölkerung der verschiedenen Orte gemehrt. Hartford mußte 90 Mann stellen, Windsor 42 und Wethersfield 18, zusammen 150. John Mason wurde zum Capitän erwählt; diese

Truppen schifften sich zu Hartford ein, segelten den Fluß hinunter und an der Küste hin zur Narragansetts-Bay. Miantonomoh gab ihnen hier 200 Krieger, Uncas 60; durch einen Pequod-Deserteur geführt, erreichten sie nach langem beschwerlichen Marsch mit Tagesanbruch Mystik, eins der beiden Forte des Sassacus. Hier aber schien es, als ob ihre indianischen Verbündeten sich fürchteten, das Fort anzugreifen; Mason stellte sie daher in einer bestimmten Entfernung um dasselbe herum auf, und rückte allein mit seiner kleinen Armee vor. Fielen sie, so war keine zweite Macht zurückgeblieben, ihre Weiber und hilflosen Kinder zu vertheidigen; der Gedanke stählte aber auch ihre Arme, denn sie wußten, sie fochten jetzt nicht mehr nur für sich selbst, sie fochten für das Heiligste auf dieser Welt, für den eignen Heerd.

Als sie sich näherten, bellte ein Hund und rasch folgte das indianische Geschrei, Owannor, Owannor, die Engländer, die Engländer; aber rasch stürmten sie ins Fort; dort fanden sie einen rasenden Widerstand und der Sieg blieb lange zweifelhaft. Da ergriff Mason einen flammenden Brand und schrie: Wir müßen sie verbrennen. Das leichte Material ihrer Wigwams fing auch augenblicklich Feuer. Das entschied den Sieg. Die Indianer konnten nicht entfliehen; vor ihnen drohten die furchtbaren Waffen der gewappneten Feinde; um sie her wüthete die Flamme und 600 Seelen von jedem Alter und Geschlecht verdarben in der einen Stunde.

300 Pequods, die aus dem andern königlichen Fort des Sassacus hervordrangen, verfolgten Mason jetzt, als sich dieser zum Pequodfluß zurückzog, mit wilder Wuth; doch er schiffte sich rasch auf seine Fahrzeuge wieder ein. Bei dieser Affaire wurden nur zwei von den Engländern getödtet und 20 verwundet.

Sassacus' Unterthanen machten ihm jetzt, als dem Urheber ihres Unglücks, die bittersten Vorwürfe, und er sah sich zuletzt genöthigt, um dem Verderben zu entgehen, mit seinen Hauptleuten zu den Mohawks zu fliehen. Dennoch wurde er später von einem rachedürstenden Krieger erschlagen. 300 seiner jungen Leute verbrannten dann das letzte Fort und flohen die Seeküste hinunter. Indessen hatte sich eine andere Partei von Weißen gebildet, um dem vorangegangenen Mason gegen die Indianer beizustehen. Diese vereinigten sich auch später, unter Capitän Patrick und zwar 40 Mann stark, mit Mason, verfolgten die flüchtigen Wilden, spürten sie in einem Sumpf in Fairfield auf, und bekämpften und vernichteten sie.

Fast 1600 von den Pequods waren getödtet. Manche flohen und 200, ohne Frauen und Kinder, blieben als Gefangene. Von diesen wurden aber, zur Schande der damaligen frommen Leute sei es gesagt, viele nach Westindien geschickt und in die Sklaverei verkauft und die Uebrigen zwischen den Narragansetts und Mohikanern vertheilt. Die beiden Sachems, Uncas und Miontonomoh, früher bittere Feinde, beschlossen jetzt, in Frieden mit einander zu leben; die Ländereien Pequod's betrachtete man als erobertes Eigenthum und erklärte den Stamm für ausgerottet.

Die Macht der Engländer setzte auf solche Art die Eingebornen in Furcht und Schrecken, und ein langer Friede folgte hierauf. Nichtsdestoweniger mußte ein solcher Krieg doch für die Colonie gar böse Nachwirkungen haben. Ihre Verfassung und Finanzen kamen in Unordnung, und es dauerte mehrere Jahre, bis sie sich ganz wieder erholen konnten. 1639 verbanden sie sich endlich wieder zu einem einzigen Staate und zwar „die Reinheit des Evangeliums und die Disciplin der Kirche aufrecht zu erhalten und in allen bürgerlichen Geschäften nach einer zu begründenden Constitution regiert zu werden."

Diese Constitution ordnete zweijährliche Generalgerichtshöfe an, von denen der eine im Mai abgehalten wurde, wo sämmtliche Freimänner einen Gouverneur, einen Vice-Gouverneur, sechs Magistratspersonen und andere nöthige Beamte wählen sollten. Es wurde nicht mehr für nöthig angesehen, daß Jemand Mitglied einer Kirche sein müsse, um die Qualification zu einer Wahlstimme zu haben. Ebenso konnte Jeder ohne Unterschied zu irgend einem Amte gewählt werden. Nur der Gouverneur mußte zur Kirche gehören. Die Städte sollten Deputirte zum Generalcongreß schicken, und zwar unter den früher festgestellten Bedingungen, daß sie nur zur Erwählung von Beamten sämmtliche Bürger sandten. Alle Taxen wurden durch ein besonderes Committee, das aus Abgeordneten der verschiedenen Städte bestand, festgestellt. So weise und umsichtig bildeten sie aber diese Regierung, daß später in Connecticut weniger, als in irgend einem andern Staate, daran geändert worden ist, und dessen Bewohner werden daher auch in der ganzen Union „die Leute vom alten Herkommen“ genannt.

So lange die puritanischen Väter nur aus wenigen Brüdern bestanden, die in ihren religiösen Ansichten übereinstimmten, lebten alle in schönster Harmonie; und Nichts störte den Frieden und die Eintracht der jungen Colonie. Die Gefühle, die jetzt selbst zur Unduldsamkeit führten, schlummerten noch ungekannt, vielleicht ungeahnt. Die menschliche Meinung, der menschliche Wahn fließt aber wie ein starker Strom dahin, und sein Lauf kann nicht durch Menschenmittel gehemmt werden. Schon hatte die Theologie von Genf, dem Hauptsitz des Puritanismus, einen Wechsel erfahren; denn Vane brachte neue Gedanken und Ideen. Zu dieser Zeit war es, daß eine Frau, Anna Hutchinson von Boston, durch die Macht ihrer Beredsamkeit und ihrer Vernunftgründe Meinungen und Behauptungen aufstellte, die man bis dahin als entsetzlich und gotteslästerlich gehalten. Sie fing damit an, Versammlungen ihres eigenen Geschlechts zu veranlassen, und stellte darin den einfachen Satz auf: „daß die Religion im Glauben und nicht in den Werken liege, daß das göttliche Leben in der Seele und nicht in äußern Beobachtungen gebildet werde.“ Die Geistlichkeit, die darin einen heimlichen Vorwurf erkannte, warnte und tadelte sie, konnte sie aber nicht zum Schweigen bringen. Endlich ging sie so weit, daß sie die Nothwendigkeit, gute Werke zu thun, leugnete, sofern sie nur dazu dienen sollten, ächten Glauben zu beweisen. Dies war Antinominianismus und wurde als gefährliche Ketzerei betrachtet. Es versetzte aber die Puritaner dadurch besonders in große Noth, daß so viele dieser Lehre anhingen und sie in die Gefahr kamen, die Reinheit ihrer Religion gefährdet zu sehen, für die sie bis dahin so viel geopfert.

Gouverneur Vane, der glaubte, daß man Mrs. Hutchinson Unrecht gethan, suchte sie zu vertheidigen, indem er die richtigen Principien religiöser Toleranz aufstellte; auch Mr. Cotton, der, wie man glaubte, seine Eitelkeit geschmeichelt fand, daß ihn die beredte Dame vor seinen geistlichen Brüdern auszeichnete, schien sich auf ihre Seite zu neigen. Auf jeden Fall übernahm er ihre Vertheidigung, wie auch der Dame Schwager, Mr. Wheelright, der ein Prediger war, mit ihm Mr. Coddington, eine achtbare Magistratsperson, und noch viele andere. Der Grimm der Opposition richtete sich aber hauptsächlich gegen Mr. Vane, und obgleich ihr Götze von gestern, so säumten sie doch jetzt nicht, ihn einen Ketzer und Hypokrit zu nennen. Solche Aufregung bemächtigte sich auch bei der nächsten Wahl, in welcher Winthrop wieder in seine Stelle als Gouverneur zurückverlangt wurde, der Gemüther, daß der feurige Wilson auf einen Baum hinaufkletterte, um das Volk anzureden.

In der äußersten Noth wurde endlich eine Synode von Geistlichen versammelt; Mr. Davenport war glücklicher Weise von London eingetroffen, und Mr. Hooker, der so sehnlich wünschte, die Gemüther nicht allein für politische, sondern auch für religiöse Einheit zu gewinnen, eilte durch die Wildniß von Hartford her. Vane kehrte indeß nach England zurück, um dort ein Führer und Vorkämpfer der Freiheit im Parlament zu sein, und Cotton, wie er der Synode jetzt seine Ansichten über die verschiedenen Religionsmeinungen vorlegte, schien sich kaum noch darin von seinen Brüdern zu unterscheiden. Der ganze Zorn richtete sich daher lediglich gegen die Frau, und sie, wie die hartnäckigsten ihrer Anhänger, wurden verbannt.

Mrs. Hutchinson, excommunicirt, aus der Gesellschaft gestoßen, die ihr bis jetzt gefolgt war und ihr geschmeichelt hatte, ging zuerst nach Rhode-Island, um sich dort der Niederlassung anzuschließen, welche ihre Anhänger gegründet. Von da zog sie aber mit ihrer Familie in den Staat New-York, wo sie der Tod in seiner fürchterlichsten Gestalt traf, in der eines indianischen nächtlichen Ueberfalls.

Einige der ersten Väter von Neu-England, besonders die Geistlichen, waren Männer von ausgezeichneter Bildung, und die meisten derselben auf der Universität von Cambridge erzogen; sie aber sowohl, wie alle Uebrigen, wußten und erkannten, daß ein Volk nur wirklich glücklich gemacht werden könne, wenn man auch gründlich für seine Bildung sorge. Ihre frühesten Bemühungen gingen deshalb dahin, für die Erziehung der Kinder zu sorgen, und bei der Generalversammlung im September 1630 bestimmte man die Summe von 400 Pfund, um ein Collegium zu bauen. Newtown, das man zu dessen Sitz gewählt, erhielt den Namen Cambridge.

Im Jahre 1608 hinterließ nun Mr. John Harvard, ein frommer Geistlicher aus England, der in Charlestown starb, dem Collegium eine Summe von fast 800 Pfund, und Dankbarkeit verewigte seinen Namen in dieser Anstalt. Aber auch alle übrigen Colonien suchten das junge Seminarium durch freiwillige Beiträge zu unterstützen, indem sie es nicht mit Unrecht für eine Pflanzschule hielten, aus der Kirche wie Staat mit tüchtigen Männern versorgt werden könnten.

Rhode Island. Die geachtesten Anhänger der verbannten Mrs. Hutchinson gingen, von William Coddington und John Clarke angeführt, südlich und erhielten, durch den Einfluß Roger Williams, von Miantonomoh die herrliche Insel Aquetneck, jetzt Rhode Island, seiner Schönheit und Fruchtbarkeit wegen so genannt, zum Geschenk. Hier errichteten sie eine Regierung auf den Principien politischer und religiöser Gleichheit, und Coddington wurde erste Magistratsperson.

New-Hampshire. Eine andere Abtheilung von Mrs. Hutchinson Schülern ging, von ihrem Schwager Mr. Wheelright angeführt, nördlich und gründete im Thal des Piscataqua Exeter. Es geschah dies auf einer Landstrecke, die zwischen diesem Fluß und dem Merrimac lag und die Wheelright in Kraft eines Kaufes von dem berühmten indianischen Zauberer Passaconaway, dem Hauptsachem der Pennicooks, wie auch von verschiedenen andern Häuptlingen kleinerer Stämme beanspruchte. Dies aber kam mit einem Patent des Mason und Gorges in Collision, und wurde daher von der englischen Regierung bestritten. Zu gleicher Zeit bildeten sich an den verschiedenen Wassercoursen von Massachusetts und den andern Colonien aus kleine unabhängige Ansiedelungen. Sie konnten aber nicht wohl gedeihen; denn die Colonisten vernachlässigten höchst unkluger Weise den Anbau ihres Landes und erhielten sich nothdürftig durch Fischen und Jagen. Erst 1641 richteten diese Ansiedlungen eine Bitte an Massachusetts, sie unter ihre Jurisdiction zu nehmen, denn sie fühlten, daß sie sich nicht selbst erhalten konnten. Die Generalversammlung erfüllte ihnen diesen Wunsch und sie wurden jener Colonie einverleibt.

New-Haven. Theophilus Eaton und John Davenport, wohlbekannte Puritaner aus England, werden als der Moses und Aaron der Colonie von New-Haven betrachtet. Diese beiden Freunde sammelten ihre Gefährten 1637 in England und langten am 26. Juli in Boston an. Massachusetts wünschte nun allerdings solche Colonisten für sich zu gewinnen; sie zogen es aber vor, eine eigene Niederlassung zu gründen, untersuchten die Küste und bestimmten Quinnipiac zu diesem Zwecke, wo sie 1638 mit ihren Schiffen im Hafen vor Anker gingen.

Als nun die Souveraine des westlichen Europas ihre Besitzungen dadurch auszudehnen suchten, daß sie Amerika colonisirten; schickte auch Gustav Adolph, der Held seines Zeitalters, eine Anzahl seiner Unterthanen von Schweden und Finnland hinüber. Diese siedelten sich an der östlichen Seite des Delaware an, nannten jenen Fluß Schwedenlandsstrom und jene Gegend selbst Neu-Schweden.

Zwei Jahre später, 1629, kauften die Holländer eine Strecke Landes an der westlichen Seite desselben Flusses, nicht weit vom Cap Henlopen. Da diese Nation aber, sowie die Schweden, das Territorium für sich beanspruchten, so entstanden später ziemlich ernste Streitigkeiten zwischen den verschiedenen Landsleuten.

Maryland. 1631 erhielt William Clayborne von Charles I. die Erlaubniß, in denjenigen Theilen Amerikas Handel zu treiben, auf die er nicht schon Patente ausgegeben hatte. Clayborne stiftete eine Colonie auf der Kent-Insel in der Chesapeake-Bay, gerade dem Platz gegenüber, wo Annapolis jetzt steht.

George Calvert, später Lord Baltimore, hatte im englischen Parlament seinen Geburtsdistrikt von Yorkshire vertreten. Aber weder die Gunst des Monarchen, noch die Aussicht, eine bedeutende Stellung zu erlangen, vermochten etwas über seinen religiösen Glauben und er legte sein Amt nieder, um sich öffentlich zur römisch-katholischen Kirche zu bekennen. Dieser Religion aber ungestört folgen zu können, wünschte er nach irgend einem noch unbesetzten Theile Amerikas auszuwandern. Hierzu wählte er sich Virginien und besuchte zu diesem Zwecke die Colonie. Die Leute dort wollten sich jedoch nicht darauf einlassen, ihm eine Ansiedlung zu gestatten, wenn er nicht einen Eid leistete, den ihm sein Gewissen verbot. Da er also fand, daß er sich irgend wo anders ein Asyl suchen müsse, wenn er den Zweck erreichen wollte, der ihn nach Amerika getrieben, so erforschte er das im Norden liegende Land und kehrte dann nach England zurück. Die Königin Henriette Maria, Tochter Heinrichs IV. von Frankreich, gab diesem Territorium den Namen Maryland und Lord Baltimore erhielt es durch ein königliches Patent. Er starb jedoch in London 1632, ehe dasselbe eine rechtskräftige Form erhielt. Sein Sohn aber, Cecil Calvert, der zweite Lord Baltimore, erhielt durch den Einfluß Sir Robert Cecil's das für seinen Vater Bestimmte.

Durch diesen Freibrief wurde ihm das Land am Potomac bis zum 40. Grade nördlicher Breite zugesichert und also durch einen willkührlichen Act der Krone ein Land zum zweiten Mal vergeben und weggenommen, das schon früher einmal Virginien übermacht worden. Die englische Regierung ließ sich aber solche Sachen damals sehr häufig zu Schulden kommen, gab sogar später dieselbe Strecke noch einmal an William Penn, und es läßt sich denken, daß hieraus endlose und höchst gehässige und böse Streitigkeiten folgten.

Lord Baltimore bestimmte seinen Bruder Leonard Calvert zum Gouverneur, der mit 200 Auswanderern gegen Ende des Jahres 1633 nach Amerika überschiffte, und in den ersten Monaten 1634 im Potomac anlangte. Hier kauften sie von den Eingebornen Yamaco, eine ihrer Ansiedelungen, der sie den Namen St. Mary gaben. Calvert sicherte sich dadurch und mit friedlichen Mitteln bequeme Wohnungen und die Freundschaft der Eingebornen, und andere Umstände kamen noch hinzu, die Colonie zu fördern und zu heben. Das Land war reizend, vollkommene religiöse Freiheit herrschte, und ein liberaler Freibrief war gegeben, der dem Eigenthümer mit Hülfe der Freimänner gestattete, Gesetze zu geben, ohne daß sie die Krone hätte beschränken oder zurückweisen dürfen. Die natürliche Folge blieb nicht aus, Emigranten zogen sich sowohl aus anderen Colonien, als auch von England in Schaaren nach dieser Provinz hin. Einige der Puritaner von Massachusetts lud Lord Baltimore vergebens ein, nach Maryland auszuwandern, obgleich er ihnen vollkommene Freiheit ihrer Religion zusicherte. Sie wiesen dies zurück, wie sie einen ähnlichen Antrag Cromwells, nach Westindien zu ziehen, zurückgewiesen hatten.

Der rastlose, intriguante Clayborne, der böse Genius Marylands, war aber inzwischen fortwährend bemüht gewesen, irgend einen Anspruch auf das Land festzustellen und es für sich zu gewinnen. Bei seinem Handel mit den Eingebornen hatte er deren Stimmung bald kennen gelernt und sie zu eifersüchtiger Feindschaft angehetzt. In England überstieg die Autorität des sogenannten „langen Parlaments" jetzt die des Königs und derer, die ihre Macht von demselben erhalten hatten. Natürlich suchte nicht allein Clayborne, sondern auch andere schlechte Unterthanen des Lord Baltimore, von solcher Gelegenheit den möglichsten Nutzen zu ziehen, was den Frieden der jungen Colonie nur zu früh wieder störte.

Virginien. England war schon im Jahre 1562 bei dem Sclavenhandel interessirt, wo Sir John Hawkins betrügerischer Weise eine Ladung Neger in Africa aufnahm und diese in Hispaniola verkaufte. So wenig sittliches und moralisches Gefühl herrschte aber damals selbst unter den höchsten Classen, daß die bedeutendsten Leute sich bei diesem Sklavenhandel betheiligten und sogar die Königin sich nicht entblödete, die Hand mit dabei im Spiel zu haben. Im August 1620 brachte ein holländisches Schiff 20 Neger in den Jamesfluß und verkaufte sie als Sklaven; so klein begann ein Uebel, das so ungeheuer in seinen Folgen wurde, und jetzt so schwer sein wird, gänzlich wieder auszurotten.

Als 1621 Sir Thomas Wyatt als Gouverneur in Virginien anlangte, brachte er von der Gesellschaft in England eine bessere und bleibendere Constitution für die Colonie. Auch wurde der Generalversammlung die Macht gestattet, Gesetze zu geben. Diese mußten aber nichtsdestoweniger, ehe sie in Kraft treten durften, von der Gesellschaft in England sanctionirt und bestätigt werden. Ebenso, und um das gewissermaßen wieder zu vergüten, sollte kein Befehl der englischen Gesellschaft ohne die Zustimmung der Generalversammlung in den Colonieen bindend sein. Diese liberalen Concessionen genügten nicht allein den Ansiedlern, sondern ermunterten auch zur Auswanderung, und eine große Anzahl begleitete schon den Gouverneur Wyatt in die Provinz.

In diesem selben Jahre wurde in Virginien die erste Baumwolle gepflanzt, und das kräftige Gedeihen der jungen Pflanzen erfüllte die Colonisten mit freudigen Hoffnungen.

Opechancanough, der Bruder und Nachfolger Powhatans, hatte aber beschlossen, die Weißen auszurotten, um das Land seinen wilden Eigenthümern wieder zu gewinnen. Zu diesem Zwecke bildete er eine Verschwörung, alle Engländer zu ermorden, und hielt seinen Plan, immer dabei neue Anhänger werbend, vier Jahre lang vollkommen geheim. Jeder Nation wurde jetzt der Platz angewiesen, den sie zü überfallen und wie sie sich dabei zu benehmen hätten, und am 22. März 1622 fielen sie plötzlich am hellen Tage und zu gleicher Zeit über alle dortige englische Ansiedlungen her und ermordeten Männer, Frauen und Kinder ohne Gnade und Barmherzigkeit. In einer Stunde wurde fast der vierte Theil der ganzen Colonie vernichtet; und es wäre ihnen wahrscheinlich gelungen, die sämmtliche Bevölkerung aufzureiben, hätte sich nicht ein bekehrter Indianer durch Mitleiden bewogen gefühlt, seinem Lehrer, bei dem er wohnte, das Geheimniß die Nacht vorher zu enthüllen. Dadurch konnte Jamestown und die benachbarte Gegend vor dem Verderben bewahrt werden.

Ein blutiger Krieg mußte hier die Folge sein, und die Engländer machten solch fürchterlichen Gebrauch von ihren, den Indianern überlegenen Waffen, und der Kunst ihrer Kriegsführung, daß sie die Wilden auf lange Zeit zurücktrieben und von sich abhielten. Nicht allein demüthigten sie dadurch den Feind, sondern gewannen auch größere Landstrecken für sich; da sie natürlich die Jagdgründe der besiegten Stämme für sich in Beschlag nahmen.

Im Jahre 1624 wurde die Londoner Gesellschaft, die Virginien besiedelt hatte, von König James aufgelöst, und ihre Rechte und Privilegien kehrten zur Krone zurück. Einen Vorwand für dies ungerechte Verfahren königlicher Autorität mußten die Leiden abgeben, welche die Colonieen ausgestanden, und die Zwistigkeiten, die so oft in der Gesellschaft herrschten. James bestimmte nun Commissäre, welche die virginischen Angelegenheiten untersuchen sollten, damit er nachher ordentliche Bestimmungen für eine bleibende Regierung der Colonieen treffen könne. Es schien ihm auch zu schmeicheln, hier sein Talent als Gesetzgeber leuchten zu lassen, und er begann diese Aufgabe; der Tod aber verhinderte ihn an der Vollendung derselben. Die Virginier jedoch blieben unter der besondern

Macht seines Nachfolgers, Karls I., dessen eigenmächtige Handlungen namentlich unter der Administration des Sir John Harvey gefühlt wurden, den er 1636 hinüber sandte. So unerträglich wuchs der Druck an, daß die Colonisten dagegen aufstanden und John West zu ihrem Gouverneur erklärten. Das beleidigte aber den König ungemein, und er setzte Harvey, mit noch viel größerer Macht als vorher, in seine Stelle wieder ein.

Sir Francis Wyatt folgte Harvey 1639, und zwei Jahre später wurde William Berkeley hinübergesandt; die Colonisten genossen zu dieser Zeit größere Freiheit in ihren Wahlen, und es herrschte vollkommene Uebereinstimmung in den Colonieen.

Während nun die ersten Ansiedelungen von Neu-England noch um ihre Existenz kämpften, wurden sie von der gesetzgebenden Macht des Mutterlands für zu schwach und unbedeutend gehalten, um sie groß zu beachten; die verfolgten Opponenten der Regierung aber sahen die Pilger, wie man sie kurzweg nannte, als christliche Helden und Märtyrer an, die Alles daran gesetzt, ihrer Religion treu zu bleiben, und sobald sie gute Nachrichten aus den Colonieen erhielten, brannte ihnen das Herz in der Brust, und sie sehnten sich hinüber zu den Freunden. Briefe von dort wurden wie Reliquien von Stadt zu Stadt getragen und als die prophetischen Verkündigungen freudiger Hoffnungen betrachtet. Die natürliche Folge war, daß Tausende, denen es nicht an den Mitteln dazu fehlte, ebenfalls das Vaterland verließen. In solchen Bewegungen glaubte die Regierung, und nicht mit Unrecht, einen Tadel ihres Wirkens und eine Begünstigung der Religion zu finden, die sie haßte. Zu gleicher Zeit erhielt sie von einigen Unzufriedenen, die aus Amerika zurückkehrten, die Nachricht, daß in Massachusetts besonders die puritanische Religion nicht allein durch die Gesetze den Colonieen empfohlen, sondern sogar die englische Liturgie durch dieselben verboten würde. Verschiedene andere Klagen gegen die Colonie tauchten ebenfalls auf, und sie alle suchten darzuthun, daß diese ihre Abhängigkeit von der englischen Krone von sich zu werfen und selbst eine souveräne Macht zu gründen suchten.

Der hierüber erzürnte König beschloß, daß die kecken Provinzen bestraft und sowohl die Kirche als der Staat seinen eigenen Gesetzen unterworfen sein sollten. Er ernannte deshalb den Erzbischof Laud selbst zum Oberhaupte eines Raths, der bestimmt war, die Colonieen in jeglicher Hinsicht und mit voller Gewalt zu regieren. Dieser Rath beschloß, daß ein Generalgouverneur hinübergesandt werden sollte, und hierzu wurde Sir Ferdinand Gorges gewählt, der jedoch, durch unvorhergesehene Hindernisse abgehalten, England nicht verließ. Die eigenmächtigen Maßregeln Laud's und seiner Genossen richteten sich nun mit besonderer Feindseligkeit gegen die Freiheiten Massachusett's. Diese aber achtete das Volk höher als sein Leben, und so gering seine Anzahl und so arm es auch war, so beschloß es doch, den Bedrückungen mit aller ihm zu Gebote stehenden Macht zu widerstreben. Die Generalversammlung bestimmte daher sogleich 600 Pfund, um Befestigungen zu errichten. Gorges und Mason dagegen, welche früher ihr Patent von der Krone erhalten hatten, und gewisse Ansprüche an Massachusetts zu erlangen wünschten, gaben der englischen Regierung das damals Verliehene zurück, petitionirten aber, daß diese ihnen gegen die Colonie beistehen möchten, indem sich diese ihren Freibrief vergeben hätte, weil sie die ihr verstattete Gewalt und ihre Territorialgrenzen überschritten habe. Der königliche Gerichtshof schien ganz erfreut, eine solche Gelegenheit gefunden zu haben, den ungezähmten Geist der Colonisten zu zügeln, erließ eine Klage gegen die Individuen der Corporation der Massachusetts-Bay, worin sie dieselbe mehrerer Thatsachen beschuldigte, durch die sie ihren Freibrief verscherzt hätten, und forderte sie jetzt auf, Rechenschaft von ihren Handlungen zu geben. Bei einem spätern Termine sprach der Gerichtshof das Urtheil über sie. Die rasche Auswanderung nach den Colonieen hatte aber auch die Aufmerksamkeit des königlichen Raths erweckt, und es wurde daher ein Gesetz erlassen, das jedem Manne, der über dem Rang eines Dienenden stand, verbot, das Königreich ohne besondere Erlaubniß zu verlassen. Solche Maßregeln blieben aber ganz erfolglos; denn die Bedrückungen wurden immer lästiger, und in einem Jahre verließen allein 3000 Personen England, um nach Amerika hinüberzuschiffen.

Unter anderen dachten sogar mehrere puritanische Edelleute daran, auszuwandern, besonders der Earl von Warwick, Lord Brook, Lord Say und Seal. Diese aber suchten vorher die Colonieen zu überreden, Bestimmungen zu treffen, daß ein erblicher Adel hergestellt und die Magistratswürde in gewissen Familien ebenfalls von Vater auf Sohn vererben solle. Hierauf antwortete Mr. Cotton im Namen des Gerichtshofs von Massachusetts: „Wenn Gott irgend einen Zweig einer edeln und adeligen Familie mit dem Geist und den Gaben segnet, die zur Regierung passen und gehören, so würde es gegen Gottes Willen gehandelt sein, solches Talent unter den Scheffel zu stellen; es würde sogar eine Sünde gegen die Ehre der Magistratswürde sein, solches Talent bei unsern öffentlichen Wahlen zu vernachlässigen. Sollte es aber Gott nicht gefallen, irgend einem der adeligen Nachkommen eben solche für eine Magistratswürde nöthigen Gaben zu verleihen, so müßten wir uns dem Vorwurf und dem gerechten Tadel der Bürger aussetzen, wenn wir jenen eine Ehre anvertrauten, die Gott gar nicht für sie bestimmt hatte."

Nach diesen vernünftigen Gegengründen ließen natürlich die Colonieen jeden Plan einer erblichen Würde, wenn sie ihn je gehegt, fallen. Diese Edelleute blieben aber auch zu Hause, wo sie die Vorzüge einer besonders begünstigten Kaste genießen konnten. Die Lords des Großraths waren aber noch immer entschlossen, Massachusetts zu demüthigen und sandten einen drohenden Brief an den Gouverneur Winthrop, worin sie ihn aufforderten, den Freibrief jener Provinz zurückzuschicken. Um Aufschub zu gewinnen, schrieb ihnen der Gouverneur, daß ja noch gar kein ordentliches Verhör gewesen, und suchte mit ungemeiner Demuth und anscheinender Schüchternheit Entschuldigungen und Vorschläge auf, die aber in der That sämmtlich nur eine Gegendrohung enthielten.

Die Gefahr der Colonieen war jetzt auf ihren höchsten Gipfel gestiegen. Die Vorsehung aber, die sie schon so oft erhalten, rettete sie auch hier vom Untergange, indem sie dem grausamen Laud und seinem königlichen Herrn Dinge in den Weg warf, die ihre volle Aufmerksamkeit in der Heimath in Anspruch nahmen. Der Druck und vielleicht auch die glückliche Flucht und der Widerstand ihrer amerikanischen Brüder hatte die öffentliche Meinung in England so aufgeregt, daß gar nicht mehr viel an einem offenen Widerstande fehlte. In Schottland versuchte Karl die Annahme der englischen Liturgie zu erzwingen; das hatte Aufstände zur Folge, und das schottische Volk verband sich, allen derartigen Zumuthungen mit gewaffneter Hand zu begegnen. Der Strom der öffentlichen Meinung warf jeden Widerstand nieder. Laud's Partei wurde unterdrückt, und er selbst, während der König sich in einen blutigen Bürgerkrieg mit seinen aufständischen Unterthanen verwickelt sah, gefangen gesetzt.

Der Puritanismus regierte jetzt triumphirend in England, und seine Anhänger brauchten nicht mehr auszuwandern; ja einige derselben, wie Vane und Hugh Peters, kehrten sogar ins Vaterland zurück. Das lange Parlament hatte seine Herrschaft begonnen, und die Führer desselben wünschten die Colonieen eher zu ehren, als sie zu unterdrücken. So eifersüchtig waren aber eben diese Colonieen auf ihre Freiheit, daß sie jede Einmischung eines britischen Parlaments in ihre Geschäfte, selbst wenn diese zu ihrem Besten sein sollte, verbaten. Und als die Geistlichen Cotton, Hooker und Davenport zu jener großen Westminster-Versammlung von Predigern berufen wurden, lehnten es jene und besonders Hooker entschieden ab, da sie keinen hinreichenden Grund sähen, ihre Gemeinden in solcher Wildniß allein zurückzulassen. England galt ihnen nicht länger als ihr Vaterland, und sie fühlten, daß fortan ihre Heimath in Amerika sein müsse. Aber durch Gefahren von Außen belehrt, begriffen sie auch, daß eine Vereinigung ihrer Kräfte nöthig sei, und eine Union wurde vorgeschlagen, um diese kleinen Republiken zu gemeinsamen Schutz zu verbinden. Innerlicher Friede wie äußerliche Sicherheit sollten den Hauptbestandtheil dieses Vertrages ausmachen.

Zwei Commissäre wurden jetzt von jeder der vier Colonieen, von Plymouth, Massachusetts, Connecticut und Newhaven, erwählt. Sie trafen in Boston im Mai 1643 zusammen, wo sie die Artikel der Conföderation aufsetzten, welche alle, die Plymouther Gesandtschaft ausgenommen, augenblicklich unterzeichneten. Den Letztern war nämlich nicht gleich die Vollmacht mitgegeben, für den Staat zu unterschreiben. Bald aber erhielten auch sie dieselbe, und der Vertrag war vollendet. Rhode-Island erhielt aber nicht die Erlaubniß, ein Glied der Conföderation zu werden, wenn es sich nicht an Plymouth anschließen wolle, was diese Colonie jedoch und mit Recht verweigerte. Der Name, den sie wählten, lautete: die vereinigten Colonien von Neu-England, und ihr kleiner Congreß, der erste der neuen Welt, sollte aus acht Mitgliedern, zwei von jeder Colonie, bestehen. Sie wollten sich wechselsweise in den verschiedenen Colonieen versammeln und Massachusetts hatte in dieser Hinsicht ein doppeltes Vorrecht. Ihre Berathungen sollten sich besonders auf die Vertheidigung und Beschützung ihres Landes beschränken, aber auch nicht unbeachtet lassen, daß sie eine moralische wie eine religiöse Gemeinschaft gegründet hätten. Nur die Unabhängigkeit der verschiedenen Colonialversammlungen durften sie nicht beschränken.

Obgleich diese Conföderation dem Namen nach in etwa 40 Jahren aufhörte, so starb der Geist derselben doch nicht aus; die Colonieen hatten gelernt zusammenzuhalten, und als gemeinsame Angriffe und Gefahren auch gemeinsame Thaten erforderten, ließen sie damit nicht lange auf sich warten. Deshalb können wir auch recht gut die Conföderation der vier Neu-England-Provinzen als den Keim betrachten, der zur jetzigen Union der Vereinigten Staaten von Amerika gelegt wurde.

Zweites Buch.

Erste Periode.

Von der Conföderation der vier Neu-England-Colonieen, bis zu dem neuen Patent des Staates Massachusetts.

(Von 1643 bis 1692.)

In den ersten Jahren der Administration des Cavaliers Sir William Berkeley erfreuten sich die Virginier großer politischer Freiheit und ihre Colonie blühte und gedieh, auch wurde diese nicht etwa durch den Sieg des Puritanismus in England gehindert.

1644 aber versuchte der greise Opechancanough noch einmal, die Freiheit seiner Wilden zu erkämpfen und durch einen erneuten plötzlichen Ueberfall die zerstreute Bevölkerung der Colonien zu vernichten. Kaum aber hatte der Krieg begonnen und die Engländer sich zum Widerstand gerüstet, so ergriff die Indianer ein panischer Schrecken und sie flohen. Die Virginier verfolgten sie hitzig und tödteten 300, selbst der Häuptling wurde gefangen genommen; sein stolzer Geist konnte es aber nicht ertragen, der öffentlichen Neugier und Schaulust zum Ziel zu dienen und er hieß den Tod willkommen, den ihm seine Wunden brachten.

Karl I. hatte auf dem Schaffot geendet und der mächtige Geist Cromwells leitete die englische Republik. Um aber den Handel seines Reichs zu befestigen und zu erweitern, setzte er ein System fort, oder vervollkommnete es vielmehr, das den Handel der Colonien unterdrückte. Es war dies die berühmte Schifffahrtsacte. Nach dieser war es den Colonien nicht verstattet, ihren Producten einen Markt zu suchen und dieselben den Meistbietenden zu verkaufen, sondern sie sahen sich genöthigt, Alles dem Mutterlande zuzuführen. Zu derselben Zeit verbot dasselbe Gesetz, auf irgend anderen als englischen Fahrzeugen Waaren in die Colonien zu bringen und zwang dadurch die Colonisten, dem englischen Kaufmann seine Waaren um jeden Preis abzukaufen, den er dafür verlangen würde; sogar der freie Verkehr unter ihnen selbst wurde verhindert.

1660 nahm Karl II. den Thron ein und Berkeley bekleidete nach mehrfachen Aenderungen die Stelle eines Gouverneurs und zwar unter der Autorität der Virginischen Gesellschaft, durch die er erwählt worden. Freudenfeuer wurden in der Provinz entzündet und Berkeley, der sich der Aenderung fügte, erließ künftig seine Mandate im Namen Karls II.; der Monarch bestätigte ihn auch später in seiner Stellung. Aber die Aussichten verschlimmerten sich. Trotz der Loyalität Virginiens hatten auf keine der Colonien die Bedrückungen der Monarchie so fürchterlichen Einfluß gehabt, als gerade auf Virginien, und keiner brachte daher die Wiedereinführung derselben auch so viel Nachtheil. Die Virginier theilten sich in zwei Classen, die erste schloß wenige, sehr gebildete und besonders reiche Personen, in sich. Diese sahen mit aristokratischem Stolz auf die zweite und natürlich zahlreichere Classe der Dienenden und Arbeiter herab, unter denen manche waren, die Verbrechen wegen von England nach

Amerika deportirt worden waren. Blinde Bewunderung zollte dabei die Aristokratie den englischen Gebräuchen und Sitten, und Berkeley fand sich so gewissermaßen zwischen zwei Feuern, wobei ihn sein Verstand leider nicht den rechten Weg wählen ließ und er weit von der Spur einer gesunden und gerechten Politik abgeführt wurde. Die Folge blieb nicht aus, daß Volk sah seine Rechte geschmälert, die bischöfliche Verfassung wurde ein Joch der Unterdrückung. Die Geschäfte der Kirche geriethen in die Hände von Kirchenältesten. Corporationen wurden gebildet und oft gemißbraucht, um die ganze Gemeinde mit schweren Taxen zu belegen, die Gesellschaft bestand aus Aristokraten, die sich als permament einsetzten und bedeutende Gehalte zogen, während zugleich die Schifffahrtsacte den Handel beschwerte und den Landbau seines nöthigen Gewinnes beraubte. Das Wahlrecht wurde allerdings nicht beschränkt, da aber die Macht, Bürger zu wählen, genommen worden, so half es ihnen nichts mehr und das Einzige, was ihnen blieb, war zu petitioniren.

Da traf die Colonieen ein Schlag, der selbst die Aristokratie aus ihrer Lethargie empor rüttelte. Karl II. verpachtete Virginien für den Zeitraum von 31 Jahren. Gleich nach seiner Thronbesteigung nämlich patentirte er Sir William Berkeley, Lord Culpepper und Andere mit jenem Theil der Colonie, der zwischen den Rapahannoc und dem Potomac lag und jetzt gab er sogar dem habsüchtigen Lord Culpepper und Lord Arlington, einem andern gierigen Favoriten, die ganze Provinz und obgleich seine loyalen Unterthanen Agenten hinüberschickten und ihn dringend bitten ließen, solchem Vorhaben zu entsagen, so vermochte er nicht, das Patent zurückzunehmen.

Im Norden hatten die Susquehanna-Indianer, die von Senecas vom obern Theil der Chesapeake zurückgetrieben worden, an den Ufern des Potomac geraubt und geplündert. John Washington, der Urgroßvater des Revolutionshelden, war damals mit einem Bruder, Lorenz Washington, von England nach Amerika ausgewandert und lebte jetzt in dem County von Westmoreland. Zu ihm kamen endlich sechs der indianischen Häuptlinge, um mit ihm, der damals zum Obristen ernannt worden, den Frieden zu unterhandeln.

Er aber ließ sie ungerechter Weise tödten; „sie kamen in Frieden, sagte Berkeley, und ich würde sie in Frieden wieder fortgeschickt haben, wenn sie auch meinen Vater und Mutter gemordet hätten." Rache entflammte natürlich die Herzen der Wilden und der mitternächtliche Kriegsschrei sandte oft, unter dem Tomahawk und Scalpirmesser, die vertheidigungslosen Familien der Grenzbewohner in raschen Tod.

Diese Ueberfälle wurden aber bald so drückend, und drohten dem Lande mit solchem Elende, daß sich das Volk endlich in seiner Macht erhob und sich selbst zu vertheidigen verlangte. Es forderte dafür als seinen Hauptmann und Führer einen jungen Advokaten, Nathaniel Bacon; Berkeley jedoch verweigerte demselben eine Offizierstelle. Da fielen neun Mordthaten vor und Bacon stellte sich nun, auch ohne erhaltenen Befehl, an die Spitze seiner Getreuen und zog in den indianischen Krieg. Da erklärte Berkeley, durch die Aristokratie aufgestachelt, ihn und seine Anhänger für Rebellen. Das Volk jedoch des langen Druckes müde, verlangte vom Gouverneur die Wahl einer neuen Kammer von Bürgern und er sah sich gezwungen, ihnen nachzugeben; ja Bacon wurde sogar, als er von seiner Expedition zurückkehrte, trotz des gegen ihn ausgesprochenen Urtheils, zum Abgeordneten für Henrico County erwählt. Eine volksthümliche Freiheit herrschte jetzt und Gesetze wurden gegeben, die dem Gouverneur Berkeley mißfielen; Bacon fürchtete Verrätherei und zog sich ins Land zurück. Hier aber sammelte sich das Volk um ihn und er kehrte bald darauf nach Jamestown an der Spitze von 500 Bewaffneten zurück. Da glaubte Berkeley, daß es darauf abgesehen sei, ihn zu stürzen, ging ihnen entgegen, bot ihnen die nackte Brust und rief: „Hier ist ein gutes Ziel, schießt." Bacon erklärte ihm aber, daß er nur gekommen sei, ihn um den Oberbefehl der Bewaffneten zu bitten, da ihr Land in Gefahr sei, von den Wilden angegriffen zu werden. Den erhielt er und rückte wieder gegen die Wilden aus. Berkeley zog sich aber nach dem Seeufer zurück, sammelte hier eine Anzahl von Seeleuten und loyalen Unterthanen, kam den Fluß mit einer Flotte herauf, landete seine Armee bei Jamestown und erklärte Bacon und seine Partei noch einmal für Rebellen und Verräther.

Bacon, der indessen die Indianer besiegt hatte, behielt nur noch eine kleine Anzahl seiner Begleiter unter Waffen. Mit diesen eilte er nach Jamestown zurück und Berkeley floh vor seiner Ankunft.

Damit aber nun die wenigen Gebäude ihre Unterdrücker nicht mehr beschützen sollten, steckten die Bewohner derselben sie in Brand, ja die Eigenthümer der besten Häuser warfen selbst den Zündstoff hinein. Dann verließen sie den ihnen früher theueren, und jetzt verödeten Ort und folgten den Royalisten bis zum Rapahannoc, wo die Virginier, die bisher zu Berkeleys Partei gehört, diesen verließen und sich der Fahne seines Gegners anschlossen. Bacon's Feinde waren jetzt in seiner Gewalt.

Die gewaltigen Anstrengungen aber, besonders daß er stets der Nachtluft ausgesetzt gewesen war, zogen ihm eine gefährliche Krankheit zu und er starb. Seine Partei, ohne Führer, vereinzelte sich und die Royalisten athmeten wieder hoch auf. Ja sie sammelten sogar aufs Neue ihre Macht und verfolgten die Hauptanhänger Bacon's, die sie hetzten und gefangen nahmen, worauf einer nach dem andern vor Berkeley gebracht wurde, der sie dann mit beleidigenden Reden zum augenblicklichen und schmählichen Tode verdammte. So starben 20 der besten Bürger Virginiens. Karl II. aber, als er diese Handlungen erfuhr, sandte den Befehl, davon abzustehen und soll gesagt haben: „der alte Mann hat mehr Blut solcher Kleinigkeiten wegen vergossen, als ich selbst, um den Tod meines Vaters zu rächen."

Die englische Regierung fühlte aber jetzt doch, welchen Nachtheil Virginien gelitten und wollte einen neuen Freibrief mit ausgedehntern Privilegien geben. Als aber die Botschaft von Bacon's Empörung anlangte, hielten sie denselben noch zurück und gaben ihn erst später, wie die Ruhe wieder hergestellt war, jedoch in beschränkterer Weise aus. Der erste hätte nämlich das Volk von dem britischen Besteurungsrechte befreit, der zweite bestätigte dasselbe förmlich. Lord Culpepper wurde darin zum lebenslänglichen Gouverneur gewählt, aber seine Verwaltung erwies sich als ein unablässiger Druck und die einzige Triebfeder seiner Handlungen war die Liebe zum Gelde. Er hielt dabei die ganze Macht in Händen, da er mit dem Lord Arlington das Patent auf die ganze Provinz erhalten und seinem Gefährten dessen Rechte abgekauft hatte. Karl II. vernichtete aber, als er später fortwährend die begründetsten Klagen über ihn hörte, als er vernahm, wie unzufrieden das Volk von Virginien mit ihm sei, diesen Freibrief, und Virginien wurde wieder königliche Provinz.

Lord Howard, der nächste Gouverneur, wurde ebenfalls von solch' schmutzigen Motiven geleitet, wie all' die übrigen Glieder des englischen hohen Adels, die sämmtlich nur eine einträgliche Stellung in Amerika suchten. Sie unterdrückten die Colonien und beraubten das Volk seiner Rechte, aber der Geist des Widerstandes blieb und starb nicht aus.

Eine gemeinsame Quelle der Furcht für die englischen Colonien ergab sich jetzt in der Stellung der fünf indianischen Nationen. Diese hatten sich die Huronen und die kleinern Stämme in ihrer Nachbarschaft unterworfen und ihre Besitzungen westlich sogar bis zum Mississippi ausgedehnt. Dabei griffen sie die Indianer der Alleghanies-Gebirge an und verbreiteten Furcht und Schrecken selbst an den Grenzen der englischen Ansiedelung, von Northampton am Connecticut bis zur westlichen Grenze von Maryland und Virginien hinaus.

Dies war die Veranlassung einer großen Rathsversammlung zu Albany, in der Lord Howard und Colonel Dongan, damaliger Gouverneur von New York, mit den Abgeordneten der nördlichen Provinzen und den Sachems der fünf Nationen zusammentrafen. Diese Unterhandlungen erwiesen sich aber friedlicher Natur. Ein großer Friedensbaum wurde gepflanzt, dessen Zweige „bis zur Sonne reichen werden, und dessen breiter Schatten sich über den rothen und weißen Mann breiten soll."

Als der Bürgerkrieg zwischen König und Parlament ausbrach, schloß sich Clayborne der Sache des letztern an und kehrte im Jahre 1645 nach Maryland zurück, wo er hinlänglichen Einfluß besaß, eine Insurrection zu wagen und Gouverneur Calvert zu zwingen, daß er seiner Sicherheit wegen nach Virginien floh. Die Empörung wurde jedoch unterdrückt. Im nächsten Jahre kehrte Calvert zurück, und die Ruhe schien wieder hergestellt. Der Kampf zwischen dem König und Parlament, der die Regierung in England erschütterte, übte aber auch seinen Einfluß auf die Colonieen aus, und zwar sowohl in religiöser, wie in politischer Hinsicht. Sobald das Parlament die Obergewalt an sich riß, wurden auch die neu-englischen

Colonieen, die für seine Sache gesprochen, begünstigt, während man die südlichen Provinzen unter strenger Aufsicht hielt. Daher kommt es, daß 1631 Commissäre ernannt wurden, um die Colonieen innerhalb der Bay von Chesapeake zum Gehorsam zurückzuführen und zu regieren. Dies gab die erste Veranlassung zu einem Bürgerkriege zwischen den Katholiken von Maryland, die zu den Eigenthümern hielten, und zwischen den Protestanten, welche die Sache des Parlaments verfochten. Calvert, der Gouverneur der Regierung, durfte anfangs seine Stelle behalten, sobald er nämlich zugestand, daß er die Autorität des Parlaments anerkennen wollte. Er fand aber bald, daß es ihm unmöglich sei, den Frieden zu bewahren. Er und seine Partei mußten daher 1652 ihre Gewalt niederlegen, und eine Vereinigung der Sieger erklärte jetzt, daß von nun an kein Katholik mehr durch die Gesetze geschützt werden sollte. Auch verfolgte man die Quäker und die Episcopalen.

Cromwell achtete allerdings die Rechte der Eigenthümer von Maryland, wollte sich aber auch nicht gern mit den Gegnern, den Puritanern, verfeinden. Daher kommt es, daß Maryland während des ganzen Protectorats in einer unbestimmten, unruhigen Lage blieb. Clayborne besaß mit den Puritanern die wirkliche Macht, während Lord Baltimore, unter dem allerdings nur scheinbaren Schutze Cromwell's, Josias Fendall zu seinem Lieutenant und Geschäftsführer ernannte; obgleich dieser selbe Fendall erst im vorigen Jahre gerade eine Ursache mit gewesen war, die Unruhen in Maryland hervorzurufen, von denen später wenig mehr bekannt wurde, als daß sie die Provinz in nicht unbedeutende Kosten verwickelten. Nach verschiedenen Weigerungen und Schwierigkeiten erkannte die Colonie endlich Fendall als Agenten Lord Baltimore's an, und ihre Repräsentanten bildeten, durch Fendall selbst ermuthigt, eine gesetzliche Versammlung, worin sie keine andere Macht, als die des Souverains von England anerkannten.

Karl II. richtete die ursprüngliche Regierung wieder ein und machte George Calvert, den ältesten Sohn des Lord Baltimore, zum Gouverneur der Provinz. Nach dem Tode seines Vaters ging dieser nach England, und das Volk erweiterte während seiner Abwesenheit die Wahlgesetze um ein Bedeutendes, was er jedoch nach seiner

Rückkehr wieder aufhob. Dadurch machte er sich beim Volke unpopulär. Die Geistlichkeit der englischen Kirche maß dabei die Schuld dem Einflusse des Papstthums bei und verbot, daß irgend ein römischer Katholik eine Beamtenstelle in der Colonie bekleiden solle; selbst die Thronbesteigung des katholischen Königs verbesserte die Lage des Lord Baltimore nicht; denn James hatte beschlossen, daß alle Freibriefe rückgängig gemacht werden sollten, und ein quo warranto wurde deshalb gegen Maryland erlassen. Diese Tyrannei des Monarchen dauerte aber nur kurze Zeit; seine eigene Familie vereinigte sich in einer Verschwörung gegen ihn, und „die Revolution" setzte seine Tochter und ihren Gemahl auf den Thron.

Der von Lord Baltimore ernannte Agent berief jetzt eine Rathsversammlung, in der er feststellte, daß die Macht des Eigenthums über sie dem König von Gott selbst verliehen worden, und forderte sie auf, dem göttlichen Rechte der Könige und Lords durch einen besondern Eid ihre Unterthanentreue zu bezeugen. Dies verweigerte das Volk, und die natürlichen Folgen solcher Uneinigkeiten blieben nicht aus.

Wir müssen jetzt jedoch wieder einige Jahre zurückgehen, um die erste Bepflanzung eines Staates darzulegen, der jetzt in der Union eine der ersten Stellen einnimmt. Er enthält den schönsten Fluß für die Schifffahrt, besitzt die Hauptstädte des Handels und behauptet überdies eine Stellung, die das ganze Neu-England mit dem Süd und West verbindet. Es ist dies der Staat New York.

Holland ist eins der Königreiche, von denen die frühesten Väter von Neu-England zu sagen pflegten: „der Herr hätte aus ihnen guten Samen genommen, die Wildniß damit zu besäen." Es war kurz nach der Zeit, wo jene Nation die blutige Tyrannei Philipp II. von Spanien abgeschüttelt und eine unabhängige Regierung gegründet hatte, als Henry Hudson, ein Engländer von Geburt, aber in Diensten der holländisch-ostindischen Compagnie, von Texel aus segelte, um eine Nordwest-Passage nach den Indien zu entdecken. Da ihm dies aber nicht gelang, so fuhr er an den Ufern von Newfoundland hin, ging südlich bis zur Delaware und Chesapeake-Bay und kehrte dann wieder gen Norden zurück, wo er der Entdecker jenes herrlichen Flusses wurde, der noch heute seinen Namen trägt.

1640 rüstete eine Gesellschaft von Kaufleuten, die von den Generalstaaten Erlaubniß dazu erhalten, eine Flotte von mehreren Schiffen aus, und schickte sie nach Amerika hinüber, um auf dem Flusse Handel zu treiben, den Hudson entdeckt hatte. Ein rohes Fort wurde auf der Manhattan-Insel errichtet, und einer der Capitäne von der Flotte, Adrian Block, segelte durch den East-River und erkannte dadurch die inselartige Lage von Long-Island. Wahrscheinlich lief er auch in den Connecticut-Fluß ein, und es ist kaum mehr zweifelhaft, daß er ebenso die Küste bis zum Cap Cod hinauf untersuchte.

Im nächsten Jahre segelten die Abenteurer den Hudson bis zu einer kleinen Insel hinauf, gerade unterhalb der jetzigen Lage von Albany, und bauten dort ein kleines Fort, das sie Orange nannten; Familien waren aber noch nicht ausgewandert, und die Holländer waren nur einfache Händler, die später ihren Wohnplatz veränderten und sich dort niederließen, wo jetzt Albany steht.

Holland wurde indessen durch Parteiungen zerrissen, und Grotius, der beste seiner Söhne, zu lebenslänglichem Gefängniß verurtheilt, so daß sich seine Schüler gezwungen sahen, auszuwandern. Damals bildete man, um den Handel zu befördern, die westindische Compagnie. Freiwillige Ansiedler wurden hinübergesandt, und bald stiegen um das Manhattan-Fort Wohnungen auf, die man jetzt Neu-Amsterdam nannte. Peter Minuets wurde der erste Gouverneur.

1627 ging ein Gesandter von den Neu-Niederlanden nach New-Plymouth, trat mit dieser Colonie in ein freundliches Verhältniß und schloß nun Friedens- und Handelsverträge ab. Hierauf bildeten die Generalstaaten eine neue Gesellschaft und nannten sie die „Neunzehn." Diese bestimmten, daß der, welcher 50 Familien nach den neuen Niederlanden hinüberführen würde, wie die Holländer jetzt das ganze Land zwischen Cap Cod und Cap May nannten, Patron oder Herr des Bodens werden sollte, ja, sprachen ihm sogar das absolute Eigenthum in dem Lande zu, das er colonisiren würde, und zwar in der Ausdehnung von 8 Meilen an jener Seite des Flusses, an dem er sich niederließ, und so weit ins Innere, wie es seine Lage erfordern würde. Der Boden mußte jedoch den Indianern abgekauft werden, und die Compagnie verpflichtete sich dabei, wie besonders stipulirt ward, jenes Besitzthum mit Negern zu versehen, wenn sich der Handel dort als gewinnbringend erweisen würde. Viele Ansiedlungen entstanden hierauf, und ein großer Theil des besten Landes war bald in Besitz genommen. Die indianischen Häuptlinge überließen dem wackern Van Renselaer jene Strecken um Fort Orange herum bis zur Mündung des Mohawk, und das Collegium der Neunzehn gab ihm ein Patent darüber, das sechs Jahre später bis zu 12 Meilen weiter südlich ausgedehnt wurde.

De Vries führte von Holland eine Colonie hinüber, die Lewistown, nahe am Delaware, besiedelte. Ein kleines Fort, Namens Nassau, war schon früher dicht am Delaware von den Holländern errichtet; in Folge von Uneinigkeiten in der Compagnie in Holland trat jetzt Peter Minuets ab, dem Walter Van Twiller folgte. Jener dagegen wurde der Führer einer Colonie von Schweden. Die Holländer sahen sich zu gleicher Zeit in den Territorien, die sie am Connecticutfluß beanspruchten, durch die Ansiedlungen von Hooker und Anderen, ja auch an den Ufern des Delaware durch die Unterthanen von Gustav Adolph beschränkt, die Minuets selbst anführte. Auch geriethen sie zu gleicher Zeit in Streitigkeiten mit den Indianern. Gouverneur Keift, der an Van Twiller's Stelle trat, hatte einen, aber ganz unbedeutenden Streit mit den Manhattanstämmen. Trotzdem sammelten sich diese, als die Mohawks gegen sie anrückten, um seine Niederlassung und baten ihn, sie zu schützen und ihnen beizustehen. Statt dessen sandte der barbarische Keift seine Truppen aus und ließ in der Nacht sie Alle, Männer, Frauen und Kinder, eine Zahl von 100 Personen, förmlich morden. Die natürliche Folge blieb jedoch nicht aus; der indianische Racheschrei stieg zum Himmel empor und pflanzte sich von Stamm zu Stamm fort.

Keine englische Familie im Bereich der Algonquins war länger sicher, die holländischen Dörfer standen in Flammen, und ihre Bewohner flohen in ihr Vaterland zurück. Nahe bei New York wurden die Familien von Anna Hutchinson und manche Andre vernichtet, und ganz Neu-England sah sich bedroht. Die holländischen Truppen vertheidigten sich und wählten den Capitän Underhill, der von Massachusetts ausgestoßen worden, zu ihrem Hauptmann. Endlich schlugen sich die Mohawks, die in Frieden mit den Holländern lebten, ins Mittel. Die verbündeten indianischen Sachems kamen in einer Reichsversammlung mit den Weißen auf der Stelle, wo jetzt die Battery in New York steht, zusammen; „der Baum des Friedens wurde gepflanzt und der Tomahawk unter seinem Schatten begraben!"

Keift, von den Colonieen verflucht und ausgestoßen, wollte nach Holland zurückkehren, litt aber an der Küste von Wales Schiffbruch und ging zu Grunde. Stuivesant war ihm schon vor seiner Abreise in seinem Amte gefolgt. Dieser ging jetzt nach Hartfort, und schloß dort Verbindungen ab. Die Holländer entsagten ihren Ansprüchen auf Connecticut, und Long-Island wurde zwischen den beiden Parteien getheilt.

Die Holländer hatten aber indessen Fort Casimir an der jetzigen Stelle von Newcastle in Delaware gebaut. Dies hielten die Schweden für ein Eindringen in ihre Territorien, und Rising, ihr Gouverneur, wußte durch eine unwürdige Kriegslist sich deren zu bemächtigen. Da erhielt Stuivesant 1655 darauf bezüglichen Befehl von Holland, schiffte sich in Neu-Amsterdam mit 200 Mann ein, segelte den Delaware hinauf und besiegte die Schweden. Der Name Neu-Schweden wurde nicht mehr gehört, den Eigenthümern aber ihr Recht gesichert, und ihre Nachkommen sind jetzt mit unter den Besten der amerikanischen Bürger.

Viele Auswanderer zogen sich nach den neuen Niederlanden, von allen unzufriedenen Nationen, und wie sie wuchsen und stark wurden, so wünschten sie auch Theil an politischer Macht zu besitzen. Sie versammelten sich und verlangten durch Abgeordnete, daß keine Gesetze mehr ohne die Beistimmung des Volks gegeben werden durften. Stuivesant dagegen machte ihnen sehr unumwunden bekannt, daß er keineswegs gesonnen sei, sich durch „ein paar unwissende Subjecte" Vorschriften machen zu lassen, und löste augenblicklich die Versammlung auf. Die Neunzehn belobten ihn deshalb ungemein und trugen ihm auf, dem Volk ja nicht zu gestatten, sich solchen Träumen hinzugeben, daß man es fragen würde, wenn man ihm Steuern auflegen wolle. Die Freiheit des Volks wurde allerdings hier im Zaume gehalten, gedieh aber desto mehr in den benachbarten Colonieen. Das war denn auch die Ursache, daß diese mehr und mehr anwuchsen und die Holländer enger einschlossen. In dieser Zeit bedrängten die Indianer einige ihrer Dörfer, besonders Esopus, jetzt Kingston, und die neuen Niederlande konnten von Holland keine Hülfe bekommen. Die Generalstaaten hatten die ganze Sache in die Hände der Neunzehn gegeben, welche sämmtliche Ausgaben bestreiten sollten. Der Rath weigerte sich aber, die nöthigen Vorschüsse zu liefern.

In der nämlichen Zeit hatte Karl II. seinen Bruder Jacob, damals Herzog von York und Albany, das Territorium von den Ufern des Connecticut bis zu denen des Delaware durch ein Patent zugesichert, und Sir Robert Nichols, ein vertrauter Diener desselben, wurde mit einer Flotte abgesandt, um Besitz davon zu nehmen. Nichols brachte 1664 Commissäre nach Neu-England hinüber und landete diese in Boston; dann nahm er von Long-Island den jüngern Winthrop mit sich, segelte nach Neu-Amsterdam und verlangte plötzlich von dem auf's Aeußerste erstaunten Stuivesant, sein Land ihm zu übergeben. Winthrop rieth ihm ebenfalls, dies zu thun. Der treue Holländer erwiederte aber, daß er sich nicht so feige einer einfachen Aufforderung unterwerfen könne und wolle, und würde seinen Posten wohl bis auf's Aeußerste vertheidigt haben; das Volk selbst aber, dem die weit bedeutendern Privilegien der Engländer versprochen worden, zog es vor, unter deren Schutz zu stehen. Nichols konnte deshalb ungehindert einlaufen, nahm im Namen seines Herrn Besitz von dem Orte, und nannte ihn New York.

Ein Theil der englischen Flotte segelte dann, unter Sir Georg Carteret, den Hudson hinauf, zum Fort Orange, das sich ebenfalls ergab und Albany genannt wurde. Eben so nahm man das holländische Fort am Delaware, achtete aber das Recht des Eigenthums der Privaten und schloß einen Vertrag mit den fünf Nationen ab. Die ganze Küstenlinie von Acadia bis Florida war jetzt im Besitz der Engländer.

Noch bleibt uns ein eben so wichtiger Staat des nördlichen Landes zu erwähnen, nämlich Pennsylvanien, das seinen Ursprung dem Sohn des Vice-Admiral Sir William Penn verdankt, der 1644 in London geboren wurde. Der Knabe soll schon als Kind bedeutende

Eigenschaften entwickelt haben und betrat mit dem 15. Jahre die Universität Oxford. Dort aber wurde zuerst durch Thomas Loe, einen Quäker, sein sich immer etwas zur Schwärmerei hinneigender Geist dieser Sekte gewonnen, der er sich mit jedem Jahre mehr und mehr hingab. Sein Vater versuchte nun zwar Alles, selbst körperliche Züchtigung nicht ausgenommen, ihn von diesem „albernen Starrsinn", für den er es hielt, zurückzubringen, und verbot ihm sogar, als dies Alles nichts nützte, sein Haus. Auch das blieb ohne Erfolg, und da er den Sohn liebte, auch die Mutter für ihn sprach, nahm er ihn wieder auf. Er schickte ihn nun zwei Jahre lang nach Frankreich und Italien, um ihn dort auf andere Gedanken zu bringen. Der Zweck aber, den sein Vater dabei im Auge gehabt, schien nicht erfüllt; denn er hatte seine religiösen Ideen keineswegs vergessen. Der Admiral schickte ihn hierauf nach Irland, in der Hoffnung, daß der glänzende Hof seines Freundes, des Earl von Ormond, einen Weltmann aus ihm machen würde. Er übergab ihm dabei die Agentur seiner großen Güter in Irland und William gab sich seinen dortigen Geschäften mit solchem Eifer hin, daß er seinen Vater in jeder Hinsicht entzückte. Aber wiederum hörte er den Pfarrer Thomas Loe und wurde jetzt ein entschiedenes Mitglied der Quäkergesellschaft, ja sogar als solches verfolgt und gefangen gesetzt.

Da sein Vater hiervon hörte, rief er ihn nach England zurück und bat ihn, betrübt über seine Wunderlichkeiten, aber auch stolz auf seine Talente, mit Thränen, jenen religiösen Wahn fahren zu lassen, und der treue Sohn kämpfte lange und schwer mit sich. Endlich aber siegte das, was er für seine Pflicht gegen Gott hielt, und er behauptete, nur das thun zu müssen, was ihm der heilige Geist geboten habe. Der Admiral fügte sich endlich in Alles und beschloß sogar, ihm auch in der Ausübung seiner Religion völlige Freiheit zu lassen, wenn er nur in einigen Kleinigkeiten die Sitten der Quäker unbeachtet lassen, nämlich den Hut nicht in jedes Menschen Gegenwart tragen, sondern vor dem König, dem Herzog von York und ihm selbst sein Haupt entblößen wolle. William Penn meinte aber, sein christlicher Glaube lehre ihn, daß eine äußere Handlung nie das Herz belügen müsse und daß eine Hutverehrung, wie es die Quäker nannten, auf keine Weise mehr geduldet werden könne. Er schlug deshalb seines Vaters Anerbieten aus und wurde noch einmal aus seines Vaters Hause verbannt.

William, so auf sich selbst verwiesen, fing an zu predigen und zu schreiben und litt in Ausübung seines Glaubens viel, bis ihn der Admiral, sein Vater endlich, als dessen Kränklichkeit einen sehr bedenklichen Charakter annahm, zurückrief, und ihn noch auf dem Todtenbette seinem Freunde, dem Herzoge von York, empfahl, der auch versprach, für ihn zu sorgen und ihn so viel als möglich vor den Gefahren zu schützen, denen ihn sein ganz eigenthümlicher Starrsinn aussetzen mußte. Bald nach seines Vaters Tode sah sich Penn auch wirklich wieder im Gefängniß. Nichts desto weniger heirathete er bald darauf ein junges Mädchen aus sehr hochgestellter Familie und besaß auch in jeder Hinsicht das Vertrauen seiner Mitbürger. Der ewigen Verfolgungen aber müde, wendeten sich seine Gedanken nach Amerika und er machte Pläne, dort für sich und seine Freunde Ansiedelungen zu gründen, die er auch später wirklich ins Werk setzte. Sein Vater hatte an die Krone Forderungen von etwa 16,000 Pfund Sterling hinterlassen und da William Penn nun fand, daß in Nordamerica, und zwar nördlich von Lord Baltimores Patent, Strecken lagen, die noch nicht vergeben worden, so erbat und erhielt er von Karl II. einen Freibrief, der ihm einen Strich zusicherte, welcher im Osten vom Delaware begrenzt wurde, sich westlich 5 Längengrade ausdehnte und 12 Meilen nördlich von Newcastle bis zum 43. Breitegrade reichte, während er im Süden von einem 12 Meilen langen Zirkel umschnitten ward, der, um Newcastle gezogen, bis zum 40. Grade nördlicher Breite lief. Der König nannte diesen Landstrich Pennsylvanien. Bald, nachdem er dies Patent erhalten, übergab ihm der Herzog von York ein andres, das den jetzigen Staat Delaware in sich schloß und damals die „Territoria" genannt wurde. In einer andern Schrift entsagte der Herzog allen Ansprüchen, die er auf einen Theil von Pennsylvanien hatte.

Penns nächste Sorge war jetzt, eine liberale Constitution für die Menschen auszuarbeiten, die seine künftigen Colonisten werden sollten. Nachdem er dann drei Schiffe mit Auswanderern beladen, und der Sorge seines Neffen, Colonel Markham anvertraut hatte, verließ er Chester am Bord des Welcome, und ging mit 100 Colonisten nach seiner Provinz hinüber. Er landete in Newcastle und wurde dort von den Schweden und Holländern, die jetzt bis auf 2 oder 3000 angewachsen waren, freundlich bewillkommnet. Seinem Freunde, dem Herzog zu Ehren, besuchte er dann zuerst New York, kehrte aber gleich darauf nach Upland zurück, das er Chester nannte, und wo ein Theil der Pioniere, mit Markham an der Spitze, ihre Ansiedlung schon begonnen hatten, während Penn hier seinen ersten Congreß zusammenberief.

Dieser bestand aus einer gleichen Anzahl Deputirter der Provinz und der Territorien und sein erster Act war der, daß er alle Einwohner, welcher Herkunft sie auch waren, naturalisirte. Religiöse Freiheit wurde dann dem Volke zugesichert, nur sollten alle Beamten und Wähler Christen sein. Penn war auch der erste Gesetzgeber, dessen Criminalgesetzbuch das menschliche Princip aufstellte: die Strafe solle nicht blos dazu dienen, ein Verbrechen zu hindern, sondern auch den Verbrecher zu bessern. Daher verbannte er die Todesstrafe fast gänzlich. Der Congreß saß 3 Tage und erließ 59 Gesetze; das mag zum Beweis dienen, wie die Zeit dieser Männer nicht mit persönlichen Beleidigungen oder wortschwallreichen Declamationen verschwendet ward, was in neuerer Zeit allerdings nur zu oft der Fall gewesen.

William Penn hatte schon vorher dem Colonel Markham den strengen Befehl gegeben, die Indianer freundlich zu behandeln und deshalb war kein Land ohne ihre Erlaubniß in Besitz genommen worden; es wurde ihnen auch mitgetheilt, daß Penn, den sie Onas nannten, zu einer gewissen Zeit ein Berathungsfeuer entzünden wollte, um mit ihnen einen Vertrag zu ewigem Frieden, zu unverbrüchlicher Freundschaft zu schließen. Am Morgen des bestimmten Tages kam William Penn unter den Bäumen des Waldes mit den bemalten und federgeschmückten Kindern der Wildniß zusammen. Die trotzigen Häuptlinge bildeten einen Halbkreis um ihn und die Hauptsachems der Nationen schmückten seinen Kopf mit einem Kranz, dem Symbol seiner Macht. Da legte jeder Krieger seinen Bogen und Tomahawk nieder und setzte sich auf die Erde; während der erste Häuptling dem Onas verkündigte, daß die Nationen bereit wären, seinen Worten zu lauschen; denn sie hielten ihn für einen Engel, den der große Geist ihnen gesandt habe. Penn sprach nun zu ihnen und rief den Allmächtigen, der seine innersten Gedanken kenne, an, indem er versicherte, es sei sein heißester Herzenswunsch, ihnen Gutes zu thun. Er wolle sie nicht Brüder oder Kinder nennen, aber sie sollten ihm und den Seinigen wie zu ihren eignen Körpern gehörend sein. Die Häuptlinge gaben dann auch ihrerseits, für sich und ihre Stämme, die Versicherung: „künftig mit ihm und seinen Kindern in Freundschaft zu leben, so lange Sonne und Mond dauern würden." Der Vertrag wurde dann aufgesetzt, die Häuptlinge unterzeichneten mit den Sinnbildern ihrer verschiedenen Stämme und Penn bestätigte nicht allein die Käufe, die Markham gemacht, sondern ging auch noch neue ein. Hiernach bezog er ein Haus, das ihm sein Neffe erbaut hatte und nannte es Pensbury; traf auch Anordnungen, Städte anzulegen und Counties abzutheilen. Holme zeichnete, in Verbindung mit dem Landvermesser, den Plan der Hauptstadt, die er im Geist brüderlicher Liebe Philadelphia nannte.

Es kamen jetzt viele Fahrzeuge mit neuen Ansiedlern, und so rasch drängten sich die Einwanderer in diese Colonie, daß sie, besonders wenn sie spät im Herbst eintrafen, nicht mehr mit Wohnungen in den rohen Gebäuden der neuen Stadt versehen werden konnten; es mußten Höhlen in die Uferbänke gegraben werden, um sie nur aufzunehmen. Sie lebten damals von den Tauben, die in ungeheuren Zügen über sie hinstrichen, von den Fischen des Flusses, oder vom Wilde, das ihnen die Indianer brachten.

Die Grenzen zwischen Philadelphia und Maryland waren aber von den beiden Eigenthümern noch nicht fest bestimmt worden und Lord Baltimore suchte sich in den Besitz der Territorien zu setzen, indem er die Ansiedler, welche sich weigerten, Renten zu bezahlen, austrieb. Penn protestirte dagegen, der Generalgerichtshof von Pennsylvanien bestätigte seine Ansprüche und die Territorien blieben unter seiner Jurisdiction. Als er aber im August 1684 von den Bedrückungen der Quäker in England hörte, wo er noch seine ganze Familie hatte, und durch seine Gegenwart dazu beizutragen hoffte, die Lage seiner christlichen Brüder im Vaterlande zu verbessern, schiffte er sich nach England ein.

Vor der Uebergabe der Holländer hatte der Herzog von York an

Lord Berkeley und Sir George Carteret einen Grant über denjenigen Theil des in seinem Patente bezeichneten Landes gegeben, der zwischen dem Hudson und Delaware liegt. Dieser Landstrich wurde, Sir George zu Ehren, welcher Gouverneur der Insel Jersey gewesen war, New Jersey genannt. Ehe diese Schenkung aber bekannt worden, hatten neun Personen von Long-Island im Jahre 1664 den Eingebornen eine Strecke Landes abgekauft, wo sie eine Ansiedlung begannen, die sie Elisabethtown nannten. Andre Städte wurden ebenfalls durch Auswanderer aus den Colonieen und Europa bevölkert, und so entstanden feindliche Ansprüche, die zwischen den Eigenthümern oder Bewohnern nur Unfrieden erregten und böses Blut machten. Im nächsten Jahre gaben Berkeley und Carteret deshalb der Colonie eine Constitution und bestimmten Philipp Carteret zum Gouverneur, der hierauf Elisabethtown zum Sitz der Regierung machte. Einige Jahre vergingen so in Ruhe. 1672 aber brachen die Streitigkeiten der Ansiedler in offene Feindschaft aus; die Bewohner von Elisabethtown, die ihren Grund und Boden von den Wilden selbst gekauft hatten, weigerten sich, dem jetzigen Oberherrn desselben Renten zu bezahlen, und trieben die Opposition so weit, daß sie den Gouverneur verjagten und dessen Sohn an seiner Statt einsetzten. Der Vater kehrte hierauf nach England zurück, erlangte aber dort von den jetzigen Eigenthümern solche Bedingungen für die Colonisten, daß sich diese damit beruhigten und nicht wieder feindlich auftraten. Berkeley und Carteret konnten übrigens die Provinz nicht lange behaupten. Der erste, der es müde war, nur Sorge und Noth mit einem Besitz zu haben, der ihm weder Ehre noch Nutzen brachte, verkaufte seinen Theil an Edward Byllinge, und dieser Gentleman, der sich bald in Schulden verwickelte, sah sich genöthigt, seinen Besitzungen zu Gunsten seiner Gläubiger zu entsagen; William Penn wurde einer seiner Geschäftsträger.

New Jersey ward Jahre lang theils durch Sir George Carteret, theils durch Penn, als Byllinge's Agent, verwaltet. Da der letzte aber in kurzer Zeit fand, wie schwierig es sei, ein von zwei verschiedenen Parteien gemeinsam besessenes Gut zu verwalten, so traf er mit Sir Carteret ein Uebereinkommen, daß sie das Land in Ost- und

West-Jersey theilten, wobei dieser das alleinige Eigenthumsrecht auf den östlichen, Penn dagegen und seine Machtgeber das auf den westlichen Theil erhielten. Aber auch Ost-Jersey, Carteret's Eigenthum, wurde 1682 zum Verkauf ausgeboten und von 12 Quäkern unter dem Schutze Penn's erstanden. 1683 verdoppelten die damaligen Eigenthümer ihre Anzahl und erhielten ein neues Patent vom Herzog von York.

Ost-Jersey hatte jetzt Religionsfreiheit, und in diese Zeit fielen jene inneren Wirren Großbritanniens, in denen Graham von Claverhouse und andere königliche Offiziere die schottischen Anhänger Cameron's wie wilde Thiere hetzten. Hunderte dieser Unglücklichen zogen sich damals nach Ost-Jersey hinüber und fanden dort Sicherheit, Ueberfluß und Zufriedenheit. Edward Byllinge wurde später zum Gouverneur der beiden Jersey ernannt, und 1685 der erste Generalcongreß in West-Jersey gehalten.

Wir dürfen aber auch besonders in dieser Zeit die indianischen Stämme nicht aus den Augen verlieren, die zu sehr mit dem Leben und Treiben der jungen Colonieen verschmolzen waren.

Miantonomoh trachtete nach dem Leben des Häuptlings Uncas, weil er fand, daß er diesen nicht zu einer Verschwörung gegen die Weißen gewinnen konnte. Ein Pequod, den er erkaufte, verwundete den Mohikanerhäuptling, und floh nachher zu dem Anstifter zurück, um sich unter seinen Schutz zu stellen. Dieser weigerte sich auch, den Meuchelmörder dem Gerichtshof von Hartford auszuliefern, erschlug ihn aber später mit eigner Hand. Dennoch gab er den Versuch nicht auf, den wackern Häuptling und Freund der Weißen zu ermorden. Es wollte ihm aber nicht gelingen. Darüber ergrimmt, zog er seine Krieger zusammen und begann offenen Krieg, indem er einen Vertrag brach, an dem die Autoritäten von Connecticut Theil hatten. Uncas stellte sich ihm entgegen, besiegte ihn durch eine Kriegstlist, nahm ihn gefangen und lieferte ihn an die Weißen aus. Diese saßen über ihn zu Gericht, gaben aber den edlen Krieger in die Macht dessen zurück, der ihn gefangen hatte. Uncas tödtete ihn, und schützte dadurch vielleicht mehr, als durch irgend eine andere That, die Ansiedelungen seiner Freunde.

Roger Williams wurde in demselben Jahre, 1643, nach England

als Agent für Rhode-Island und die Providence-Plantagen gesandt, um einen Freibrief für eine selbstständige Regierung zu verlangen. Er fand die Angelegenheiten der Colonieen in den Händen des Earl von Warwick und 17 Commissären, die vom Parlament mit ziemlich derselben Gewalt ernannt worden waren, welche sie 1643 vom Könige erhalten hatten. Glücklicher Weise war Vane jetzt selbst einer derselben, und durch dessen Beistand erhielt er Alles, was er wünschte. Dennoch herrschte keine Einigkeit in den Colonieen, und Williams mußte später noch einmal mit John Clarke nach England, wo er die Regierung der Provinz, zu welcher Providence und Rhode-Island vereinigt wurden, festgestellt und die Grenzen des Staates so bestimmt erhielt, wie sie noch jetzt bestehen. Wenn Rhode-Island auch keinen großen Flächenraum hat, so genießt es doch den Ruhm, den späteren Nationen das Beispiel gänzlicher Glaubensfreiheit gegeben zu haben.

Um diese Zeit etwa war es, daß John Elliot, der früher eine Schule in England gehalten, als Apostel der Indianer auftrat. Er kam in seinem 27. Jahre nach Boston, nachdem er sich vorher mit einer jungen und liebenswürdigen Dame, die seinen Ansichten und Gefühlen ganz beistimmte, verheirathet hatte.

Elliot sah mitleidig auf die Unwissenheit der Wilden herab, ja fürchtete sogar für ihr einstiges Seelenheil, wenn ihnen nicht das Licht der christlichen Kirche leuchten würde und sie in geistiger Dunkelheit untergehen müßten. Er beschloß, wo möglich, eine Aenderung ihrer Lage herbeizuführen, beschloß, sie zu retten, wenn das in seinen Kräften stände, und warf sich nun mit allem Eifer auf das Studium ihrer Sprache, das er einige Jahre mit unermüdlichem Fleiß betrieb. Die Generalversammlung der Provinz hatte indessen 1646 bei der Geistlichkeit anfragen lassen, wie man die Bibel am besten unter die Eingebornen verbreiten könnte, und Elliot benutzte diese Zeit, um mit den Indianern zu Nonantum, wenige Meilen westlich von Boston, zusammenzukommen. Er gab sich bei solchen Gelegenheiten die größte Mühe, die Eingebornen mit den Künsten und Gebräuchen civilisirten Lebens bekannt zu machen. Es gelang ihm auch bei Vielen so weit, daß ihr Charakter, wie ihre Lebensweise, eine bedeutende Veränderung erfuhr. Einige aus ihrer Zahl wurden sogar selbst Lehrer und unterstützten ihn in seinen Bemühungen.

Im Jahre 1654 wurde eine indianische Kirche zu Natick, einem ganz neu angelegten Städtchen, erbaut.

Im nächsten Jahre hatte Elliot die Uebersetzung des neuen Testaments in die indianische Sprache beendet. Zwei Jahre später fügte er auch die des Alten hinzu, und brachte das ihm früher so riesenhaft erschienene Unternehmen zu Ende, nicht allein die indianische Sprache zu erlernen, sondern auch aus derselben eine Schriftsprache zu bilden und in diese die ganze heilige Schrift zu übertragen. Dies war die erste in Amerika gedruckte Bibel; aber diese Stämme, wie ihre Sprache, sind jetzt ausgestorben, und Elliott's Buch ist in unserer Zeit nur noch ein literarisches Curiosum. Was übrigens die Kosten desselben betrifft, so wurde er dabei von einer englischen Gesellschaft, die sich zur Bibelverbreitung gebildet hatte, sehr unterstützt.

1674 gab es 14 Städte „betender Indianer" und 6 gemischte Kirchen. Solche bekehrte Eingebornen hatten aber mit tausend Schwierigkeiten und Gefahren zu kämpfen; ihre großen Häuptlinge haßten das Christenthum; denn, wenn ihre Unterthanen auch dadurch brav und ehrlich wurden, d. h. die, welche durch die anwachsende Civilisation schon verdorben waren, so lehrte es sie doch auch wieder, daß sie auf Manches ein Recht hätten, was ihnen die Häuptlinge nicht gern zugestehen mochten. Außerdem war es aber auch die Religion eines Volkes, gegen das der wilde Sohn der Wälder tödtliche Feindschaft hegte, weil es ihn aus seinen rechtmäßigen Jagdgründen und Besitzthümern zu vertreiben drohte, und was er deshalb nicht in seiner Mitte dulden wollte.

Von diesen Häuptlingen war besonders Einer, Philipp von Pokanoket, der besondere Gegner der christlichen Religion.

Philipp war der jüngste von zwei Söhnen Massasoit's und der bittre Feind der Engländer geworden, weil er diesen den Tod seines ältern Bruders zuschreiben mußte. Allerdings setzte ihn eben dieser Tod in den alleinigen Besitz der Häuptlingswürde; nichtsdestoweniger fühlte er aber den Verlust des Geliebten und zürnte den Thätern.

Die Ausbreitung der Weißen fing an, die Besorgniß der wilden Nationen zu erregen; sie erinnerten sich, daß ihre Vorväter die einzigen Herren und Gebieter der Wildniß gewesen, während jetzt ihre Jagdgründe beschränkt wurden. Der Hirsch, der Bär und andere Thiere, auf die sie ihres Unterhaltes wegen angewiesen waren, flohen vor dem geschäftigen Geräusch der Civilisation; die neue Race, die ihre Väter gastfreundlich aufgenommen, als sie nackt und arm an ihre Küsten kam, dehnte sich immer weiter aus, drängte sie immer mehr zurück und fing an, der Herr des Landes zu werden. Nichts blieb den Wilden übrig, als sich nach und nach aufreiben zu lassen oder auf einmal und mit einem Schlage selber aufzustehen und die Eindringlinge zu vernichten und auszurotten. Dies war der Geist, der, von Philipp ausgehend, wie ein zündender Strahl durch die Herzen der Stämme zuckte. Die Narragansetts, so lange den Europäern freundlich gesinnt, befanden sich jetzt unter der Herrschaft Conanchets, des Sohns von Miantonomoh, der sich ohne Zweifel der Wohlthaten noch erinnerte, die sein Vater den Europäern erwiesen, während diese doch seine letzte Bitte um Gnade verweigerten. Noch hatte Philipp weiter nichts gethan, als daß er auf die Gesinnungen der verschiedenen Stämme heimlich einzuwirken suchte. Da gab Sausaman, einer der Indianer, welche Elliot unterrichtet hatte, den Engländern Nachricht von den gegen sie vorbereiteten Plänen. Sausaman wurde bald nachher ermordet, und der Plymouther Gerichtshof fand, daß die That von drei Indianern, vertrauten Freunden des König Philipp, ausgeführt worden. Sie ließen diese ohne Weiteres hinrichten.

Jetzt hielten es die Wilden nicht gerathen, länger zu zögern. Am 20. Juni 1675 begann Philipp's Angriff damit, Swansey in New Plymouth zu überfallen. Die Colonisten sammelten sich aber zur Vertheidigung ihrer Städte, und die Indianer flohen. Da jene bald darauf frische Truppen von Boston zu ihrer Unterstützung erhielten, so marschirte die vereinigte englische Macht gegen die indianischen Städte, die jedoch bei ihrer Annäherung von den Bewohnern verlassen wurden. Aber der Weg, den die Wilden nahmen, wurde durch die Ruinen der Ansiedelungen bezeichnet, die sie auf ihrer Flucht gefunden, und Köpfe und Hände der Erschlagenen fand man auf Pfählen daneben aufgesteckt. Als die Truppen sahen, daß sie die flüchtigen Feinde doch nicht einholen konnten, kehrten sie nach Swansey zurück. Hiermit begnügten sich aber die in Boston zusammenkommenden Commissäre der Colonien nicht, und beschlossen, daß der Krieg mit Eifer betrieben werde und jede Colonie nach ihren Kräften die Mittel dazu schaffen müsse. Von den 1000 Männern, die man gleich anfangs ins Feld schicken wollte, sollte Massachusetts 527, Connecticut 315 und Plymouth 158 stellen; die Commissäre bestimmten jedoch für die gegenwärtige Noth die doppelte Zahl.

Die Armee wurde von Swansey aus in das Land der Narragansetts geschickt, und dort mit jener Conföderation, das Schwert in der Hand, unterhandelnd, brachten sie am 15. Juli einen Friedensvertrag zu Stande, worin sich die Commissäre unter anderen Stipulationen erboten, 40 Röcke irgend einem der Narragansetts geben zu wollen, der den sogenannten König Philipp lebendig einlieferte. 20 wurden nur für seinen Kopf bestimmt, und 2 für jeden seiner Unterthanen, den man gefangen brächte. Der indianische Häuptling erfuhr dies und zog sich mit seinen Kriegern in einen Sumpf nach Pocasset, nicht weit von Montaup, zurück. Dort griffen ihn am 18. die Colonisten an, konnten aber keinen entscheidenden Sieg über ihn gewinnen. Philipp schlug dann sein Hauptquartier bei den Nipmuacks auf, schien bei seinen steten zerstörenden Angriffen fast überall zu sein und that den Weißen unendlichen Schaden. Capitän Hutchinson wurde jetzt mit einer Compagnie Cavallerie ausgesandt, um diesen Indianern eine Unterhandlung anzutragen, bald darauf aber in einen Hinterhalt gelockt und tödtlich verwundet.

Um ein Magazin und eine Garnison zu Hadley anzulegen, sandte man jetzt Capitän Lathrop mit einem Corps ausgewählter junger Leute aus Bostons Nachbarschaft ab, von Deerfield aus eine Quantität Mais nach jenem Orte hinzuschaffen. Auch diese wurden plötzlich von Indianern angegriffen, und obgleich sie mit großer Tapferkeit fochten, doch fast sämmtlich getödtet. Die Quelle, neben der sie kämpften, färbte sich roth, und wird noch bis auf den heutigen Tag der blutige Bach genannt. Auch die Springfield-Indianer, die früher freundlich gegen die Engländer gesinnt gewesen, verbündeten sich im October desselben Jahres (1675) mit den feindlichen Stämmen und zündeten die Stadt an. Während die Flammen wütheten, griffen sie Hadley an.

Die Lage der Colonisten war jetzt furchtbar. Denn die Absicht der Indianer ließ sich nicht verkennen; sie wollten sie von der Erde vertilgen und wütheten gegen Bewaffnete wie Unbewaffnete. Ihre Religion legte ihnen dabei keine Fesseln an, und die Sitten ihres Volkes geboten ihnen sogar die fürchterlichsten Grausamkeiten. Noch gefährlicher ward ihre Lage dadurch, daß sie sich, in den langen Jahren friedlichen Zusammenlebens mit den Indianern, in einzelnen Ansiedelungen über das Land verbreitet hatten. Die Wilden kannten dabei ihre Wege und Stege, legten sich überall in den Hinterhalt und warfen sich, mit dem fürchterlichen Schlachtschrei auf den Lippen, nicht allein über die betende Versammlung, sondern auch über die Schlafenden in stiller Mitternacht, entzündeten die einsam liegende Hütte, und scalpirten und tödteten, was ihnen unter die Hände kam. Wenn der Familienvater Morgens aufstand, so wußte er nicht, ob er die Thüre öffnen könne, ohne daß ihn die Kugel des verborgenen Feindes traf, oder er ging aus und mußte erwarten, daß er bei seiner Rückkehr Weib und Kinder erschlagen fand. Legte sich die Mutter Abends zur Ruh und drückte den Säugling an die Brust, so nagte schon die Furcht in ihrem Herzen, daß er vielleicht am Morgen von ihrer Seite gerissen und sein kleiner Kopf vor ihren Augen am Balken der Hütte zerschmettert werde.

Das sind nun zwar stets die Folgen eines Kriegs mit den Wilden gewesen, nie aber wurden sie so gefühlt, als gerade in dem Jahre, in dem die rothen Feinde, mit dem wilden Philipp an der Spitze, gegen die Colonisten aufstanden.

Auch Conanchet zeigte sich um diese Zeit wieder feindselig; trotz des eingegangenen Vertrags nahm er nicht allein Philipp's Krieger auf, sondern unterstützte auch die Operationen gegen die Engländer. Am 18. Dec. wurden daher 1000 Mann Soldaten von den verschiedenen Colonieen gesammelt. Capitän Church befehligte die Division von Massachusetts, Major Treat die von Connecticut, und Josiah Winslow von Plymouth hatte den Oberbefehl. Nach einer stürmischen, unter freiem Himmel verbrachten Nacht wadeten sie

16 Meilen durch den Schnee und erreichten Nachmittag um 1 Uhr am 19. Dec. 1675 das Fort des Feindes.

Es stand auf einem kleinen Hügel inmitten eines Sumpfes und war so mit Pallisaden und dichten Hecken befestigt, daß man sich nur auf einem umgehauenen Baumstamme, der über einer Schlucht lag, ihm nähern konnte. Der Schnee war sehr tief, aber die Weißen fanden glücklicher Weise den Eingang, und obgleich er durch ein wohlbefestigtes und stark besetztes Blockhaus vertheidigt wurde, so führten die Offiziere ihre Leute doch mit keckem Muthe über die enge und gefährliche Brücke. Die Ersten fielen allerdings, Andere drängten aber nach, und das Fort wurde genommen. Conanchet und seine Krieger fochten wie Verzweifelte und zwangen die Engländer zweimal, sich zurückzuziehen. Diese aber ließen nicht ab, schlugen die Wilden und setzten die indianischen Wohnungen in Brand. 1000 Krieger wurden erschlagen, über 300 Frauen und Kinder gefangen genommen, etwa 600 ihrer Wigwams verbrannt, und viele Unglückliche kamen in den Flammen um.

Die elenden Ueberreste dieses Stammes flüchteten in einen Cedersumpf, bedeckten sich hier mit Zweigen, oder wühlten sich in die Erde und lebten von Eicheln oder Nüssen, die sie sich mit ihren Händen aus dem Schnee graben mußten. Viele, die dem Tode auf dem Schlachtfelde entgangen waren, verkamen hier auf eine weit elendere und fürchterlichere Weise. Conanchet wurde erst im April gefangen genommen, und man bot ihm seine Freiheit an, wenn er einen Friedensvertrag schließen wolle. Der Häuptling wies dies aber mit Unwillen zurück und man tödtete ihn.

Die Engländer setzten jetzt den Krieg mit vieler Energie fort. Im Frühjahr 1676 siegten die Colonialtruppen fast überall. Dabei brachen zu ihrem Glücke noch unter den indianischen Truppen Streitigkeiten aus und Viele verließen die gemeinsame Sache. Da suchte Philipp die Mohawks gegen die Engländer aufzuwiegeln und tödtete zu diesem Zweck eine Anzahl ihres Stammes, um diese That nachher auf die Weißen zu schieben. Das wurde aber entdeckt und er mußte nach Montaup fliehen, wohin ihn Capitän Church verfolgte.

Inmitten dieser Unglücksfälle blieb Philipp unerschütterlich in seinem Haß. Seine besten Häuptlinge, ja sein Weib und seine Familie wurden erschlagen, oder gefangen genommen und er weinte wie ein Kind über die Zerstörung seines häuslichen Glücks. Aber sein stolzer Geist empörte sich gegen den Gedanken an Unterwerfung. Ja er schoß sogar nach einem seiner Leute, der es nur wagte, ihm diesen Vorschlag zu machen. Nachdem er von Sumpf zu Sumpf getrieben worden, erschoß ihn endlich bei Montaup ein verrätherischer Indianer aus seinem eignen Stamme und die Weißen nahmen die Meisten seiner Anhänger gefangen, während andere im Norden Schutz suchten. Grade diese Flüchtlinge thaten freilich in spätern Jahren den Colonien wieder großen Schaden, indem sie den Parteien der feindlichen Franzosen und Indianer zu Führern dienten, die herunter kamen, die Provinzen zu verwüsten.

In diesem entsetzlichen Kampfe verlor Neu-England 600 Bewohner; 14 Städte waren zerstört und schwere Schulden aufgeladen worden. Dennoch empfingen die Colonien keine Unterstützung von England, verlangten auch keine; nur die menschlichen Irländer sandten den Leidenden einige Unterstützung.

Wenn Philipps Krieg aber den Weißen vielen Schaden zugefügt, so brachte er den indianischen Stämmen völligen Untergang. Die Pokanoketts und Narragansetts verschwanden von diesem Augenblick an aus der Geschichte. Aber auch die betenden Indianer, die meist zur Massachusetts-Conföderation gehörten, litten viel; denn von den rothen Männern wurden sie als Christen verachtet, von den Weißen als Indianer mit Mißtrauen angesehen, und Elliot, obgleich er seine Heerden in der Wildniß mit aller Mühe und Aufopferung bewachte und sich ihretwegen selbst vielen Gefahren aussetzte, mußte doch sehen, wie von den 14 Städten, welche die Bekehrten vor dem Krieg inne gehabt hatten, nur 4 übrig geblieben waren.

Ein Jahr vorher, ehe König Philipp ermordet worden, kamen drei Männer nach America, die mit der Geschichte von Newhampshire und Maine in genauer Verbindung stehen, und zwar die sogenannten Königsmörder. Es ist dies ein Ausdruck, der sich in der englischen und amerikanischen Geschichte besonders auf jene Männer bezieht, welche das Todesurtheil Karl I. unterzeichneten, und später, als dessen Sohn an die Regierung kam, geächtet wurden. Drei von diesen, Goffe, Whalley und Dixwell, erreichten Amerika und zwar Boston und Cambridge, wo sie unter höchst romantischen Umständen zu Newhaven von ihren Verfolgern geschützt wurden. Endlich fanden Walley und Goffe im Hause eines Mr. Russel, eines Predigers von Hadley, Schutz, wo sie in gänzlicher Zurückgezogenheit lebten. Goffe war aber Offizier bei der Armee gewesen, und als er eines Tages aus dem Fenster seines Verstecks den kleinen Platz überschaute, sah er — die sonntägliche Versammlung der frommen Christen hatten eben ihre Gebete begonnen — wie sich eine Anzahl bewaffneter Indianer an sie heranschlich. Hier war kein Augenblick Zeit zu verlieren; rasch ergriff er seine Waffen und erschien plötzlich, mit dem schneeweißen, flatternden Haupthaar und Bart und den loose im Winde flatternden Kleidern, unter den Betenden. Er gibt das Allarmzeichen und ruft die Leute zu den Waffen. Die Männer, die zu jenen Zeiten ihre Wehr nie ablegten, rücken, rasch formirt, gegen den Feind an und als sie ihn besiegt und in die Flucht getrieben, sehen sie sich vergebens nach ihrem Führer um. Während des Kampfes mußte er verschwunden sein und sie glaubten jetzt fest, daß ihnen der Himmel einen Engel gesandt habe, sie vom Verderben zu retten.

Von jenen drei Richtern, die sich den Amerikanern anvertrauten, wurde nicht ein einziger verrathen. Der Geringste des Volks konnte nicht durch den auf ihren Kopf gesetzten Preis bewogen werden, sie aufzugeben, und jetzt ruhen sie in ihren stillen Gräbern in freiem Grund und Boden. 1677 wurde eine Streitigkeit, die bis jetzt und schon seit einiger Zeit zwischen der Regierung von Massachusetts und den Erben des Sir Ferdinand Gorges, die Provinz Maine betreffend, geherrscht hatte, in England beseitigt und diese Provinz dem letztern zugesprochen. Hierauf kaufte Massachusetts das Anrecht dazu und Maine wurde eine Provinz jener Colonie.

1675 frischte man die Ansprüche Masons in Newhampshire wieder auf, die von jener Zeit an, wo die Ansiedlungen der Regierung von Massachusetts förmlich unterworfen worden, geschlafen hatten. Nachdem man aber die Parteien verhört, gaben die Richter in England ihr Urtheil dahin ab, daß die Städte am Piscataqua nicht in die Grenzen von Massachusetts gehörten. Mason wurde jetzt autorisirt, einen Gouverneur zu wählen und er fiel unglücklicherweise auf Edward Cranfield, einen gemeinen Speculanten, den er von England aus nach Newhampshire schickte. Cranfield's Hoffnungen auf glänzende Reichthümer dauerten übrigens nur kurze Zeit. Das Volk dieses Staates war zu klug und derb, um sich von einem solchen Manne überlisten, oder einschüchtern zu lassen. Auch konnte es Mason, mit all den Vortheilen, die ihm das Gesetz bot, nicht aus dem einmal angetretenen Besitze vertreiben, obgleich sich sein Agent viele Jahre hindurch große Mühe zu diesem Zwecke gab.

Trotzdem nun, daß die nördlichen Colonieen durch König Philipp's Krieg so unendlich viel gelitten und doch nie das Mutterland um irgend eine Gabe angegangen hatten, ja selbst in der Zeit noch, wo sie ihre erschlagenen Söhne betrauerten und aus den Trümmern ihrer niedergebrannten Wohnungen neue erbauten, wurden in England Pläne geschmiedet, sie zu demüthigen. Das Volk von Massachusetts nämlich fuhr fort, die sogenannte Schifffahrtsacte zu misachten und weigerte sich, obgleich oft dazu aufgefordert, Agenten nach England zu schicken, um sich dort gegen die erhobenen Klagen zu verantworten. Edward Randolph wurde deshalb 1679 von Grosbritannien als Steuerinspector nach Neu-England gesandt. Da er aber bald sah, daß er in der Ausübung seiner ihm übertragenen Pflichten an allen Orten und Enden gestört und gehindert wurde, so kehrte er nach England zurück und reizte dieses dadurch noch zu größerer Feindseligkeit gegen die Colonieen auf. Drei Jahre später kam er nach Boston und brachte ein Schreiben von der Plantagen-Comittee in England, worin dem Volk von Massachussetts nochmals aufgegeben ward, Agenten nach London zu schicken, die mit Vollmachten versehen wären, für die Colonieen zu handeln. Man glaubte, daß es die Absicht des Königs sei, von diesen Agenten die Uebergabe des Massachusetts-Freibriefs zu erzwingen, oder ihn doch durch eine Klage vor seinem Gerichtshof zu annulliren; später hätte er dann Beamte hinüberschicken können, die sich seinen Absichten und Plänen fügten. Agenten gingen auch wirklich nach England, aber nur um ihre Rechte zu vertheidigen und der König beschloß, jenen Freibrief mit Hülfe seiner Gesetze aufzuheben, ließ jedoch Massachusetts wissen, daß seine Regierung zu seinem eignen Besten geordnet werden solle, wenn es sich friedlich unterwerfen wolle.

Da meinten aber die Repräsentanten des Volks in der Generalversammlung, daß es doch wohl „besser sei dem Herrn zu vertrauen, als Fürsten.“ Der Gouverneur und seine Gefährten dagegen stimmten zur Unterwerfung in den königlichen Willen, und daraus entstanden zwei Parteien in der Provinz: die Patrioten, welche die Rechte der Colonieen vertheidigten und die Loyalgesinnten, die sich der königlichen Autorität vollkommen unterwerfen wollten. Die ersten sandten jetzt noch einmal Agenten nach England, um dort ihre Rechte zu beweisen; ehe sie aber Großbritannien erreichten, war ihr Freibrief schon annullirt worden.

Karl II. starb 1687 und ihm folgte Jakob II. Dieser erklärte, daß in seinen Ländern keine freien Regierungen bestehen sollten, und erließ augenblicklich einen Writ gegen die Freibriefe von Connecticut und Rhode-Island. Diese Colonieen übergaben dafür der Regierung Briefe und Addressen, welche Erklärungen ihrer Loyalität enthielten und der König, der das gerade so gelten ließ, als ob sie damit ihren Rechten entsagten, zögerte nicht lange, eine provisorische Regierung für Neu-Englaud zu bilden. Sir Joseph Dudley wurde 1686 zum Präsidenten ernannt. Schon im December desselben Jahres folgte ihm aber Sir Edmund Andros als Generalgouverneur, der mit dem Congreß die ganze Macht der Regierung in sich vereinigte.

Sir Edmund begann nun seine politische Laufbahn mit den, für das Volk schmeichelhaftesten Erklärungen, daß es sein Hauptwunsch und Zweck sei, das öffentliche Glück, den öffentlichen Wohlstand zu befördern. Es dauerte aber gar nicht lange, so wurde es den guten Leuten klar, was für einen Mann sie an Sir Edmund wirklich hatten, und das Erste, was ihnen die Augen öffnete, war, daß er die Presse unterdrückte.

Bald nach Andros Ankunft sandte er nach Connecticut hinüber und verlangte die Auslieferung des Freibriefs. Dieser wurde ihm verweigert und 1687 ging er selbst mit einer Wache nach Hartford und zwar während der Sitzung der Generalversammlung und verlangte in eigener Person jene Auslieferung. Nachdem diese Verhandlungen bis Abend gedauert hatten, brachte man endlich den Freibrief und legte ihn auf den Tisch, an dem der Congreß seine

Sitzung hielt. Da wurden plötzlich alle Lichter ausgelöscht und eins der Glieder entführte das Patent und verbarg es in einen hohlen Eichbaum. Allerdings zündete man augenblicklich die ausgelöschten Kerzen wieder an, das Papier blieb aber verschwunden und Niemand wußte zu jener Zeit, wer es entführt habe und wo es verborgen sei. Die Regierung der Colonie übergab man übrigens an Andros.

Massachusetts, wo Sir Edmund residirte, wurde jetzt der Hauptsitz des Despotismus und Leidens. 1688 fügte er dann auch noch New York und New Jersey seiner Jurisdiction bei und über zwei Jahre lang wurden sämmtliche Freibriefe der Colonieen misachtet und die tyrannischsten Maßregeln in Anwendung gebracht. Die Vergeltung konnte aber nicht ausbleiben. Der Monarch machte sich im Mutterlande verhaßt und der Gouverneur, der seine Befehle in Amerika vollstreckte, zog sich dessen Feindschaft ebenfalls zu. Jacobs Unterthanen, ja seine eigne Familie verschworen sich gegen ihn, und die britische Nation, die einmal den alten Glauben bei Seite setzte, daß die Erblichkeit der Souverainwürde ein göttliches Gesetz sei, erklärte: „ein unterdrücktes Volk könne seine Herrscher wechseln." Sie zwangen den König, abzudanken und endeten die Revolution damit, daß sie seine Tochter Maria mit ihrem Gatten Wilhelm, dem trefflichsten Staatsmanne Europas, als souveräne Gebieter auf den englischen Thron setzten.

Dieser Regierungswechsel, welcher Andros Absetzung herbeiführte, ließ aber Newhampshire in einem unbestimmten, schwankenden Zustande. Mason war 1685 gestorben, und hatte seinen zwei Söhnen seine Ansprüche als Erbschaft hinterlassen. Das Volk petitionirte jetzt allerdings, wieder mit Massachusetts vereinigt zu werden; diese Versuche wurden jedoch durch Samuel Allen zu nichte gemacht, der von Masons Erben den Titel Newhampshires gekauft hatte. Allen erhielt auch wirklich eine Commission als Gouverneur der Colonie und trat die Regierung 1692 an. Sobald die Nachricht bestätigt worden, daß Wilhelm und Maria auf dem englischen Throne säßen, nahmen Rhode-Island und Connecticut ihre Freibriefe wieder auf. Der König weigerte sich aber hartnäckig, Massachusetts die vorige Regierung zurückzugeben. Doch wurden Andros, Randolph und andere nach England zu ihrem Verhöre geholt.

Wir dürfen indessen New York nicht zu lange aus den Augen lassen, das nach der Uebergabe der Holländer von Obrist Nichols mit großer Klugheit, Mäßigung und Gerechtigkeit regiert wurde. Das Volk blieb jedoch immer noch ohne seine bürgerlichen Rechte, da die ganze Macht in den Händen des königlichen Gouverneurs und seines Raths lag. Nichols kehrte nach England zurück, und ihm folgte Lord Lovelace. 1673 wurden England und Holland wieder in Krieg verwickelt, und Holland sandte eine kleine Flotte nach Amerika, um seine dortigen Besitzungen wieder zu nehmen. Diese Flotte kam in New York an, verlangte die Uebergabe der Stadt und fand nicht den geringsten Widerstand. Die Holländer nahmen deshalb augenblicklich Besitz von dem Fort und der Stadt selbst, und kurze Zeit später von der ganzen Provinz. Im nächsten Jahre aber schon endete der Krieg, und New York kam wieder in die Hände der Engländer zurück, während der Herzog von York, um Streitigkeiten über sein Territorium zu vermeiden, ein neues Patent nahm und in demselben Jahre Sir Edmund Andros zum Gouverneur ernannte.

In demselben Jahre, in welchem Philipp im Krieg fiel, leitete Andros auch eine Expedition gegen Connecticut und machte Ansprüche auf die Gerichtsbarkeit über den Theil der Colonie, der westlich vom Flusse lag, indem er vorschützte, daß er in das Patent des Herzogs von York mit eingeschlossen sei. Dies Territorium war jedoch schon lange vorher durch die Besitzer des Originalpatents der Colonie Connecticut abgetreten worden. Andros rückte mit einer bewaffneten Macht gegen Saybrook vor; die Truppen des Staats marschirten ihm aber unter Capitän Bull entgegen, und dieser bewies sich so tapfer und klug, daß Andros später scherzhaft äußerte: „seine Hörner sollten in Gold gefaßt werden,“ und keine weiteren Versuche, jene Landstrecken zu unterwerfen, machte.

1682 wurde Andros der Regierung von New York enthoben, und das darauf folgende Jahr bildete eine glückliche Aera in der Geschichte dieser Colonieen. Der vortreffliche Oberst Dongan langte hier nämlich als Gouverneur an, und die Wünsche des Volks, eine populäre Regierung zu haben, sahen sich jetzt vollkommen befriedigt. Der erste Generalcongreß wurde zusammenberufen und bestand aus einem Rath und 18 Repräsentanten. Nach der Erklärung des Gouverneurs war ihnen die alleinige Macht übertragen, Gesetze zu geben und Steuern zu erheben. Diese Gesetze hatten aber keine Kraft, bis sie der Eigenthümer bestätigte. Gouverneur Dongan übertraf auch alle seine Vorgänger in der Aufmerksamkeit, mit der er die indianischen Angelegenheiten betrieb, und er stand bei den wilden Stämmen in hoher Achtung.

Als der Herzog von York den Thron von England bestieg, hätte man wohl erwarten können, daß er seine eigene Provinz begünstigen würde. Seine Regierung scheint aber nirgends unpopulärer und tyrannischer gewesen zu sein, als eben da. Die Nachrichten von Europa, daß die Bewohner von England beschlossen hätten, ihn zu entthronen und die Krone dem Wilhelm von Oranien anzubieten, erweckten die Hoffnungen der Unzufriedenen wieder; doch wurden keine thätigen Maßregeln ergriffen bis nach der Versammlung in Boston, wo mehrere Capitäne der Miliz zusammentraten, um zu Gunsten des Prinzen von Oranien Schritte zu thun. Darunter befand sich Jacob Leisler, ein thätiger Führer und Liebling des Volks; persönlich zwar nicht besonders begabt, aber von der weit überlegenen Energie seines Schwiegersohns, Jacob Milborne, bestimmt und geleitet. Auf den Rath dieses ränkevollen Engländers nahm Leisler, an der Spitze von 49 Männern, Besitz vom Fort New York und erklärte, daß er es zu Gunsten Wilhelms thue. Zwar widersetzte sich die Stadtbehörde anfänglich, und er gewann nur wenige Anhänger, bis ein Gerücht in Umlauf kam, daß sich drei Schiffe näherten, welche Befehle von König Wilhelm brächten. Nun ward seine Partei durch 6 Capitäne und 400 Mann von New York und 70 von Ost-Chester vermehrt. Gouverneur Dongan, der im Begriff war, die Provinz zu verlassen, lag damals schon im Hafen, um sich einzuschiffen, nachdem er kurze Zeit vorher die Regierung an Francis Nicholson, den General-Gouverneur, abgetreten hatte. Dieser aber, der Leisler's Partei zu mächtig fand, als daß er ihr hätte Widerstand leisten mögen, gesellte sich gleichfalls dem Ex-Gouverneur Dongan bei, und Leisler, jetzt im Besitz des Forts, schickte an Wilhelm und Marie, sobald er die Nachricht von ihrer Thronbesteigung erhielt, eine Addresse.

Der Magistrat, an dessen Spitze Oberst Rayard und Mr. Courtand standen, leistete dem Leisler zwar Widerstand, erkannte aber zugleich die Unmöglichkeit, in New York eine Partei gegen ihn zu gewinnen, und zog sich nach Albany zurück.

Im Monat December gelangte ein Packet nach Amerika, unter folgender Adresse: „An Francis Nicholson, Esq., oder in seiner Abwesenheit an den, welcher für diese Zeit den Frieden und die Gesetze in seiner Majestät Provinz New York in Amerika aufrecht erhält.“

Leisler betrachtete dieses Packet als an ihn selbst gerichtet, und gab von diesem Augenblicke seine Befehle als General-Gouverneur aus.

Das Volk von Albany war indessen entschlossen, die Stadt für den König Wilhelm, aber unabhängig von Leisler zu halten, und trat zu diesem Zweck am 26. Oct. 1690 in eine Convention zusammen. Milborne aber, der Schwiegersohn Leislers, unternahm ihre Unterwerfung und ein indianischer Ueberfall, der zu jener Zeit das Land gerade in Schrecken setzte, sicherte ihm den gewünschten Erfolg.

König Wilhelm, der seine Aufmerksamkeit auch den Colonieen zuwendete, schickte Sir Henry Sloughter als Gouverneur nach New York. Nie wurde allerdings ein Gouverneur nöthiger gebraucht, nie hat aber auch einer weniger Kräfte zur Ausübung eines solchen Amtes besessen. Er weigerte sich, mit Leisler zu unterhandeln, ja warf ihn sogar, und mehrere seiner Anhänger, ins Gefängniß. Der unglückliche Mann mußte auch bald darauf mit seinem Schwiegersohn am Galgen enden. Das Volk mißbilligte diese Execution und das confiscirte Eigenthum der Hingerichteten ward später ihren Erben ausgeliefert. Im Laufe des von König Wilhelm geführten Krieges litt New York mit andern Provinzen bedeutend. Im Mai 1691 hielt man aber in New York einen Generalcongreß, und dieser erweiterte nun das von den vier Neu-England-Colonieen begonnene System und bahnte der großen amerikanischen Conföderation den Weg.

Die Puritaner von Neu-England hatten sich in der Wildniß eine Heimath gegründet und glaubten, daß sie auch das Recht eines einzelnen Hausherrn beanspruchen und Jeden, der dem Frieden gefährlich schien, von ihrer Gesellschaft ausschließen dürften. Ein Vater aber, der seine Kinder bloßer Meinungsverschiedenheit wegen von sich stoßen wollte, würde schwere Verantwortung auf sich laden, und die Folge hat auch bewiesen, wie unrecht jene Leute gethan. Inzwischen war in England eine christliche Secte entstanden, die sich ihren Verfolgern zum Trotz Quäker nannten, dabei glaubte, daß sie allein vom heiligen Geist beseelt würde, und ihren Stolz, oder wie sie es nannte, ihre christliche Bescheidenheit besonders darein setzte, die Moden und Gewohnheiten der Welt zu verachten. George Fox wird als ihr Stifter angegeben, und man vermuthet, daß im Jahre 1649 die erste Quäkergemeinde zusammengetreten sei. Da aber die Regierung von diesem Auflehnen gegen das Bestehende gefährliche Folgen fürchtete, unterdrückte sie, soviel es in ihren Kräften stand, diese religiöse Gemeinschaft, und Georg Fox sowohl, wie viele seiner Mitgenossen, wurden gefangen genommen und gar hart behandelt.

Die Gründer von Neu-England kannten die Quäker nur den Gerüchten nach, welche durch deren Feinde hinübergekommen waren; nie hatten sie erfahren, wie viel gute und rechtschaffene Leute auch unter ihnen lebten, und als 1656 zwei Quäkerfrauen, mit Namen Anna Austin und Maria Fischer, in Boston ankamen, und dort ihre Absicht erklärten, ihre Meinungen zu verbreiten, wurden sie vom Magistrat ins Gefängniß geworfen und ihre Bücher verbrannt. Acht oder neun Quäker, die bald nach ihnen eintrafen, behandelte man ebenso, und die Commissäre, die ihren Sitz in Boston hatten, empfahlen sogar den verschiedenen vereinigten Colonieen, ein Gesetz zu erlassen, was den Quäkern und andern „berüchtigten Ketzersecten" die Einwanderung verbot und zugleich feststellte, daß Alle, die sich gleichwohl einzuschleichen wüßten, verhaftet und wieder fortgeschafft werden sollten. Die vier Colonieen folgten auch diesem Rath.

Die Quäker ließen sich aber nicht so bald abweisen; gerade ihre Religion war es, die sie zu einer Opposition trieb, und sie wandten sich besonders nach Massachusetts, weil sie glaubten, daß der sie verfolgende Geist von dort her am schärfsten ausgehe und sie ihn daher auch dort angreifen müßten. Aber auch die Puritaner hatten ihrer Religion wegen Alles geopfert und hielten dieselbe für ein Ideal des Edelsten — sie war ihrem Herzen theurer als ihr Leben geworden, und da sie dieselbe jetzt bedroht sahen und trotz aller Wachsamkeit die Quäker nicht entfernt halten konnten, so begann bald ein ernster Kampf.

William Robinson und Marmaduke Stevenson waren die ersten Opfer, die in diesem entsetzlichen Religionsstreit fielen. Sie wurden hingerichtet; Mary Dyer stand mit ihnen unter dem Galgen und erwartete freudig den Augenblick, der sie zu Märtyrern machen würde. Man schenkte ihr die Freiheit; bald darauf aber, als sie sich vom heiligen Geist erfaßt glaubte, trat sie auf's Neue gegen den Puritanismus auf, und ward nun auch gehängt.

Hiernach eilte Wenlock Christison in die Schranken, und man verurtheilte ihn ebenfalls zum Tode; er aber sagte dem Tribunal, über welches Gouverneur Endicot präsidirte, daß es kein Recht hätte, ihn zu verurtheilen, daß es die englischen Gesetze bräche und deren Rache fürchten müßte, daß es aber auch eine ewige Sünde auf seine Häupter lüde und dennoch ein nutzloses Werk versuche. „Es ist umsonst," sagte er, „daß ihr uns mordet wie die Thiere des Waldes; für jeden Einzelnen, den ihr erschlagt, stehen wieder fünf auf, ja zehn werden an meiner Statt erwachen und euch quälen und quälen; denn die Lasterhaften haben keine Ruhe."

Ob der Rath sich hierdurch getroffen fühlte, oder vielleicht auch das viele Blutvergießen fürchtete, ist nicht bekannt, soviel aber gewiß, daß er bald darauf die Gefängnißthüren öffnete und Christison mit noch sieben und zwanzig Andern entließ; eine Frau und einen Mann aber, die besondern Haß auf sich gezogen, ließ man durch die Straßen von Boston peitschen. Karl II. nahm sich bald darauf der Quäker an und verbot, durch ein Schreiben an den Gouverneur, jede weiteren Verfolgungen.

Außer den Puritanern und Quäkern trat aber auch noch eine andere Secte mit entschiedenem Erfolg in Amerika auf: die Jesuitenmissionäre Frankreichs. Sie wollten den Heiden die christliche Religion bringen, verbanden jedoch leider auch weltliche Absichten mit diesem frommen Wunsche und suchten nicht allein Seelen für den Himmel, sondern ebensowohl Unterthanen für den König von Frankreich zu werben. Die damals schon in Canada befindlichen Katholiken unterstützten diese Versuche, und im Jahre 1634 verließen zwei Missionäre, Brebeuf und Daniel, Quebeck in Gesellschaft einer Partei wilder Huronen, und bestanden auf einem mehrere hundert Meilen weiten Marsch, am Ottawas und seinen Wassern hinauf, unendliche Drangsale. Die Wildniß östlich vom Huron-See gehörte damals diesen Indianern, und dort errichteten sie die Capelle St. Joseph. Schaaren der eingebornen Huronen drängten sich dahin, um sich unterrichten zu lassen, und wurden zum Christenthum bekehrt, so daß bald mehrere christliche Städte, unter ihnen St. Louis und St. Ignatius, mitten aus dem Walde emporstiegen.

1640 gründete man Montreal, um den Missionären einen Sitz zu geben, wo sie dem Schauplatze ihrer Thätigkeit näher waren, und innerhalb 13 Jahren besuchten 60 verschiedene Missionäre, meistentheils Jesuiten, die Jagdgründe der Huronen, benutzten die Niederlassung derselben zu ihrer Centralisation, trugen die heilige Schrift von hier aus zu den benachbarten Stämmen und wurden so die ersten europäischen Entdecker des südlichen Theils von Ober-Canada, von dem sie für den König von Frankreich Besitz nahmen.

Einer dieser Missionäre, Isaak Jouges, den das Entsetzen, welches schon der Name Mohawks verbreitete, nicht zurückschrecken konnte, ging, von einem der frommen Häuptlinge begleitet, in ihr Land und gerieth in ihre Gefangenschaft. Der edle Hurone hätte jetzt allerdings entfliehen können, aber er wollte es nicht. „Mein Bruder," sagte er, „ich habe einen Eid geschworen, daß ich Dein Schicksal in Tod oder Leben theilen wolle; hier bin ich, um meinen Schwur zu halten." Er starb wie ein christlicher Märtyrer in den Flammen; Jouges dagegen, obgleich fürchterlich gemartert, überlebte die Behandlung und wurde später von den Holländern ausgelöst.

An den drei Flüssen schlossen endlich 1645 die Franzosen und die „fünf Nationen" einen Friedensvertrag, wobei die Redner der letztern erklärten, „sie hätten den Tomahawk so hoch in die Luft geworfen, daß kein Arm lang genug wäre, ihn wieder zu erreichen und zurückzubringen." Die Wilden befestigten zu gleicher Zeit auch den Frieden unter sich selbst. Im nächsten Jahre versuchte Vater Jouges, der indeß wieder hergestellt worden, eine permanente Mission unter eben diesen fünf Nationen zu gründen; als er aber das

Mohawk-Fort erreichte, wurde er beschuldigt, den Mais der Indianer durch Zauberei verdorren gemacht zu haben; man verurtheilte ihn, und er starb wie ein Held unter ihren Martern. Seinen Kopf hingen sie auf die Pallisaden des Forts, und seinen Körper warfen sie in den Strom.

Von diesem Augenblick an begann der Krieg wieder; die wilden Mohawks zerstreuten die Wyandotts, triumphirten über die Huronen und ersahen sich die Häuser der Jesuitenmissionäre zur Vernichtung aus. Die schlichte Capelle St. Joseph wurde von ihnen überfallen und während sie das Dorf in Brand steckten, erschlugen sie, was ihnen an lebendigen Wesen, welchen Alters, welchen Geschlechts sie auch sein mochten, begegnete.

Im nächsten Winter wiederholte sich dieses Blutbad in St. Ignatius; 1000 Krieger der Irokesen machten einen nächtlichen Angriff auf diese Station, überwältigten und erschlugen 400 der Unglücklichen. Auch St. Louis erfuhr ein gleiches Schicksal, die Missionäre Brebeuf und Lallemand wurden gefangen genommen und gemartert, der erste drei, der letzte siebzehn Stunden lang. Sie starben, doch der Eifer ihrer Brüder blieb ungeschwächt. Aber auch der Stolz der Mohawks stieg mit ihren erfolgreichen Siegen; sie drohten den Franzosen und beleidigten sie auf jede Art, schleppten sogar den Gouverneur der drei Flüsse und einen Priester von Quebec fort.

Der indianischen Sitte gemäß waren Einige der von den Huronen Gefangenen in die Familien ihrer Sieger aufgenommen worden, und als die Irokesen, des Krieges endlich müde, einen Friedensboten bei sich annahmen, so war dies der Jesuit, Le Moyne, der früher unter den Huronen gelebt hatte. Dieser fand dort eine nicht unbedeutende Anzahl seiner treuen Bekehrten und gab sich jetzt der schönen Hoffnung hin, daß er bald den ganzen Westen zur christlichen Religion bekehren und das Land seinem Monarchen gewinnen könne. Le Moyne ließ sich am Mohawkfluß nieder; auch andere Missionaire, Chaumont und Dablon, folgten ihm und wurden freundlich von den Onondagas aufgenommen. Eine einfache Capelle stieg im Walde empor und die Messen der römisch-katholischen Kirche tönten von den Lippen der Eingebornen. So viele eilten zu diesen Gebeten, daß die zu solchem Zwecke errichteten Gebäude die Zahl der Frommen nicht zu fassen vermochte. Die Cayugas verlangten ebenfalls einen Missionär und erhielten den furchtlosen Mesnard; auch die Oneidas und Senecas lauschten den Worten des Friedens.

Ihre Naturen, ihre ganzen Sitten und Gebräuche widersprachen aber zu sehr den Lehren, die sie hier hörten und bald schüttelten sie den ungewohnten Zwang wieder ab. Ihre Krieger suchten den benachbarten Stamm der Eries auszurotten und brachten nicht selten Gefangene in ihr Dorf, die sie, auch wenn sie vom zartesten Alter waren, marterten und tödteten. Die Missionäre wiedersetzten sich dieser Grausamkeit und zogen sich die Unzufriedenheit der Herren der Wälder zu. Umsonst verlangten sie Hülfe von Canada. Sie erhielten keine und verließen ihre Mission. Ihre Rückkehr wurde das Signal eines erneuten Krieges zwischen den Franzosen und den fünf Nationen und so endeten die Versuche der erstern, den Staat New York zu colonisiren.

Der Vater Claude Allouez passirte auf einer Entdeckungsreise, im Anfang September 1665, Makinaw und lief in den obern See ein, segelte an den hohen Ufern und malerischen Flüssen seines südlichen Ufers hin und kam zum großen Dorf der Chippewas. Hier war gerade ein großer Rath von 10 oder 12 Stämmen versammelt, um die jungen Krieger der Chippewas und Sioux zu verhindern, den Tomahawk gegen einander aufzuheben. In diese Versammlung trat der Missionär und gebot im Namen seines himmlischen, wie irdischen Herrn Frieden. Die Indianer aber horchten mit Ehrfurcht den wunderbaren Worten. Sie hatten nie vorher einen weißen Mann gesehen und er erschien ihnen von einem höhern Geiste beseelt. Bald bauten sie eine Capelle, bekehrten sich zu seinem Glauben und gründeten dadurch die Mission von St. Esprit. Auch die zerstreuten Huronen und Ottawas sammelten sich hier; er predigte den Pottawotamies, den Sacs und Foxes, den Illinois und den Sioux. Zugleich wußte er sich dabei von den verschiedenen Stämmen die Beschreibung ihrer verschiedenen Länder zu verschaffen, wie ihre Seen und Flüsse lagen und liefen, und das Alles berichtete er nachher seiner Regierung. Besonders aber forschte er nach dem großen

Fluß „Mesipi" und drang darauf, daß kleine Colonieen französischer Emigranten westlich ziehen sollten, um dort bleibende Ansiedelungen zu errichten. 1668 gründete eine kleine Gesellschaft, von zwei Missionären, Claude Dablon und James Marquette geführt, die erste französische Ansiedelung innerhalb der Vereinigten Staaten und zwar in St. Mary, an den Fällen zwischen dem obern und Huronsee. Allouez gründete eine Mission an der grünen Bay.

Marquette wählte einen jungen Illinoisindianer zu seinem Begleiter und lernte von ihm die Sprache seiner Nation. Hierauf sammelte er an der Landspitze St. Ignaz, nördlich von Makinaw, die Ueberreste der Huronen, baute eine Capelle und errichtete eine Mission, von der aus er die benachbarten Stämme besuchte. Diese hörten aber erstaunt, daß er den kecken Plan gefaßt hatte, den großen Fluß des Westens, trotz ihrer Versicherungen, daß Ungeheuer die Menschen und ihre Canoes verschlängen, daß die dort lebenden Krieger nie einen Fremden verschonten und daß das Klima den Tod hauche, zu erforschen.

Marquette ließ sich nicht irre machen, er wanderte von der grünen Bay aus, folgte dem Foxfluß, kreuzte den Trageplatz von seinen Quellen, nach denen des Wisconsin hinüber, und schiffte sich dort, nur in Begleitung eines einzigen Gefährten, des Missionär Joliet, auf diesem Flusse ein, dessen Lauf er, ohne zu wissen wohin er ihn führen würde, folgte. Einsam ruderten sie dahin, bis sie nach sieben Tagen mit unaussprechlicher Freude den breiten, majestätischen Mississippi erreichten. Sie gingen auch mit seiner Strömung, bis sie nahe an der Mündung des Moingona Zeichen von Bevölkerung vorfanden; hier stiegen sie ans Land und fanden und entdeckten vierzehn Meilen vom Fluß eine Stadt der Eingebornen.

Alte Männer begegneten ihnen mit dem Calumet, der Friedenspfeife, sagten ihnen daß man sie erwartet hätte und baten sie, ihre Wohnungen in Frieden zu betreten. Die Missionäre dagegen erklärten am Berathungsfeuer die Macht der christlichen Religion, und beanspruchten das Recht des Königs von Frankreich auf ihre Territorien. Die Indianer bewirtheten sie aufs Gastlichste und entließen sie endlich wieder mit dem Geschenke der Friedenspfeife, die mit verschiedenen buntfarbigen Köpfen wunderschöner Vögel verziert war. Ihren einsamen Weg nun weiter verfolgend, erreichten die Entdecker endlich die gewaltige Mündung des stürmischen Missouri, der seine schmutzigen Wasser dem reinen Mississippi zuführt, sie sahen und passirten die Mündung des Ohio und hielten nicht an, bis sie endlich an der Mündung des Arkansas vorüber waren. Dort fanden sie Wilde, die eine neue Sprache redeten, und Gewehre trugen, ein Beweis, daß sie entweder mit den Spaniern oder mit den Engländern in Virginien Handel getrieben. Allerdings zeigten diese im Anfang einen feindlichen Geist, achteten aber die Friedenspfeife, die weiße Flagge der Wüste.

Marquette ruderte jetzt zum Illinois zurück, lief in diesen Fluß ein, sah die wunderbare Fruchtbarkeit seiner Prairieen mit ihrem Ueberfluß an Wild, besuchte Chicago, und kehrte im September 1674 wieder heim nach der grünen Bay.

Im nächsten Jahr verließ Marquette eines Tags, an dem kleinen Fluß, der jetzt seinen Namen trägt, auf kurze Zeit die Gesellschaft, mit der er wanderte, um bei einem roh errichteten Altar von Steinen, in dem schweigenden Schatten der Wälder, zu beten. Eine halbe Stunde später fand man dort seine Leiche. Er wurde am Ufer des Sees begraben und der Indianer glaubt, daß sein Geist noch immer im Sturme jener Wälder spreche.

Als Joliet, der Gefährte Marquettes, aus dem Westen zurückkehrte, Nachricht von ihren Entdeckungen den Franzosen zu überbringen, traf er zu Frontenac, jetzt Kingston, den Gouverneur des Platzes, den energischen La Salle. Der Geist dieses Mannes erfaßte freudig die Nachricht des Missionärs; in allem Enthusiasmus einer neuen Entdeckung eilte er nach Frankreich zurück, und wurde dort beauftragt, die Untersuchung des großen Flusses vorzunehmen. Bald war er wieder in Frontenac, baute dort eine Canoe von 10 Tonnen, und führte einen Theil seiner Gesellschaft zur Mündung des Tonnewantaflusses. Hier baute er das erste Segelschiff, das je den Eriesee befahren. Auf seinem Wege durch die Seen bezeichnete er Detroit als einen passenden Platz für eine Colonie, gab dem See St. Clair den Namen, errichtete ein Handelshaus zu Makinaw und warf endlich in der grünen Bay Anker. Hier — und es war dies im Jahre 1679 — sammelte er, um seine Vermögensumstände etwas zu verbessern, eine tüchtige Ladung von Pelzen und sandte sein Fahrzeug zurück, um sie nach Niagara zu schaffen; dann ging er in Rinden-Canoes mit den Seinigen südlich, und erreichte nach manchen Gefahren und Beschwerden den Illinoisfluß, dessen Wasser er vier Tagereisen, unterhalb dem Peoriasee, folgte. Mit solchen Schwierigkeiten hatte er aber zu kämpfen gehabt, daß er, durch Verrath, Krankheit und Widerstand entmuthigt, dem an seinem Rastorte erbauten Fort in aller Bitterkeit seines Herzens den Namen Crevecoeur gab, und von hier aus unter Henepin eine Abtheilung hinweg sandte, die Quellen des Mississippi zu entdecken, selbst aber nach Frontenac zurückkehrte, ohne den großen Fluß gesehen zu haben.

Hennepin folgte dem Illinoisfluß bis zu seiner Vereinigung mit dem obern Strome, ruderte diesen Fluß bis zu den Fällen hinauf und gab ihm den Namen St. Anthony. Später berichtete er aber fälschlich, daß er die Quellen des Mississippi entdeckt habe. La Salle kehrte indessen zu seinem Fort am Illinois zurück, baute ein kleines Fahrzeug und segelte im nächsten Jahre mit seiner Gesellschaft diesen Strom hinunter, bis er den Vater der Wasser, den mächtigen Mississippi, erreichte. Diesen ging er hinunter bis zur Mündung, errichtete hie und da eine Hütte oder ein Kreuz, und nahm das Land im Namen des Königs von Frankreich in Besitz, wie er es denn seinem Souverän, Ludwig XIV., zu Ehren Louisiana nannte.

Er kehrte darauf nach Frankreich zurück, und die Regierung beorderte ihn, jene Strecken, die er besucht hatte, auch zu colonisiren. Seine Flotte nahm aber eine falsche Richtung, und er wurde nach Texas hinübergeführt, wo er die Ansiedelung von St. Louis gründete. Von dort aus suchte er 1685 zu Fuß nach Louisiana hinüberzugehen; ein unzufriedener Soldat seiner Partei aber erschoß ihn. Texas wurde jedoch von der Zeit an als zu Louisiana gehörig betrachtet.

Nachdem Karl II. in England wieder den Thron bestiegen, suchten seine gierigen Höflinge Vortheile von der Gutmüthigkeit des Königs zu ziehen, um ihm, der weiter nichts Anderes zu geben hatte, für wirklich geleistete oder blos vorgeschützte Dienste, amerikanische Territorien abzuschwatzen. Dieser Monarch machte sich auch kein Gewissen daraus, einem Freunde zu Liebe das, was er schon einmal früher vergeben, noch einmal wegzuschenken, ohne je zu fragen, ob es irgend einer andern Nation gehöre. Auf diese Art ertheilte er 1663 das Patent von Carolina, welches Land doch von Spanien beansprucht wurde, dem Historiker Lord Clarendon, Lord Ashley Cooper, Earl von Shaftsbury, dem General Monk, spätern Herzog von Albemarle, dem Lord Craven, den beiden Berkeleys, Sir John Colleton und Sir George Carteret

Die Ersten erhielten einen Strich Landes, der 1630 schon an Sir Robert Heath vergeben worden, und ihr dadurch geweckter Ehrgeiz trieb sie zü dem Plane, eine souveräne Regierung zu gründen, aus der sie nicht allein Geld ziehen, sondern in der sie ebensowohl als Gesetzgeber glänzen konnten. Im Jahre 1667 überwies ihnen Karl II. auch das ganze Land von der Mündung des St. Johnflusses bis zum 36. Grade 33 Minuten nördlicher Breite und vom atlantischen bis zum stillen Ocean. Dem aristokratischen Philosophen Shaftsbury wurde aber von der Gesellschaft der Auftrag gegeben, eine Verfassung zu entwerfen, und der wohlbekannte John Locke sollte ihn bei dieser wichtigen Arbeit unterstützen. Zu gleicher Zeit wußte der jüngere Berkeley, welcher Gouverneur von Virginien war, seine Gewalt über das ganze Territorium auszudehnen.

Hier aber fehlten Ansiedler, und die Gesellschaft suchte diese durch mancherlei Versprechungen herbeizuziehen. Zwei Colonieen waren schon innerhalb ihrer Grenzen angelegt. Eine von diesen, unfern des Sundes, wurde nach dem General, welchem Karl II. seine Wiedereinsetzung verdankte, Albemarle genannt und von den unternehmenden Pflanzern Virginiens begonnen. So sehr hatte sie sich aber von andern Colonieen aus verstärkt, daß schon in der Zeit, wo das große Patent erschien, die Bewohner eine einfache demokratische Regierung für nöthig hielten und annahmen. Die andere Colonie lag südlich von dieser, am Cap Fear oder Clarendonfluß, und verdankte ihren Ursprung einer kleinen Gesellschaft neu-englischer Abenteurer. Diese sowohl, wie die frühere Colonie, hatte ihr Land den Indianern abgekauft, dasselbe bebaut und glaubte nun auch, dem natürlichsten Menschenrechte nach, sich selbst regieren zu dürfen. Zu gleicher Zeit zog sich eine Anzahl von Pflanzern von Barbadoes dorthin, kaufte den Sachems das Land ab und ließ sich am Cap

Fearfluß, nicht weit vom Territorium dieser Neu-Engländer, nieder. Sie verlangten von den Eigenthümern, in dem Kauf ihres Landes bestätigt zu werden und sich selbst regieren zu dürfen, und da ein Staat nicht gut ohne Einwohner bestehen kann, so bewilligte man theilweise ihre Forderungen. Einer aus ihrer Anzahl, Sir John Yeamans, wurde hierauf zum Gouverneur ernannt, und die Ansiedelung zählte 1666 an 800 Personen.

Solcher Art hatte die Saat der Freiheit mächtige Wurzeln in den Carolinen geschlagen, und als die große, aristokratische Constitution von Locke und Shaftsbury, die nicht weniger als drei Classen von Edelleuten anerkannte, 1670 herübergesandt wurde, fand sie den Grund und Boden schon vorher eingenommen. Diese Bewohner zerstreuter Blockhäuser konnten nicht Edelleute und wollten nicht Sklaven sein. Die folgenden Jahre vergingen in einem fruchtlosen Kampfe, indem sich die Agenten der Eigenthümer umsonst bemühten, ein System einzuführen, das der Lage und den Wünschen der Ansiedler keineswegs entsprach und alle anderen Colonisten abgehalten haben würde. Da fanden die Herren denn doch, daß sie ihren Stolz ihrem Nutzen opfern mußten. Sie überließen es den Colonisten, sich selbst ihre Regierung zu geben, und warfen sogar 1693 ihre Constitution ganz bei Seite, deren unpraktisches Wesen später zum Sprichwort wurde. — 1670 brachte William Sayle, der erste auf Eigenthumsrecht gestützte Gouverneur in Carolina, eine Colonie dorthin, mit der er das alte Charleston gründete. Da er im nächsten Jahre starb, so wurde diese Colonie der benachbarten des Gouverneur Yeamans angeschlossen. 1680 verlegten sie die Stadt aber nach der Landspitze zwischen den beiden Flüssen, die sie, dem Lord Shaftsbury zu Ehren, Ashley und Cooper nannten. Der Grund der gegenwärtigen Hauptstadt des Südens war damit gelegt und der Name des Königs in dem von Charleston verewigt.

Während des Jahres 1690 schickte der König Wilhelm eine große Anzahl von französischen Protestanten hinüber, die durch die bedrückenden Maßregeln Ludwigs XIV. gezwungen worden waren, ihr Vaterland zu verlassen. Einem Theile derselben wurden am Jamesflusse, in Virginien, Ländereien gegeben, Andere siedelten sich in Carolina, an den Ufern des Santee, an, Andere wieder in

Charleston. Diese führten den Weinbau ein und erwiesen sich später als die nützlichsten Ansiedler der Provinz.

Im Jahre 1688 wurde die englische Revolution, welche Jacob II. vom Throne stieß, die Ursache eines Krieges mit dem damals von Ludwig XIV. regierten Frankreich, den die Colonieen König-Wilhelms-Krieg nannten.

Schon zu jener Zeit schrieb man den Fischereien an der Küste des atlantischen Oceans große Wichtigkeit zu und legte deshalb auf Acadia hohen Werth. Um diese Fischereien zu beschützen, sammelten die beiden Jesuiten Vincent und Bigot den wilden Stamm der Abenakies und Penobscot, und der Baron de St. Castine, ein französischer Edelmann, dessen Charakter eine Mischung von Ehrgeiz, Intrigue und Bigotterie gewesen zu sein scheint, begründete hier einen Handelsposten. Auch ein am Pemaquid gebautes Fort wurde in demselben Jahre von Castine genommen, und die Franzosen beanspruchten jetzt, als Acadia, das ganze Maine östlich vom Kennebec, und wußten kluger Weise großen Einfluß auf die Indianer zu erlangen.

Im August 1689 vereinigten sich, um erlittenes Unrecht zu rächen, 1500 Irokesen, überrumpelten Montreal und richteten dort fürchterliche Verwüstungen an, 1000 Franzosen wurden getödtet und 26 gefangen genommen, die fünf Nationen waren in jener Zeit zu mächtig; Canada und das Fort Frontenac mußte deshalb, mit all' seinen kriegerischen Vorräthen, in ängstlicher Flucht geräumt werden. Die Irokesen nahmen augenblicklich Besitz davon.

Der Stamm der Pennicooks, in New Hampshire, hatte auch mehrere seiner Krieger durch den Verrath der Weißen verloren, die sie nämlich gefangen nahmen und in die Sklaverei verkauften. Die Gesandten Castine's reizten sie deshalb zur Rache auf.

Um die Weißen zu überraschen, nahmen die Indianer Zuflucht zu einer List. Im Städtchen Dover, im Staate New Hampshire, kamen eines Abends zum ehrwürdigen Major Waldron, einem Richter und Händler unter den Indianern, zwei indianische Frauen und baten ihn, die Nacht bei seinem Feuer liegen zu dürfen. Er gewährte ihnen die Bitte; um Mitternacht aber öffneten sie die Thür und ließen einen Kriegszug der Ihren ein. Der Veteran vertheidigte sich wie ein Held, bis er von der Uebermacht niedergeworfen und gefangen wurde. Da setzten sie ihn auf einen langen Tisch, verhöhnten den Unglücklichen und forderten ihn auf, die Indianer zu richten. Die, welche sich dabei noch für Waaren in seiner Schuld wußten, schnitten ihm mit ihren Messern über die Brust und sagten: „so streiche ich meine Rechnung aus." Außer ihm wurden noch 22 Andere getödtet, 29 gefangen genommen und die Häuser des kleinen Orts verbrannt.

Gouverneur Frontenac zu Quebec sandte jetzt, durch den Schnee, drei Parteien gegen seine Feinde, die Engländer, aus. Die erste erreichte, nach einem schwierigen Marsche von 22 Tagen, am 18. Februar 1690, Schenectady, theilte sich in kleine Haufen und überfiel so jedes Haus in einem und demselben Augenblicke. Die Schlafenden wurden überrascht, die Thüren erbrochen, und sie selbst aus den Betten geschleppt, ihre Gebäude niedergebrannt, Männer und Frauen förmlich geschlachtet und scalpirt und den Kindern das Gehirn zerschmettert. 60 Personen gingen durch die Hände der Franzosen und Wilden zu Grunde, 27 schleppten die Letztern als Gefangene mit fort, und die Wenigen, denen es gelang zu entfliehen, erreichten nur mit erfrorenen Gliedern das schützende Albany. Einer der Führer dieser Expedition war d'Iberville, der später eine Colonie von Canada nach der Mündung des Mississippi führte und dort der eigentliche Gründer Louisiana's wurde.

Die zweite Partei von Franzosen und Indianern, die zu solch mitternächtigem Mord ausgesandt worden, überfiel die freundliche Ansiedelung der Lachsfälle am Piscataqua, wo sie mit Tagesanbruch am 18. März die unglücklichen Einwohner ebenfalls erschlugen; die dritte zerstörte in gleicher Weise die Ansiedelung an der Casco-Bai in Maine.

Furcht und Schrecken herrschten jetzt überall; der Generalcongreß von Massachusetts sandte Briefe an die verschiedenen Gouverneure der Provinzen, und in New York beriefen sie den Congreß zusammen, in Folge dessen bald kräftige Maßregeln getroffen wurden. Connecticut sandte den General Winthrop mit Truppen ab, um durch Albany zu marschiren, dort seine Vorräthe aufzunehmen und sich mit den Truppen von New York zu vereinigen. Die Expedition sollte den Champlain-See hinaufgehen und Montreal angreifen. Leisler und Milborne verfehlten aber, die nöthigen Vorräthe zu liefern und vereitelten so das Unternehmen.

Massachusetts machte bessere Fortschritte. Eine Flotte von 34 Segeln nahm unter Wilhelm Phipps Port Royal, unterwarf Acadia und ging von hier den St. Lorenz hinauf, um Quebec zu stürmen. Der Graf Frontenac wußte aber den Gesandten, der ihn zur Uebergabe aufforderte, irre zu führen, und da Phipps jetzt auch noch hörte, daß Winthrops Partei, die er von Montreal erwartet hatte, ihren Plan aufgegeben hätte, kehrte er mit einem Theil seiner Flotte, die ein Sturm noch sehr beschädigt hatte, nach Massachusetts zurück.

Durch diesen Zug erwuchsen gewaltige Kosten, die den Schatz so erschöpften, daß der Generalcongreß zum ersten Male die Ausgabe von Papiergeld gestattete. Einen gar traurigen Einfluß übte aber dieser zweifelhafte Erfolg des Kriegs auf die Colonieen aus. Die fünf Nationen tadelten die Engländer ihrer Unthätigkeit wegen, und schienen nicht übel Lust zu haben, mit den Franzosen Frieden zu schließen, während sich die Grenzbewohner immer gewaltigern Gefahren ausgesetzt sahen. Um sich die Achtung der kriegerischen Irokesen zu erhalten, zog deshalb Major Schuyler von Albany, im Sommer 1691, aufs Neue aus, passirte mit Hülfe von 300 Mohawks den Champlain-See und griff bei La Prairie 800 französische Truppen an, die er nach einem heftigen Kampfe schlug und einen großen Theil derselben tödtete.

In keiner der Colonieen hatte dabei die englische Revolution einen so großen Wechsel hervorgebracht, als in Massachusetts. 1692 gewährte der König Wilhelm, der sich geweigert ihre frühere Regierung wieder einzusetzen, einen neuen Freibrief, der die Grenzen des Staats allerdings ausdehnte, seine Privilegien aber beschränkte, und eine neue Aera in der Geschichte der Colonieen begann. Massachusetts schloß nun, außer seinen frühern Territorien, Plymouth, Maine und Nova Scotia in sich, dehnte sich nördlich bis zum St. Lorenzfluß, westlich bis zum Südsee, New Hampshire und New York ausgenommen, und umfaßte auch Nantucket, Martha's Weingarten und die Elisabeth-Inseln. Das einzige politische Recht aber, das der neue Freibrief dem Volke gewährte, war, daß es seine Repräsentanten wählen durfte. Der König behielt sich jedoch selbst das Recht vor, einen Generalgouverneur, Gouverneur und Secretär zu ernennen und alle Gesetze während der ersten drei Jahre, nachdem sie gegeben waren, ungültig machen zu können.

Zweite Periode.

Von dem neuen Freibriefe des Staates Massachusetts bis zu der ersten Ansiedelung Georgiens durch Oglethorpe.

(Von 1692 bis 1733.)

Dies neue Patent erhielt Boston am 14. Mai 1692, und die für dasselbe zu verwendenden Beamten sollte Increase Mather, ein Prediger in Boston, bestimmen, der nach England als Agent für die Colonieen gesandt wurde. Er ernannte Sir William Philipps zum Gouverneur. Phipps war in Permaquid, in Maine, geboren und hatte in frühester Jugend Schaafe gehütet. Später als Lehrling in einem Gewerbe aufgenommen, ging er bald darauf nach England, und wußte sich einige Jahre nachher dadurch Reichthum und einen Titel zu erwerben, daß er mit Hülfe einer Taucherglocke, die Schätze eines spanischen Wracks ans Ufer brachte. Er übrigens sowohl, als der Generalgouverneur und die 28 jetzt für Massachusetts erwählten Assistenten ließen sich gern und willig von der Geistlichkeit, wenn auch nicht leiten doch berathen.

In diese Zeit fällt es nun, daß die nördlichen Colonieen nicht allein viel durch jenen Krieg mit den Franzosen und Indianern leiden mußten, sondern auch noch in ihrem Innern einen Geist zu bekämpfen hatten, der für ihren häuslichen Frieden die schlimmsten und nachtheiligsten Folgen hatte und ihnen noch nach langen Jahren Schmach und Schande brachte.

Das Volk glaubte nämlich damals in blindem Wahn an Hexerei. Die ersten Ansiedler hatten solche tolle Gedanken schon aus dem Mutterlande mitgebracht. Gesetze, welche ein förmliches Hauptverbrechen aus der sogenannten Hexerei machten, bestanden in England und traten sogar in Massachusetts in Kraft. Diese Manie begann in Springfield 1654, wo einige Individuen angeklagt und verhört, aber freigesprochen wurden. Einige Jahre nachher verhaftete man aufs Neue in Boston, Charleston, Dorchester und Cambridge, unter derselben Anklage, Personen, und enthauptete sogar Einige auf solchen Verdacht hin. Salem war aber der Platz, wo dieser Aberglaube in eine förmliche Raserei ausartete. Ein paar junge Frauen, theilweise durch ihre eigne Einbildungskraft betrogen, klagten, auf wunderbare Weise afficirt zu sein. Dies schrieb man überirdischen Ursachen zu, und die Opfer derselben wurden endlich in der abergläubischen Nachbarschaft zu förmlichen Heldinnen. Dies ermuthigte Andere, die nach derselben Auszeichnung strebten, und Hexen entstanden natürlich im Verhältniß zu den Behexten.

Zuerst waren es nur alte Frauen, von denen man glaubte, daß sie mit dem Teufel in einem Bündniß ständen und denen, die sie sich zum Opfer ausersehen, alle die Qualen anzuthun vermöchten, die jene zu empfinden behaupteten, und in Betreff deren sie den Zuschauern auch wirklich die Ueberzeugung aufzudringen wußten, daß sie das Alles ausstehen müßten. Die Richter, welche das Volk gewählt, hatten vor Phipp's Ankunft mit ihrem Gouverneur Bradstreet diese Verfolgungen nichtig zu machen gewußt. Die neuen Autoritäten aber folgten — unter dem Einflusse der Geistlichkeit, bei welcher besonders Cotton Mather eine bedeutende Rolle spielte — einem andern Plan und brachten die Angeschuldigten in Lagen, in denen sie wirklich Hexenmeister hätten sein müssen, um der Hexerei *nicht* beschuldigt zu werden. Sie wurden mit ihren Anklägern confrontirt und dann gefragt: Weshalb peinigt ihr diese Kinder? Antworteten sie: ich peinige sie nicht, so gebot man ihnen, die *Opfer* anzusehen. Diese fielen dann in Krämpfe und erklärten, sie würden von den angeklagten Personen gequält, und auf solches Zeugniß hin führte man die unglücklichen Wesen zur Schlachtbank.

Bosheit und Rache führten das Werk fort, das der Aberglaube begonnen; Privathaß zeigte sich nie feindseliger in seinen Mitteln und Wirkungen, als gerade in diesen Beschuldigungen, denen Samuel Parris, Pastor von Salem, Unterstützung und Folge gab. Er hegte bittere Feindschaft gegen Verschiedene seiner Gemeindemitglieder. Rebecca Nurse, eine liebenswürdige und gescheidte Frau, opponirte diesem Tyrannen der Kirche. Zwei Kinder, seine Tochter und seine Nichte, klagten sie darauf an und sie wurde ins Gefängniß geworfen. Parris selbst erklärte sie öffentlich für einen Teufel. Sara Cloyce, ihre Schwester, stand bei diesen Worten auf und verließ die Versammlung: die Folge davon war, daß sie selbst ins Gefängniß geworfen wurde. Noch ein anderes Opfer forderte er von derselben Familie: Mary Easty, die den Werth und die Unschuld der beiden gefangenen Schwestern kannte, sprach, obgleich mit Milde und in bittendem Tone, gegen die Ungerechtigkeit ihrer Einkerkerung; auch sie wurde bald darauf von ihren Kindern und aus ihrer Heimath gerissen, selbst des Einverständnisses mit bösen Geistern angeklagt und mit der fürchterlichen Aussicht in Ketten geworfen, daß sie ein tugendhaftes Leben bald mit einem Verbrechertode beenden sollte. Und was war ihr Verbrechen? Daß sie den Mord Unschuldiger, und obendrein ihrer eignen Schwestern, nicht billigen konnte. Außer diesen Armen wurden noch 17 Andere in Salem gehängt, unter ihnen Mr. Burroughs, ein würdiger Geistlicher, und die Gefängnisse waren voll von Angeschuldigten.

Der Generalcongreß nahm endlich nach seinem Zusam̄entritte Maßregeln gegen diese Verhandlungen; er fand, daß selbst die Besten im Staate nicht mehr sicher wären, sondern von den Schlimmsten dem Gericht überliefert werden könnten. Der besondere Gerichtshof, den Phipps organisirt und welchem Stoughton, der Generalgouverneur, durch den diese Maßregel sanctionirt worden war, präsidirt hatte, wurde aufgehoben. Zugleich wirkte man durch die Presse, und zwar durch den unabhängigen Kalef von Boston, so daß sich die Augen des Volkes endlich öffneten. Man ließ die Gefangenen frei, und das Gedächtniß an jene Strafen mußte bald zu dem werden, was es noch jetzt ist, zu einer Quelle des Schmerzes und der Beschämung für die ganze Nation.

Schon früher haben wir gesehen, daß Massachusetts darin voranging, eine Universität zu gründen, und dazu wurden auch Gesetze gegeben, die deutlich genug zeigten, daß die Regierungen die volle

Wichtigkeit der Aufgabe fühlten, die Jugend in aller wissenswerthen Kenntniß zu unterrichten und zu bilden.

Keine Colonie erfreute sich einer so ununterbrochenen Ruhe, als Connecticut; keine bekam aber auch dadurch so treffliche Gelegenheit, den puritanischen Geist — in seiner eifrigen Sorge für die Ausbildung der Jugend — so kräftig zu zeigen. Schon 1646 beorderte der Generalgerichtshof den Mr. Ludlow, Gesetze für die Erziehung der Kinder zu entwerfen; dies that er und übte dadurch einen höchst segensreichen Einfluß auf die heranwachsende Generation aus.

New Haven bestimmte ebenfalls gesetzlich die Gründung von Elementarschulen, und 1654 schlug Mr. Davenport die Errichtung eines Collegiums vor, zu welchem Zwecke die Stadt auch sofort den Grund und Boden hergab. Gouverneur Hopkins von Connecticut, der mehrere Jahre lang mit Haynes, dem obersten Vorsteher jener Collegien, zusammen gelebt hatte, hinterließ, als er später in London starb, 4 bis 500 Pfund Sterling zum Besten der Hochschule, die später in Saybrook angelegt wurde.

Die Geistlichkeit von Connecticut, die das Bedürfniß eines Collegiums, um gelehrte Prediger zu ziehen, mehr empfand, als die zu Cambridge, suchte vom Generalcongreß einen Freibrief dafür zu erhalten, was ihr auch gelang, und zwar mit einer jährlichen Bewilligung von 120 Pfund Sterling. So als Bevollmächtigte constituirt, hielt sie ihre erste Versammlung in Saybrook, wählte Beamte und gab der jungen Universität Gesetze. Die Lage erwies sich aber unbequem, und als später mehr Geld zusammenkam, so verlegte man die Anstalt 1717 nach New Haven, wo sie auch einen bedeutenden Zuwachs an Büchern bekam. Der freigebigste ihrer Gönner war Elihu Yale, ein Eingeborner von New Haven, der sich in Indien Vermögen erworben hatte, und sein Namen hat in diesem Institut ein edleres Denkmal, als die schweigende Säule, die auf dem Grabe eines Kriegers oder Fürsten steht; hier sind die sie schmückenden Figuren von Marmor, dort ist es die lebendige, fröhlich keimende und gedeihende Jugend.

Merkwürdig ist es hierbei, daß die zwei ältesten Universitäten der Vereinigten Staaten, Harvard und Yale, noch jetzt den höchsten Ruf genießen, obgleich seit jener Zeit viele andere entstanden sind.

1706 gründete man die erste episkopalische Kirche Connecticuts zu Stratford.

König Wilhelms Krieg wurde in Amerika nur schwach betrieben. Allerdings zerstörten die Franzosen und Indianer am Oysterflusse einzelne Ansiedelungen, und das Fort von Pemaquid, welches Sir William Phipps auf besondere Vorschrift seines Machtgebers wieder gebaut, ward genommen; der 1697 geschlossene Frieden bestimmte aber, daß alle eroberten Plätze an ihre rechtmäßigen Eigenthümer zurückgegeben werden sollten, und wieder einmal war der barbarische Ruf: „zu den Waffen!" der Tausende von Menschenleben gekostet, fruchtlos geblieben. Die Parteien nahmen sich aber keineswegs ein Beispiel an dieser Lection und der Krieg wurde bald wieder erneuert. Ludwig XIV. von Frankreich hatte nämlich frühere Verträge gebrochen, indem er seinen Enkel, den Herzog von Anjou, auf den spanischen Thron setzte und Jakob II. als König von England anerkannte.

In Amerika hatte er Villeborne, seinem Gouverneur, Befehl gegeben, Acadia bis zum Kennebec auszudehnen, und dabei das ausschließliche Recht der Küstenfischereien zu beanspruchen, ja sogar alle englischen Fahrzeuge mit Beschlag zu belegen, die er dort mit dem Fischfang beschäftigt finden sollte. Im Mai 1702 nun erklärte England, damals unter Königin Anna, sowohl Frankreich wie Spanien den Krieg, und in die Streitigkeiten der Mutterländer wurden abermals die gar nicht dabei betheiligten Colonieen verwickelt.

Obgleich damals die östlichen Indianer Neu-England feierliche Friedensversicherungen gegeben hatten, so verwüsteten sie doch jetzt Maine von Casco bis Wells. Deerfield in Massachusetts wurde im Februar 1704, um Mitternacht, von einer Partei Franzosen und Indianer, unter Heurtel de Ronville, angegriffen. Die Schildwache im Fort schlief und der Schnee lag so tief, daß sie über die Pallisaden steigen konnten. Unter dem Schutze der Nacht überraschten sie das Fort und scalpirten und erschlugen die unglücklichen Bewohner oder schleppten sie als Gefangene mit fort. Nur eine kleine Anzahl entkam durch die Flucht, 47 wurden getödtet und 120 nach Canada geschleppt.

Gleich im Anfange des Angriffs wurde das Haus des ehrwürdigen John Williams, des Predigers des Platzes, von etwa 20 Wilden angegriffen, die zuerst zwei seiner Kinder erschlugen und dann ihn, sein Weib und seine übrigen fünf Kleinen gefangen nahmen. Mrs. Williams erlag am zweiten Tage den Mühseligkeiten des Marsches und fühlte sich zu schwach, ihn fortzusetzen; der indianischen Sitte nach wurde sie grausam getödtet.

Da stand der alte Veteran und Krieger Benjamin Church, durch diese Unmenschlichkeiten empört, auf und ritt 70 Meilen, um Dudley, dem damaligen Gouverneur von Massachusetts, seine Dienste anzubieten, die unglücklichen Leute zu retten oder zu rächen. Er wurde mit fünfhundert Soldaten an die östliche Küste Neu-Englands geschickt, um den Feind in seinen eignen Ansiedelungen anzugreifen. Er ging den Penobscot- und den St. Croixfluß hinauf, zerstörte mehrere ihrer Städte und nahm eine große Anzahl gefangen.

1705 schlug Gouverneur Vandreuil von Canada dem Gouverneur Dudley einen Neutralitätsvertrag vor; es wurden dann augenblicklich Anstalten getroffen, die Gefangenen auszutauschen, und auf diese Art kehrten viele der in Deerfield Gefangenen in die Ansiedelungen der Weißen zurück. Unter ihnen war auch Mr. Williams mit einigen seiner Kinder. Eine junge Tochter desselben blieb aber bei jenem Stamme zurück, heirathete und erzog eine Familie. Trotz dieser Neutralitätserklärung lauerten dennoch in den zwei darauf folgenden Jahren, 1706 und 1707, kleine Parteien von Franzosen und Indianern um die Grenzen herum, brannten Ansiedelungen nieder und machten die unglücklichen Einwohner zu Gefangenen.

1710 segelte endlich Oberst Nicholson von Boston mit einer Flotte aus, deren einen Theil er aus England mitgebracht hatte, blockirte Port Royal und zwang es, sich einige Tage darauf zu ergeben. Sein Name wurde nachher, der Königin zu Ehren, in Annapolis umgewandelt.

New York, durch die fünf Nationen beschützt, trieb einen sehr einträglichen Handel mit diesen Indianern und die holländischen Kaufleute von Albany und Schenectady erlaubten sogar manchmal einzelnen Parteien von Canada, am nördlichen Theile der Provinz die Grenzen Neu-Englands anzugreifen, damit sie aus der Beute ihren Nutzen ziehen könnten. Oberst Schuyler, den die Irokesen Quider nannten, übte großen Einfluß auf sie aus. Dadurch erfuhr er aber auch häufig ihre Absichten und konnte die Bewohner von Massachusetts warnen und ihnen anzeigen, welchen Theil ihres Gebietes man sich zum Angriff ausersehen.

Königin Anna's Krieg schloß mit dem Vertrage von Utrecht, 1713, durch den Acadia an die Engländer abgetreten wurde. Ueber zehn Jahre lang hatte dieser Krieg die Grenzen der Colonieen von Neu-England den unaufhörlichen Angriffen eines wilden Feindes preisgegeben, das Wachsthum und das Gedeihen der Niederlassung gehindert und Auswanderungen dorthin fast ganz unmöglich gemacht. Ja die Einwohner waren fortwährend mit Aufforderungen zu Kriegszügen gequält worden, mußten ihre Arbeit liegen lassen und Tag und Nacht auf der Hut sein, um nicht einmal vom schlauen und erbarmungslosen Feinde plötzlich überfallen und dann jedenfalls vernichtet zu werden. Der Ackerbau ging dabei, in natürlicher Folge dieses Treibens, ganz zu Grunde, eine große Staatsschuld entstand und die Colonisten sahen höchst niedergeschlagen einer traurigen Zukunft entgegen.

Zu jener Zeit, 1710, waren viele deutsche Grafen und Herren durch die ewigen Kriege jenes Landes so heruntergekommen, daß sie sich nach England an die Königin Anna wandten. Diese ertheilte ihnen Patente nach Amerika und in demselben Jahre gingen etwa 6000 bis 7000 Deutsche hinüber und ließen sich in den Provinzen von New York, Pennsylvanien, Virginien und Carolina nieder.

Vier Jahre später starb die Königin Anna und Georg I., aus dem braunschweigischen Hause, bestieg den Thron von England.

Nach dem Frieden von Utrecht, dem zufolge Frankreich ganz Acadia an England abtrat, dehnte der Gerichtshof von Massachusetts seine Gewalt bis an die äußersten Grenzen der Provinz Maine aus, und unternehmende Fischer und Händler belebten nicht allein wieder die verlassenen Dörfer, sondern errichteten auch am östlichen Ufer des Kennebec neue Forts und Ansiedelungen.

Vater Rasles, ein französischer Jesuitenmissionär, hatte seit vielen Jahren in einer schlichten Capelle von Norridgewock, am Kennebec, auch unter den Abenakies Viele zur christlichen Religion bekehrt. Einige von diesen durchschritten jetzt die Wüste bis Quebec und beriethen sich mit Vaudreuil, dem Gouverneur von Canada. Als sie zurückkehrten, waren sie entschlossen, sich der englischen Besitznahme dieses Landes zu widersetzen und ihr Recht mit den Waffen zu behaupten. Sie hofften dabei natürlich, die Franzosen würden ihnen endlich doch beistehen, und es ist auch möglich, ja sogar wahrscheinlich, daß ihnen der Gouverneur etwas Derartiges zugesagt. Sie begannen ihre Feindseligkeiten damit, Brunswick niederzubrennen, und zu jener Zeit war es, daß die Generalversammlung von Massachusetts einen Preis auf indianische Scalpe setzte. Zugleich hatte sie aus den Papieren des Vaters Rasles erfahren, daß dieser und der Gouverneur von Canada mit den Indianern gemeinsame Sache gemacht, ja sogar die Wilden von allem Anfang an aufgereizt hatte. Eine Abtheilung ging daher im August 1724 von Neu-England nach Norridgewock hinüber und übte gar blutige Rache an dem alten Jesuiten. Er war der Letzte jener Secte, die in den Wildnissen Amerika's zu gleicher Zeit zwei ganz verschiedenen Zwecken gehuldigt und ein geistiges wie ein irdisches Königthum zu gründen gestrebt hatte.

Die Indianer fanden jetzt, daß sie von den Franzosen zwar aufgereizt, aber nicht unterstützt wurden, und ihre Sachems schlossen endlich zu St. Johns einen Frieden mit den Colonisten, der sich, da die französischen Missionen überhaupt zu Ende waren auch als dauernd erwies. Englische Handelshäuser blühten jetzt auf und die östliche Grenze Neu-Englands blieb unbestritten.

1691 starb Oberst Sloughter von New York und im nächsten Jahre traf Oberst Fletcher mit seinem Gouverneurspatent an dessen Stelle ein. Fletcher war ein guter Soldat, und da er sich glücklicherweise die Freundschaft des Mayors Schuyler sicherte, so sah er sich auch durch dessen Rath in den Stand gesetzt, die indianischen Angelegenheiten der Colonie zur Zufriedenheit des Volkes zu besorgen; er war jedoch geizig, rachsüchtig und in seinem Glauben, dem der englischen Kirche, bigott.

Unter dem Vorwande, Einheit in die Sprache, Literatur und Religion der Colonie zu bringen, deren Bewohner eine heterogene Mischung von Holländern und Engländern waren, legte er dem Congreß ein Ansiedelungsgesetz vor, nach welchem episkopalische Prediger, die er selbst erwählen würde, durch die ganze Provinz verbreitet werden sollten. Die Versammlung vereinigte sich nach langer Debatte dahin, daß diese Prediger allerdings in einigen Distrikten einen Platz erhalten sollten, überließ jedoch die Wahl derselben dem Volke. Dies beleidigte aber den Gouverneur so, daß er nach einer heftigen Rede die Versammlung auflöste. Episkopalische Prediger wurden jedoch wirklich in verschiedene Distrikte gebracht und dadurch leistete er einer Secte Vorschub, die bis zu diesem Tage einen sehr achtbaren Theil der Bevölkerung jenes Staates ausmacht.

Richard, Earl of Bellamont, ein irischer Pair, folgte 1698 dem Gouverneur Fletcher. Während der letzten Kriege und zu jener Zeit waren aber die Meere von englischen Piraten fast übersäet, von denen einige sogar aus New York kamen, und man hatte Fletcher in nicht geringem Verdachte, sie begünstigt zu haben. Bellamont bekam besondere Instructionen, dieser Zunahme des Piratenthums entgegenzuarbeiten, und zu diesem Zwecke erhielt er nicht allein den Befehl über New York, sondern auch den über die Massachusetts-Bay und Newhampshire. Da aber die Colonialregierungen in der Sache noch keine näheren Bestimmungen getroffen hatten, so beschloß man, eine Privatunternehmung gegen die Piraten auszuschicken, und ein gewisser William Kid war dem Earl als ein Mann von Schlauheit und Muth empfohlen, der die Piraten sowohl, als ihre Sammelplätze kenne. Kid unternahm auch die Expedition und segelte von New York aus; es dauerte aber gar nicht lange, so wurde er selbst Pirat. Nach einiger Zeit verbrannte er jedoch sein Schiff und kehrte nach den Colonieen zurück, und es besteht noch bis auf den heutigen Tag eine Tradition, daß er Massen von Gold mit heimgebracht und in die Erde vergraben habe. In Boston griff man ihn auf und schickte ihn nach England, wo ihm der Prozeß gemacht, er verurtheilt und hingerichtet wurde.

In West Jersey herrschte indessen eine große Verwirrung. Denn die Zahl der Eigenthümer jenes Landes hatte sich so vermehrt, daß häufige Streitigkeiten nicht allein unter den Ansiedlern, sondern sogar unter den Besitzern der Patente selbst vorfielen, und man kann wohl sagen, daß drei volle Jahre, von 1689 bis 1692, West-Jersey nicht eine einzige regelmäßige Autorität gehabt. Aus diesem Grunde überließen die Eigenthümer auch 1698 ihr Eigenthumsrecht der Krone. Königin Anna vereinigte es dann mit der Ostprovinz, und New Jersey, wie man das Ganze jetzt nannte, sollte zugleich mit New York von einem königlichen Gouverneur regiert werden, der einen besondern Rath und Congreß von Repräsentanten hätte.

Die Königin ernannte zum Gouverneur dieser beiden Provinzen den unwürdigen Lord Cornbury, einen Enkel des Lords Clarendon. Dieser machte sich aber nur zu bald dem Volke verhaßt, namentlich weil er große Summen Geldes, die zu öffentlichen Zwecken bestimmt und ihm, als Gouverneur zur Disposition gestellt waren, in seinem Privatinteresse verwendete. 1708 setzten die Versammlungen von New York und New Jersey, nicht länger gewillt, sich seiner Gewalt zu fügen, eine Klage gegen ihn auf und überschickten dieselbe der Königin. Diese rief ihn zurück und ernannte Lord Lovelace an seine Stelle. Diesem folgte nach kurzer Zeit, 1710, Sir Robert Hunter, ein Freund des Dechanten Swift, und an dessen Stelle kam 1719 wiederum Peter Schuyler, als der Vermittler zwischen den Weißen und Indianern sowohl bekannt, wie er denn auch das älteste Glied des Rathes war. Commissäre wurden ernannt, um die Grenz-Linien zwischen New York, New Jersey und Connecticut zu ziehen.

Mr. Burnet folgte 1720 Schuyler und traf, um den Franzosen ihre Transporte zu den Indianern abzuschneiden, Maßregeln, den Handel zwischen New York und Connecticut zu hemmen. Dies mißfiel aber den Kaufleuten entsetzlich. Diese, dadurch verhindert, einen directen Handel mit Canada zu treiben, bauten ein Haus in Oswego, das man 1727 in ein Fort umwandelte, und Burnet zog sich den Haß der kaufmännischen Bevölkerung dergestalt zu, daß er, obgleich sonst vom Volke gern gesehen, abtreten und seine Stelle dem Obersten Montgomery überlassen mußte. Nach seinem Tode fiel der Befehl an Rip van Dam, das älteste Rathsmitglied und ein ausgezeichneter Kaufmann. Rip van Dam duldete übrigens das immer nähere Heranrücken der Franzosen und diese erbauten während seiner Verwaltung ein Fort an der Kronenspitze, die den Champlainsee beherrscht und sich innerhalb der anerkannten Grenzen des Staates New York befand.

Georg I. starb 1727 und ihm folgte sein Sohn, Georg II.

Wir müssen jedoch jetzt wieder zu William Penn zurückkehren, den wir damals verließen, als er nach England hinüberfuhr. Er wurde dort eine der einflußreichsten Personen des Königreichs; denn der Herzog von York, den man unter dem Namen Jakob II. zum König krönte, bewies ihm viel Vertrauen und Zuneigung. Diesen Einfluß benutzte er jedoch nie zu selbstsüchtigen Zwecken, sondern einzig und allein, um nothleidenden Quäkern zu helfen und die Gesetze überhaupt zu einer größern religiösen Duldsamkeit zu stimmen. Als Jakob II. später, 1692, nach Frankreich exilirt worden war, hatte dessen Nachfolger Penn im Verdachte, eine verrätherische Correspondenz mit jenem zu unterhalten, und auf ganz unbegründete Anklagen hin warf man ihn mehrere Male ins Gefängniß. Ja man nahm ihm sogar die Regierung von Pennsylvanien und bestimmte, daß Fletcher, der Gouverneur von New York, jene Provinz regieren solle. Durch genauere Nachforschungen erwies sich aber das Verfahren Penn's als untadelhaft und 1694 erfreute er sich nicht allein der vollen Gunst des Köntigs wieder, sondern sah sich auch aufs Neue in seinem Rang, als Gouverneur von Pennsylvanien, eingesetzt, kehrte jedoch nicht gleich dorthin zurück, sondern ernannte vorher den würdigen Thomas Lloyd zu seinem Vice-Gouverneur. Erst 1699 besuchte Penn die Colonie wieder und gewährte, da er das Volk mit der Regierung höchst unzufrieden fand, 1701 einen neuen und sehr liberalen Freibrief. Der Rathsversammlung gab er das Recht, Gesetze zu erlassen, dem Gouverneur dagegen das Veto gegen solche Gesetze, wenn sie ihm nicht als passend erscheinen sollten, so wie das Recht, einen eignen Rath zu bilden und die ganze executive Macht auszuüben. Die Rathsversammlungen nahmen dies an, obgleich es das Volk noch nicht befriedigte, die Territorien aber verwarfen es ganz und gar so daß schon 1703 gestattet wurde, einen besondern Congreß zu wählen, wiewohl Penn denselben Gouverneur über beide Provinzen stellte. Gleich nach diesem dritten Freibriefe, durch den sich Penn als einen der vorzüglichsten Gesetzgeber bewiesen, kehrte er für immmer nach England zurück und die vollziehende Gewalt wurde von da an durch ihn selbst zu erwählenden Vice-Gouverneuren übertragen.

Die Regierung Marylands, die seit der Thronbesteigung von Wilhelm und Maria von der Krone ausgeübt war, wurde 1716 dem Eigenthümer, Lord Baltimore, wieder zugetheilt und blieb in dessen und seiner Nachfolger Hände bis zur amerikanischen Revolution.

Indessen war in Carolina zwischen den, das Eigenthum besitzenden Gouverneuren und den Ansiedlern Streitigkeiten entstanden; denn die englischen Episkopalen wollten nicht dulden, daß den französischen Protestanten, die sich in der Colonie niedergelassen, Sitz und Stimme in der Rathsversammlung gegeben würde. Sie betrachteten diese fortwährend als Fremde und wollten die englischen Gesetze auch gegen sie als solche angewendet sehen, ja sie erklärten sogar, daß die von französischen Predigern eingesegneten Trauungen null und nichtig seien und die Güter solcher Verheiratheten nicht auf ihre Kinder erben sollten. Die Hugenotten unterwarfen sich eine Zeit lang dem Drückenden einer solchen Lage und blieben in der Provinz, indem sie auf eine günstige Veränderung hofften.

Da das Volk sich dennoch immer beklagte, so wurde John Archdale, einer der Eigenthümer, 1695 als Gouverneur von Nord- und Süd-Carolina hinübergesandt, um allen Uebelständen abzuhelfen. Er stellte die Ordnung her und verließ das Land im nächsten Jahre, ohne jedoch den Franzosen ihre Bürgerrechte verschafft zu haben. Das rechtliche Betragen derselben besiegte aber endlich jene Vorurtheile und man räumte ihnen die Privilegien der Bürger und freien Männer von selbst ein.

Als 1702 unter der Königin Anna Krieg ausbrach, wurde vom Gouverneur Moore, von Süd-Carolina, ein Versuch gegen die spanische Provinz St. Augustin gemacht; die Expedition erwies sich jedoch als erfolglos und so bedeutend waren die dadurch aufgelaufenen Kosten, daß die Generalversammlung zum ersten Male Papiergeld ausgeben mußte. Die Spanier dagegen, dadurch erbittert, reizten die Apallachian-Indianer gegen die Amerikaner auf, und 1703 rückte Gouverneur Moore gegen dieselben aus. Er marschirte bis an die Grenze ihrer Ansiedelungen und legte ihre Städte zwischen dem Altamaha und Savannah in Asche. Der geizige Gouverneur suchte aber von Denen, die er gefangen nahm, nur Nutzen für sich selbst zu ziehen, ließ Einige in seinen eignen Feldern arbeiten und verkaufte Andere, indem er das Geld dafür gleichfalls für sich behielt.

Die Spanier ließen die Sache natürlich nicht auf sich sitzen und suchten, von den Franzosen unterstützt, in Carolina einzubrechen. Charleston gerieth in nicht geringe Unruhe, als sich plötzlich fünf feindliche Schiffe (vom Commandeur Le Febourc befehligt) der Stadt näherten, während zugleich eine Anzahl von Truppen zu Lande herbeizog. Die Aufforderung, sich zu ergeben, wurde aber, wie der spätere Angriff selbst, vom Volke mit kräftiger Hand zurückgewiesen und Le Febourc mußte sich mit den Seinigen, nach nicht unbedeutendem Verluste zurückziehen.

1707 siedelte sich eine zweite Colonie französischer Protestanten an einem Arme des Neuseflusses an. Fünf Jahre später, 1712, schmiedeten die Tuscaroren und andere Indianer von Nord-Carolina, mit der grausamen List jener Stämme, eine Verschwörung, um nach Art der nördlichen Nationen die ganze weiße Bevölkerung mit einem Schlage zu vernichten. Diesen Plan wußten sie dabei bis zu der Nacht seiner Ausführung ganz geheim zu halten. Dann überfielen sie zuerst die Häuser der armen deutschen Adeligen, die sich kürzlich in Roanoke niedergelassen hatten, und ermordeten Männer, Frauen und Kinder. Ein Paar von diesen entkam, gab das Allarmzeichen und die übrigen Einwohner, die sich in einem schnell errichteten Lager versammelten, hielten Tag und Nacht Wache, bis Hülfe von Süd-Carolina herbeigeholt werden konnte. Diese Provinz ließ denn auch die Unglücklichen nicht lange warten; sie sandte 600 Milizsoldaten und 300 Indianer, unter Capitän Barnwell, zu Hülfe. Dieser, obgleich damals eine gewaltige Wildniß die nördlichen und südlichen Ansiedelungen von einander trennte, drang doch hindurch, griff die Indianer mit keckem Muthe an, erschlug 300 und nahm 100 gefangen. Die Ueberlebenden flohen der Hauptstadt der Tuscaroren zu, wo sie eine hölzerne Brustwehr zu ihrer Sicherheit errichteten. Barnwell's Truppen schlossen sie aber bald ein und zuletzt mußten sie um Frieden bitten. Die Tuscaroren verloren im Laufe dieses Kriegs 1000 Mann und bald darauf verließen sie ihr Land, vereinigten sich mit den Irokesen und bildeten so die sechste Nation jener Conföderation.

Hierdurch waren jedoch die heißblütigen Stämme jenes Landes keineswegs beruhigt; 1715 schon knüpften die Yemassees, die nordöstlich vom Savannahfluß hausten, Verbindungen mit allen Indianern, von Florida bis zum Cap Fear, gegen Süd-Carolina an; die Creeks, Apalachians, Cherokesen, Catawbas und Congarees schlossen sich diesem Unternehmen an und man glaubte, daß ihre ganze Macht über 9000 streitbare Männer betrug. Die südlichen Stämme fielen plötzlich über die unter ihnen ansässigen Händler her und in wenig Stunden wurden 90 Personen erschlagen. Einige der Einwohner eilten nun in voller Flucht nach Charleston und gaben den Allarm. Die Indianer ließen übrigens gar nicht lange auf sich warten; starke Abtheilungen drangen sogar in die nördlichen Theile vor und näherten sich Charleston. Allerdings wurden sie von der Miliz zurückgeschlagen, ihre Marschroute aber war durch Zerstörung und Verderben bezeichnet. Hier mußten ernsthafte Maßregeln ergriffen werden und Gouverneur Craven, der das recht gut einsah, stellte sich an die Spitze von 1200 Mann, marschirte rasch gegen die südlichen Grenzen und überholte den stärksten Theil des Feindes auf einer Stelle (salt catchers genannt), wo sich ein hitziges und blutiges Gefecht entspann. Die Indianer wurden gänzlich besiegt und der Gouverneur, der ihnen nachdrängte, trieb sie aus ihrem Territorium und verfolgte sie bis über den Savannahfluß. Hier wurden sie gastfreundlich von den Spaniern in Florida aufgenommen und noch lange nachher machten sie Einfälle nach Carolina. Fast 400 der Caroliner wurden getödtet.

Alle diese Vorfälle vermehrten in ihren Folgen nur noch den Unfrieden, der schon jetzt zwischen dem Volke der Provinz und den Eigenthümern bestand. Die Gesetzgebung hatte sich an die Compagnie um Unterstützung gewendet, und diese war ihr verweigert worden. Um nur eine augenblickliche Linderung ihrer Lage herbeizuführen, mußten sie ihre Zuflucht zu Papiergeld nehmen; da aber das Volk bald einsah, daß ihm alle die Mittel, durch die es sich selbst helfen konnte, abgeschnitten wurden, so setzte man eine Beschwerde gegen den Oberrichter Trott und dessen Obereinnehmer Rhett auf, die sich Beide, ihrer tyrannischen Maßregeln wegen, in der Colonie ungemein verhaßt gemacht hatten, und verlangte darin, daß diese ihrer

Stellung enthoben würden. Dies geschah aber nicht allein nicht, sondern man dankte jenen Leuten sogar noch für ihre Dienste.

Mit Güte war, so viel sahen die Colonisten ein, nichts mehr auszurichten, und sie schlossen daher jetzt eine allgemeine Verbindung gegen die Regierung der Eigenthümer, in welcher sich die Bewohner des ganzen Landes verpflichteten, fest und treu bei einander zu stehen. So geheim hielten sie das, daß der Gouverneur Johnson selbst nicht eher ein Wort davon erfuhr, bis schon fast jeder einzelne Bürger dem Vertrage beigetreten war. Man bot ihm übrigens die Gouverneurstelle wieder an, jedoch mit der Bedingung, sie nicht im Namen der Eigenthümer, sondern unter des Königs Befehl zu verwalten. Johnson weigerte sich und suchte den revolutionären Geist zu unterdrücken, doch zu spät — das Volk war einig und wählte jetzt Moore zu seinem Gouverneur.

Der König, dem das vielleicht gelegen genug kam, erklärte, daß die Eigenthümer ihre Freibriefe verscherzt hätten. Im Jahre 1720 wurde Nicholson zum Gouverneur der Carolina's ernannt und in Charleston, wo er im nächsten Jahre eintraf, mit großer Freude empfangen. Seine Regierung war auch für die Colonieen von segensreicher Wirkung; er sorgte für die innere Einrichtung derselben, schloß Verträge mit den benachbarten indianischen Stämmen ab, deren Grenzen er dadurch bestimmte, und sicherte dem Lande den Frieden. Im Jahre 1729 traten sieben der Eigenthümer ihre Rechte auf die Colonieen vollständig an die Krone ab, und man theilte zu gleicher Zeit Nord- und Süd-Carolina in zwei verschiedene Regierungen.

Einige Worte möchten aber hier nöthig sein, um das Vorrücken der Franzosen in Amerika und ihre dort angelegten Colonieen, die sie Neu-Frankreich nannten, im Auge zu behalten.

Im Jahr 1699 wurde Pensacola durch 300 Spanier von Veracruz aus besiedelt; ganz kurze Zeit darauf folgte ihnen aber schon eine Flotte, die unter Le Moine d'Iberville, einem canadischen Franzosen und nicht unberühmten Entdecker und Krieger, mehrere hundert Personen, meistens von Canada, herbrachte. Diese Partei errichtete zuerst auf Ship Island, nicht weit vom Borgne-See, ihre Hütten und drei Tage später, am 3. Februar, lief d'Iberville in eine der

Mississippimündungen ein und segelte den Strom, wahrscheinlich bis zum Red River, hinauf. Hierauf kehrte er durch die Bay, die jetzt seinen Namen trägt, und die Seeen, die er Maurepas und Pontchartrain nannte, nach der Bay von St. Louis zurück und gründete an der kleinen Bay von Biloxi und am Mobileflusse die erste europäische Ansiedelung, die 1702 über den Fluß hinüber auf dieselbe Stelle verlegt wurde, wo Mobile jetzt noch steht. Im Jahre 1716 ging er den Mississippi hinauf und erbaute, auf der jetzigen Stelle von Natchez, das Fort Rosalie; erst zwei Jahre später aber kamen drei Schiffe mit etwa 800 Auswanderern von Frankreich herüber, denen man die glänzendsten Vorspiegelungen von dem neuen Reiche gemacht, und diese gründeten, etwa 80 englische Meilen stromaufwärts, eine Stadt, die sie, ihrem Regenten zu Ehren, New Orleans nannten. Von dieser Niederlassung schreibt Frankreich sein Anrecht auf Louisiana her.

Die Franzosen beanspruchten auch, der Entdeckung Champlain's nach, die Ufer des Sees, der dessen Namen trägt, und errichteten dort, 1713, das Fort Crown Point. Bald nach dem Frieden von Utrecht erbauten sie das Fort Niagara und legten in den zunächst darauf folgenden Jahren den Grund zu dem jetzigen Detroit und Lewistown. Seit den Entdeckungen der Jesuiten hatten sich die Franzosen auch im Besitz aller westlichen Wassercurse befunden, die vom St. Lorenz in den Mississippi führen, und Chicago, Vincennes und Kaskaskia wurden blühende Niederlassungen. De Lisle, des Königs Geograph, beschrieb „Neu-Frankreichs" Ausdehnung als „bis zu den entferntesten Wassern reichend, die westlich in den Mississippi, südlich in den Mobile und nördlich in den St. Lorenz fließen," und die Regierung suchte dies ungeheure Territorium durch eine Linie militärischer Posten zu schützen und zu verbinden. Die Engländer in Amerika hatten indessen mit keineswegs freundlichen Augen die Ausbreitung jenes Volkes angesehen; noch trennte freilich ein öder Landstrich ihre Ländereien von denen der fremden Nachbarn, die Zeit rückte aber mehr und mehr heran, wo die beiderseitigen Ansprüche durch Waffengewalt entschieden werden sollten.

Die Furcht in England, daß die amerikanischen Colonieen einmal ihr Joch abwerfen und eine unabhängige Regierung gründen würden, stieg mit der wachsenden Stärke derselben. Es wurde sogar 1701 dem Unterhaus eine Bill vorgelegt, alle gegebenen Freibriefe zu verschmelzen und der Krone zuzuwenden; Agenten der Colonieen befanden sich aber im Hause der Lords und der Antrag ging nicht durch. Hierauf suchte England einen andern Plan zu verfolgen; die Gouverneure waren nämlich bis dahin nach dem freien Willen der Colonial-Congreßversammlungen besoldet worden und man fürchtete, vielleicht nicht mit Unrecht, daß diese Art von Abhängigkeit einen den Colonieen günstigen Einfluß auf die Gouverneure ausüben könnte. Die englische Regierung verlangte deshalb — zuerst in Massachusetts durch Sir Joseph Dudley — einen bleibenden und bestimmten Gehalt für die Gouverneure, drang aber damit weder hier, noch in den andern Provinzen durch, ja sie legte sogar mit dieser Maßregel, besonders in Massachusetts, den Grund zu späteren, Jahre langen Streitigkeiten.

Massachusetts hatte nämlich, um die schweren Kosten des letzten Krieges zu tragen, seine Zuflucht zu Papiergeld genommen, was, in Masse ausgegeben, die Lage der Colonieen eher verschlimmerte, als verbesserte. Gouverneur Shute, der an Dudley's Stelle kam und die öffentliche Bank protegirte, wurde unpopulär und lud den Haß des Volkes in solchem Maße auf sich, daß er sich endlich, der ewigen Anfeindungen müde, nach England zurückzog und eine Klage gegen die Colonieen anhängig machte, die in mancher Hinsicht Beschränkungen ihrer Freibriefe zur Folge hatte.

Ihm folgte 1728 Mr. Burnet, der von New York nach Massachusetts und New Hampshire versetzt wurde; aber auch er kämpfte vergebens gegen die jetzige besonnene Ruhe der Colonieen, die fest und unerschrocken auf ihrem Sinne beharrten, an, und sah sich endlich durch die ewigen Streitigkeiten so aufgerieben, daß er in ein hitziges Fieber fiel und 1729 starb. Sein Nachfolger, Mr. Belcher, versuchte ebenfalls die Colonieen wieder zu bewegen, einen festen Gehalt zu bestimmen. Doch fanden sie sich mit ihm, was sie mit Mr. Burnet umsonst versucht, dahin ab, ihm jetzt eine ziemlich bedeutende Summe auszuzahlen, ohne sich jedoch für die Zukunft zu binden.

Im Jahre 1723 wurde das sogenannte Fort Drummer am Connecticutfluß angelegt und damit die erste Ansiedelung in Vermont begründet. In dieser Zeit etwa beabsichtigte man auch in England eine neue Colonie nach der Landstrecke, die zwischen den Savannah- und Altamahaflüssen gelegen und, wenn auch schon in den Carolina-Freibriefen begriffen, doch noch nicht von Europäern besiedelt worden war. Man wollte dadurch zugleich eine Niederlassung der Spanier oder Franzosen vorbeugen und dann auch einer Menge von Proletariern eine Stätte bereiten, wo sie ihrem Vaterlande nicht mehr zur Last und sich selber von Nutzen sein könnten. James Oglethorpe stellte sich bei diesem Unternehmen besonders an die Spitze, und König Georg verlieh der Gesellschaft einen Freibrief, welcher ihr, 1732, das Land, das ihm zu Ehren Georgien genannt wurde, zusprach. Dies war der letzte der dreizehn Staaten, die später unter amerikanischer Flagge den Kampf um ihre Unabhängigkeit fochten und gewannen.

Dritte Periode.

Von der ersten Besiedelung Georgiens durch Oglethorpe bis zum Frieden von Paris, der Beendigung des französischen Krieges.

(Von 1733 bis 1763.)

Oglethorpe schiffte sich im November 1732 mit 116 Auswanderern nach Amerika ein, und erreichte, in England mit allem Möglichen ausgestattet, Charleston am 15. Januar des nächsten Jahres. Gouverneur Johnson, der wohl einsah, welchen Vortheil es seiner Colonie bringen mußte, wenn er eine so frische und tüchtige Kraft zwischen sie und die feindlichen indianischen Stämme brachte, leistete ihnen allen Vorschub und führte sie selbst auf den Platz ihrer Bestimmung, auf den sogenannten Yamacraw Bluff, jetzt Savannah, den sie am 1. Februar erreichten und augenblicklich ein Fort zu bauen begannen.

Oglethorpe war aber ein zu einsichtsvoller Mann, um nicht zu begreifen, daß, ohne die Freundschaft der benachbarten Stämme der Eingebornen, tausend Forts kaum hinreichend sein würden, das Gedeihen einer so jungen Colonie zu befördern; die Creeks zählten nämlich damals 2500 Krieger, die Cherokesen 6000, die Chocktaws 5000 und die Chickasaws 700, also zusammen 14,200 streitbare Männer, die ihn und die Seinen mit leichter Mühe hätten vernichten können. Er berief deshalb die Häuptlinge zu einer großen Rathsversammlung, erklärte ihnen durch einen Dolmetscher seine freundschaftlichen Gesinnungen und schloß mit ihnen ein feierliches Friedensbündniß.

Die Colonie gedieh hiernach, durch vortheilhafte Bedingungen, die man den Auswanderern stellte, auf das Beste, und den Trustees von Georgien wurde von der englischen Regierung die gesetzgebende Gewalt auf einundzwanzig Jahre verliehen.

In dieser Zeit aber, 1736, war es, wo die Spanier Einspruch gegen diese Niederlassungen erhoben, indem sie von den Engländern Räumung der südlichen Ländereien, bis zum 33. Grade nördlicher Breite, verlangten. Oglethorpe ging nach England, kehrte bald mit einem Regiment von 600 Soldaten zurück und erklärte, nachdem er schon vorher noch an den Grenzen mehrere Forts errichtet hatte, Spanien den Krieg. Hierauf empörten sich, wahrscheinlich von den Spaniern gereizt, die Sklaven, nahmen ein Waffenmagazin ein und bewaffneten sich daraus, tödteten alle Weißen, welche sie trafen, und zwangen die Afrikaner, sich ihnen anzuschließen. Diese wurden jedoch bald überwältigt und Oglethorpe rückte jetzt in Florida ein. Sein Erfolg hier war indeß nur ein geringer, und 1742 sandten die Spanier eine Flotte von Havanna aus gegen ihn, welcher er jedoch tapfern Widerstand leistete, bis ihm endlich, glücklich genug, einige von Süd-Carolina abgesandte Schiffe zu Hülfe kamen und die Spanier nun in solcher Hast und Eile flohen, daß ihre Artillerie, ihre Provisionen und sonstiges Kriegsgepäck sämmtlich in die Hände der Georgier fiel.

Georgia zeichnete sich in seinem frühesten Entstehen durch die Humanität aus, mit welcher es von dem uneigennützigen und wackern Oglethorpe gegründet und regiert wurde; alle Unglücklichen fanden in ihm einen Vater und selbst auf die elenden, ihrer Heimath entrissenen afrikanischen Slkaven dehnte sich seine Sorge aus — er duldete im Anfang keine Sklaverei in seiner Colonie. Vor der amerikanischen Revolution waren nämlich schon wenigstens 9 Millionen Seelen aus Afrika geraubt und jedenfalls mehrere Hunderttausend nach den noch kleinen Colonieen Nordamerika's geschafft worden. Dadurch hatten sich fast sämmtliche Provinzen mit denselben versehen, um ihre Felder mit billiger Arbeit bestellen zu lassen, und als sich nun Georgia freiwillig davon ausschloß, war es natürlich, daß es jedenfalls bedeutenden pecuniären Nachtheil haben mußte.

Wie jetzt die Sklaven einführen und doch den frommen Schein retten? Oglethorpe blieb dagegen; die von Deutschland eingewanderten Herrnhuter aber und andere fromme Secten, unter ihnen die Methodisten, erklärten: „daß man recht gut Sklaven halten könne, wenn man nur auf ihr Seelenheil, das in Africa doch zu Grunde gehe, Rücksicht nehme.“ Der liebe Gott mußte den Vorwand abgeben, und um dessen Himmel zu bevölkern, lud auch Georgia endlich den Fluch der Sklaverei auf sich.

Im Jahre 1752 legten die bis dahin Bevollmächtigten für Georgien ihr uneinträgliches und mühseliges Amt nieder und Georgia wurde eine königliche Provinz.

Schon vorher, und zwar 1732, fiel Louisiana, das vierzehn Jahre hindurch unter einer in Paris bestehenden Gesellschaft geldgieriger Spekulanten geschmachtet hatte, an die Krone zurück und Bienville wurde zum Gouverneur ernannt. In dieser Zeit, und besonders 1735, belästigten die Chikasaws die französischen Colonieen auf das Aergste. Schon früher hatten sie die Natchez verleitet, die Weißen zu überfallen und zu morden, was mit der Niederlage dieser ganzen Nation endete, denn die „große Sonne“ selber wurde mit 400 ihrer Unterthanen in die Sklaverei verkauft. Die Chikasaws bewohnten einen herrlichen Landstrich, östlich vom Mississippi und an den Quellen des Tombicbie gelegen; hieran wollten sie den Franzosen nicht das mindeste Recht zugestehen und begünstigten, wenn sie ja mit Weißen verkehrten, eher noch die Engländer, als jene Nation.

Die Franzosen fürchteten das Schlimmste von ihren tapferen feindlichen Nachbarn und beschlossen, sie zu unterwerfen oder zu vernichten. Der junge und wackere d'Artaguette mußte deshalb einen Kriegszug von Illinois aus gegen sie führen, und von Louisiana aus sollten sich die südlichen Truppen mit ihm vereinigen. Diese waren aber lässig und die schlauen Wilden, von englischen Handelsleuten unterstützt, schlugen erst die eine Partei und warfen dann die Artillerie der andern in den Fluß, so daß sich die Franzosen rasch und gedemüthigt zurückziehen mußten. Die Indianer zwangen dann den braven d'Artaguette, Zeuge von dem Martertode seiner Gefährten zu sein (unter diesen war der unglückliche Vincennes, der die Stadt dieses Namens am Wabasch angelegt), und schickten ihn dann zurück, um den Weißen die Thaten der Chikasaws zu erzählen. Vier Jahre später machten die Franzosen, von canadischen Truppen und Indianern unterstützt, einen zweiten Versuch, jedoch mit nicht besserem Erfolg, als den ersten; sie mußten endlich noch mit den Chikasaws unterhandeln und ließen sie im Besitz ihres Landes.

Da Frankreich und Spanien um diese Zeit von verschiedenen Zweigen des Hauses Bourbon regiert wurden, so ließ es sich erwarten, daß die erste Nation nicht lange Frieden halten würde, sobald die zweite mit England in Feindschaft kam; der Krieg wurde denn auch 1744 zwischen Frankreich und England erklärt.

Die Colonieen betheiligten sich natürlich ebenso rasch dabei, und der erste Streich sollte gegen eine ungemein befestigte Insel des Caps Breton mit der Hauptstadt Louisburg geführt werden, welche die Mündung des St. Lorenzstromes und die benachbarten Fischereien beherrschte. Gouverneur Shirley von Massachusetts beabsichtigte einen Angriff und wandte sich deshalb um Unterstützung zuerst an das britische Ministerium; zu gleicher Zeit aber, und ohne erst eine Antwort abzuwarten, legte er dem Generalcongreß der Colonieen den gleichen Plan vor, der zuerst geheim gehalten und abgeworfen, dann aber ins Volk gebracht, angenommen und nun mit größtem Eifer betrieben wurde. Connecticut, Rhode-Island und New Hampshire stellten ihre Truppen, die am 25. März 1745 absegelten, unter Oberst William Pepperell, und griffen mit einer Hülfsflotte von Westindien, unter Commodore Warren, das ungemein befestigte Louisburg mit solchem Erfolg an, daß sie die französische Garnison, durch innerlichen Zwiespalt derselben begünstigt, nach kaum 14 Tagen Belagerung am 16. Juni sich zu ergeben zwangen. Die Franzosen sandten freilich später, 1746, durch diesen Verlust empört, eine mächtige Flotte nach Amerika, um die ganze nordwestliche englische

Küste zu verwüsten; Stürme und Krankheiten nöthigten sie aber, ohne irgend einen Erfolg wieder nach Frankreich zurückzukehren, und die Colonisten litten weiter keinen Schaden, als die Angst vor dem gedachten Ueberfalle.

1748 wurde in Aachen von den drei Mächten, Spanien, Frankreich und England, Frieden geschlossen, demzufolge alle eroberten Plätze wieder herausgegeben werden mußten. Die Amerikaner verdroß die Räumung Louisburgs natürlich nicht wenig, doch hatten sie durch dessen Einnahme wenigstens einen dauernden militärischen Ruf gewonnen, denn es war die hervorragendste That des ganzen Krieges gewesen. Ueberhaupt brachte dieser Krieg gar kein Resultat, der Frieden später keine Beruhigung und Abstellung der Uebelstände; das Blut und der sauere Schweiß des Volkes war nur vergeudet worden, um dem Willen der Einzelnen zu fröhnen, und jetzt, gewaltsam gedämpft, drohte der noch keineswegs beseitigte Haß jeden Augenblick wieder in offenen Kampf auszubrechen, was sich besonders deutlich in den Colonieen zeigte.

Die Franzosen beanspruchten, nach den Entdeckungen Champlain's, Marquette's, La Salle's und Anderer, alle die Ländereien, die sich an den in den St. Lorenz mündenden Flüssen befinden, wie auch die Seeen und westlich den Boden, der durch den Mississippi und dessen Zwischenflüsse bewässert wurde — also fast die ganzen jetzigen Vereinigten Staaten von Nordamerika, mit Ausnahme des Theils von den großen Gebirgen der Alleghanies, dessen Ströme sich in den atlantischen Ocean ergossen, von diesem Theil aber nur die Bucht des Kennebeck und ganz Maine.

Die Engländer dagegen behaupteten ebenfalls, den Entdeckungen Cabot's und ihrer Petenten nach, ein Recht auf dieselben Länder zu haben, und suchten dieses noch dadurch zu kräftigen, daß sie den Häuptlingen der verbündeten Irokesen die Ansprüche abkauften, welche diese durch Eroberungen auf das Mississippithal zu besitzen vorgaben. Jedenfalls waren die Indianer die einzigen rechtmäßigen Eigenthümer; nichts desto weniger bestanden beide Nationen hartnäckig auf ihren sogenannten Ansprüchen, und es war natürlich, daß das endliche Resultat eine Entscheidung durch die Gewalt der Waffen sein mußte.

Die Franzosen entwarfen um diese Zeit den ungeheuren Plan, ihre Ansiedelungen von der Mündung des Mississippi bis zu dem St. Lorenz hinauf durch eine Kette militärischer Forts zu verbinden, und hatten ihn auch schon so weit ausgeführt, daß sie an den südlichen Ufern des Eriesee's, wie am Mississippi und Ohio, einzelne feste Punkte anlegten.

1750 verschaffte sich eine Anzahl von größtentheils virginischen Pflanzern, unter ihnen Lawrence Washington, der Großvater des Helden der Revolution, vom britischen Parlamente den Contract der „Ohio-Gesellschaft", der ihnen am Ohiostrom oder in der Nähe desselben 6000 Acker Land zusprach. Kaum erfuhr dies der Gouverneur von Canada, als er sich bei den Autoritäten von New York und Pennsylvanien deshalb beklagte und diejenigen Händler zu ergreifen drohte, welche nicht augenblicklich sein Territorium räumten; er führte diese Drohung auch wirklich an Einzelnen aus und schaffte sie in das Fort von Presque Isle.

Der Gouverneur von Virginien, Dinwiddie, sandte, durch die unbestimmten Nachrichten, die er erhielt geängstigt, einen Spion ab, um zu erfahren, was er eigentlich zu erwarten oder zu fürchten habe. Dieser hob jedoch nach seiner Rückkehr mit seinen verworrenen und unbestimmten Berichten nicht einen einzigen aller dieser Zweifel, und Dinwiddie sah sich endlich, trotz der schon sehr vorgerückten Jahreszeit, genöthigt, einen sichern Gesandten abzuschicken, auf dessen Aussagen er sich später verlassen konnte. Er wählte hierzu einen jungen, zweiundzwanzigjährigen Mann — Georg Washington.

Georg Washington's Großeltern und Eltern hatten ihren Familiensitz in Westmoreland, in Virginien, gehabt, wo Georg am 22. Februar 1732 geboren wurde. Zwei Jahre später zog sein Vater mit seiner Familie nach Stafford County an den Rappahannock, Fredericksburg gegenüber. Georg hatte noch einen älteren Bruder, Lawrence; diesem hinterließ sein Vater Augustin, als er 1743 starb, einen schönen Landstrich am Potomac, und Georg das Haus und die Grundstücke, die er zuletzt bewohnt.

Georg versprach übrigens schon in frühester Jugend Bedeutendes; er studirte ungemein fleißig und warf sich mit besonderer Vorliebe auf die Mathematik, deren Kenntniß ihm auch für seinen erwählten Lebenszweck, den eines Landvermessers, das Nöthigste war. Lawrence, der als Offizier in der britischen Marine diente und die militärischen Anlagen seines jüngeren Bruders erkennen mochte, erbot sich, ihm eine Seecadettenstelle zu verschaffen; seine Mutter wies aber diesen Vorschlag ab, und verhinderte ihn, die Stelle anzunehmen. Lawrence Washington hatte eine Verwandte des Lord Fairfax geheirathet, und Georg begann sein praktisches Wirken damit, daß er, schon in einem Alter von 16 Jahren, die großen Güter des damals in Virginien residirenden Lords Fairfax vermaß und abtheilte. In den wilden Gebirgsschluchten der Alleghanies lag er da manche Nacht, und bereitete sich so, noch unbewußt, auf ein Leben vor, das so reich an Ehre, aber auch an Mühen und Beschwerden sein sollte. Neunzehn Jahre alt wurde er General-Adjutant der virginischen Miliz, mit Majorsrang. Damals begleitete er seinen kränkelnden Bruder Lawrence nach Westindien, der auch dort, 1752, starb und ihm sein Gut „Mount Vernon" hinterließ.

Eine der vier Divisionen, in welche Dinwiddie die Miliz Virginiens (oder der „Dominion", wie man Virginien schon damals nannte) eingetheilt, wurde jetzt dem Major Washington übergeben; er entsprach auch diesem Vertrauen vollkommen und theilte der Schaar seinen eigenen militärischen Geist mit. In welcher Achtung er übrigens bei dem Gouverneur stand, geht aus dem schon früher erwähnten so wichtigen Auftrage hervor, den er, um diese Zeit etwa, auszuführen bekam. In Williamsburg, wo der Regierungssitz Virginiens war, erhielt Washington seine Instructionen und Depeschen: das wichtigste Document derselben war aber ein Brief Dinwiddie's an den französischen Commandanten St. Pierre, worin dieser mit drohenden Worten aufgefordert wurde, das dem englischen Monarchen gehörende Territorium zu räumen.

Washington brach am 31. October 1753 auf, um eine Strecke von 500 englischen Meilen, und zwar größtentheils noch bahnlose Wildniß, zu durchmessen. Mit einem Dolmetscher und Führer legte die kleine, im Ganzen aus acht Personen bestehende Schaar den Weg, die entsetzlichsten Mühseligkeiten und Hindernisse bekämpfend, zurück, erreichte den jetzigen Ohiostrom, ging diesen etwa zwanzig Meilen hinunter bis nach Logstown und traf hier, am 24. Novemder, den großen Häuptling der südlichen Huronen, Tanacharison oder den Halbkönig, um dessen Freundschaft sowohl Franzosen wie Engländer buhlten. Der Häuptling empfing Washington mit großer Freundlichkeit, hielt ihm eine lange Rede und erzählte ihm darin, „daß er auch schon beim französischen Commandanten gewesen wäre und diesem gesagt habe, das Land gehöre weder den Franzosen noch den Engländern, sondern der große Geist habe es den Indianern gegeben, und er ersuche sie, es zu verlassen, wie er es von seinen Brüdern, den Engländern, verlangt habe, denn er wolle sie Beide in Armeslänge von sich halten.

Dieser Häuptling begleitete Washington nach St. Pierre's Fort. Obgleich sie aber von den höflichen Franzosen auf das Gastlichste empfangen wurden, verweigerte der Commandant, den Anforderungen Dinwiddie's zu gehorchen, und verwies ihn an den General-Gouverneur Duquesne. Washington fand bald, daß sein directer Auftrag ganz erfolglos bleiben würde; desto eifriger suchte er sich dagegen mit den ganzen Verhältnissen und Vertheidigungswerken der französischen Garnison bekannt zu machen, und kehrte dann auf derselben gefährlichen Bahn nach Williamsburg zurück, das er am 16. Januar wirklich wieder erreichte.

Sein Verfahren bei diesem ganzen, schwierigen Unternehmen war so unerschrocken und umsichtig gewesen, daß sich sein Lob nicht allein über die Colonieen, sondern bis nach England verbreitete und er zum Anführer der Truppen ernannt wurde, die jetzt Dinwiddie gegen die Franzosen aussandte, um seinen bis dahin verachteten Befehlen Nachdruck zu geben. Mit nicht ganz 400 Mann zog Washington aus, um Fort Duquesne zu nehmen. Die Franzosen hatten aber in dieser Zeit Verstärkung von Canada bekommen; er mußte sich zurückziehen, verschanzte sich in Fort Necessity, und sah sich endlich gezwungen, zu capituliren und nach Virginien zurückzukehren.

Das britische Cabinet hatte indeß schon lange die Unvermeidlichkeit des Krieges vorausgesehen, und deshalb den Colonieen, in den 1753 gegebenen Instructionen, besonders angerathen, sich um die Freundschaft der sechs Nationen zu bewerben, wie auch eine Union unter sich, zu gegenseitigem Schutze gegen die Feinde, zu gründen. Am 14. Juni 1754 wurde hiernach in Albany ein Congreß gehalten, zu welchem Abgeordnete von Massachusetts, New Hampshire, Rhode Island, Connecticut, New York, Pennsylvania und Maryland kamen. Etwa 150 Indianer der sechs Nationen waren ebenfalls gegenwärtig, mit denen vorher ein friedlicher Vertrag geschlossen und dann berathen wurde, auf welche Weise die Colonieen nicht allein fest und innig zusammenhalten, sondern auch ihren Feinden am Besten die Spitze bieten könnten. Jede Colonie, die von einem Repräsentanten vertreten war, mußte zu diesem Zwecke den Plan einer Vereinigung aufsetzen, wobei der von Benjamin Franklin von Pennsylvania angenommen und am 4. Juli 1754 unterzeichnet wurde. Zweiundzwanzig Jahre später half derselbe Staatsmann ein wichtigeres Document, nämlich die Unabhängigkeitserklärung der Vereinigten Staaten, zusammenstellen, die an demselben Monatstag unterschrieben ward. Diesen Plan nahmen Alle an; nur die Abgesandten von Connecticut verweigerten ihre Unterschrift, weil sie vorsichtig genug einsahen, es würde dem von der Krone selbst erwählten General-Gouverneur dadurch zu viel Macht eingeräumt. Der englischen Regierung dagegen schien selbst diese Union, so hingestellt wie sie war, zu gefährlich; sie wollte in dem Congreß auch ihre Interessen vertreten haben, und wenn sie sich erbot, zu dem bevorstehenden Kriege das Geld zu leihen, so verlangte sie dagegen Sicherung der Rückzahlung durch eine später zu erhebende Taxe. Die Colonieen dachten aber gar nicht daran, England das Recht zuzugestehen, sie zu besteuern, und es blieb jetzt nichts weiter übrig, als daß der Krieg mit englischen Truppen geführt wurde, die von den verschiedenen Provinzen nach besten Kräften unterstützt werden sollten. Damit zeigten sich die Amerikaner vollkommen einverstanden.

Der Angriff der Franzosen auf Georg Washington wurde nun von der englischen Regierung als Kriegserklärung angesehen und General Braddock aus England mit 1500 Mann nach den Colonieen gesandt, wo er zuerst eine Versammlung der Gouverneure in Virginien einberief und dort die verschiedenen Angriffspunkte bestimmte.

Die Franzosen sandten dagegen im Frühjahr eine starke Flotte nach Canada, die mit bedeutender Truppenmacht, unter Baron Dieskau, die canadische Armee verstärken sollte.

Die eine englische Expedition, unter den Generalen Monckton und Winslow, besetzte mit leichter Mühe und nach fast unblutigem Angriff ganz Nova Scotia. Eine schwierigere Aufgabe war aber die, durch die Wildniß gegen Fort Duquesne vorzudringen, und sie wurde dadurch noch weit gefährlicher, daß General Braddock selber anführte, der weder Land noch Sitten kannte und, keinen Rath annehmend, blind und stolz seinem eignen Scharfsinn und Ueberblick allein vertraute. Georg Washington, der unter seinen Befehl getreten war, bat ihn, als sie schon der unzugänglichen Passage wegen ihr Gepäck unter Dunbar hatten zurücklassen müssen, die wirklich angebotene Hülfe des indianischen Halbkönigs zu benutzen, da sie die Wilden als Tirailleurs und Kundschafter nicht allein sehr gut gebrauchen könnten, sondern sie eigentlich sehr dringend bedürften. Braddock wies dies und sogar auf solche rauhe, unfreundliche Art von sich daß er die Indianer auf das Tiefste beleidigte, und die ihn umgebenden Gefahren nicht kennend, rückte er rasch und muthig vor. Er sollte nur zu bald erfahren, wie man mit einem indianischen Feind zu kämpfen habe.

Am 9. Juni marschirte er mit 1200 Mann ausgewählter Truppen, die in ihren prachtvollen rothen Uniformen, den blitzenden Waffen, mit klingendem Spiel und wehenden Fahnen einen gar imposanten Anblick boten, von den Anhöhen des rechten Monongahela-Ufers hinunter; kaum aber hatten sie den Wald betreten, da schallte ihnen das wilde Kriegsgeschrei der Indianer entgegen und aus dem Hinterhalte schlugen die Kugeln in seine Schaar. Viele stürzten wohlgetroffen, und die Soldaten wären geflohen, aber Braddock hielt sie zusammen, und mit seinem thörichten Starrkopfe und das alte wahnsinnige System europäischer Taktik im Sinne, welches er gar nicht bedacht war, Zeit und Umständen anzupassen, zwang er sie, wie eingepferchte Schaafe dort auszuhalten, während die Wilden — die im Anfange gar nicht an die Besiegung einer solchen Armee gedacht hatten, sondern sie nur durch Plänkeln belästigen und aufhalten wollten — sämmtliche berittene Offiziere von den Pferden schossen. Nur Georg Washington, obgleich er über das Schlachtfeld hin und her sprengte, blieb unversehrt. Vier Kugeln fanden sich später in seiner Uniform, zwei Pferde wurden unter ihm erschossen, aber immer unermüdet bestieg er ein drittes, und die Indianer schossen gar nicht mehr auf ihn, weil sie ihn von einer höheren Macht beschützt hielten.

Auch Braddock, der unerschrocken dem wildesten Kugelregen getrotzt, erhielt endlich seinen Todesschuß. Nach seinem Falle flohen die regulären Truppen unaufhaltsam, und Washington deckte jetzt ihren Rückzug mit der Miliz, die Braddock verächtlicher Weise hatte den Nachtrab bilden lassen. Die Niederlage war vollkommen; fast die Hälfte der gemeinen Soldaten und über zwei Drittel der Offiziere — 64 von 85 — waren getödtet. Obrist Dunbar zog jetzt die Armee nach Philadelphia zurück und ließ sämmtliche Grenzländer den Ueberfällen der wilden Stämme frei und offen.

Weit glücklicher waren dagegen die englischen Waffen im Norden. Die Truppen, unter General William Johnson und General Lymann — von einer Schaar der Mohawks, unter ihrem Führer Hendrick, unterstützt — zogen den Hudson hinauf, dem Südufer des Sees Georg zu, wo sie Baron Dieskau angriff, und erst einen kleinen Theil der Truppen, unter Williams und Hendricks, vor sich her trieb, dann aber auf die Hauptmacht, unter Johnson, stieß und von diesem total geschlagen wurde. Dieskau selber blieb, und eine Partei schnitt sogar den Ueberrest seiner Armee von Fort Edmund ab und rieb ihn gänzlich auf.

Johnson scheint im Bericht dieses Kampfes seine Mitgeneräle übergangen zu haben, denn er allein erhielt eine Belohnung von 5000 Pfund Sterling und den Titel „Sir William".

Der errungene Sieg am See Georg ermuthigte die Truppen; Sir William Johnson aber, anstatt diese gute Stimmung zu benutzen und vorzudringen, vergeudete seine Zeit damit, Fort Edmund zu befestigen und ein neues — Fort Henry — zu errichten. Am letzten November ließ er dann die nöthigen Garnisonen in diesen Plätzen und die übrige Mannschaft kehrte in ihre Heimath zurück.

Das Unternehmen gegen Niagara wurde vom Gouverneur Shirley selbst geleitet; diesem fehlten aber die Vorräthe und trafen auch erst so spät ein, daß er den See nicht mehr überschiffen konnte, 700 Mann unter Obrist Mercer am Ontariosee zurückließ und mit den Uebrigen nach Albany heimkehrte.

Erst im Jahre 1756, nachdem der Krieg factisch schon zwei Jahre gewüthet, wurde er, am 17. Mai, zwischen Frankreich und England förmlich erklärt.

Shirley war nun von der englischen Regierung zum Oberbefehlshaber der Truppen ernannt worden; Winslow dagegen hatte sich durch seine Siege in Nova Scotia das weit größere Vertrauen der Colonieen gewonnen, und der großmüthige Shirley trat diesem, sobald er das erkannte, das Commando ab. Im Frühjahre 1756 sandte man aus England den General Abercrombie nach Amerika, um den obersten Befehl über sämmtliche Truppen zu übernehmen, und nach ihm, am 29. Juli, kam Lord Loudon, als General-Commandant und Gouverneur von Virginien; immer aber herrschte ein keineswegs freundlicher Ton zwischen den wirklich englischen Offizieren der regelmäßigen Truppen und denen der Miliz, ja Washington besonders hatte dadurch zu leiden gehabt. Uneinigkeit ist denn auch stets das größte Hinderniß im Feld, und der Krig wurde das ganze Jahr hindurch, obgleich Tausende von Colonisten dazugezogen und beträchtliche Truppenmassen von England herübergesandt worden, doch nur lau und lässig und ohne irgend bedeutenden Erfolg betrieben.

Lord Loudon's Unfähigkeit und seine unpraktischen Pläne und Unternehmungen machten auch das nächste Jahr, 1757, zu einem den englischen Waffen eben so ungünstigen, und besonders fiel in diesem Jahre jene berüchtigte Metzelei von Fort William Henry vor — dem deutschen Leser sicherlich am besten durch Cooper's „Letzten der Mohikaner" bekannt — wo Montcalm das Fort mit überlegener Macht eingeschlossen hielt, den englischen Befehlshaber, Obrist Monroe, nach langem Widerstande zur Uebergabe zwang und dann, als er ihm freien Abzug mit klingendem Spiel und seinen Schutz zugesagt, nicht im Stande war, sein Wort zu halten, und nun ruhig zusah oder zusehen mußte, wie die wilden Mingos zuerst die Abziehenden plünderten und dann mit Tomahawks und Messer über die fast Wehrlosen herfielen. Die Kranken, die Verwundeten, die Frauen und Kinder, kurz Alle fielen, die nicht im Stande waren, das elende, nackte Leben durch wilde Flucht zu retten, bis endlich die vom General Webb in Fort Eduard ausgesandten Truppen herbeikamen, die Flüchtigen zu beschützen.

Besonders trug auch das noch dazu bei, den ganzen Krieg in die Länge zu ziehen und ziemlich erfolglos zu machen, daß die englische Regierung sehr behutsam war, die amerikanischen Colonieen ja durch Nichts zu beleidigen, und diese ihrerseits, eifersüchtig auf ihre Freiheiten, kräftige Maßregeln vom General-Commandanten aus fast unmöglich machten.

Glücklicherweise trat bald hernach ein Mann in England auf, der durch seine energischen Maßregeln neues Leben in die trüben und trostlos dahinschleichenden Angelegenheiten brachte. Dies war der erste Minister Englands und der größte Staatsmann seiner Zeit, William Pitt, der spätere Earl of Chatham. Seinem Scharfsinn und Muth gelang es in kurzer Zeit, die lässigen und falschen Beamten zu erkennen und kräftig gegen sie aufzutreten; dabei wußte er zugleich die Fähigen ans Licht zu ziehen und wandte sich nun, im Vertrauen auf die Stärke der Colonieen, an diese selbst, versicherte ihnen, daß sie selber das Recht haben sollten, ihre eignen Anführer zu wählen, und daß kein Offizier der regulären Truppen wieder über sie gesetzt werden würde; bat sie auch dafür, noch einmal recht wacker in das Feld zu rücken, und sah bald sein Vertrauen von so guten Folgen gekrönt, daß die amerikanische Armee in kurzer Zeit zu zwanzigtausend anwuchs.

General Abercrombie trat dabei an die Stelle des Earls of Loudon, als Oberbefehlshaber alles britischen Militärs in Amerika, und zu gleicher Zeit wurde, unter Admiral Boscawen, eine Flotte ausgesandt, welche 12,000 von General Amherst befehligte Truppen hinüberführte und dadurch eine Armee herstellte, wie sie Amerika noch nicht gesehen.

Früh im Jahre waren die Truppen zum Aufbruche bereit, und durch keine unschlüssigen, zaghaften Befehlshaber mehr zurückgehalten, begannen sie ihre Operationen bald und mit dem besten Erfolge, indem sie zu gleicher Zeit Expeditionen nach Louisburg, Crownpoint und Fort Duquesne aussandten.

Für besonders wichtig wurde der Besitz von Louisburg gehalten, denn dieses beherrschte nicht allein den St. Lorenzgolf, sondern konnte auch, da die Engländer natürlich wünschten, die Macht der Franzosen in Amerika ganz zu brechen, die Einnahme der canadischen

Hauptstadt erleichtern. Eine Flotte wurde also vor allen Dingen dorthin abgesandt und das starke Fort mußte sich, nach vortrefflich geleiteter Belagerung, am 6. Juli 1758 ergeben, wobei noch zugleich mit ihm die ganze Insel des Cap Breton und die von St. John in die Hände der Britten fielen. 6000 Gefangene wurden nach England gesandt.

Hier war es auch, wo James Wolfe seine glänzende, aber leider so kurze militärische Laufbahn begann.

General Abercrombie ging indessen, an der Spitze von 16,000 Mann, gegen Ticonderoga und Crownpoint, leitete aber das Unternehmen nicht einsichtsvoll und glücklich genug und wurde mit ziemlich bedeutendem Verluste zurückgeschlagen. Bessern Erfolg hatte der hierauf von ihm abgesandte Oberst Bradstreet, der mit 3000 Mann Fort Frontenac, das jetzige Kingston, nahm und mit diesem alle die militärischen Vorräthe erbeutete, welche für die Indianer und südwestlichen Truppen bestimmt waren, so daß dieser Sieg viel zu der spätern Unterwerfung des Forts Duquesne beitrug.

General Forbes bekam, mit einer Armee von 8000 Mann, den Auftrag, dieses wichtige Fort zu nehmen; zögerte aber, trotz Georg Washington's Vorstellungen, so lange auf die unnützeste Art, indem er eine neue Straße durch den Wald schlug, daß indessen die Franzosen, die durch ihre Spione wahrscheinlich von der gegen sie anrükkenden Macht gehört hatten, einen Vortrab unter Major Grant schlugen und diesen, wie achtzehn seiner Offiziere gefangen nahmen, ihr Fort dann niederbrannten und auf Booten den Ohiostrom hinuntergingen.

An der Stelle, wo bis dahin Duquesne gestanden, wurde ein neues Fort, Pitt genannt, errichtet, und es ist dies derselbe Platz, wo jetzt die bedeutende Fabrikstadt, das Manchester Amerika's, wo Pittsburg liegt — auf der Landspitze, die der Monongahela und Alleghanny bilden, welche beiden Flüsse von dort aus auch den Namen Ohio annehmen. General Forbes starb auf seiner Rückreise nach Philadelphia. Nach der Räumung des französischen Forts und der Besitznahme der Engländer fanden es aber die bis dahin den Engländern freundlich gesinnten indianischen Stämme für nöthig, einen Vertrag abzuschließen. Die Deputirten der sechs Nationen kamen deshalb mit denen Neu-Englands und des Mutterlandes zusammen und die Friedenspfeife sandte, den Bund heiligend, ihren Rauch empor.

Der Feldzug des nächsten Jahres hatte die gänzliche Unterwerfung Canada's zum Ziel. Nach dem verfehlten Angriff auf Ticonderoga wurde der Oberbefehl der britischen Streitkräfte dem General Amherst übergeben, und dieser theilte nun seine Armee in drei verschiedene Divisionen. Die erste von diesen sollte, unter Wolfe, geradezu gegen die Hauptstadt Quebec rücken, die zweite, unter Amherst, gegen Ticonderoga und Crownspoint und von dort aus weiter nördlich ziehen, und die dritte, unter General Prideaux, welche hauptsächlich die Miliz und die indianischen Hülfstruppen in sich vereinigte, Niagara angreifen, nachher den St. Lorenz hinuntergehen, sich der zweiten Division anschließen und mit dieser dann Montreal berennen.

Prideaux belagerte und nahm Niagara im Juli dieses Jahres, wurde aber durch eine Granate getödtet und der Befehl kam an Sir William Johnson; die Garnison, etwa 600 Mann stark, fiel in die Hände der Engländer, und dadurch war den Franzosen jede Verbindung zwischen ihren im Norden und Süden Canada's liegenden Besitzungen abgeschnitten.

Wolfe, der indessen, nachdem er Louisburg genommen, in England gewesen war, brachte von dort besonders tüchtige Offiziere mit und landete spät im Juni auf der im St. Lorenz und Quebec gerade gegenüberliegenden Insel Orleans. Seine Armee bestand aus 8000 Mann, mit vortrefflicher Artillerie und von den besten Seeleuten, den Admiralen Saunders und Holmes, welche die Flotte befehligten, unterstützt. Von hier aus konnte er aber auch vollkommen alle die Schwierigkeiten übersehen, die sich ihm in der natürlichen und künstlichen Befestigung der Stadt entgegenstellten. Quebec stieg vor ihm, am nördlichen Ufer des St. Lorenz, auf starrem Felsen ruhend, steil empor, so daß ein Erklimmen dieser schroffen und wohlbesetzten Höhe fast unmöglich schien. Von Nordwesten kam der St. Charles herunter und mündete dicht unter der Stadt, zwischen hohen, zerrissenen Ufern, in den St. Lorenz, während Kanonenboote und schwimmende Batterieen seinen Einlauf deckten. Einige Meilen unterhalb sprang der Katarakt des Montmorency in den St. Lorenz, und zwischen diesen beiden Zweigflüssen stand, wohlverschanzt und unter dem Befehle des tapfern Montcalm, die französische Armee.

Wolfe setzte sich vor allen Dingen in Besitz der Quebec gerade gegenüber gelegenen Bastion „Point Levi" und errichtete und eröffnete von hier aus seine Batterieen gegen die untere Stadt und die Befestigungswerke, welche am Flusse selber lagen, konnte aber natürlich den auf dem starren Tafelfels gelegenen keinen Schaden thun. Sobald er dies bemerkte, suchte er den Feind aus seiner guten Position zu ziehen und zu einem Kampfe zu locken. Er landete deshalb seine Armee unter dem Montmorency; der vorsichtige Montcalm dachte aber gar nicht daran, in irgend eine Falle zu gehen, und Wolfe mußte endlich mit einem Theil seiner Leute den Fluß überschiffen und ihn im eignen Lager angreifen. Dort fand er aber tapferen Widerstand und mußte sich, da seine Schlachtlinie in Unordnung kam, mit einem Verluste von 400 Mann rasch zurückziehen.

Bald darauf erfuhr er auch noch, daß seine erwarteten Hülfstruppen ausbleiben würden. Amherst hatte das südwestlich liegende Ticonderoga und Crownspoint verlassen gefunden und bereitete sich nun vor, die von da aus nach der Isle aux Noix gezogenen französischen Truppen anzugreifen; von ihm also durfte er auf keinen Beistand rechnen und es blieb ihm zuletzt weiter gar kein Ausweg, als der fast verzweifelte Plan, die steilen Felsen oberhalb Quebec in dunkler Nacht zu erklimmen und so die sogenannten „Höhen Abraham's" welche die Befestigungswerke enthielten, zu gewinnen.

Montcalm, der wohl bemerkte, daß von den Feinden irgend ein entscheidender Schritt gethan werden sollte, sandte einen Theil seiner Truppen den St. Lorenz etwas höher hinauf; Wolfe dagegen brach sein Lager am Montmorency ab, kehrte nach Orleans zurück und schiffte sich hier mit seiner Armee ein, ließ aber Admiral Holmes, der die Flotte befehligte, einige Meilen weiter, als er zu landen beabsichtigte, stromauf segeln. Diese Kriegslist täuschte den französischen Heerführer De Bourgainville, und gab Wolfe Gelegenheit, mit der Strömung seine Fahrzeuge unter dem Schutze der Nacht dorthin zu führen, wo er seine Truppen ans Ufer zu setzen wünschte.

Dies geschah etwa eine Stunde vor Tagesanbruch. Wolfe war

der Erste, der ans Land sprang; als er aber die Schwierigkeiten sah, welche sich ihm überall entgegenstellten, sagte er zu einem der neben ihm stehenden Offiziere:

„Ich glaube nicht, daß es möglich ist hinaufzukommen; doch unsere Pflicht müssen wir thun."

Mit unendlichen Mühseligkeiten hatten sie auch wirklich zu kämpfen; die Fluth war hier so reißend, daß sie mehrere Fahrzeuge von dem einzig möglichen Landungsplatze hinwegführte, und der Felsen oben war mit französischen Schildwachen besetzt. Eine von diesen rief die Herankletternden an, aber ein der französischen Sprache vollkommen mächtiger Offizier täuschte sie; rasch an Wurzeln und Vorsprüngen emporklimmend, erreichten sie endlich den höchsten Punkt, bemächtigten sich hier einer kleinen Batterie und konnten nun den übrigen Theil der Ihrigen in besserer Ruhe und Sicherheit folgen lassen. Der dämmernde Morgen enthüllte den keineswegs freudig überraschten Franzosen die günstige Stellung, welche die Feinde in der Nacht gewonnen, und Montcalm sah sich genöthigt, seine feste Position zu verlassen.

Er setzte über den St. Charles, formirte seine Schlachtlinie und griff den Feind unerschrocken an. Da er den linken Flügel der Franzosen befehligte, so wurde er der Gegner Wolfe's, welcher den rechten Flügel der Briten führte, und beide Befehlshaber wurden in der Hitze des Gefechtes tödtlich getroffen.

Die Wunde, an welcher Wolfe fiel, war die dritte, die er im Kampfe erhalten; man trug ihn vom Schlachtfelde; mit fieberhafter Angst beobachtete er aber den Erfolg der Streitenden. Von Blutverlust erschöpft, seinen Kopf durch den Arm eines Offiziers unterstützt, drang plötzlich der Ruf zu ihm: „sie fliehen — sie fliehen!"

„Wer flieht?" rief er erschrocken; als aber die Antwort lautete: „Der Feind!" da fiel er zurück, sagte leise: „nun sterb' ich zufrieden", und verschied.

Nicht weniger heldenmüthig war das Ende Montcalm's — er freute sich, als man ihm sagte, daß seine Wunde tödtlich sei.

„Desto besser," stöhnte er — „so werde ich den Fall Quebecs nicht erleben."

Dieser Sieg entmuthigte die Franzosen so sehr, daß sie schon fünf

Tage später die ihnen vom General Townshend mild genug gestellten Bedingungen annahmen und die Schlüssel von Quebec auslieferten. Im nächsten Frühjahre rückte nun allerdings Mr. de Levi, der Nachfolger Montcalm's, mit einem neuen, von Canadiern und Indianern verstärkten Heere vor Quebec und zwang den englischen General (Murray, da Townshend nach England gegangen war) zu einer Schlacht, nach welcher sich die Engländer flüchtend in die Festung zurückziehen mußten; bald darauf erhielten aber die Briten Verstärkung und Mr. de Levi, Quebec aufgebend, zog sich nach Montreal zurück. Doch auch hier sammelte General Amherst schon zwei Tage später alle an den Seeen Ontario und Champlain stationirten Truppen und zwang die Franzosen, Montreal, Detroit, Makkinaw, wie alle ihre in Canada gelegenen Besitzungen zu räumen.

Die Besatzung von Fort Duquesne nun, die sich, wie früher erwähnt, auf dem Ohio eingeschifft hatte zog nach Louisiana hinunter; unterwegs aber knüpfte sie Verbindungen mit den Cherokesen an, von denen die Bewohner der Carolina's ohnedies schon viel gelitten hatten. General Amherst sandte ihnen, sobald er dies erfuhr, den Oberst Montgomery mit regulären Truppen zu Hilfe, und von den Carolinern unterstützt rückte dieser auch in das Territorium der Cherokesen ein und richtete große Verwüstungen an; nahe dem Hauptfort derselben wurde er aber, gerade in einem Sumpfe, von einer starken Abtheilung der Wilden überfallen und mit solchem Erfolge bekämpft, daß er, froh das Leben zu retten, nach bedeutendem Verlust das indianische Land verlassen mußte.

Erst im nächsten Jahre, 1761, als General Amherst neue Truppen unter Oberst Grant absandte, gelang es diesem, so nachdrücklich gegen die Feinde aufzutreten, daß er sie zu einem günstigen Frieden nöthigte.

Die Engländer hatten nun, allem Anschein nach, das ganze nördliche Land ihrem Scepter unterworfen und sich selbst mit den Eingebornen auf freundlichen Fuß gestellt; diese aber sahen nur zu gut ein, wie sie, ob unter Franzosen, ob unter Briten, um nichts gebessert und fortwährend der Gefahr ausgesetzt waren, aus ihren alten, liebgewonnenen Jagdgründen vertrieben zu werden. Die Unterwerfung der Franzosen gab ihnen jedoch eine neue Hoffnung; sie mußten beide weiße Nationen als ihren Feind betrachten; wie nun aber, wenn sie die Uneinigkeit derselben benutzten und sich gemeinschaftlich auf den Sieger warfen? Hier winkte ihnen noch eine mögliche Aussicht, die schon verlornen Ländereien wiederzugewinnen und die verhaßten „Bleichgesichter" gänzlich zu vernichten oder wenigstens von „rothem" Grund und Boden zu verjagen.

Pontiac, der kühne und weise Häuptling der Ottowas, nahm, wie vor ihm „König Philipp", diesen Gedanken mit Feuereifer auf, und seiner begeisternden Rede gelang es, alle nordwestlichen Stämme seinem Plane zu gewinnen. Unentdeckt beriethen und beschlossen sie den mit einem Schlag zu führenden Ueberfall, und schon am 7. Juni 1763 wurden neun englische Forts von den Indianern überrumpelt und genommen. Einzelne derselben wußten sie dabei mit List zu gewinnen: so sammelten sie sich um Fort Mackinaw zu einem ihrer beliebten Ballspiele und trieben dieses mit solcher Lebhaftigkeit, mit solchem lauten, fröhlichen Jubel, daß sie bald jeden Verdacht der Soldaten beschwichtigten, die sich neugierig hinter ihren Palissaden sammelten, dem Treiben zuzuschauen. Die Wilden jagten aber den Ball dem Fort näher und näher, und als sie den rechten Zeitpunkt gekommen glaubten, warfen sie ihn über die Verschanzungen und sprangen und kletterten in wilder Hast nach, so daß die überraschten Truppen, ehe sie sich nur sammeln oder besinnen konnten, übermannt, niedergemacht und scalpirt waren.

Nur Pontiac's eigne List, der das wichtigste Fort, Detroit, zu nehmen wünschte, wurde verrathen und mißlang; er belagerte jetzt allerdings die Veste und schnitt ihr mehrere Monate lang jede Zufuhr ab, seine Verbündeten mochten aber nicht so lange geduldig aushalten und er sah sich endlich gezwungen, wieder Frieden mit den Engländern zu schließen. Drei Jahre später starb er.

Während dieser Zeit war es, daß sich die „Vereinigten Brüder" oder Herrnhuter in Amerika niederließen. Ein Theil von ihnen ging zuerst nach Georgia, wo er bis zum Kriege mit den Spaniern blieb; als man aber dann von der neuen Secte verlangte, daß sie die Waffen eben sowohl, wie die übrigen Colonisten ergreifen sollte, da erklärte sie, daß dies nicht in Uebereinstimmung mit ihrer Religion sei, verließ Georgia und schloß sich den Brüdern an, die indeß in Bethlehem und Nazareth (Pennsylvanien) ansässig geworden waren. Hier breiteten sie sich bald nach allen Richtungen aus und wirkten auch in mancher Beziehung segensreich auf die wilden Stämme. In den Neu-England-Staaten betrachtete man aber, nach den Bestrebungen der Jesuiten, sämmtliche Missionen mit mißtrauischen Augen, und so geschah es denn auch, daß die Herrnhuter den Staat New York verlassen und sich wieder nach Pennsylvanien zurückziehen mußten. Dort gediehen sie trefflich; zwei Niederlassungen mit deutschen Namen, „Frieden- und Gnadenhütten", wurden gegründet und mancher Stamm der Eingebornen ihrer Religion gewonnen.

Der Ausbruch des französischen Kriegs brachte übrigens den Herrnhutern vieles Leid und Ungemach. Da sie mit allen Nationen Frieden wünschten, zogen sie sich auch das Mißtrauen Aller, der Engländer, Franzosen und Indianer zu, und im November 1755 wurde sogar einer ihrer Posten, „Mahony", von den Shawanesen überfallen und aufgerieben. Sobald aber der Krieg beendet und Friede geschlossen war, begannen sie auch ihre Arbeiten wieder und trugen das Christenthum am Susquehannah hinauf und bis über die Gebirge, in die wilden Regionen des Ohio.

Georg III. bestieg bald nach der Einnahme von Quebec den englischen Thron und Pitt, der jetzt einsah, daß ihm nicht mehr eine so unbedingte Gewalt zu Gebote stand, als er zur Ausführung seiner Maßregeln, und um die Verantwortlichkeit dafür tragen zu können, bedurfte, dankte im October 1761 ab. Im folgenden Jahre wurde der Earl of Bute Premierminister. Die neue Regierung schloß augenblicklich und den Wünschen des Volkes keineswegs entsprechend Friedensverträge, und gleich hiernach dankte auch Bute wieder ab, wo dann George Grenville dessen Stelle erhielt.

Der wirkliche Friedensvertrag wurde im Februar 1763 in Paris unterzeichnet, wobei Frankreich alle seine Besitzungen in Amerika — die Insel New Orleans ausgenommen — an England abtrat und sich nur die Schifffahrt auf dem Mississippi gemeinschaftlich mit den Engländern vorbehielt. Von Spanien erhielten diese als Tausch, gegen Havanna, das sie im Kriege genommen, Florida, und Frankreich trat zu gleicher Zeit Louisiana an Spanien ab.

Drittes Buch.

Von 1763 bis 1789.

Erste Periode.

Vom Pariser Frieden bis zur Unabhängigkeits-Erklärung der Vereinigten Staaten.

(Von 1763 bis 1776.)

Wir kommen jetzt zu den Ursachen, durch welche England seine Colonieen verlor und diese ihre Unabhängigkeit gewannen.

Es läßt sich wohl leicht erklären, daß in zwei durch den Ocean getrennten Ländern, wenn sie auch unter einem und demselben Herrscher stehen, doch verschiedene Sympathieen herrschen. Besonders hervortretend mußten diese aber da sein, wo das eine Land, welches sich das Mutterland nannte, auch alle die Rechte beanspruchte, die eine Mutter von einem Kinde zu fordern hat. Die natürliche Folge blieb nicht aus: der eine Theil forderte wirklich, der andere weigerte sich, und es kam nun darauf an, zur Geltung zu bringen, ob der erstere auch die Macht hatte, seine Forderung zu behaupten und durchzusetzen, oder der zweite im andern Fall im Stande war, seine Weigerung zu vertreten und durchzuführen.

England glaubte z. B., daß es ein Recht habe, trotz der königlichen Freibriefe, die Regierungen der Colonieen wechseln zu können; diese leugneten es. England beanspruchte, den Handel und Verkehr der Colonieen zu leiten, und wenn sich dieselben dies auch in gewissen Verhältnissen gefallen ließen, so glaubten sie doch, die englische Regierung sei in vielen einzelnen Fällen zu weit gegangen. Das aber, was sie am Meisten erzürnte und auch endlich den Ausschlag zu offenen Feindseligkeiten gab, war die Absicht des Mutterlandes, ein jährliches, gewisses Einkommen aus Amerika zu ziehen, indem es die Colonieen indirect durch Handelszölle und direct durch eine Taxe auf ihre eigenen Bedürfnisse besteuerte. Die ersteren hätten sie sich gern gefallen lassen, wenn sie nur nicht, wie einmal bei dem Zuckerzoll zu extravagant würden; inneren Steuern aber beschlossen sie, nach reiflicher Erwägung, auf das Bestimmteste entgegenzutreten, indem sie sich fest und entschlossen weigerten, sich irgend einer Steuer zu unterwerfen, die ihnen nicht von selbstgewählten Repräsentanten aufgelegt wäre.

Die englische Regierung sah dabei recht gut den Geist der Opposition, welcher sich immer mehr und mehr in den Colonieen zu zeigen begann, ja sein Dasein schon seit langen Jahren und in tausend und tausend kleineren und größeren Zügen dargethan hatte. Diesem auf einmal zu begegnen und ihn zu vernichten, beschloß sie, Amerika zu demüthigen und zu unterwerfen.

So standen mit Ausbruch des damaligen französischen Krieges die Sachen, und so lange dieser dauerte, hatten sowohl Colonieen wie Mutterland beiderseitig die Hände voll genug, um nicht an Streitigkeiten und Kämpfe unter einander denken zu können. Kaum aber war derselbe beendet, als England die alte, nur aufgeschobene, keineswegs aufgehobene Sache erneute und die trotzigen Colonieen sowohl niederzuhalten, als auch einen Theil der, durch den Krieg aufgelaufenen Kosten zu decken wünschte.

Schon 1760 zeigte sich der nationale Zwiespalt durch einen Versuch, fremden Zucker und Syrup zu besteuern, wobei den Mauthbeamten auch noch die Vollmacht ertheilt wurde, in ihnen verdächtigen Gebäuden nach geschmuggelten Gegenständen oder Waaren zu forschen, so daß sich Niemand mehr vor einer willkührlichen Haussuchung gesichert sah.

Das Volk von Boston zeigte sich namentlich fest entschlossen, keinem Beschlagsbefehl auf unverzollte Waaren Vorschub zu leisten. Die beiden Advokaten Oxenbridge Thatcher und James Otis sprachen besonders feurig dagegen und entflammten das Volk zu kräftigem Widerstande, so daß diese „Writs“ später, obgleich wirklich genehmigt, doch ihrer Unpopularität wegen fast gar nicht in Anwendung gebracht wurden.

Im Jahre 1762 waren Pläne im Werke, die amerikanische Regierung zu wechseln, ein Vorschlag, der, wie man durch aufgefangene Briefe fand, von Sir Francis Bernard, königlichem Gouverneur in

Massachusetts, ausgegangen war und wobei dieser die feindliche Stimmung der Colonieen gegen die britische Regierung und das Mutterland überhaupt geschildert hatte. Er erklärte auch dabei, wie England das volle Recht habe, seine Provinzen zu besteuern und deren Regierungen, trotz der durch die Freibriefe bestimmten Grenzen, zu wechseln, verlangte auch die Verschmelzung einzelner, kleiner Colonieen zu einer größeren. Ferner empfahl er einen erblichen Adel, schlug jedoch auch vor, daß Amerika seine Repräsentanten in das englische Parlament senden dürfe.

Die Veröffentlichung dieser Briefe erweckte, wie man sich leicht denken kann, den größten Unwillen gegen den Mann, welcher sich auf solche Art als der bitterste Feind amerikanischer Interessen gezeigt hatte.

Im Jahre 1764 benachrichtigte Lord Grenville die amerikanischen Agenten in London, daß er beabsichtige, eine Revenue aus den Colonieen zu ziehen, und deshalb der nächsten Parlamentssitzung eine Stempeltaxe vorlegen werde. Er ersuchte sie, ihre Constituenten davon zu benachrichtigen und anzufragen, ob sie vielleicht andere, eben so einträgliche Steuern vorzögen, oder sich mit dieser einverstehen wollten. Bald nachher wurde im Hause der Gemeinen der Beschluß gefaßt, die Steuern auf dem den Colonieen zugeführten Zucker, Kaffee und einige andere Gegenstände permanent zu machen, und die dagegen Handelnden nicht durch ihre Geschworenen, sondern durch Admiralitäts-Gerichte richten zu lassen, die sie weit von ihrer Heimath fortführen konnten.

Die Londoner Colonial-Agenten theilten ihren Provinzen diese Besteuerungspläne mit und ein Schrei der Empörung zuckte durch ganz Amerika. Massachusetts trug seinem Agenten augenblicklich auf, das Recht des Parlaments, die Colonieen zu besteuern, in Abrede zu stellen; das Haus der Bürger in Virginia beschloß eine Addresse an den König und das Parlament, um diesen die bösen Folgen solcher Maßregeln auseinander zu setzen, und der Congreß von New York reichte einen ganz bestimmten und entschiedenen Protest gegen jedes derartige Verfahren ein, wobei er die Rechte Amerika's hervorhob und die Macht Englands beschränkt wissen wollte. Zu gleicher Zeit bildeten sich Vereine, welche die Erzeugung der eigenen Bedürfnisse auch im eigenen Lande betreiben sollten, wobei man nicht mit Unrecht hoffte, die auf solche Art am meisten gefährdeten englischen Kaufleute selbst gegen ein solches Gesetz aufzureizen.

Die englische Regierung sah bald, daß sie es mit einem hartnäckigen Volke zu thun habe; nichtsdestoweniger war sie blind gegen den Beweis vollständiger Unabhängigkeit des amerikanischen Charakters. Besser hatte diesen, unter Georg II., Sir Robert Walpole verstanden, der denen, welche von ihm verlangten, daß er Amerika besteuern solle, antwortete: „er überlasse das seinen Nachfolgern, die es, wenn sie mehr Mittel hätten, als er selbst, ausführen möchten.“ Auch Pitt erwiederte auf ähnliche Vorschläge: „er gedächte nicht, sich die Finger mit einer amerikanischen Taxe zu verbrennen.“

1765 legte das Ministerium, trotz aller dieser Anzeichen von übrigens keineswegs unerwarteter Widersetzlichkeit, dem Parlamente den Plan zu einer Stempelacte für Amerika vor, welche jedoch auch im Hause der Gemeinen manchen Widerstand fand. Oberst Barre zeigte sich dort besonders als ein Freund der Amerikaner. In einer Erwiederung auf die eben beendete Rede des Lords Townshend, worin dieser für die Taxe gesprochen und die Amerikaner die von „Englands Sorgfalt dorthin gepflanzten Kinder“ genannt hatte, trat er auf und rief, die letzten Worte des Lords zurückwerfend:

„Nein — nicht Eure Sorgfalt, Eure Bedrückung hat Jene nach Amerika verpflanzt. Sie flohen vor Eurer Tyrannei nach einem uncultivirten Lande, wo sie allen Mühseligkeiten, wie allen Gefahren ausgesetzt waren, welche der menschliche Körper und Geist nur ertragen können, und wo sie mit dem wildesten und schlimmsten Feinde zu kämpfen hatten, der je irgend einen Theil von Gottes Erdboden bewohnte. Nicht durch Eure Nachsicht sind sie gediehen, sondern durch Eure Nachlässigkeit, den als Ihr Euch zuerst um sie kümmertet, geschah es nur, um Leute hinüberzusenden, die sie beherrschen sollten und die dann durch ihre Grausamkeit und Willkühr das Blut der Freigebornen gegen sich empörten. Was? — Jene durch Eure Waffen geschützt? Nein, sie haben die Waffen zu Eurer Vertheidigung ergriffen. Das amerikanische Volk besteht aus so loyalen Unterthanen, als sie der König hier in seinem eignen Lande hat; aber es ist eifersüchtig auf seine Freiheiten und wird sie behaupten.“

Aber weder die Beredsamkeit des Obersten Barre, noch die Petitionen der Londoner Kaufleute, oder die Protestationen der Colonieen konnten die Annahme der Stempelacte verhindern. Von Dreihunderten, welche im Hause der Gemeinen stimmten, waren nur Funfzig dagegen; im Oberhause erhob sich nicht eine ablehnende Stimme und die Einwilligung des Königs war leicht erlangt.

Kraft dieses Gesetzes war kein geschriebenes Dokument rechtsgültig, wenn das Papier, auf dem es stand, nicht den Stempel trug, und solches Papier konnte nur zu enormen Preisen von den Agenten der englischen Regierung gekauft werden. Gegen die Uebertreter dieses Gesetzes wurde zugleich der Admiralitäts-Gerichtshof in Anwendung gebracht und die Amerikaner dadurch einer der Freiheiten beraubt, auf die sie am stolzesten waren, der Freiheit ihrer Geschwornengerichte. Die englische Regierung mochte denn auch wohl fühlen, daß sich die Amerikaner nicht ganz gutwillig einer solchen Beschränkung unterwerfen würden, und um etwaigen Unruhen vorzubeugen, beschloß das Parlament zugleich, daß Truppen in die Colonieen geschickt werden sollten, welche dort von den Bewohnern derselben aufzunehmen und mit allem Nöthigen zu versehen wären.

Die Stempeltaxe sollte am 1. November in Kraft treten, und dieser Tag wurde in den ganzen Colonieen mit Trauergeläute eröffnet. In New York trug man das Stempelgesetz, mit einem Todtenkopf darüber und mit der Unterschrift: „Englands Thorheit und Amerika's Untergang," umher. In Portsmouth, New Hampshire, trug man, wie Doctor Holmes erzählt, einen Sarg zu Grabe, welcher die Aufschrift führte: „Freiheit, CXLV. Jahr alt." Mit diesem zogen sie, unter gedämpften Trommelwirbeln und während jede Minute Kononen abgefeuert wurden, vom Rathshaus aus, bis sie das Grab erreichten. Dort, nach gehaltener Rede, entdeckte man aber plötzlich noch einige Lebenszeichen; die vermeintliche Leiche wurde wieder aufgenommen, die Inschrift veränderte sich und lautete jetzt: „Die wiedererwachte Freiheit." Die Glocken fingen plötzlich an fröhlich zu läuten und jedes Antlitz heiterte sich auf.

Der Widerstand gegen das Gesetz war allgemein, selbst die Frauen schlossen sich ihm an und die englische Regierung mußte gar bald erkennen, welchen Fehlgriff sie gethan, in welches Wespennest sie gegriffen hatte. Um diese Zeit trat auch ein Wechsel im englischen Ministerium ein; die Urheber des Stempelgesetzes wurden entlassen und ihre Plätze von Männern eingenommen, die den Interessen der Colonieen nicht so feindselig gegenüber standen. Der Marquis von Rockingham wurde Schatzmeister und der Herzog von Grafton und der General Conway Staatsminister.

Im Januar 1766 wurden dem Parlament die Petitionen des Congresses und alle anderen Papiere vorgelegt, welche auf die amerikanischen Angelegenheiten Bezug hatten. General Conway stellte nun hier zwar einen Antrag, welcher auch durchging: „daß das Parlament volles Recht habe, die Colonieen und das amerikanische Volk in jeder Hinsicht zu beherrschen;" am nächsten Tag aber beschäftigte sich das Ministerium schon mit einer Zurücknahme der Stempeltaxe, und unter den zu diesem Zwecke vor das Haus der Gemeinen Berufenen befand sich auch Doctor Benjamin Franklin, welcher es als seine Ueberzeugung behauptete und versicherte: „das Parlamentsgesetz, Amerika auf solche Art zu besteuern, habe die Provinzen dem Mutterlande entfremdet und sie würden sich der Stempeltaxe nie, außer durch Waffengewalt dazu gezwungen, unterwerfen."

Lord Grenville und seine Anhänger opponirten allerdings der Widerrufung dieser Taxe; Mr. Pitt aber nahm sie in Schutz, erhielt auch wirklich im Hauseder Gemeinen die Majorität, fand jedoch dafür im Oberhause desto mehr Gegner und verdankte den endlichen Sieg vielleicht nur der feurigen Verwendung Lord Camden's, welcher das Parlament mit der ganzen Gluth seiner Beredsamkeit darauf aufmerksam machte, wie es nicht allein eine Ungerechtigkeit, sondern ein förmlicher Raub wäre, Jemanden zu besteuern, der nicht einmal seine Einwilligung dazu gegeben, und daß diese Taxe zurückgenommen werden müsse, wenn man nicht dem amerikanischen Volke gestatte, seine Repräsentanten in das Parlament zu senden.

Die Bill des Widerrufs passirte endlich das Haus der Lords, doch nur in Gemeinschaft mit einer andern, „die erklärende" genannt, worin sie sich noch einmal verwahrten, daß „das Parlament allerdings und unter jeder Bedingung das Recht habe, die Colonieen in jeder Hinsicht zu beherrschen und ihnen Gesetze zu geben."

Obgleich nun dieser Widerruf große Freude in Amerika erregte, so sahen sich doch die Colonieen durch den Nachsatz zu neuer Wachsamkeit veranlaßt, da ja hiernach jedes nachfolgende Ministerium das alte Gesetz ohne Weiteres wieder aufnehmen konnte. General Conway verlangte zugleich von dem amerikanischen Volke, daß es diejenigen entschädigen solle, denen es im ersten Ausbruche seines Unwillens wirklichen Schaden zugefügt. In Boston hatten sie nämlich nicht allein das Bild Mr. Andrew Oliver's, des muthmaßlichen Stempelfactors öffentlich verbrannt, sondern auch sein ganzes Haus, wie seine Einrichtung demolirt, noch mehrere andere Beamte der englischen Krone auf ähnliche Art behandelt und dem General-Gouverneur Hutchinson so großen Schaden durch Vernichtung und Zerstörung seines sämmtlichen Eigenthums zugefügt, daß dessen Klage später einen Hauptpunkt in den englischen Forderungen bildete, die an Massachusetts gestellt wurden.

Im Anfang weigerten sich die Colonieen, ähnlichen Zumuthungen zu genügen; endlich aber genehmigten sie es, jedoch auf eine der Regierung höchst mißliebige Weise, indem sie nämlich Schadenersatz Denen zusicherten, welche die Rache des Volkes getroffen, denselben aber auch in dem nämlichen Instrumente „Vergebung des Vorhergegangenen" ertheilten.

Im Juli 1766 fand wiederum ein Wechsel im englischen Ministerium statt, indem ein Cabinet unter dem Vorsitze des Mr. Pitt, jetzt Lord Chatam, gebildet wurde. Das Verfahren der Amerikaner hatte indessen die Briten höchlich erzürnt und ihnen sogar manche ihrer früheren Freunde abgeneigt gemacht. Schon im nächsten Jahre, im Mai 1767, legte Charles Townshend, damaliger Schatzkämmerer, dem Parlament einen neuen Plan vor, Amerika zu besteuern, indem ein Zoll auf Thee, Glas, Papier und Malerfarben, welche in die Colonieen importirt würden, bestimmt werden sollte. Diese Bill ging ohne große Opposition durch beide Häuser und in derselben Session wurde noch ein Gesetz genehmigt, welches die Autorität der New York-Versammlung suspendirte, bis sie sich dem Verlangen fügen würde, Truppen, die sie bis jetzt zurückgewiesen, einzunehmen. Zugleich ertheilte man den Marine-Offizieren und Steuerbeamten die Vollmacht, die Schiffahrts- und Handelsgesetze in Kraft zu setzen.

Diese drei Gesetze folgten rasch hintereinander und durch Amerika zog wieder dieselbe Entrüstung, welche die Bewohner bei dem Ausschreiben der Stempeltaxe erfaßt hatte. Im Januar 1768 bereitete die Versammlung von Massachusetts eine Petition vor, die sowohl an den König, als an alle jene mächtigen Männer gesandt wurde, welche sich in England der amerikanischen Sache angenommen, und in welcher das amerikanische Volk noch einmal ernst und dringend bat, von solchen Handlungen der Willkür abzustehen.

Das britische Ministerium nahm diese Note allerdings sehr ungnädig auf und ließ die Amerikaner wissen, sie hätten diese Petition zu widerrufen oder ihre Versammlung würde aufgelöst; auch erhielten die übrigen Gouverneure zugleich die Anweisung, ein wachsames Auge auf derlei Vereinigungen zu haben. Natürlich weigerten sich die Abgeordneten, ihren Schritt zurückzunehmen, und der Gouverneur erfüllte den Befehl der Regierung, was aber, anstatt sie einzuschüchtern, nur Oel ins Feuer goß. Im Juni wollten die Mauthbeamten die Schaluppe eines sehr geachteten und patriotischen Kaufmanns, John Hancock, confisciren; das Volk von Boston versammelte sich aber, beleidigte und schlug die Beamten und zwang sie, die Stadt zu verlassen. Man vereinigte sich auch jetzt vollständig darüber, unter keiner Bedingung Waaren einzuführen, die auf irgend eine Weise besteuert wären.

Die Rathsversammlung von Massachusetts war aber, seit sie Gouverneur Bernard aufgelöst, nicht wieder einberufen worden, ja die Bürger petitionirten vergebens deshalb; der Gouverneur erklärte, es in diesem Jahre nicht ohne besondern Befehl des Königs thun zu können. Da hielten sie am 22. Sep. eine Convention, wandten sich noch einmal bittend an den Gouverneur, der sie jedoch Rebellen nannte, und gingen nach einer fünftägigen Sitzung wieder auseinander.

General Gage, der Oberbefehlshaber der britischen Truppen in Amerika, erhielt die Ordre, eine Militärmacht nach Boston zu legen, um die Bürger der Stadt im Zaume zu halten, so wie die Mauth und deren Beamte zu schützen. Zwei Regimenter wurden hierauf von Halifax nach Boston gezogen, die von sieben Kriegsschiffen gedeckt wurden, welche am 28. September vor Boston ankerten, und unter den Kanonen derselben ans Land gingen. Man ließ sie ungehindert in die Stadt, doch weigerten sich die Bürger, sie in ihre Häuser zu nehmen, und der General ließ das „Staatshaus" für sie einrichten. Allerdings zügelte nun die Gegenwart der Soldaten den Ausbruch von Thätlichkeiten; aber der innere Grimm gegen den nur ungeduldig ertragenen Zwang wuchs mehr und mehr.

Im Anfange des nächsten Jahres nahm England eine noch drohendere Stellung an; es erklärte die Vorgänge in Massachusetts für ungesetzlich und den Rechten der britischen Krone gefährlich, und beide Häuser gingen den König dringend an, nicht allein ernstlich einzuschreiten, sondern auch Alle, welche sich seit dem Jahre 1767 irgend einen Verrath hätten zu Schulden kommenlassen, in Haft nehmen und zur Verbüßung ihrer Strafe nach England zu liefern.

Das Haus der virginischen Bürger trat wenige Tage nach der Bekanntmachung dieser Adresse zusammen, bestritt das Recht des Königs, einen Strafbaren aus den Colonieen zu entfernen, und erließ eine Gegenadresse an die Krone, die, obschon loyal, dennoch unumwunden genug erklärte, wie alle ihre bis dahin geführten Beschwerden gegründet genug gewesen seien. Der Gouverneur Lord Botetourt löste allerdings diese Versammlung auf, der Damm war aber einmal gebrochen und er nicht mehr im Stande, den Strom zu hemmen. Man kam in einem Privathause zusammen, erwählte Peyton Randolph, zum Sprecher und erließ einige ganz bestimmte Beschlüsse gegen die Einfuhr britischer Waaren. Diesem Beispiel folgten bald die übrigen Colonieen.

Im Mai 1770 wurde endlich die Massachusetts-Versammlung wieder einberufen, weigerte sich aber, ihre Sitzung zu beginnen, so lange das „Statehouse" von Truppen umlagert sei. Der Gouverneur, welcher die Soldaten nicht abrufen wollte, verlegte die Versammlung nach Cambridge, und dort erklärte sie feierlich: „daß eine stehende Armee in Friedenszeiten in den Colonieen nicht anders als für eine Beschränkung ihrer Rechte angesehen werden könne." Sie weigerte sich auch aus diesem Grunde, irgend eine der Geldforderungen des Gouverneurs zu bewilligen. Im August wurde Gouverneur Bernard wieder abberufen und das Gouvernement in den Händen des General-Gouverneurs Hutchinson gelassen.

Am 5. März insultirten einige Bürger von Boston das unter Waffen stehende Militär und ein Kampf war die Folge, bei welchem vier Personen getödtet wurden; augenblicklich läuteten die Sturmglocken, das Landvolk schwärmte in die Stadt und die Soldaten mußten sich in das feste Castell zurückziehen.

In England wurde indessen, im Januar 1771, Lord North in das Ministerium berufen; dieser legte dem Parlament eine Bill vor, in welcher er alle 1767 beschlossenen amerikanischen Steuern, die auf Thee ausgenommen, rückgängig machte; wie aber von Denen, welche diese theilweise Erleichterung mißbilligten, ganz richtig bemerkt ward, begnügte sich das amerikanische Volk nicht damit, nur weniger besteuert zu sein, sondern kämpfte jetzt gegen das Prinzip an, indem es dem Parlamente das Recht absprach, den Colonieen irgend eine solche Steuer aufzulegen.

Die Vereine nahmen jetzt immer mehr überhand, und während sie England die „Treibhäuser von Verrath und Rebellion" nannte, hegten und pflegten sie die junge, erwachende Freiheit. Besonders kräftigen Widerstand leisteten die Bürger in Rhode-Island, wo sie auf das Bestimmteste gegen die Steuerbeamten auftraten und sogar einen bewaffneten Schooner, den Gaspee, welcher dort kreuzte, um das Gesetz aufrecht zu halten, vernichteten.

Da die Colonieen indessen wacker zusammenhielten und besonders den zu besteuernden Thee fast gar nicht mehr consumirten, so fühlte England bald, wie sehr sein Handel dadurch litt. Die ostindische Compagnie erhielt deshalb freie Ausfuhr des Thees nach den Colonieen, was den Preis desselben bedeutend ermäßigte. Natürlich verschiffte die Compagnie ungeheure Quantitäten nach Amerika, und da die Colonisten leicht einsahen, wie er auch verkauft werden würde, sobald die Capitäne nur im Stande wären, ihn zu landen, so trafen sie alle möglichen Vorkehrungen dagegen, indem sie zugleich beschlossen, den Thee ganz nach England zurückzusenden.

In Philadelphia durften die Lootsen die mit Thee beladenen Schiffe nicht in den Fluß führen. In New York ließ der Gouverneur hierauf einen Theil desselben unter bewaffneter Bedeckung ans Ufer bringen; das Volk aber schaffte die Kisten auf die Mauth und duldete den Verkauf nicht. In Boston geschah indessen der entscheibendste Streich; die beladenen Fahrzeuge lagen nämlich dort im Hafen, und da man wohl fürchten konnte, daß sie ihren Thee in kleinen Quantitäten in Sicherheit bringen würden, so enterte eine Anzahl von als Indianer verkleideten Männern Nachts die Schiffe und warf 342 Kisten Thee aufgebrochen über Bord.

Das Parlament glaubte jetzt energisch einschreiten zu müssen und sperrte, 1774, um vor Allem Boston zu bestrafen, den Hafen dieser Stadt gänzlich, bis es den angerichteten Schaden bis zum letzten Penny vergütet hätte. Ebenso verbot es die Wahlversammlungen und befahl sogar, daß Hauptverbrecher nicht allein in eine andere Colonie, sondern nach England geschafft und dort verhört und bestraft werden sollten. Ebenso erließ das Parlament ein Gesetz, nach welchem es die Provinz Quebec bis zum Ohiofluß ausdehnte, einen gesetzgebenden Rath für sie bestellte und Verhöre ohne Geschworene gestattete.

Hutchinson war indessen abberufen worden, da er durch seine gehässigen Berichte nicht wenig dazu beigetragen hatte, den schon entstandenen Riß zwischen den Colonieen und dem Mutterlande nur immer mehr zu erweitern. General Gage rückte in seine Stellung ein.

Der Befehl, den Bostoner Hafen zu schließen, empörte die Colonisten auf das Aeußerste; sie beriefen augenblicklich einen General-Congreß und beschlossen, die übrigen Colonieen sofort von diesem Acte der Gewaltthätigkeit in Kenntniß zu setzen. Der Gouverneur hörte von dieser Versammlung und sandte einen Beamten dorthin, der sie „im Namen des Königs" auflösen sollte; man beachtete diesen aber gar nicht, und gehorchte ihm nicht eher, bis die wichtigsten Geschäfte alle beendet waren.

Vortrefflich bewiesen sich in dieser Zeit die Bewohner von Salem, welche durch die Schließung des Bostoner Hafens nur gewinnen konnten, weshalb auch Gouverneur Gage geglaubt hatte, dieser Befehl würde sie freundlicher gegen die englische Krone stimmen. Sie erklärten sich jedes Gefühles für Recht und Billigkeit baar, wenn sie von solcher Lage Vortheil ziehen könnten, und während sich alle Provinzen der Sache Bostons annahmen, bot ihnen sogar das Volk von Marblehead, seinen Hafen, wie seine Werfte und Waarenhäuser, frei von jeden Unkosten, an.

Dem von der Versammlung zu Massachusetts gefaßten Beschlusse, einen Generalcongreß zu bilden, schlossen sich alle übrigen Colonieen an, und am 4. September 1774 trat dieser in Philadelphia zum ersten Mal zusammen. Alle Provinzen, Georgia ausgenommen, waren hier vertreten, und während diese feste Einigung die Herzen der Patrioten und freien Männer mit freudiger Hoffnung erfüllte, bebten die Fürstendiener vor dem Hauche der neuerwachenden Volkssouveränetät ängstlich und scheu zurück.

Das erste Geschäft dieses ersten Hauptcongresses war, Peyton Randolph von Virginia einstimmig zum Präsidenten zu wählen. Die Abgeordneten beschlossen dann, als sie sich nicht genau von der relativen Bedeutung jeder einzelnen Colonie überzeugen konnten, daß jede von diesen Eine Stimme haben sollte, und daß ihre Berathungen bei verschlossenen Thüren gehalten würden. Hierauf wählten sie ein Committee von Zweien aus jeder Provinz, um die Rechte der Colonieen im Allgemeinen zu bekunden, die verschiedenen Fälle anzugeben, wo diese verletzt worden, und die Mittel der Abhülfe zu besprechen. Sie drückten zugleich den Bewohnern Massachusetts ihre volle Beistimmung aus, forderten sie auf, in der Sache der Freiheit mit Mäßigung, aber auch mit Entschlossenheit vorwärts zu schreiten, und bestimmten fortdauernde Beiträge zur Erleichterung jener Colonieen. Da sie hörten, daß General Gage Befestigungswerke um Boston aufwarf, um den freien Verkehr der Bürger zu hemmen, so sandten sie diesem Offizier einen Brief, in welchem sie ihn baten, von allen solchen kriegerischen Operationen abzustehen, damit nicht ein unheilbarer Bruch die Colonieen und das Mutterland für immer trenne.

Hierauf setzten sie eine vollständige Erklärung ihrer Rechte auf und beschlossen, um sich diese zu wahren und ferneren Bedrückungen zu begegnen:

Erstens: einen Verein gegen die Einführung englischer Waaren zu bilden;

Zweitens: eine Adresse an das englische Volk und an die Bewohner des britischen Amerika's zu richten, und

Drittens: eine loyale Petition dem König von England zu überreichen.

Nach der Nicht-Importationsacte vereinigten sie sich dahin, daß sie sich für sich und ihre Wähler „bei den heiligen Banden der Tugend, Ehre und Freiheitsliebe" verpflichteten, keine britischen Waaren und Produkte, besonders aber keinen Thee und Syrup, nach dem 1. December 1774 weder einzuführen noch zu gebrauchen. Zu gleicher Zeit erklärten sie, den Ackerbau, wie die Künste und Wissenschaften in Amerika, unterstützen zu wollen, und Committees wurden für jeden Platz ernannt, um auch die Ausführung dieser Beschlüsse zu überwachen; Diejenigen, welche ihnen entgegenhandeln würden, sollten für Feinde der Rechte ihres Landes erklärt werden.

Noch verdient hier bemerkt zu werden, daß diese edlen Männer, trotz der sie selbst bedrängenden Noth, doch auch ihrer leidenden Mitbrüder gedachten und sich gegenseitig verbindlich machten, sich auf keinerlei Weise am Sklavenhandel zu betheiligen.

Zum Schluß erklärten sie noch, diese Vereinigung der Colonieen beibehalten zu wollen, bis die sie drückenden Gesetze und Anordnungen Englands vom Parlamente zurückgenommen wären. Fest und bestimmt, aber auch gemäßigt und bedacht, handelten hierbei diese ersten Vertreter amerikanischer Freiheit: nicht wie weinende Kinder, welche über erlittene Strafe klagen und winseln, sondern wie beleidigte, schwergekränkte Männer standen sie da, die wohl bereit sind, um ihr Recht zu bitten, im Falle der Noth aber auch nicht säumen werden, es sich zu nehmen.

Der Congreß ging am 6. October wieder auseinander, und obgleich er nur provisorisch gewesen war, so erhielt er doch die Beistimmung sämmtlicher Colonieen.

Vollkommene Einigkeit herrschte freilich nicht in Amerika, wie sich dies auch wohl leicht erklären läßt. Viele der später eingewanderten Colonisten, welche theils Aemter bekleideten, theils auch die Macht der englischen Regierung fürchteten, schmiegten sich unter ihr Joch und erklärten sich zu ihren Anhängern. Whigs und Tories waren die unterscheidenden Namen dieser Parteien. Die Erstern hielten zu den Colonieen, die Letztern zu dem König und der Regierung.

Indessen wurden auf Befehl des Generals Gage die Pulvermagazine und sonstigen militärischen Vorräthe in Charlestown und Cambridge mit Beschlag belegt.

Das Volk von Massachusetts rief jetzt einen Congreß zusammen, der Gouverneur verbot aber dessen Eröffnung; die Abgeordneten trafen sich hierauf in Salem, constituirten sich zu einem „Provinzial-Congreß," zogen dann nach Concord und wählten John Hancock zu ihrem Präsidenten. Der Gouverneur warnte sie und erklärte dies für eine ungesetzliche Handlung; sie kehrten sich aber nicht an ihn, ja sie rüsteten sich sogar, im schlimmsten Falle der Gewalt mit Gewalt zu begegnen, und sandten, als sie im November wieder zusammenkamen, Abgeordnete nach New Hampshire, Rhode-Island und Connecticut, um diese Colonieen von ihren Maßregeln in Kenntniß zu setzen und im Nothfall eine Armee von 20,000 Mann aufbringen zu können. Dieselbe Gesinnung herrschte übrigens in den andern Colonieen; auch in Pennsylvanien, Virginien und Maryland wurden Versammlungen gehalten und kräftige Beschlüsse gefaßt.

Am 20. November 1774 kam das britische Parlament wieder zusammen und es zeigte sich bald, wie fest die Majorität, in ihrem blinden Glauben an ihre Macht entschlossen war, die rebellischen Provinzen unter jeder Bedingung zu demüthigen. Vergebens trat hier wieder Lord Chatham auf und erklärte mit seiner feurigen Beredsamkeit, „wie sie es nicht mehr mit einem Volke zu thun hätten, welches seine Rechte nur erbitte, nein, wie das wackere Volk Amerika's fest entschlossen sei, was es für Recht halte, sich im schlimmsten Falle zu nehmen. England habe aber kein Recht, ihnen Taxen aufzulegen, und eine bloße Zurücknahme derselben genüge jetzt nicht mehr; man müsse, wolle man überhaupt den Bruch wieder heilen, das Recht der Colonieen frei und offen anerkennen."

Doch Alles vergebens — Lord Chatham wurde überstimmt; selbst die Bittschriften der Londoner Kaufleute wurden einer Commission übergeben, welche sie ruhig bei Seite legte; den Abgeordneten der Colonieen ward ein Gehör unter dem Vorwande verweigert, daß sie von einer ungesetzlichen Versammlung ernanntwären, und so wurde die Stimme von drei Millionen Menschen gemisachtet und zurückgestoßen.

Beide Häuser des Parlaments vereinigten sich mit großer Majorität zu einer Adresse an den König, in welcher sie erklärten: „daß die Amerikaner schon lange gewünscht hätten unabhängig zu werden, und nur auf ihre wachsende Macht und die Gelegenheit warteten, ihre Pläne auszuführen. Dies aber zu verhindern," sagten sie, „und das Ungeheuer der Rebellion in seiner Geburt zu ersticken, sei die Aufgabe und Pflicht jedes Briten und müsse um jeden Preis, auf jede Gefahr hin geschehen."

Das Parlament beschloß jetzt ein Gesetz, welches, an und für sich klug genug, die Absicht hatte, die Colonieen untereinander zu entzweien, indem es die einen bedrückte, die anderen begünstigte. New York und die Carolina's ausgenommen, beschränkte nämlich England den Handel der übrigen Provinzen und verweigerte ihnen sogar das Recht, an den Bänken von New Foundland zu fischen. Zugleich wurde die Land- und Seemacht Britanniens verstärkt, um die sogenannte Rebellion zu unterdrücken, und Lord North versuchte sogar einen neuen Plan, indem er den Colonieen den schlauen Vorschlag machte: „England wolle die Taxen zurücknehmen, Amerika solle sich aber dafür selbst besteuern und das auf solche Art eingekommene Capital zu englischer Disposition stellen." Die Amerikaner waren aber klug genug, nicht in diese Falle zu gehen, und alle Friedensvorschläge zerschlugen sich.

In der That war die Kluft unausfüllbar geworden, welche beide Länder jetzt von einander schied, und die Verhältnisse näherten sich mit jedem Tage mehr einer nicht mehr abzuwendenden Krisis. General Gage hatte indessen erfahren, daß in Salem eine Anzahl von Feldstücken und überhaupt Kriegsvorräthe aufbewahrt würden; er sandte deshalb eine Abtheilung Soldaten dorthin, um sie im Namen des Königs in Beschlag zu nehmen. Das Volk von Salem versammelte sich aber, zog die Brücke in die Höhe und vereitelte dadurch die Ausführung.

Eine große Quantität von Kriegsvorräthen war indessen in Concord, etwa zwanzig Meilen von Boston, aufgehäuft. Diese beschloß General Gage zu confisciren oder zu vernichten, und sandte zu diesem Zweck eine Abtheilung von 800 Mann unter dem Befehle des Obersten Smith und des Majors Pitcairn aus, denen noch besonders Schnelle und Geheimhaltung ihrer Absicht empfohlen wurde*). Die Bewohner der Provinzen hatten aber dennoch Nach-

*) Fennimore Cooper hat diesen Zug und seine Folgen besonders trefflich in seinem „Lionel Lincoln" beschrieben.

richt erhalten, und als die britischen Truppen Lexington, etwa fünf Meilen von Concord gelegen, erreichten, stand die Miliz des kleinen Platzes aufmarschirt da und bereit, sie zu empfangen. Der Vortrab der Regulären rückte bis in Schußweite heran; Pitcairn ritt dann vor und rief den Amerikanern, die er „Rebellen" nannte, zu, die Waffen abzuwerfen und sich zu zerstreuen. Als diesem Befehle nicht augenblicklich gehorcht wurde, schoß er sein Pistol ab und commandirte Feuer. Acht Amerikaner fielen und der Rest wurde zersprengt — der Kampf war aber damit keineswegs beendet.

Allerdings rückten die Soldaten gegen Concord vor und zerstörten die Vorräthe oder bemächtigten sich derselben; die Landbewohner umschwärmten sie aber auf dem gleich darauf folgenden Rückzuge so unermüdlich und schossen so erfolgreich aus dem Hinterhalte, zu welchem sie jeden Busch, jede Hecke benutzten, daß vielleicht kein Mann Boston wieder gesehen hätte, wäre nicht Lord Percy mit einer Verstärkung von 900 Mann zu ihnen gestoßen, mit deren Hülfe sie am nächsten Morgen, aber mehr todt als lebendig wieder Boston erreichten.

Blut war jetzt geflossen und keine Sprache konnte die Aufregung beschreiben, welche hierauf in den Colonieen entstand. Couriere flogen nach allen Richtungen hin, und während sie ritten, eilten von den Plätzen, welche sie berührt, andere wieder mit derselben Schreckenskunde links und rechts ab, und wie ein elektrischer Schlag traf die Botschaft ganz Nordamerika. Erreichten diese Boten irgend einen Platz an einem Sonntage, so eilten sie augenblicklich in die Kirche und der Ruf: „der Krieg hat begonnen!" pflanzte sich von Mund zu Mund—aber wie lautete die Antwort?

„Zu den Waffen denn! Freiheit oder Tod!"

Die Gesetzgebungen der verschiedenen Provinzen traten augenblicklich zusammen, ernannten Führer und gaben Befehle, Truppen auszuheben. Ueberall verließen die Väter ihre Kinder und Mütter sandten die Söhne fort, der heiligen Sache Arm und Herz zu weihen, so daß gar bald eine Armee von 20,000 Mann in der Nähe von Boston versammelt war.

Hierdurch wurde General Gage fest in Boston eingeschlossen gehalten; er hatte sich aber so befestigt, daß die Milizen keinen Angriff darauf machten, was sie auch schon deshalb nicht gethan haben würden, um die Bewohner der Stadt nicht zu großer Gefahr auszusetzen. Die Soldaten fingen aber an, obgleich sie die Verbindung mit der See freibehalten, großen Mangel an Lebensmitteln zu fühlen, und die Küstenbewohner, welche genaue Kunde davon erhielten, trieben ihr Vieh nicht selten tiefer ins Land hinein, damit sich der Feind nicht etwa dadurch eine Erleichterung verschaffe.

Jetzt schien den Amerikanern der Besitz von Ticonderoga und Crownspoint, welche die Seen George und Champlain beherrschen, von besonderer Wichtigkeit. Ohne deshalb auf einen festen Beschluß des Congresses zu warten, entschlossen sich einige Männer von Connecticut, unter ihnen Dean, Wooster und Parsons, die Sache auf eigene Verantwortung zu übernehmen, borgten vom Staat 1800 Dollars und rückten gegen Bennington vor. Sie wußten recht gut, daß sie sich auf die wackeren und muthigen Bewohner jener Gegend, auf die sogenannten „Grünen-Berge-Männer," verlassen konnten. An der Spitze derselben standen die Obersten Ethan Allen und Seth Warner, welche sich auch augenblicklich dem Zuge anschlossen; Truppen wurden ausgehoben und der Befehl an Allen übertragen.

Indessen hatte der tapfere Benedict Arnold in Boston denselben Plan gefaßt und genährt, und war schon auf dem Marsche, um ihn auszuführen, als er zu seinem nicht geringen Erstaunen sah, wie Andere ihm zuvorgekommen seien. Er schloß sich übrigens dem Zuge als zweiter Commandant an, und sie marschirten zusammen an der Spitze von 300 Mann, mit denen sie am 9. Mai 1775 den See Champlain, Ticonderoga gegenüber, erreichten. Am nächsten Morgen schifften sie sich mit 83 Mann ein, erreichten mit dem dämmernden Tage das Fort und überraschten dort den Befehlshaber desselben, De la Place, der gar nicht wußte, von welcher Nation er angegriffen wurde, dermaßen, daß er nur frug, in welcher Autorität Namen man seine Unterwerfung verlange, und auf Allen's Antwort: „im Namen Jehovah's und des Continental-Congresses," die Feste den Händen der Amerikaner übergab. Crownspoint wurde ebenfalls auf friedlichstem Wege genommen und Arnold, welcher einen kleinen, in der Südbay gefundenen Schooner bemannte und bewaffnete, nahm mit diesem eine Kriegsschaluppe, welche bei St. Johns lag.

Zu gleicher Zeit wurde der Paß von Skeensborough durch Freiwillige von Connecticut besetzt, und so verschafften sich die Amerikaner ohne Blutvergießen die Gewalt über die Seen und gewannen zugleich durch den glücklichen Erfolg dieser Unternehmungen Muth und Hoffnung.

Der Continental-Congreß versammelte sich wieder am 10. Mai in Philadelphia und ernannte Mr. Hancock zum Präsidenten. Creditbriefe bis zur Summe von drei Millionen Thaler wurden ebenfalls ausgegeben, um die Kriegskosten zu bestreiten, und die „zwölf Vereinigten Colonieen“ sagten gut dafür.

Lord Dunmore, Gouverneur von Virginia, war indessen so verhaßt geworden, daß er sich auf ein bei Yorktown liegendes Kriegsschiff flüchten mußte. Gouverneur Martin von Nord-Carolina hielt dasselbe für rathsam, und Lord William Campbell von Süd-Carolina zog sich ebenfalls von den öffentlichen Geschäften zurück.

Im Mai 1775 erhielt die britische Armee in Boston mit den Generalen Howe, Clinton und Bourgoyne gewaltige Verstärkung von England, und General Gage trat augenblicklich entschiedener auf. Er erklärte das Kriesgesetz für Massachusetts, versprach jedoch denen der Rebellen Verzeihung, welche augenblicklich zu ihrer Pflicht zurückkehren würden. Nur Samuel Adams und John Hancock waren davon ausgenommen.

Da die Amerikaner indeß erfuhren, daß die Engländer beabsichtigten, ins Land zu dringen, wurde Oberst Prescott beordert, in der Nacht des 16. Juni auf Bunkershill, nahe bei Charlestown, eine Brustwehr aufzuwerfen, und hiezu gab man ihm 1000 Mann. Durch ein Mißverständniß aber verschanzten sich die Truppen näher zu Boston, auf dem Breedshügel, und arbeiteten hier die ganze Nacht hindurch mit solcher Anstrengung, daß sie, unbemerkt von den Engländern, bis Tagesanbruch ihre Werke fast beendet hatten. Die Schiffe eröffneten jetzt allerdings eine scharfe Kanonade auf die tollkühnen Feinde; da es diese aber gar nicht zu stören schien, so wurden etwa 30,000 Mann, unter Pigot und Howe, gegen sie abgesandt. Diese verließen Boston in Booten und landeten unter dem Schutz der Kriegsschiffe an der äußersten Spitze der Halbinsel, von wo aus sie gegen die Amerikaner vorrückten. Die Generale Clinton und

Bourgoyne stationirten sich indeß auf einer Höhe in Boston, auf welcher sie den fernen Hügel übersehen konnten, und alle Fenster, ja die Dächer der Häuser, wie die Thürme, wo sich nur irgend ein Blick nach dem nicht allzufernen Schlachtfelde gewinnen ließ, waren mit Zuschauern bedeckt, welche das lebhafteste Interesse für die Kämpfenden nahmen.

Die Engländer steckten Charlestown in Brand, und beim Lodern der Flammen rückten sie gegen die Brustwehr vor. Hier aber erwarteten sie die amerikanischen Büchsenschützen bis in fürchterliche Nähe und empfingen die Feinde mit einem vernichtenden Feuer. Zweimal wurden diese so zurückgeworfen — viele ihrer Offiziere stürzten, und erst nach Clinton's Ankunft, welcher die Befestigungen von drei verschiedenen Seiten zugleich angreifen ließ, zog sich Oberst Prescott, dessen Leute indessen auch ihre sämmtliche Munition verschossen hatten, zurück. Die Engländer verloren in diesem Kampfe 1054, die Amerikaner 453 Mann.

Am 15. Juni, und noch in der Sitzung des Congresses, erwählte dieser einstimmig George Washington, welcher sich übrigens gleich von Anfang an als Abgeordneter Virginia's in demselben befand, zum General und Oberbefehlshaber der Armee der Vereinigten Colonieen, und mit bescheidenem Dank nahm er diesen ehrenvollen Posten an, wobei er jedoch jeden Gehalt ausschlug und nur bat, ihm die baaren Auslagen, über welche er genaue Rechnung führen würde, zurückzuerstatten. Artemas Ward von Massachusetts, Oberst Lee, ein früherer englischer Offizier, Philipp Shuyler von New York und Israel Putnam von Connecticut wurden zu derselben Zeit zu dem Range von General-Majors befördert, während man Horatio Gates zum General-Adjutanten ernannte.

Bald nach dieser Wahl ging Washington zur Armee nach Cambridge und fand hier das britische Heer wohlbefestigt auf Bunkers- und Breedshügel und der Boston-Landenge; die Amerikaner dagegen hatten, 14,000 Mann stark, die Höhen um Boston besetzt und hielten die Engländer in einer höchst unangenehmen Stellung eingeschlossen. Obgleich aber die Soldaten, vom besten Muthe beseelt, jedem, auch dem schwierigsten und gefährlichsten Unternehmen freudig die Hand geboten hätten, so fehlte es ihnen doch an Disciplin, und die Offiziere, welche größtentheils aus der Mitte der Schaar gewählt wurden, wußten sich nicht die nöthige Achtung zu verschaffen. Auch an Waffen und Munition gebrach es, und Washington bekam Arbeit genug, um in diesen rohen Haufen einen soldatischen Geist zu bringen. Freudig ging er aber ans Werk, und seinem unermüdlichen Eifer gelang es, in fast unglaublich kurzer Zeit ein feldtüchtiges Heer zu bilden.

Georgia schloß sich jetzt ebenfalls der Opposition gegen das Recht Englands, Amerika zu besteuern, an, wählte seine Abgeordneten zum Congreß und vervollständigte damit die ursprünglichen „dreizehn Vereinigten Colonieen."

Während dieser Sitzung des Congresses errichtete man auch die erste Postverbindung durch Amerika und ernannte Benjamin Franklin zum Oberpostdirector.

Indeß aber nun die britische Armee ziemlich dicht in Boston eingeschlossen lag, fürchteten die Amerikaner nicht mit Unrecht einen Einfall von Norden her, durch Sir Guy Carleton, den Gouverneur der Provinz Canada. Diesem beschloß man zu begegnen, und zwei Expeditionen wurden zu gleicher Zeit, die eine unter den Generalen Shuyler und Montgomery über den Champlain, die andere unter Arnold auf dem Kennebeck, ausgesandt. General Lee ward indeß beordert, sich mit 1200 Connecticut-Freiwilligen nach New York zu begeben und dort, mit Hülfe der Einwohner, die Stadt und die benachbarten Höhen des Hudson zu befestigen.

General Shuyler erließ, als er die canadische Grenze betrat, eine Proclamation an das Volk, worin er erklärte: „er komme keineswegs als der Feind, sondern als der Bundesgenosse der Canadier, ihre Freiheit zu erringen und zu bewahren. Oberst Allen, welcher eine Offizierstelle unter Montgomery bekleidete, wurde inmittelst von diesem abgesandt, einen Trupp feindlicher Indianer einzufangen; als er dies aber ausgeführt hatte, begegnete er auf dem Rückmarsche Freunden unter Major Brown, und warf sich nun ohne weiteren Befehl und in keckem Uebermuth auf Montreal, wo er, von den Seinen abgeschnitten, gefangen genommen und in Ketten nach England geschafft wurde.

Die amerikanischen Waffen waren indessen siegreich — sie nahmen das kleine Fort Chamblé, wo ihnen viel Pulver in die Hände fiel, zwangen St. Johns zur Uebergabe, jagten Carleton in die Flucht und besetzten Montreal. Arnold rückte dabei mit 1000 Mann gegen Quebec vor, wo er, nach unglaublichen Mühen in den pfadlosen Wäldern Maine's, am 13. November das gegenüberliegende Point Levi erreichte. Obgleich er aber in nächtlicher Zeit, wie vor ihm Wolfe, dieselbe Höhe erstieg und die Abrahamshöhe besetzte, so hatte die Besatzung seine Annäherung doch bemerkt, und sich zu schwach fühlend, die feste Stadt allein anzugreifen, erwartete er Montgomery's Ankunft, welcher am 1. December eintraf. Die Besatzung von Quebec war jedoch unter der Zeit durch Carleton's Armee verstärkt worden und verweigerte die Uebergabe; der harte, jetzt mit aller Macht hereinbrechende Winter drohte dabei den Soldaten mit immer größeren Gefahren.

Da beschloß Montgomery, einstimmig von seinen Offizieren dabei unterstützt, diesen Platz mit Sturm zu nehmen, und mit dämmerndem Morgen am letzten Tage des Jahres 1775 begannen die wackeren Männner den fast verzweifelten Angriff auf die Festung. Umsonst — Montgomery stürzte, gleich im Anfange des Gefechts von einer Kanonenkugel getroffen — mit ihm viele seiner besten Offiziere, Arnold traf eine Musketenkugel in das Bein, und die Amerikaner sahen sich, nach dreistündigem rasendem Kampfe und mit einem Verluste von 400 Mann, gezwungen, zurückzuweichen. Ein Theil von ihnen wurde abgeschnitten und gefangen genommen, und nur Arnold verschanzte sich, verwundet wie er war, etwa drei Meilen unterhalb Quebec mit dem Ueberreste der Seinen und hielt die Stadt, obgleich ihm die Besatzung an Zahl überlegen war, so nachdrücklich eingeschlossen, daß die Bewohner den Winter hindurch bedeutenden Mangel an Lebensmitteln litten.

Während dies im Norden geschah, richtete sich die königliche Land- und Seemacht gegen Neu-England. Der Befehl war gegeben, alle solche Seehäfen zu zerstören, die gegen England aufgetreten seien, und demzufolge wurde Falmouth in Massachusetts durch Capitän Mowatt von der britischen Marine niedergebrannt, und die Amerikaner sahen jetzt ein, daß sie selbst darauf denken müßten, eine Seemacht einzurichten. Vor allen Dingen verschafften sie sich von allen nur erreichbaren Orten her Munition und Kriegsvorräthe, und Massachusetts besonders erließ Caperbriefe. Der Congreß beschloß ferner, dreizehn Schiffe auszurüsten und zwei Bataillone Marinesoldaten zu stellen, und es dauerte gar nicht lange, so schwärmten amerikanische Privateere oder Caper nach allen Weltgegenden aus und belästigten den englischen Handel selbst in den Gewässern seiner eigenen Insel.

Lord Dunmore versuchte indessen mehrere Male, Virginien wieder zu unterwerfen, wurde aber jedesmal zurückgeschlagen und mußte sich endlich am 1. Januar 1776, nachdem er Norfolk ohne weiteren Vortheil verbrannt hatte, mit seinen Anhängern nach Westindien zurückziehen.

Die letzte Hoffnung der Colonieen beruhte jetzt noch auf der Petition, welche der Congreß an den König gesandt hatte und die er sehr bezeichnend den Oelzweig nannte; Derjenige aber, welcher sie trug—Penn, ein Nachfolger des alten William Penn—kehrte nicht mit fröhlicher Friedensbotschaft zurück; die englische Regierung forderte nur Unterwerfung, und da diese verweigert wurde, so erließ sie die strengsten, unerbittlichsten Gesetze, nach denen alle amerikanischen Fahrzeuge als feindliche und die Mannschaften derselben, wenn eingebracht, nicht als Kriegsgefangene, sondern als Sklaven betrachtet werden sollten.

Im Winter 1775—1776 beschäftigten sich viele amerikanische Schriftsteller mit der Verfassung von Denkschriften, worin sie die Nothwendigkeit und Schicklichkeit der Trennung vom Mutterlande und der Einrichtung einer freien Regierungsverfassung in den Colonieen zu beweisen suchten. Der bekannteste dieser Schriftsteller war Thomas Paine*), ein Engländer, der kurz vorher nach Amerika ge-

*) Thomas Paine's sämmtliche politische Werke sind bei den Verlegern dieses Buches (Maaß und Cursch in Philadelphia) in 2 Bänden erschienen und kosten, schön und dauerhaft gebunden, nur $2. Dieselben enthalten: Paine's Biographie (39 Seiten umfassend); der gesunde Menschenverstand; Sendschreiben an die Quäker; die vollständige Krisis, bestehend in 16 Nummern; Gemeingut; Brief an den Abbe Raynal; die Rechte des Menschen, und sämmtliche kleine Schriften und Briefe

„Nichts konnte zeitgemäßer kommen, als die Erscheinung des gesunden Menschenverstandes. Dieses Pamphlet von 47 Octavseiten brachte Hülfe, indem es einem unterdrückten und verzweifelten Volke die Unabhängigkeit vor Augen hielt; es wurde im Januar 1776 ausgegeben, und redete eine Sprache, welche die Colonisten wohl fühlten, an die sie aber nicht gedacht hatten. Seine Popularität, furchtbar in ihren Erfolgen für's Mutterland, war

kommen war, und eine Broschüre mit dem Titel „der gesunde Menschenverstand" herausgegeben hatte, deren Wirkung ungeheuer war. Das kleine Werkchen zeigte die Nothwendigkeit, den Vortheil und die Thunlichkeit einer Unabhängigkeits-Erklärung, während der Verfasser die monarchische Staatsverfassung mit Schmach und Vorwürfen überhäufte und den Erbadel lächerlich machte. Das Schriftchen rief eine ernstliche und allseitige Erwägung hervor und fast jeder Abgeordnete zum Congreß hatte die diesfälligen Instruktionen seiner Committenten erhalten.

Etwa in dieser Zeit, also im December 1775 und Januar 1776, schloß England mit dem Landgrafen von Hessen-Cassel und einigen andern deutschen Provinzen Verträge ab, nach denen es 17,000 Mann in Sold nahm, um sie mit noch 25,000 andern Truppen gegen die Amerikaner zu führen. Weiter hatte es nichts bedurft als dies, um den letzten entscheidenden Streich zu führen, welcher die Colonieen auf immer von dem Mutterlande trennen mußte.

Während aber England eine so gewaltige Macht sammelte, lichteten sich die Reihen der amerikanischen Armee immer mehr und mehr. Die Truppen waren größtentheils nur bis zum 31. December angeworben, und am 1. Januar standen blos noch 9650 Mann einrollirt, obgleich man alles Mögliche gethan, sie unter Waffen zu halten. General Washington schlug jetzt dem Congresse vor, einen Versuch mit Handgeld zu machen, aber erst Ende Januar willfahrte man seinen Wünschen und bis Mitte Februar dauerte es, ehe das Heer wieder 14,000 Mann zählte. Zugleich forderte er 6000 Mann Miliz von Massachusetts, die er ebenfalls erhielt.

---

ohne Beispiel in der Geschichte der Presse. Zuerst las man die Schrift mit Unwillen und mit Schrecken; denn man dachte, sie müsse die Colonisten zur Empörung reizen und geradewegs in unvermeidliches Verderben führen; kaum hatte sich aber der Leser (und alle Welt las sie) von dem ersten Schrecken erholt und sie zum zweiten Male gelesen, so weckten die Gründe, welche zu seinem Gefühl sprachen und seinen Stolz angriffen, seine Hoffnungen, und sein eigenes Urtheil sagte ihm, daß der gesunde Menschenverstand, unterstützt durch die Hülfsmittel und die Kraft der Colonieen, so schwach und arm sie auch waren, das Land allein von der ungerechten Unterdrückung, welche ihm drohte, retten konnte. Der darauf folgende Enthusiasmus begrüßte den unbekannten Verfasser als einen Engel vom Himmel, um durch seinen zeitgemäßen, kräftigen und untrüglichen Rath ein treues und wackeres, aber mißhandeltes und verläumdetes Volk vor den Greueln der Sklaverei zu retten." So schrieb selbst Paine's ärgster Feind, Cheetham. Daraus geht zur Genüge hervor, wie gierig der amerikanische Geist den Inhalt dieses Pamphlets erfaßte. „Ich gab," sagt der Verfasser, „jedem Staate der Union das Verlagsrecht und es wurden nicht weniger als hunderttausend Exemplare abgesetzt." Anm. der Verleger.

Washington hatte indessen den Winter hindurch die Blokade von Boston begonnen und fortgesetzt, und zwang endlich am 17. März die Engländer, nachdem General Thomas in der Nacht des 4. März die Dorchesterhöhen heimlich besetzt und befestigt hatte, die Stadt zu verlassen, in welche er mit klingendem Spiele einzog. Die Briten schifften sich mit solchen Königlichgesinnten, die sie zu begleiten wünschten, nach Halifax ein.

Das britische Cabinet suchte im Feldzuge von 1775 Canada wieder zu gewinnen und concentrirte dort unter Admiral Howe und dessen Bruder, General Howe, welcher dem General Gage im Oberbefehl folgte, eine bedeutende Truppenmacht. Arnold's Truppen, welche indeß die Belagerung Quebec's fortgesetzt, hatten von dem rauhen Winter und den unter ihnen ausgebrochenen Blattern unendlich gelitten und zählten, obgleich von der Montrealer Garnison verstärkt, kaum tausend kriegsfähige Männer. Thomas langte endlich mit neuer Mannschaft an und übernahm den Oberbefehl; ehe er aber Quebec unterwerfen konnte, lief die englische Flotte in den jetzt vom Eis befreiten St. Lorenz ein, und er mußte so rasch fliehen, daß er sich gezwungen sah, selbst seine Bagage und Kriegsvorräthe zurückzulassen, welche mit vielen der Kranken in Gouverneur Carleton's Hände fielen. Carleton behandelte übrigens die Kranken und Gefangenen mit edler Menschlichkeit.

So kamen die früher von den Amerkanern genommenen Posten einer nach dem andern in die Gewalt der Engländer, und noch vor Ende Juni hatten sie ganz Canada wieder erobert. Die Amerikaner verloren durch diesen unglücklichen Rückzug etwa 1000 Mann, von denen die meisten gefangen genommen wurden.

Die zur Unterwerfung der südlichen Provinzen bestimmte englische Flotte segelte indessen unter Sir Peter Parker aus, um Charleston anzugreifen, welches sie Anfangs Juni 1776 erreichten. Die Marinesoldaten befehligte General Clinton. Die Bewohner hatten aber die Ankunft des Feindes erfahren und konnten sich darauf vorbereiten. Im Eingange des Charlestonhafens errichteten sie auf Sullivansinsel ein Fort aus Palmettobäumen, deren Holz dem Korke gleicht. Dieses Fort wurde von etwa 400 Mann besetzt gehalten und durch Oberst Moultrie befehligt.

Am Morgen des 28. Juni eröffneten die britischen Fahrzeuge ihre Flankensalven auf dasselbe; das Palmettoholz begrub aber die Kugeln, als ob sie in die Erde gefahren wären, und Moultrie erwiederte mit seiner wackern Garnison das Feuer so nachdrücklich, daß die Bewohner von Charleston dem Platze seit der Zeit den Namen Moultrie gegeben haben. Noch an demselben Abend sahen die feindlichen Schiffe, daß sie nicht im Stande sein würden, hier einzudringen, und zogen sich nach einem Verluste von mehreren hundert Mann, wieder nach New York zurück, wo die ganze britische Flotte Befehl hatte, sich zu versammeln.

Washington hatte aber ebenfalls vorhergesehen, welcher wichtige Punkt New York für die Engländer werden müsse, wenn sie sich in Besitz der Stadt setzen könnten. Ehe der Feind daher Boston verließ, war General Lee schon von Cambridge aus dorthin gesandt, um Long-Island und New York in Vertheidigungsstand zu setzen. Bald nach der Besitznahme von Boston folgte ihm dann der Oberbefehlshaber selber und schlug sein Hauptquartier in der Stadt New York auf.

Am 7. Juni stellte Richard Henry Lee von Virginien im Congreß den Antrag, die Colonieen für freie und unabhängige Staaten zu erklären.

Noch vor zwei Jahren waren die Bewohner der Colonieen die loyalen Unterthanen der englischen Krone gewesen und hatten gar nicht nach Unabhängigkeit verlangt, zu starker Druck aber erweckt den Gegendruck; müde, sich länger wie unmündige Kinder oder Sklaven behandeln zu lassen, zuckte der Schrei, „wir wollen frei sein!" durchs ganze Land und hallte von Küste zu Küste. Der Congreß überzeugte sich auch bald genug, daß es nicht ein wilder Plan einzelner Individuen, sondern der Wille des gesammten Volkes sei, und säumte nun nicht länger, es der Welt offen zu erklären. Die Unabhängigkeits-Erklärung der Vereinigten Staaten von Nordamerika ward deshalb am 4. Juli 1776 *) im Congreß beschlossen und festgestellt.

*) Thomas Jefferson, John Adams, Benjamin Franklin, Roger Sherman und R. R. Livingston waren am 11. Juni gewählt worden, um Jeder von ihnen, wie es ihm sein Gefühl eingebe, eine Unabhängigkeits-Erklärung auf-

In dieser Schrift, welche die amerikanischen Colonieen vom Mutterlande losriß, zählten sie die lange Liste der von England erlittenen Bedrückungen und Ungerechtigkeiten auf, bestätigten, wie sie wieder und immer wieder vergebens um Nachsicht und Milde gebeten, und schlossen mit den Worten:

„Wir deshalb, die Abgeordneten der Vereinigten Staaten von Nordamerika, die wir hier, im Generalcongreß versammelt, den höchsten Richter zum Zeugen aufrufen, daß unsere Absichten rein und gut sind, erklären hiermit im Namen und durch die Autorität des guten Volkes dieser Colonieen feierlich und öffentlich, daß diese vereinigten Colonieen freie und unabhängige Staaten sind und dem Rechte nach sein sollen — daß sie sich lossagen von jeder Unterthanenpflicht gegen die britische Krone, und das jede politische Verbindung zwischen ihnen und dem Königreiche Großbritanien hiermit völlig gelöst sei und auch gelöst sein solle. Daß sie ferner als freie und unabhängige Staaten volle Macht haben Krieg zu erklären, Frieden zu schließen, Verbindungen anzuknüpfen, Handel zu eröffnen und alle solche Dinge zu thun, welche unabhängigen Staaten zukommen. Mit völligem Vertrauen auf den Schutz der göttlichen Vorsehung machen wir uns gegenseitig verbindlich, unsere Leben, Güter und unsere Ehre der Aufrechthaltung dieser Erklärung zu weihen.

John Hancock, Präsident."

Zweite Periode.

Von der Unabhängigkeits-Erklärung bis zum Beginn der Bundesregierung.

(Von 1776 bis 1789.)

Mit dieser Unabhängigkeits-Erklärung waren die Würfel für Amerika gefallen, ein Rücktritt nicht mehr möglich, und blutiger

zusetzen, damit später, wenn man sie mit einander vergleiche, diejenige gewählt werden könne, welche man für die beste halten würde. Mr. Jefferson's Ausarbeitung wurde zuerst verlesen, kaum hatten aber die übrigen Mitglieder des Committee's diese gehört, als sie einstimmig beschlossen, ihre eigenen Schriften zurückzuhalten, da sie einen Vergleich mit der eben vorgetragenen gar nicht bestehen könnten. Thomas Jefferson's Erklärung wurde angenommen.

Kampf mußte nun entscheiden, ob Freiheit, ob Sklaverei der Lohn ihrer kühnen That sein werde. John Hancock, welcher das Gefährliche ihrer Lage übersah, sagte ganz richtig: „wir müssen jetzt Alle fest zusammenhängen, oder—wir hängen Alle zusammen," und dem selbst heraufbeschworenen Feinde traten sie mit heroischem Muthe entgegen.

Lord Howe zog indessen auf Staaten-Island und in der Nähe dieses Ortes alle seine Truppen zusammen, welche mit den bald erwarteten Hessen eine Armee von 35,000 Mann bilden sollten. Hierdurch schon glaubte er die Amerikaner eingeschüchtert und bot noch einmal Denen, welche sich ihm freiwillig unterwerfen wollten, Verzeihung an; die bald darauf veröffentlichte Unabhängigkeits-Erklärung belehrte ihn aber, was er zu hoffen habe. Allerdings wandte er sich hierauf noch zweimal an Washington selbst, doch vergeblich; England bot nichts, als Vergebung der Beleidigungen; Amerika war sich nichts bewußt, was einer Vergebung bedurfte, und Vereinigung wurde deshalb zur Unmöglichkeit.

Die Befehlshaber der englischen Armee sahen dies endlich selbst ein, und zögerten nun nicht länger ihren Angriff auf New York zu richten, dessen Besitznahme ihnen festen Fuß in Amerika verschaffen mußte und sie zugleich in Stand setzte, die nördlichen von den südlichen Staaten zu trennen. Von New York aus ließen sich auch am leichtesten Operationen nach allen Richtungen hin unternehmen.

Diesen Plan, den Norden vom Süden zu trennen, mußten sie aber, durch manche Hindernisse aufgehalten, bis zum nächsten Jahr verschieben und ihr Hauptaugenmerk ging jetzt dahin, New York zu besetzen. Der amerikanische Congreß hatte indessen die Errichtung von Kanonenböten, Galeeren und schwimmenden Batterieen angeordnet, um New York und die Mündung des Hudson zu vertheidigen. 13,000 Mann Miliz wurden zugleich beordert, sich Washington's Truppen anzuschließen, dessen Armee dadurch zu 27,000 Mann anwuchs. Ein Viertel von diesen waren aber Invaliden, ein anderes schlecht und unvollständig bewaffnet, und man konnte wohl annehmen, daß sie an wirklich kampffähigen Männern kaum 10,000 zählte, während selbst von dieser Zahl ein großer Theil völlig undisciplinirt genannt werden mußte. Dieses kam aber größtentheils daher, daß der Congreß kein Geld hatte, reguläre Truppen zu bezahlen, und die Amerikaner wohl gern und willig bereit sind, in augenblicklichen, wenn auch noch so gefährlichen Kampf zu ziehen, aber keineswegs lange im Lager aushalten, sondern lieber so bald als möglich zu ihren Familien und Feldern zurückkehren.

Die amerikanische Armee occupirte die Insel New York; zwei Detachements bewachten die Gouverneursinsel und Paulus-Hook. Die Miliz stand unter dem Amerikaner Clinton zu Ost- und Westchester und Neu-Rochelle, um die Engländer zu verhindern, mit einer Macht am nördlichen Ufer zu landen und die Amerikaner so auf der Insel einzuschließen. Ein beträchtlicher Theil der Armee campirte unter General Putnam auf Brooklyn, und zwar auf einem Theile von Long-Island, welcher hier eine Art Halbinsel bildet; der Zugang hierzu war wohlbefestigt, und mit gehöriger Umsicht hätte dieser Platz trefflich vertheidigt werden können. Die Engländer landeten aber ohne Hinderniß weiter oben auf Long-Island, griffen am 27. August mit den Hessen die auf den Höhen gut postirten Amerikaner, welche sie vorher durch falsche Bewegungen irre führten, an, und schlugen sie nach hartnäckigem Kampfe dermaßen, daß sie einen großen Theil derselben tödteten, einen andern gefangen nahmen und es nur einer sehr geringen Zahl möglich war, Putnam's Lager auf Brooklyn zu erreichen. Der Verlust der Amerikaner wird auf fast 4000 Mann geschätzt, während die Engländer an Verwundeten und Todten nur 400 verloren.

In der Nacht des 28. ging Washington vorsichtig mit dem Reste seiner Truppen von Long-Island nach New York zurück, wohin sich die Abtheilung von der Gouverneursinsel ebenfalls begab. Da er übrigens fand, daß die Engländer die Absicht hätten, die Stadt selbst anzugreifen, und wohl wußte, er würde nicht im Stande sein, sie zu vertheidigen, rückte er inseleinwärts auf die Harlemhöhen, wo er eine feste Stellung einnahm.

Am 15. September landete die britische Armee vor New York und nahm Besitz von der Stadt; wenige Tage später brach ein Feuer aus und verzehrte fast den vierten Theil derselben; man sagt, die Einwohner hätten es selbst angezündet, um die Feinde des schützenden Obdachs zu berauben. General Howe machte jetzt noch einen

Versuch, den Frieden wieder herzustellen; die zu ihm gesandten Abgeordneten aber, Benjamin Franklin, John Hancock und Edward Rutledge, weigerten sich, auf andere Bedingungen als Anerkennung ihrer Unabhängigkeit zu unterhandeln, und das nahm natürlich der englische General nicht an.

Durch den Verlust auf Long-Island waren aber die undisciplinirten Milizen gewaltig entmuthigt worden; Hunderte verließen auf einmal ihre Fahnen, ganze Regimenter desertirten, selbst in der regulären Armee schwand die Subordination mehr und mehr, und Desertionen gehörten keineswegs mehr zu den Seltenheiten. Washington befand sich damals in höchst kritischer Lage; mit gutem Muth aber und einer unerschütterlichen Ausdauer that er, was ihm nur immer die Umstände erlaubten, benutzte jeden nur möglichen Vortheil und suchte, besonders in einzelnen kleinen Gefechten, durch umsichtiges Verfahren günstige Resultate zu gewinnen. Dies gelang ihm mehrere Male, und das rasch gesunkene Vertrauen der Kleinmüthigen hob sich auch eben so rasch und freudig wieder.

Der englische Befehlshaber suchte jetzt unter jeder Bedingung Washington zu einer offenen Feldschlacht zu bringen, welche Dieser aber aus eben den Gründen vermied, aus denen Jener sie wünschte. Erst am 28. October, als Howe einsah, wie wichtig die Stellung für ihn sei, welche die Amerikaner jetzt behaupteten, griff er diese, vereint mit den Hessen, an. Er konnte zwar, obgleich der Verlust auf beiden Seiten nicht gering war, keinen entscheidenden Sieg gewinnen, nöthigte aber doch Washington, seine Armee nach dem Kampfe zurück- und über den Hudson nahe bei Fort Lee zu ziehen, während er nur 7500 Mann unter General Lee am North-Castle ließ.

General Howe richtete nun seine Aufmerksamkeit zunächst gegen die beiden Forts Washington und Lee, durch welche die Amerikaner gehofft hatten, den Hudson zu beherrschen. Englische Schiffe waren aber schon bei zwei verschiedenen Gelegenheiten ungestraft vorübergefahren. Washington sah auch die Gefahr voraus, da die beiden Forts preisgegeben waren, und schrieb an General Greene, daß er Fort Washington, wenn er es nicht glaube vertheidigen zu können, räumen solle. General Greene aber ließ 2700 Mann unter dem wackern Oberst Magaw darin, und am 16. Nov. griffen es die Engländer an vier verschiedenen Seiten zugleich an und zwangen die Amerikaner zu capituliren. Die britische Armee kreuzte hierauf sogleich den Hudson, um Fort Lee ebenfalls anzugreifen; die Garnison desselben räumte es aber wohlweislich vorher und schloß sich unter General Greene der Hauptarmee — jetzt in Newark — an.

Die Engländer, durch ihre Siege ermuthigt, rückten ungesäumt gegen Washington vor, den sie zwangen Newark zu verlassen und zuerst nach Brunswick, von da nach Princetown und von dort nach Trenton trieben, von wo er, noch immer verfolgt, endlich den Delaware überschritt und nach Pennsylvanien hineinging.

Ein Glück war es damals für die amerikanische Armee, daß ihr die an Zahl sechsfach überlegene und zehnmal besser bewaffnete und disciplinirte englische Armee nicht gleich weiter folgte; ein einziger Nachtmarsch hätte sie damals überholt und vernichtet. Als aber General Howe (jetzt Sir William Howe, denn nach seinem Sieg auf Long-Island war er geadelt worden) an den Delaware kam, die amerikanische Armee nicht mehr fand und keine Boote sah, auf denen er übersetzen konnte, so campirte er ruhig am Flusse, bis dieser gefroren sein würde, und gab sich dem gemüthlichen Glauben hin, die Amerikaner würden warten, bis er käme und sie aufriebe.

Im December 1776 sollte Washington erst, trotz aller bisherigen Kämpfe und Anstrengungen, am stärksten zeigen, was er dem Heere, was er seinem Vaterlande war. Seinen Truppen fehlte, man möchte fast sagen Alles, was einem Heere im bitter-kalten Winter nicht allein nützlich, sondern unumgänglich nöthig sein mußte. Krankheiten und rauhe Stürme, Hunger und dürftige Kleidung rieben einen Theil der Seinen auf und trieben einen andern zur Desertion, und Howe, welcher diesen traurigen Zustand erfuhr und benutzen wollte, bot jetzt allen Denjenigen einen freien Pardon, die sich noch der königlichen Autorität fügen würden. Viele gewann er für sich, besonders die Aermsten und Reichsten, nur der Mittelstand hielt aus und verließ sein Vaterland nicht in der Stunde der Gefahr. *)

---

*) „Dies sind die Zeiten, die die Seelen der Menschen prüfen." Th. Paine's Krisis No. 1. Jeder, der sich eine genauere Einsicht in die Kämpfe jener Tage zu verschaffen wünscht, sollte Paine's Krisis No. 1 bis 16 lesen.

Anm. d. Verl.

Washington, welcher jetzt recht gut einsah, wie seine Hauptarmee wirklich der Gefahr ausgesetzt sei, vernichtet zu werden, zog die übrigen Truppenabtheilungen heran. Mercer und Gates gehorchten diesem Befehl auch pünktlich, und General Mifflin brachte ihm 1500 Mann Miliz von Pennsylvanien, General Lee aber zögerte mit seiner Abtheilung und wurde, als er sich in einer Nacht von dem Kern der Truppen getrennt hatte, durch die Engländer abgeschnitten, gefangen und nach New York gebracht. General Sullivan führte Washington seine Leute zu.

Mit diesen Verstärkungen belief sich jetzt das amerikanische Heer auf etwa 7000 waffenfähige Leute; nur noch wenige Tage bedurfte es aber zum Jahresschluß, und mit diesem war auch die Zeit vieler angeworbenen Leute abgelaufen. — Amerika verlangte, daß diese kurze Zeit noch nach besten Kräften benutzt würde. In diesem kritischen Momente that Washington, die Unthätigkeit des Feindes bemerkend, einen entscheidenden Schlag für die Seinen. Am 26. December erzwang er sich durch das Treibeis eine Passage, überraschte die in Trenton einquartierten Hessen, schlug sie, tödtete ihren Befehlshaber Oberst Rahl, nahm etwa 1000 gefangen und zog sich dann ohne Zögern wieder über den Delaware zurück. *)

Dieser Sieg verbreitete unendlichen Jubel im amerikanischen Lager, welcher noch dadurch vermehrt wurde, daß sie fast gar keinen Verlust erlitten hatten. Es waren nur vier Mann geblieben — zwei erschossen und zwei erfroren. Frischer Muth belebte die Schaaren, und viele ließen sich auf sechs Wochen länger anwerben. Zwei Tage nach diesem Siege rückte Washington mit seiner ganzen Armee über den Delaware und quartierte sich in Trenton ein.

Howe staunte und erschrack nicht wenig über diesen raschen Wechsel. Lord Cornwallis, welcher in New York eben im Begriffe war, sich nach England einzuschiffen, eilte augenblicklich wieder nach New Jersey zu den britischen Truppen, welche jetzt um Princeton standen. Schon am 1. Januar 1777 rückte er gegen Trenton vor, um die Amerikaner anzugreifen.

*) Die detaillirte Geschichte der Gefechte bei Trenton und Princeton findet man in Paine's Schreiben an den Abbe Raynal in Band II. Seite 37 rc. seiner politischen Werke. — Verlag von Maaß u. Cursch.

Anm. des Verl.

Washington, welcher es für zu gefährlich hielt, hier einen immer noch ungleichen Kampf abzuwarten, fiel auf eine Kriegslist. Er ließ, als der Vortrab der Engländer heranrückte, seine Wachtfeuer brennen, damit man seinen Abzug nicht merke, und rückte um Mitternacht auf einem Umwege rasch gegen Princeton und die dort von Cornwallis hinterlassenen Truppen los. Mit Sonnenaufgang trafen sie unerwartet zwei britische Regimenter, welche sich Cornwallis anschließen wollten, schlugen sie, erreichten Princeton, jagten auch das dort stehende Regiment in die Flucht und nahmen Dreihundert gefangen. Die Engländer verloren bei diesem Kampfe etwa 100 Todte, die Amerikaner etwas weniger, unter diesen aber den trefflichen General Mercer und einige andere Offiziere.

Ein solcher Jubelruf dieser fröhlichen Botschaft von New Jersey flog damals durch ganz Nordamerika, daß sich das Sprichwort bei einer glücklichen Nachricht noch bis heute erhalten hat: „Gute Neuigkeit aus den Jerseys!"

Als Cornwallis die Kanonade von Princeton hörte, rückte er, in Besorgniß für seine Vorräthe in New Brunswick, rasch dorthin zu, und Washington zog sich vorläufig nach Morristown zurück, begab sich aber nach kurzer Rast schon wieder ins Feld und nahm Newark, Woodbridge und Elisabethtown, wie überhaupt, New Brunswick und Amboy ausgenommen, alle festen Plätze in Jersey, wonach er sich nach Morristown in seine sichern Winterquartiere begab.

Während aber Washington in allen kleinen Gefechten Sieg auf Sieg häufte, wurde General Arnold auf dem Champlainsee von Carleton geschlagen und seine ganze Flotte vernichtet. Ebenso nahmen die Engländer an demselben Tage, an welchem sich der amerikanische Oberfeldherr über den Delaware zurückzog, Rhode-Island in Besitz und blokirten Commodore Hopkin's Flotte bei Providence.

Der Congreß setzte indessen die Artikel der Conföderation auf, welche den Colonieen den Namen der „Vereinigten Staaten von Amerika" gab und bis zu der später allgemein angenommenen Constitution die Basis ihrer Regierung bildete. Aber der Congreß besaß nur die moralische, nicht die wirkliche Gewalt der Ausführung — er hatte eine erschöpfte Armee aus einem entmuthigten Volke zu rekrutiren, stand einem mächtigen Feind ohne Geld, ja fast auch ohne

Credit, gegenüber—denn die früher ausgebenen Noten verloren mit jedem Tage mehr an Werth, und dennoch blieben diese wackeren Männer fest und unerschrocken am Steuer und lenkten das schwanke Staatsschiff mit ruhiger, sicherer Hand dem Hafen zu.

So guten Muth sie aber auch haben mochten, so sahen sie doch endlich ein, daß sie ohne fremde Hülfe höchstens einen jedenfalls sehr ungewissen Sieg zu erwarten und im entgegengesetzten Falle das Schlimmste zu fürchten hätten. Sie wandten sich deshalb an Frankreich um Unterstützung und sandten zu diesem Zwecke Benjamin Franklin, Silas Deane und Arthur Lee an den dortigen Hof, welche ihnen Waffen und Munition, wie auch die Erlaubniß verschaffen sollten, amerikanische Fahrzeuge in französischen Häfen ausrüsten zu dürfen, um damit der englischen Marine entgegentreten und den englischen Handel belästigen zu können. Zugleich wurden sie beauftragt, eine Anleihe von 10 Millionen Livres zu machen und die französische Regierung, wenn ihnen dieses nur irgend möglich sei, zu bewegen, die Unabhängigkeit der Vereinigten Staaten anzuerkennen. Zu gleicher Zeit gaben sie General Washington auf sechs Monate unbedingte Vollmacht, in jeder Hinsicht zu handeln, wie er es für gut finden würde, ohne die Erlaubniß des Congresses einzuholen.

Die Bewohner von New Jersey hatten indessen viel von den Excessen der Engländer und Hessen zu dulden, die noch in Brunswick und Amboy einquartiert waren, und solchen Haß hegten sie gegen diese, daß sich Keiner derselben ohne Lebensgefahr, selbst zum Fouragiren, hinauswagen durfte. In diese Zeit fällt nun auch der Aufstand der Tories oder Anhänger Englands in den Colonieen, welche besonders gefährlich in Sommersett und Worcester, Maryland, in Sussex, Delaware und in Albany im New Yorkstaate wurde, nach welchen Plätzen denn auch Truppen abgesandt werden mußten, um sie im Zaume zu halten. Die Blattern, welche im vorigen Jahr in der nördlichen Armee so gewüthet, bedrohten wieder Washington's Truppen; dieser aber ließ, um die Seinen vor der fürchterlichen Krankheit zu bewahren, sowohl die Regulären wie die Miliz impfen, und hemmte dadurch die Seuche.

Die ersten Frühlingsmonde des Jahres 1777 vergingen damit, daß sich Engländer wie Amerikaner, durch gegenseitiges Zerstören von Kriegsvorräthen, allen nur möglichen Schaden zuzufügen suchten, und beide waren darin abwechselnd siegreich; eine ernsthafte Schlacht fiel nicht vor. Die Gesandten in Frankreich waren aber auch nicht müßig gewesen und Frankreichs eigenes Interesse wie die Theilnahme, welche es für die bedrängten Colonieen fühlte, bewog Manche, selbst aus den angesehendsten Geschlechtern, Leben und Vermögen der fremden Sache zu weihen.

Unter diesen zeignete sich vor Allen der junge Marquis de Lafayette aus, welcher Alles, was nur den Menschen an die Heimath fesseln kann, sein Vaterland, Rang, Reichthümer und eine liebliche Braut zurückließ, um der Freiheit über dem Oceáne drüben den Arm zu leihen. Seine Ankunft erweckte große Freude in den Vereinigten Staaten, der Congreß ernannte ihn augenblicklich zum Generalmajor und Washington selbst nahm ihn in seine eigne Familie, wie er denn auch dem jungen Freunde stets mit väterlicher Liebe gewogen blieb.

Lord Cornwallis suchte jetzt die Amerikaner zu einer entscheidenden Schlacht zu bringen, wo er sich mit seinen trefflich disciplinirten Truppen leichten Sieg zu erringen hoffte; Washington aber hütete sich wohl, jetzt schon darauf einzugehen, und postirte seine Trupen in der Art, daß er sie, falls es nöthig werden sollte, leicht und rasch zusammenziehen konnte. Er führte seine Armee von Morristown fort zu den Höhen von Middlebrook, wo sie eine feste Stellung einnahm. Die Mannschaften der nördlichen Provinzen legte er dabei nach Peekskill und Ticonderoga, und diejenigen aus den mittlern und südlichen Staaten nach New Jersey. Howe gelang es allerdings später, Washington durch eine List irre zu führen und aus seiner Stellung herauszulocken, er konnte aber dadurch nur geringen Vortheil über ihn erlangen, da der Gegner es zeitig genug wahrnahm und rasch in seine Position zurückkehrte.

In der Nacht des 10. Juli 1777 führte Oberst Barton mit vierzig Milizen von Warwick jenen berühmten und kecken Streich aus, den englischen General Prescott aus der Mitte der Seinen heraus zu entführen und gefangen zu nehmen. Sie fuhren zehn englische Meilen in Walfischbooten nach Rhode-Island, wo sie zwischen Newport und Bristol landeten; dann marschirten sie eine Meile bis zu des Generals Quartier, holten ihn aus seinem Bette und entführten ihn rasch ans feste Land.

Indessen geschahen englischerseits große Vorbereitungen, um von Canada aus in die Vereinigten Staaten hineinzubrechen; denn man hoffte die Staaten besonders dadurch zu theilen, daß man über den See Champlain und den Hudsonfluß eine Vereinigung der Armee bewirkte. General Bourgoyne hatte sich besondere Mühe gegeben, der englischen Regierung diesen Plan als vorzüglich darzustellen, und er war deshalb sogar hinübergefahren, um seinen Vorstellungen größern Nachdruck zu geben. Da er nun schon unter Carleton gedient hatte und die amerikanischen Verhältnisse genau kannte, so vertraute man ihm, Carleton's Wunsch zuwieder, den Oberbefehl über die Armee von Canada und versah ihn mit Truppen und Kriegsvorräthen. Mit diesen traf er im Mai in Quebec ein.

Sir Guy Carleton, obgleich er mit dem, Bourgoyne geschenkten und fast allzugroßen Vertrauen keineswegs einverstanden war, that doch Alles, was in seinen Kräften stand, ihn zu unterstützen, und Bourgoyne's Armee bestand jetzt aus dem Generale Pilipps, welcher sich in den deutschen Kriegen ausgezeichnet, den Brigadegeneralen Frazer und Powel, dem braunschweigischen Generalmajor Riedesel und dem Brigadegeneral Spechter, ferner aus 7173 englischen und deutschen Truppen und mehrerern Tausend Canadiern und Indianern. Bourgoyne's Operationsplan war, daß Oberst St. Leger den St. Lorenz hinauf nach Oswego, Fort Stanwix bis Albany gehen sollte; Bourgoyne dagegen wollte über den Champlain und den Hudson hinuntergehen, und sie Beide konnten sich dann mit General Clinton in New York vereinigen. Rasch rückte er auch mit seiner Armee vor und schlug sein erstes Lager am westlichen Ufer des Champlainsees auf.

Siegreich rückte er auch, während sich dagegen St. Leger und Sir John Johnson keineswegs eines so glücklichen Erfolges rühmen konnten, weiter vor und nahm sogar das sehr befestigte Ticonderoga, indem er eine nahe, es beherrschende Höhe besetzte, die flüchtige Garnison verfolgte und einholte und einen großen Theil ihrer Boote und Bagage erbeutete (die Amerikaner verloren in diesem Kampfe an Todten, Verwundeten und Gefangenen wohl 1000 Mann, auch Oberst Francis war unter den Gebliebenen).

General Shuyler vermochte jetzt weiter nichts zu thun, als sämmtliche Brücken hinter sich abzubrechen und die Straßen durch gefällte Bäume unwegsam zu machen.

Dadurch konnte er aber allerdings den Weg des siegreichen Briten nur aufhalten, nicht verhindern, und der Congreß, obgleich er die großen Verdienste Shuyler's wohl erkannte, sah sich doch genöthigt, einen andern Mann an die Spitze der nördlichen Truppen zu stellen, um deren fast gesunkenes Vertrauen wieder zu erwecken und neue freiwillige Compagnieen zu gewinnen. General Gates wurde deshalb beauftragt, in die Stelle General Shuyler's einzurücken, und ebenso beorderte man Lincoln Arnold, Morgan und den jetzt der amerikanischen Armee beigetretenen Polenhäuptling Kosciusko nach Norden.

Bourgoyne, der sich indeß mit großem Zeitverlust einen Weg von Skeenesborough bis zum Fort Edward am Hudson gebahnt, konnte sich in dem feindlichen Lande nur höchst mühsam Provisionen verschaffen und sandte, als er erfuhr, daß in dem nicht sehr entfernten Bennington bedeutende Vorräthe aufgehäuft lägen, 500 Mann unter Oberst Baum, einem zuverlässigen deutschen Offizier, dorthin ab. Diese trafen aber unglücklicherweise auf ein Detachement unter General Stark, das sich der nördlichen Hauptarmee anschließen wollte, und wurden gänzlich geschlagen; — ebenso durch die rechtzeitige Dazwischenkunft Warner's mit den „Grünen Berg-Männern," eine heranrückende britische Verstärkung unter Oberst Breymann. Der Verlust der Amerikaner war unbedeutend, der der Royalisten belief sich auf etwa 600 Mann, von denen jedoch die meisten gefangen wurden. *)

Der Sieg von Bennington war übrigens, weniger der allerdings nicht bedeutenden dadurch errungenen Vortheile halber, sondern mehr durch seine Folgen und den moralischen Eindruck, für die amerikanische Armee wichtig, zumal da zu derselben Zeit die Ermordung einer jungen Amerikanerin, M'Crea, durch die Wilden die Empörung gegen die britische Militärmacht auf ihren höchsten Gipfel trieb. Frei-

*) Ueber die Feldzüge des Jahres 1777 siehe Th. Paine's Krisis No. 5.

willige strömten von allen Seiten herbei, und fast eben so sehr von Vaterlandsliebe getrieben, als um den schändlichen Tod ihrer jungen Landsmännin zu rächen. Am 8. September 1777 war Gates' Armee auf 5000 Mann angewachsen und lag bei Stillwater — Bourgoyne, etwa drei Meilen davon entfernt, bei Saratoga, und am 19. September schlugen sie eine Schlacht, die unentschieden blieb, in welcher aber besonders die Engländer sehr bedeutende Verluste erlitten.

Kleinere Scharmützel beschäftigten jetzt bis zum 7. October beide Heere; an diesem Tage aber machten die Amerikaner bei Saratoga einen Angriff und schlugen sich auf das Tapferste. Bourgoyne's Armee mußte weichen, und ihr General sah bald, wie der Feind ihn auf allen Seiten zu umzingeln suchte. Allerdings bewerkstelligte er noch in derselben Nacht einen Rückzug, sechs englische Meilen den Fluß aufwärts, wobei er sogar gezwungen war, sein Hospital mit 200 Kranken und Verwundeten der Menschlichkeit der Amerikaner zu überlassen, gewann aber dadurch auch keine erheblichen Vortheile. Der wirkliche Rückzug schien ihm, wohin er sich auch von hier aus wenden wollte, benommen, und ein mit jedem Tage sich verstärkender Feind schloß seine zusammenschmelzenden entmuthigten Truppen ein, während ihm fast jede Zufuhr, ja jede Kunde von außen abgeschnitten wurde.

Schon vor einiger Zeit, als die Amerikaner die ersten Siege gewonnen, hatte er an Sir Henry Clinton nach New York geschrieben und um Succurs, später sogar um „schleunige Hülfe" gebeten und dabei bemerkt, daß sich seine Armee höchstens noch bis zum 12. October halten könne. Der 12. kam, aber der erwartete Beistand nicht, und Bourgoyne sah sich gezwungen, am 17. zu capituliren. Die ganze Armee, aus 5752 Mann bestehend, mußte die Waffen strecken, und das britische Heer hatte jetzt mit den früheren Verlusten bei Bennington und an andern Orten etwa 9200 Mann verloren. Ferner fielen in die Hände der Amerikaner 35 messingene Feldstücke und 5000 Musketen.

Die Bedingungen der Uebergabe lauteten: daß die Soldaten auf den Befehl ihrer eigenen Offiziere die Waffen niederlegten und dann ihr Lager mit klingendem Spiel und wehenden Fahnen verließen;

dagegen aber sich verbindlich machten, so lange der Krieg dauerte, nicht wieder in Nordamerika gegen die Amerikaner zu dienen.

Die britische Besatzung von Ticonderoga zog sich, sobald sie von Bourgoyne's Uebergabe hörte, augenblicklich nach Canada wieder zurück; kein Feind blieb mehr in dem nördlichen Theile der Union, und eine Expedition war beendet, von welcher die Engländer so viel gehofft, die Amerikaner so viel gefürchtet hatten.

Noch möchte ich hier einschalten, daß die Engländer inzwischen unter Sir Henry Clinton (am 6. October) die Forts Clinton und Montgomery genommen und die Stadt Esopus, jetzt Kingston, niedergebrannt hatten, was geschehen war, um theils die amerikanischen Streitkräfte zu trennen, theils der englischen Schifffahrt freie Passage auf dem Hudson zu gewinnen. Hätte Clinton diesen Schritt früher gethan, so konnte er vielleicht seinen Zweck erreichen; so aber erfuhr Bourgoyne erst dann von dem Heranrücken einer freundlichen Macht, als er schon sein Wort zur Unterwerfung gegeben hatte, und sowohl Ehre als Menschlichkeit verboten ihm, es zu brechen.

Clinton, sobald er hörte, daß sich Bourgoyne ergeben habe und Gates gegen ihn selbst heranmarschire, räumte und zerstörte die Forts und zog sich nach New York zurück.

Es möchte jetzt gut sein, etwa drei Monate zurückzugehen, um den, wenn auch weniger wichtigen Affairen der südlichen Heerestheile folgen zu können.

Admiral und General Howe verließen, um Philadelphia einnehmen zu können, am 23. Juli Sandy-Hook und liefen in die Chesapeake-Bay ein, wo sie ihre Truppen, 18,000 Mann, am 25. August etwa fünfzig Meilen südwestlich von Philadelphia und oben am Elkflusse landeten. Washington überschritt den Delaware, rückte ihnen entgegen und lagerte am Brandywine, wo er den Angriff der Engländer erwartete.

Früh am 11. September erfolgte denn auch das Anrücken der Engländer, welche mit fröhlichem Muthe dem Kampf entgegengingen. Die Amerikaner hielten sich dabei allerdings gut genug; ihr Heer war aber durch die zahlreichen Truppenabtheilungen, welche sich Washington genöthigt gesehen hatte dem Vorrücken Bourgoyne's entgegenzusenden, geschwächt worden, und der kleine Haufe konnte dem Andringen der kriegsmuthigen Schaar nicht widerstehen. Der Kampf wüthete fürchterlich, und die Amerikaner verloren an Todten, Verwundeten und Gefangenen über 1300 Mann — die Engländer nur 500. Lafayette wurde ebenfalls verwundet, und Baron St. Ovary, auch ein fremder Offizier, gefangen genommen. Besonders tapfer zeigte sich an diesem Tage der polnische Graf Pulaski, welcher auch später vom Congresse den Rang eines Brigadegenerals erhielt.

Die Amerikaner zogen sich jetzt nach Philadelphia zurück, mußten aber nach wiederholten Verlusten (wie bei Goshen, wo 300 Amerikaner abgeschnitten wurden) auch dieses räumen, und die Engländer rückten am 26. September in die Stadt der Quäker ein. Der übrige Theil des Spätherbstes verging den Amerikanern in vergeblichen Versuchen, der englischen Armee Vortheile abzugewinnen; diese schlug sie überall und oft, wie bei Germantown, mit sehr beträchtlichem Verluste zurück, und beide Armeen bezogen jetzt ihre Winterquartiere, die Engländer in Philadelphia, die Amerikaner zu Valley-Forge am Schuylkill, zwanzig englische Meilen oberhalb Philadelphia, wo Washington jetzt bedeutende Verstärkung durch die nördliche Armee erhalten hatte. Freilich waren hier nur sehr geringe Vorbereitungen zu einem ordentlichen Lager getroffen worden, und die Armee litt entsetzlich.

Viele Hunderte starben in diesem Winter an Krankheiten und Entbehrungen, und Washington litt um so mehr, da er die Leiden sah und doch nicht im Stande war, ihnen abzuhelfen. Nichtsdestoweniger benutzten manche seiner Feinde oder Neider diesen Umstand, um ihm zu schaden und General Gates, dessen Name durch Bourgoyne's Unterwerfung einen sehr guten Klang bekommen, zum Oberbefehlshaber zu machen. General Gates gehörte dabei selbst mit zu den Intriguirenden, und mit ihm die Generale Mifflin und Conway, denen sich Samuel Adams anschloß; die öffentliche Meinung ließ sich aber nicht so leicht bestimmen, wie der Congreß selbst, der schon allerlei Washington kränkende Anordnungen traf. Ein wilder Zornesruf flog durch die ganze Armee, als sie von den Plänen hörte, welche man gegen ihren geliebten Anführer geschmiedet. Conway, in dessen Stelle augenblicklich Baron Steuben, ein preußischer Offizier, einrückte, durfte sich gar nicht mehr vor den Soldaten sehen lassen, und auch Samuel Adams hielt es für besser, der Armee in dieser Zeit nicht zu nahe zu kommen. Der Congreß merkte doch endlich, wie fest nicht allein die Liebe zu Washington im Herzen des amerikanischen Volkes gewurzelt sei, sondern wie sehr er sie auch verdiene, und schenkte ihm bald und im vollsten Maaße das vielleicht zu leichtsinnig entzogene Vertrauen wieder. Conway wurde später in einem Duell verwundet, und da er sich am Tode glaubte, schrieb er einen reuigen Brief an Washington, in welchem er sein Unrecht gestand und um Verzeihung bat.

Mit anbrechendem Frühlinge begannen die Engländer schon wieder Streifzüge gegen die Amerikaner zu unternehmen, und würden diesen höchst gefährlich geworden sein, wären sie im Stande gewesen, gleich von vorn herein mit ihrer ganzen Macht ins Feld zu gehen; denn die amerikanischen Verstärkungen und Vorräthe blieben aus, oder kamen nur verhältnißmäßig spät an. Doch blieb es bei Scharmützeln, und auch dieses Jahr sollte noch nicht den Kampf um Leben oder Tod der jungen Freiheit entscheiden.

Während übrigens die amerikanische Armee auf dem festen Lande mit unendlichen Gefahren und Schwierigkeiten zu kämpfen hatte und oft die schlimmsten Niederlagen erleiden mußte, gewannen die schnellsegelnden Privatiere oder Caper der Vereinigten Staaten Siege auf Siege, und belästigten den englischen Handel gewaltig. In allen Seen kreuzten sie, ja selbst die englischen Meere waren vor ihren Angriffen nicht sicher, und ihr an Tollkühnheit grenzender Muth ließ sie die abenteuerlichsten Thaten ausführen. Seit 1776 hatten sie schon 500 englische Fahrzeuge erbeutet, und es erforderte die ganze Energie der britischen Seemacht, ihnen mit Erfolg entgegenzutreten.

Indessen hatte die Capitulation Bourgoyne's, deren Kunde wie ein Lauffeuer durch Europa flog, einen für die amerikanischen Interessen höchst wohlthätigen Einfluß auf den Continent ausgeübt. Frankreich besonders, welches sich bis dahin immer noch zurückgehalten und seinen größten Vortheil, ohne mit England gerade wirklich und offen zu brechen, nur darin gesehen hatte, den Krieg in Amerika so lange als möglich zu unterhalten, was seinen Feind auf jeden Fall schwächen mußte, erklärte sich jetzt, da durch diesen Sieg die Unabhängigkeitserklärung der Colonieen in ein ganz neues Licht trat, offen für diese, und am 6. Februar wurde in Paris die Allianz mit Frankreich abgeschlossen, welches dadurch die Unabhängkeit der Freistaaten anerkannte und zugleich ein Schutz- und Trutzbündniß mit ihnen schloß. Den Vertrag unterzeichnete für Frankreich M. Gerard, für die Vereinigten Staaten Benjamin Franklin, Silas Deane und Arthur Lee.

Am 20. März wurden die amerikanischen Abgeordneten als die Gesandten einer Schwesternation am französischen Hofe empfangen, und man hielt diesen Umstand wohl mit Recht für einen der wichtigsten, welche in den Annalen Amerika's seit seiner Entdeckung stattgefunden.

England, welches vielleicht ein solches Bündniß schon vorausgesehen oder befürchtet haben mochte, ging jetzt auf die früher von Amerika gestellten Bedingungen ein, natürlich unter der Voraussetzung, daß es zu seiner Unterthanenpflicht zurückkehre, aber — zu spät; die drei hinübergesandten Commissäre richteten in offener Botschaft nichts mehr aus, und suchten nur durch Versprechungen, ja in manchen Fällen sogar durch directe Bestechungen auf die Führer der republikanischen Partei zu wirken.*) Bekannt ist die Antwort, welche General Reed dem Commissär Johnstone sagen ließ, der durch eine Dame auf ihn zu wirken suchte und ihm 10,000 Pfund Sterling und eine bedeutende Stellung in den Colonieen zusichern ließ.

„Ich möchte des Kaufs nicht werth sein," antwortete ihr der wackere Mann; „wie ich aber nun einmal bin, so wäre der König von England gar nicht reich genug, mich zu kaufen."

Sobald die Nachricht des Vertrags aus Frankreich nach England kam, beschloß dieses, auf's Aeußerste entrüstet darüber, den Nachbarstaat augenblicklich zur See anzugreifen, fand aber zu seinem Erstaunen, daß dieser durch gewaltige Anstrengungen seine Marine wie seine Seeleute ungemein verbessert hatte und keineswegs mehr unvorbereitet oder ungerüstet dastand, einen Seekrieg auszuhalten und durchzuführen.

Am 5. Juni etwa (1778) begannen die Engländer, Philadelphia

*) Siehe Th. Paine's Krisis No. 6.

wieder zu räumen, und Washington, der es jetzt für gerathen hielt, den Feinden eine Schlacht anzubieten, obgleich seine Offiziere nicht damit einverstanden waren, folgte mit seiner Armee und schlug die Schlacht von Monmouth, in welcher die Engländer, die sich allerdings später den Sieg zuschrieben, etwa 700 Mann verloren und das Feld räumen mußten. Clinton, welcher einen zweiten Angriff am nächsten Tage nicht abwarten wollte, zog sich nach Sandy-Hook zurück und setzte später nach New York über.

Eine französische Flotte, aus zwölf Linienschiffen und sechs Fregatten bestehend und vom Grafen d'Estaing befehligt, wurde jetzt den Amerikanern zu Hülfe gesandt. Der Admiral verließ Toulon am 18. April und segelte nach dem Delaware, um die englischen Schiffe dort zu blokiren. Hier fand er freilich, daß diese nach New York übergesegelt waren, und als er ihnen dorthin folgte, konnte er sie, der Größe seiner Schiffe und des geringen Seeraums wegen, nicht angreifen.

Am 14. September wurde der noch immer in Paris weilende Benjamin Franklin mit der Würde und Macht eines bevollmächtigten Gesandten der Republik bekleidet.

Washington indessen, welcher den größtmöglichen Nutzen aus der Anwesenheit einer französischen Flotte zu ziehen wünschte, sandte eine Expedition von 10,000 Mann gegen Rhode-Island, und zwar unter dem General Sullivan, dem er später noch die Generale Greene und Lafayette beigesellte. Die Gegner zählten, unter General Pigot, nicht mehr als 6000 und standen bei Newport. Der Plan war vortrefflich, und nach General Sullivan's Idee, wie mit der Cooperation der französischen Flotte, wäre er auch sicherlich ausgeführt worden; aber gerade beim Beginn der Unternehmung kam Lord Howe mit der englischen Flotte in Sicht, und d'Estaing verließ Sullivan, um Jenen zu verfolgen. Allerdings hatte er baldige Rückkehr versprochen; während aber Sullivan allein die Belagerung von Newport begann, lief der Admiral zwar wieder in den Hafen ein, behauptete aber, daß seine Schiffe so beschädigt wären, daß er unmöglich verweilen könne, sondern nach Boston müßte, um die Fahrzeuge auszubessern. Ein Unglück kommt dabei nie allein — die Milizen, welche fast die Hälfte der Armee ausmachten, wurden ebenfalls durch solches Rückweichen der Verbündeten ängstlich gemacht und verließen das Heer, und Sullivan, welcher sich jetzt mit so geringer Mannschaft von New York aus bedroht sah, hob die Belagerung auf.

Dieses Jahr brachte über Amerika, neben vielen andern Leiden, auch die Gefahren indianischer Metzeleien auf höchst traurige Art, denen sich die Tories oder Anhänger des Königthums zu ihrer Schande beigesellten. Auch Streitigkeiten mit den Franzosen fielen vor, da d'Estaing's Benehmen bei Newport Mißtrauen erregt hatte. Man schrieb dies damals auch englischen Intriguen zu. Lafayette, der diesem Treiben ein Ende zu machen wünschte und den amerikanischen Freistaaten für den Augenblick mehr in Frankreich als in Amerika zu nützen hoffte, erbat und erhielt die Erlaubniß, in sein Vaterland zurückzukehren.

Die französische und die englische Flotte segelten indessen nach Westindien hinüber und nahmen dort, die erstere Dominica von den Engländern, die zweite St. Lucia von den Franzosen.

Sir Henry Clinton hatte übrigens zum Hauptziele des diesjährigen Kampfes die Unterwerfung der südlichen Staaten gemacht, sich aber erst spät im Stande gesehen, diesen Plan zu verfolgen. Er sandte im November, mit der Flotte des Admirals Hyde Parker, 2500 Mann Engländer und Hessen; die Armee wurde vom Oberst Campbell befehligt, und als sie am 27. December 1778 vor Savannah vor Anker gingen, fanden sie den Platz auf solchen Ueberfall ganz unvorbereitet, griffen ohne Weiteres die Amerikaner unter Generalmajor Robert Howe an, schlugen sie und besetzten die Stadt. 450 Amerikaner fielen in ihre Hände, eben so eine beträchtliche Anzahl von Geschützstücken und viele Munition.

Spät im Herbste dieses Jahres schlug Washington in Middlebrook seine Winterquartiere auf.

Auch das nächste Jahr, 1779, brachte nur wenig Entscheidendes in seinem Laufe, obgleich manche blutige Scharmützel stattfanden und die Amerikaner auch mit Uneinigkeit unter sich selber zu kämpfen hatten. Sir Henry Clinton folgte nämlich seinem im vorigen Jahre entworfenen Plane, Georgia mit den südlichen Staaten zu unterwerfen, und da er schon die Hauptstadt genommen, so wurde es ihm leicht genug, auch die anderen Theile mit seinen Truppen zu überziehen. Weniger glücklich fiel die Expedition gegen Port-Royal aus, wo die Engländer von den wackeren Carolinern mit blutigen Köpfen heimgeschickt wurden; aber sie ließen sich nicht abschrecken, denn auch im Lande selbst, unter den Amerikanern, wußten sie Freunde, die hie und da zerstreut nur der Gelegenheit warteten, sich den Königlichen anzuschließen und gegen ihre eigenen Landsleute zu kämpfen. Es rotteten sich auch, als die Engländer näher rückten, einzelne Schaaren von „Tories" zusammen und zogen diesen entgegen, ja begingen nicht selten, mit den Indianern vereint, fürchterliche Grausamkeiten. Die Republikaner sammelten aber ebenfalls ihre Macht unter Oberst Pickens, griffen sie an und erschlugen und fingen, was ihnen Widerstand leistete.

Die Briten waren indessen aller Orten siegreich und schlugen die Amerikaner, wo sie mit ihnen zusammenkamen; mehrere Versuche, Georgien wieder zu befreien, blieben daher auch nutzlos. Erst vor Charleston, das Prevost belagerte, fanden sie Widerstand und mußten von der Besatzung hingezögert, abziehen, als der amerikanische General Lincoln zum Entsatz heranrückte.

Im Mai sandte General Clinton eine Flotte in die Chesapeake-Bay und ließ dort am Jamesflusse mehrere Städte niederbrennen.

Er hatte dabei gehofft, von den Royalisten so bedeutend unterstützt zu werden, daß er sich des ganzen Staates Virginien bemächtigen könnte; da er aber bald fand, daß dies nicht der Fall war, zog er seine Truppen wieder nach New York zurück, nachdem sie weiter nichts ausgerichtet hatten, als daß sie einzelne Proviant- und Munitionslager zerstörten und mehrere Magazine ausräumten.

Auch gegen Stony- und Verplankspoint — zwei feste, einander gegenüberliegende Plätze am Hudson—sandte er Streitkräfte, und es gelang ihm auch, sie am 1. Juni einzunehmen; am 15. Juli aber wurde Stonypoint schon wieder von den Amerikanern, unter Wayne, überrumpelt und nach einem glorreichen Bayonnetangriff genommen. Verplankspoint hielt sich dagegen, und von hier aus beschossen sahen sich die Amerikaner genöthigt, das Fort wieder zu räumen, zumal da auch Clinton neue Truppen gegen sie aussandte. Uebrigens nahmen sie an Artillerie und Munition mit, was ihnen von Werth schien.

Gleich glücklichen Erfolg hatte am 19. ein Angriff des Majors Lee mit 300 Mann, der die britische Garnison am Paulus-Hook überfiel, 30 Mann erschlug und 159 gefangen nahm. Trübselig erging es aber dafür den Bewohnern von Boston, die unter dem Befehle des Commodore Saltonstall eine Flotte ausrüsteten, und auf dieser den General Lovell mit einem Theile der Landtruppen gegen Oberst M'Lean schickten, welcher sich an der Mündung des Pennobsoot festgesetzt hatte und die Bewohner von Massachusetts daran verhindern wollte, der Washington'schen Armee Verstärkung zuzuschicken. Anstatt den Feind gleich und ungesäumt anzugreifen, zögerten sie nutzlos, bis eine von Clinton unter Collier abgesandte Verstärkung eintraf. Dieser warf sich auf die Bostoner Flotte und zerstörte sie vollkommen. Die Amerikaner erlitten hierdurch einen höchst bedeutenden Verlust.

Siegreich waren sie dafür gegen die wieder gesammelten Tories und Indianerschaaren, welche entsetzliche Grausamkeiten verübt und sich in Newtown festgesetzt hatten. Sullivan, der hierbei den Oberbefehl führte, rückte gegen sie vor, stürmte Newtown, schlug und vertrieb die Indianer und übte ein strenges Vergeltungsrecht an ihren eigenen Dörfern und Waarenvorräthen aus.

Um übrigens diesem, in so vielen Orten zugleich geführten Krieg auch genau folgen zu können, ist es nöthig, die verschiedenen Streitkräfte im Auge zu behalten.

Der Anfang des Jahres 1779 fand den Grafen d'Estaing und Lord Byron mit ihren beiderseitigen Flotten, der französischen und englischen, in Westindien, wo die letztere, da ihre Kräfte ziemlich gleich waren, um jeden Preis eine Schlacht herbeizuführen suchte. D'Estaing aber hatte, um die englischen Inseln zu besetzen, viele Milizen an Bord, die er keiner unnützen Gefahr auszusetzen wünschte, und blieb deshalb ruhig bei Martinique vor Anker, bis Lord Byron endlich, des langen Harrens müde, nach England zurücksegelte, um eine Handelsflotte zu begleiten, und die Franzosen nun ohne Weiteres die herrliche Insel St. Vincent besetzten. Auch die Insel Grenada nahmen sie nach heftiger Beschießung des starken Forts St. Georg.

Die Amerikaner beklagten sich aber, und wohl auch nicht mit Unrecht, bitter über ihre neuen Verbündeten, die Franzosen, welche ihnen nicht die geringste Hülfe angedeihen ließen, sondern ihre Küsten dem Feinde preisgäben, um in fremden Meeren zu kreuzen. Graf d'Estaing hatte gerade um diese Zeit, im August, Befehl erhalten, nach Frankreich zurückzukehren; nichts desto weniger hielt er die Beschwerden der Amerikaner für so gegründet, daß er beschloß, den Instructionen nicht gleich zu folgen, sondern erst seinen Bundesgenossen zu Hülfe zu eilen.

Die Macht der Engländer in Amerika zu brechen und den Krieg zu beenden gab es, wie die Führer damals glaubten, zwei Wege. Einer von diesen war die Vernichtung der unter Prevost zu Savannah stehenden Armee; der andere und schwierigere dagegen, zu See und Land gemeinschaftlich die britischen Streitkräfte in der Stadt New York anzugreifen. Man beschloß das erstere zu versuchen, und d'Estaing, wie General Lincoln verloren keinen Augenblick weiter, ihre gemeinschaftlichen Operationen zu beginnen.

Der französische Admiral hatte nach Charleston Schiffe, mit der fröhlichen Botschaft seiner Ankunft, gesandt. Diese überraschten und nahmen einige englische, mit Provisionen beladene Fahrzeuge. General Prevost aber, beunruhigt durch die aufsteigende Gefahr, zog alle Außenposten nach Savannah ein und rüstete sich auf den erwarteten Angriff. Indessen rückte d'Estaing vor Savannah, Lincoln zog sich eben dorthin, und eine regelmäßige Belagerung begann, wobei die unglückliche Stadt von den Franzosen erbarmungslos beschossen wurde; Prevost erhielt aber, schon zum Ergeben aufgefordert, Verstärkung, schlug einen Sturm der vereinigten Heere glücklich zurück und zwang sie endlich, am 18. October, die Belagerung wieder aufzuheben.

Die Franzosen verloren bei diesem Kampfe 700, die Amerikaner 400 Mann. Unter den Letzteren befand sich auch der wackere Polengraf Pulaski, welcher an der Spitze seiner Reiter den Todesschuß erhielt.

d'Estaing segelte nach dem ungünstigen Erfolge dieses Sturmes heimwärts, die Miliz zerstreute sich und Lincoln ging mit den Regulären über den Fluß zurück. Sir Henry Clinton übrigens, welcher einen Angriff der Franzosen fürchtete, räumte mit seinen Truppen

Rhode-Island so schnell, daß er selbst seine Munition zurückließ und dem Staate verstattete, sich ganz friedlich der Union anzuschließen.

Gegen Ende dieses Jahres fiel auch unweit der englischen Küste jene berühmte Seeschlacht vor, die den Namen Paul Jones unsterblich machte. Dieser Mann war ein Schotte, befand sich aber im Dienste der Vereinigten Staaten; seine Flottille bestand aus dem Bonhomme Richard, von 40 Kanonen, der Alliance, von 36 Kanonen (beides amerikanische Schiffe), der Pallas, einer französischen Fregatte, die der Congreß besoldete, von 32 Kanonen, und zwei andern kleineren Fahrzeugen. Dieser traf eine britische Handelsflotte, die aus dem baltischen Meere zurückkehrte und vom Capitän Pearson mit der Fregatte Serapis, von 44 Geschützen, und der Gräfin Scarborough, von 22 Geschützen, begleitet wurde.

Pearson entdeckte Jones kaum, als er auch mit vollen Segeln auf ihn zuging, während die Kauffahrer den Schutz der Küste suchten. Die amerikanische Flottille stellte sich, um ihn zu empfangen, und die beiden Feinde begannen den Kampf etwa 7 Uhr Abends. Die Engländer hatten aber dabei den Vortheil gröberen und dadurch auch weitertragenden Geschützes; Jones beschloß daher, den Fregatten näher auf den Leib zu rücken. So dicht brachte er darauf sein Schiff heran, daß sich die Mündungen fast einander berührten, und so fochten die Gegner von sieben bis zehn Uhr.

Paul Jones fand jetzt sein Schiff so durchlöchert, daß er nur noch drei von seinen Kanonen gebrauchen konnte; auf diese durfte er sich natürlich nicht mehr allein verlassen, er griff daher nun den Feind mit Granaten an, die in die Serapis fielen und sie an mehreren Stellen entzündeten. Endlich flog ihr Pulvermagazin in die Luft und tödtete Alles in seiner Nähe; Pearson aber, auf seine Offiziere zürnend, welche im zuredeten, die Flagge zu streichen, gab den Befehl zum Entern. Paul Jones empfing sie, an der Spitze der Seinen, mit der Pike in der Hand; sie mußten zurück. Das Feuer der Serapis hatte sich aber auch jetzt dem feindlichen Schiffe mitgetheilt — auch Paul Jones' Fahrzeug stand in Flammen.

In diesem fürchterlichen Augenblicke kam die Alliance heran und feuerte, da sie im ersten Anlaufe den Freund für den Feind hielt, eine Flankensalve in Jones Schiff'; die lodernde Gluth verrieth ihr aber bald den Irrthum, und sie richtere jetzt ihr Feuer gegen den überdies schon zum Tod erschöpften Feind, welcher nicht länger widerstehen konnte und sich ergeben mußte. Die Pallas hatte indessen, doch nach weniger blutigem Kampfe, die Gräfin Scarborough ebenfalls genommen.

Auf der Serapis wurde den Flammen noch Einhalt gethan, die Lecke des Bonhomme Richard waren aber nicht mehr zu verstopfen, und kaum hatte man die Mannschaft davon entfernt, als er, zerrissen und schlachtenmüde, in die dunkle Tiefe sank. Von den 375 Mann, die an seinem Bord gewesen, waren 300 todt oder verwundet. Jones segelte nach diesem fürchterlichen Sieg einige Zeit mit seinen kaum segelbaren Fahrzeugen umher und erreichte endlich glücklich die Wasser des Texel.

Doch um nach Amerika zurückzukehren, so hatte die französische Flotte dort, wenn sie auch wirklich keine großen Schlachten für die Amerikaner schlug, dennoch den Vortheil für dieselben, daß sie die Engländer stets im Schach hielt, dagegen aber auch wieder den Nachtheil, daß ein Theil der Amerikaner lässig wurde, da er glaubte: nachdem sie mit Frankreich in Bündniß getreten, werde sich England doch bald gezwungen sehen, nachzugeben. Ein anderes Uebel, aber eine natürliche Folge des Krieges, waren die Lieferanten, Stellensucher und andere derartige Gesellen, welche unter patriotischer Maske nur ihren eigenen Vortheil im Auge hatten und dadurch unendliches Elend anrichteten und Unfrieden stifteten. Auch die wahre Fluth von Papiergeld trug das Ihrige zu dieser Krisis bei, während die Engländer es nicht einmal verschmähten, auch in dieser Hinsicht in die politischen Zustände Amerika's störend einzugreifen, daß sie jenes Papiergeld verfälschten und kistenweise in die Union schafften.*)

Nicht einmal das französische Cabinet handelte ehrlich gegen die junge Republik. Im Anfang hatte es sich natürlich freiwillig zur Bundesgenossin angeboten, aber weshalb? Die raschen Siege der Amerikaner, besonders die Gefangennehmung von Bourgoyne's ganzem Heere, ließen es glauben, der Frieden würde schneller, als dies wirklich geschah, und vielleicht auch ohne seinen Beitritt erfolgen

*) Siehe Th. Paine's Krisis No. 5.

und es dann den Dank, wie auch einen tüchtigen Verbündeten gegen das ihm feindliche England verlieren, und da jetzt diese Allianz geschlossen worden, so suchte es nun durch später gestellte Bedingungen auch so viel Vortheil als möglich zu ziehen.

Gleiche Absicht schien Spanien zu haben, und während Mr. Gerard, der nach Amerika gesandte französische Botschafter, für sein Land die alleinige Benutzung der New Foundlandbank-Fischereien zu erlangen suchte, verlangte Spanien für seine Hülfe, wenn es sich den amerikanischen Interessen widme, die ausschließliche Schiffahrt des Mississippi. Der Congreß ließ sich jedoch nicht so leicht irre führen und weigerte sich, die gutaussehende Lockspeise anzunehmen; der Erfolg zeigte, wie recht er gethan. Frankreichs eigener Vortheil gebot ihm auch, ohne dieses Zugeständniß bei Amerika auszuharren, und Spanien erklärte England ebenfalls aus eigener Wahl den Krieg, während es doch früher vorgab, es wolle dies nur Amerika's wegen thun.

Das britische Ministerium halle im Frühling des Jahres 1779 Admiral Arbuthnot mit einer Verstärkung für den amerikanischen Krieg ausgesandt, dieser wurde jedoch unterwegs aufgehalten und traf erst im August ein. Unter dem Schutze dieser Flotte segelte Sir Henry Clinton, im December desselben Jahres, mit 7000 Mann von New York ab und landete nach einer stürmischen, verzögerten Fahrt am letzten Januar auf der Insel Tybee, in der Nähe von Savannah.

General Lincoln war mit Ende des Jahres in seine Winterquartiere nach Shelden gegangen, und Washington, seine Armee in zwei Theile sondernd, stationirte den einen nach Westpoint, am Hudson, während er selbst mit dem andern die Höhen von Morriston besetzte.

England hatte sich in dieser Zeit die „Herrschaft über die See“ in solcher Art angemaßt, daß die übrigen europäischen Mächte einsahen, sie würden sich, da sie einzeln nicht stark genug dazu wären, wenigstens unter einander zu einem Trutz- und Schutzbündniß vereinigen müssen. Von Rußland scheint die Idee dieser „bewaffneten Neutralität“ ausgegangen zu sein, und Schweden und Dänemark fügten sich augenblicklich diesem Vorschlage.

Der Vertrag lautet dahin: daß sich die beitretenden Mächte vereinigten, neutrale Fahrzeuge sollten, selbst in kriegführenden Ländern, von einem Hafen zum andern frei verkehren, wie auch die Waaren von jedem politischen Einfluß unberührt bleiben, sobald sie sich eben am Bord solcher neutralen Fahrzeuge befänden. Die vereinigten Mächte wollten dabei einen Theil ihrer Seemacht gerüstet halten, um den gegenseitigen Handel überall zu schützen und zu schirmen.

Diese Artikel wurden den Höfen von Frankreich, Spanien, Holland, England und Portugal mit der Einladung, sich dieser Conföderation anzuschließen, zugesandt, denn man wußte recht gut, daß sich England nie dazu verstehen würde; Frankreich und Spanien nahmen denn auch die Bedingungen augenblicklich an; eben so bereitwillig zeigte sich Holland, welches auf England erbittert, seine Drohungen nicht fürchtete; nur Portugal verweigerte, aus Furcht dem englischen Cabinet zu mißfallen, den Beitritt, und England selbst, welches nicht gern mit Rußland offen zu brechen wünschte, gab eine ausweichende Antwort. Von so vielen Gefahren umgeben ist es aber erklärlich, wie Großbritanien jetzt den amerikanischen Krieg mit weniger Eifer betrieb, als sonst wohl der Fall gewesen wäre; dennoch ließ es sich in seinen Rüstungen keineswegs irre machen und suchte besonders seine Macht, außer den im Norden nöthigen Besatzungen nach dem Süden zu concentriren.

Sir Henry Clinton zog sich demgemäß bald von Savannah fort gegen Charleston und nahm die benachbarten Forts und festen Plätze, während General Lincoln und seine Armee eben dorthin gingen und sich mit Gouverneur Rutledge zur Vertheidigung rüsteten. Sie hatten aber mit entsetzlichen Schwierigkeiten zu kämpfen; die Miliz war halb aufgelöst und entmuthigt, ja sie weigerte sich sogar, nach Charleston einzurücken, da die Blattern dort grassirten. Das Papiergeld hatte ebenfalls entsetzlich an Credit verloren, und Viele benutzten jetzt die von England gebotene Amnestie, um nur endlich einmal zur Ruhe zu kommen. Dennoch sammelte Lincoln eine ziemliche Macht, und es gelang ihm auch, die Befestigungswerke nach Wunsch hergestellt zu sehen.

Die Belagerung begann am 1. April 1780, und die Engländer, welche sich bald durch noch 3000 Mann von New York verstärkt sahen, schnitten den Belagerten selbst den Rückzug ab und hielten sie fest umschlossen. Am 7. Mai nahmen sie Fort Moultrie, und Lincoln mußte am 12. capituliren, wonach sieben Generale, zehn Continentalregimenter und drei Bataillone, wie 400 Stück Artillerie und vier Fregatten, in die Hände der Engländer fielen.

General Clinton war von hier an, nach allen Richtungen hin, in seinen Unternehmungen glücklich, und unterwarf Süd-Carolina bald so entschieden, daß die Einwohner von allen Seiten herbeikamen und ihrer alten Unterthanenpflicht wieder treu zu sein versprachen. Clinton erließ auch einen öffentlichen Pardon für alle Diejenigen, welche augenblicklich zu ihrer Pflicht zurückkehren wollten, stellte aber dabei die Bedingung, daß sie dann nicht allein die Rechte zu genießen, sondern auch die Pflichten englischer Unterthanen zu erfüllen hätten, welche darin beständen, vor allen Dingen die Waffen gegen die Feinde der königlichen Regierung zu ergreifen. Diejenigen, welche Familie hatten, mußten also eine Miliz für den Schutz des Landes bilden, die jungen Leute dagegen mit den königlichen Truppen, sechs Monate aus den nächsten zwölfen, dienen. Bürger waffneten sich dadurch gegen Bürger und Brüder gegen Brüder.

Dieser Zustand konnte aber nicht lange dauern; hätte man die Besiegten ruhig zu Hause gelassen, so würden sie sich vielleicht in das Unabwendbare gefügt und die Schmach ihres Landes ertragen, geduldet haben; so aber, als man sie zwingen wollte, die Waffen gegen ihre Freunde zu führen, erwachte auch wieder der alte Geist, und sie sagten: „Ei, wenn wir denn einmal die Waffen führen müssen, so wollen wir das doch lieber gegen, als für die Feinde thun.“ Dazu kam noch, daß die Unterworfenen von den britischen Beamten und Richtern auf das Demüthigendste behandelt wurden, und das lange niedergehaltene Feuer des Unmuths gährte und kochte in gefahr- und sturmdrohender Gluth.

Auch die Frauen Süd-Carolina's trugen vielleicht nicht wenig dazu bei, den Haß gegen die Engländer zu mehren und den Muth der Ihrigen aufrecht zu erhalten, oder, wo es nöthig war, wieder zu wecken. Sie waren stolz darauf, „Rebellen-Ladies“ genannt zu werden, und weigerten sich, irgend einem Feste beizuwohnen, welches die Sieger gaben. Dagegen suchten sie das Schicksal der Leidenden und Verwundeten jeder Art zu erleichtern; sie besuchten die Gefangenenschiffe, wie die entsetzlichsten Kerker, und trieben und reizten die Ihrigen ununterbrochen an, die Unterdrücker zu bekämpfen und ihr Vaterland von so peinlicher Schmach zu befreien. Ihre Abschiedsworte lauteten stets: „zieht das Gefängniß der Schande, zieht den Tod der Knechtschaft vor.“

Jahre lang hatte ein träger Geist im amerikanischen Blute geherrscht; der Freiheitskampf, welcher im Anfange jeden Nerv gestählt, war lässig und matt betrieben worden, ja an vielen Orten schien es nur noch der Geist der Führer zu sein, welcher die Massen zusammenhielt; dieses mußte aber auch zuletzt sein Ende erreichen. Der Uebermuth der Briten griff dem auf sein Vaterland noch viel stolzeren Amerikaner tief ins Herz, und der Zornesruf „zu den Waffen!“ fand noch einmal Anklang in allen Gauen, wohin er drang. Amerika erwachte aus seinem Traume, erwachte zu besseren Thaten, zu besseren Tagen.

Die patriotischen Führer des sogenannten „Rebellenheeres“ säumten denn auch nicht, diesen frisch erwachenden Geist zu benutzen; ihr Aufruf fand diesmal keine tauben Ohren, und von allen Seiten strömten die Milizen herbei, die Reichen gaben Geld und selbst die Frauen thaten Alles, was in ihren Kräften lag, das Heer mit Kleidern und Arzneien zu unterstützen. In Philadelphia stand besonders Martha Washington, Georgs Weib, an der Spitze dieser wohlthätigen Gesellschaft, und stiftete unendlich viel Gutes.

Zu gleicher Zeit wirkte auch Lafayette in Frankreich auf das Thätigste für Amerika, und kehrte bald mit der fröhlichen Kunde zurück, daß eine für die Freistaaten bestimmte Flotte schon ausgelaufen und unterwegs sei. Er selbst wurde mit lauter Freude empfangen, und am 10. Juli trafen auch wirklich die sehnlichst erwarteten Hülfstruppen auf fünf Fregatten und zwei Corvetten ein. Die früheren Mißhelligkeiten hatten dabei die Nationen gelehrt, künftigen Unfrieden bei Zeiten zu begegnen oder ihn ganz unmöglich zu machen; zwischen dem Congreß und dem Hofe von Versailles war daher bestimmt worden, daß General Washington der Oberbefehlshaber beider Armeen, der französischen und der amerikanischen, sein sollte, und die Offiziere von einer wie der andern Nation den Rang gleichmäßig einnehmen sollten, welchen sie gerade bekleideten. Die Amerikaner bewillkommneten ihre neuen Hülfstruppen mit jubelnder Dankbarkeit und räumten ihnen augenblicklich die Forts in Rhode-Island ein; Washington aber, um die Nationen noch fester zu vereinigen, ließ ihre verschiedenen Farben in seiner Flagge vereinigen.

Clinton segelte jetzt von New York ab, um die Franzosen anzugreifen; Washington aber, der eine Bewegung gegen das fast vertheidigungslos gelassene New York machte, zwang ihn, rasch zurückzukehren, und erweckte dadurch nur noch mehr Muth und Selbstvertrauen bei den Seinen.

In den Carolina's begannen indessen die dortigen Bewohner eine Art Guerillakrieg gegen die Engländer, und als Führer zeichneten sich hier besonders die Obersten Sumpter und Marion aus. Oft waren sie dabei glücklich, oft mußten sie flüchten. Eine ernstliche Niederlage erlitten die Amerikaner aber erst wieder bei Camden, am 16. August, und zwar unter ihren Generalen Gates und de Kalb, welche von Lord Rawdon, dem jetzigen Befehlshaber der britischen Streitkräfte in Carolina, gänzlich geschlagen wurden und etwa 2000 Mann, wie alle Artillerie und Vorräthe, verloren. Auch der Baron de Kalb, ein Deutscher, starb drei Tage später an seinen erhaltenen Wunden.

Während nun im Süden der patriotische Geist mehr und mehr erwachte, breitete im Norden der Verrath seine dunkeln Pläne aus und drohte dem jungen freien Lande Verderben. Generalmajor Arnold, bis dahin der wackerste Vertreter und Vorkämpfer amerikanischer Rechte, hatte sich und seine Ehre verkauft, sein Vaterland um schnödes Geld zu verrathen, und nicht einmal das Resultat einer bösen Stunde, der rasch gefaßte Entschluß eines rache- oder grimmerfüllten Herzens war diese That; nein, fünfzehn Monate gährte und kochte das Gift, um endlich durch das Verderben eines Unschuldigen an's Tageslicht zu kommen.

Benedict Arnold war dem amerikanischen Volke theuer; er hatte in seinem Dienste wacker gekämpft, und sein verstümmelter Körper *) trug die Zeichen seiner Tapferkeit. In Folge seiner Wunden hatte

*) Er hatte, für Amerika kämpfend, ein Bein verloren.

er sich genöthigt gesehen, sich vom activen Felddienste zurückzuziehen, und er erbat und erhielt vom Congresse den Posten eines Commandanten von Philadelphia. Hier lebte er in wahrhaft fürstlicher Pracht, und legte sich, um diesen außerordentlichen Aufwand zu unterstützen, auf den Handel und das Ausrüsten von Caperschiffen. Unglücklich in diesen Unternehmungen, blieb seine nächste Zuflucht der öffentliche Schatz, zu welchem er, als so hochgestellter Beamter, Zugang hatte. Er lieferte aber so unverantwortliche Rechnungen für Auslagen und Bedürfnisse ein, daß der darüber erzürnte Congreß sie einer speciellen Prüfung unterwerfen ließ, wobei die dazu gewählten Commissäre sie auf die Hälfte reducirten. Arnold wüthete; aber bei einer nochmaligen Prüfung der Sache stellte sich sein Verfahren eher noch schlimmer heraus, als es bis jetzt geschienen, und er ließ jetzt seinen Aerger gegen den Congreß selbst in Schmähungen und Verdächtigungen aus.

Der Senat von Pennsylvanien nahm die Sache auf und brachte ihn vor ein Kriegsgericht, nachdessen Urtheilsspruch er durch Washington einen Verweis erhielt.

Woher konnte er jetzt Geld bekommen, um seine Verschwendungen zu bestreiten, da ihm diese letzte Quelle abgeschnitten worden? Nur die gefüllten Koffer Großbritanniens boten ihm noch eine Aussicht, wobei er zugleich hoffen durfte — oder redete er sich dieses nur ein, um sein eigenes Gewissen zu beschwichtigen?—volle Rache an Denen zu nehmen, welche ihn gekränkt und beleidigt.

Er wandte sich durch Oberst Robinson brieflich an den General Clinton, und dieser sah augenblicklich, welchen ungeheuren Vortheil er aus dem Verrath eines so hochgestellten Offiziers zu ziehen im Stande sein würde. Das aber, was dem Engländer damals am wichtigsten schien, war der Besitz der Festung Westpoint, am Hudson, welche er nie hoffen durfte durch Sturm zu nehmen, und für die er sich vollkommen ermächtigt hielt, selbst die außerordentlichsten Bedingungen zuzusagen.

Arnold erhielt jetzt, auf sein Ansuchen, den Befehl des Forts Westpoint, und die ersten Schritte, welche er zur Erfüllung seiner verrätherischen Versprechungen that, bestanden darin, die Armee an verschiedene einzelne Stellen zu postiren, so daß sie leicht von den

Engländern abgeschnitten werden konnte. Alles war vorbereitet, und wenige Tage länger hätten den Verrath gelungen gesehen, als ein glücklicher Zufall den Bubenstreich enthüllte.

Major André, der Adjutant Clinton's, ein hoffnungsvoller junger Mann und Liebling des britischen Heerführers, war von demselben in dieser, für die englischen Interessen so wichtigen Sache beauftragt worden, die letzten Punkte noch mit Arnold zu bereden, und deshalb verkleidet in das amerikanische Lager gegangen. André landete von der britischen Kriegsschaluppe Vulture, etwas unter Stonypoint, traf dort am 21. September Arnold und unterhandelte mit ihm die ganze Nacht; ja mit dem dämmernden Morgen hatten sie ihre Geschäfte noch nicht einmal beendet, und André wurde den Tag über versteckt gehalten und mußte in der nächsten Nacht, da sich der Vulture genöthigt gesehen hatte, eines Angriffs wegen den Strom weiter hinabzufahren, den Weg nach New York einschlagen, wozu ihm Arnold ein Pferd und einen Paß gab.

Unterwegs wurde er zufälligerweise von drei Männern, John Paulding, David Williams und Isaac van Wert, angehalten, durchsucht und gefangen genommen, weil man in seinen Strümpfen Papiere fand, welche den schlichten Farmers verdächtig schienen. Umsonst bot er reiches Lösegeld, die wackern Leute waren nicht dazu zu bringen, sich einen Dienst ihres Vaterlandes mit Geld abkaufen zu lassen, und überlieferten ihn an Oberst James, wo Arnold's Handschrift bald genug dessen Verrath verkünden mußte. Dieser Offizier konnte es aber natürlich kaum für möglich halten, daß sein General das Land verrathen würde, für welches er bis jetzt sein Blut verspritzt, und erlaubte höchst unvorsichtiger Weise André, an ihn zu schreiben. Arnold erfuhr dadurch, daß sein Abgesander gefangen genommen und er selbst mit entdeckt sei, bemächtigte sich rasch eines Bootes und flüchtete an Bord des Vulture.

Leider mußte der arme, junge André jetzt das büßen, was der Landesverräther allein verschuldet hatte; Nachsicht konnte aber hier nicht ausgeübt werden, und trotz der dringendsten Bitten und Verwendungen Clinton's konnte und durfte ihn Washington selbst nicht von der, auf solches Verbrechen gesetzten Strafe retten. Er starb am 2. October durch den Strang.

Arnold erhielt von dem Engländer 10,000 Pfund Sterling und den Rang eines Brigadegenerals, und dafür hatte er seine Ehre, seinen Frieden und seinen so theuer erworbenen Kriegsruhm verkauft — die Liebe seines Landes in Haß, die Achtung, selbst seiner Feinde, in Verachtung des Meineidigen verwandelt.

Die drei Männer, welche André einfingen und somit das Complot entdeckten, erhielten, mit dem Danke ihres Vaterlandes und dem des Congresses, eine silberne Medaille und eine Pension.

Cornwallis richtete nach der Schlacht bei Camden sein Augenmerk auf die Unterwerfung Nord-Carolina's, und rückte deshalb mit seiner Armee nach Charlottetown. Indessen sandte er nach allen Richtungen hin Truppenabtheilungen aus, deren eine ein Oberst Namens Ferguson commandirte, der seine Bahn mit solchen Grausamkeiten bezeichnete, daß die Bewohner von Carolina den Druck endlich nicht länger ertragen konnten und wollten. Sie sammelten sich unter verschiedenen Führern, von denen die vorzüglichsten die Obersten Campbell und Shelly waren, griffen Ferguson auf „des Königs Berg" an und schlugen ihn nach tapferem Widerstande gänzlich.

Cornwallis' Stellung in Nord-Carolina wurde dadurch immer schwieriger. Die Republikaner sammelten sich wieder unter Sumpter und Marion; die Royalisten und Tories wagten, eingeschüchtert durch die Erfolge der Patrioten, keine weiteren Schritte, und Cornwallis sah sich endlich genöthigt, nach Süd-Carolina zurückzugehen.

General Gates hatte sich während dieser Vorgänge unendliche Mühe gegeben, neue Truppen anzuwerben, und dadurch den Stand der Armee wesentlich verbessert; dennoch war er in der Führung des südlichen Krieges nicht glücklich gewesen und Washington sah sich, zumal da es die südlichen Staaten von ihm verlangten, genöthigt, General Greene zu seinem Nachfolger zu ernennen.

General Leslie verstärkte jetzt Cornwallis mit 1500 Mann zu Winnsborough, und selbst Arnold, der Verräther, wurde, um die Virginier an Truppensendungen zu verhindern, mit 1600 Mann dorthin gesandt, mit denen er in Virginien landete und jetzt das Land verwüstete, welches einst seine Heimath gewesen.

Während ſich nun die europäiſchen Mächte in fremden Meeren auf das Erbittertſte bekriegten, vergaß doch keine von ihnen Amerika. Spanien nahm im Mai 1781 Penſacola und überzog von hieraus ſiegend das ganze Florida. Frankreich beabſichtigte, noch eine große Flotte unter dem Grafen de Graſſe nach Weſtindien zu ſenden, wo ſie erſt kurze Zeit operiren und dann nach Nordamerika ſegeln ſollte, um dort mit Rochambeau und Waſhington gemeinſam zu wirken. Dieſe Maßregel bewies ſich von höchſter Wichtigkeit.

Die Engländer rüſteten ebenfalls eine Flotte aus, durch welche Lord Cornwallis eine Verſtärkung von mehreren Regimentern engliſcher Truppen und 3000 Mann Heſſen erhalten ſollte, und allerdings war dies ein Augenblick, wo ein entſcheidender Schlag die amerikaniſche Republik vielleicht noch in der Blüthe geknickt haben könnte. Die ganze pennſylvaniſche Linie nämlich, ziemlich 1500 Mann, revoltirte, und zwar aus Mangel am Nöthigſten. Die Leute hatten größtentheils mit Ende des Jahres 1780 ihre drei Jahre, zu denen ſie ſich verpflichtet, gedient, und verlangten nun, da keine Ausſicht auf eine finanzielle Beſſerung war, nach Hauſe zurückzukehren; die Regierung dagegen behauptete, bis zum Ende des Krieges ein Recht auf ihre Dienſte zu haben. Hiernach brach am 1. Januar 1781 ein Tumult aus, welcher damit endete, daß die Soldaten erklärten, bewaffnet in die Congreßhalle marſchiren und dort ihr Recht verlangen zu wollen. Ihre beliebteſten Führer, wie Lafayette und Andere, mußten das Lager verlaſſen, und ſelbſt Wayne, welcher mit einer Piſtole in der Hand zwiſchen ſie trat, mußte, an ſeinem eigenen Leben bedroht, weichen. Sie rückten wirklich gegen Philadelphia vor und hatten ſchon Princeton erreicht, als ſie den Generalen Reed und Sullivan begegneten, die als Commiſſäre des Congreſſes ausgeſandt waren, ihren Klagen abzuhelfen und die Ruhe wieder herzuſtellen.

Indeſſen war aber Sir Henry Clinton auch nicht müßig geweſen, die Meuterer in engliſche Dienſte zu ziehen; er ließ den Soldaten lockende Verſprechungen machen, und bediente ſich hierzu beſonders dreier amerikaniſcher Royaliſten, welche ſich in das Lager der Republikaner wagten. Waſhington dagegen überredete die Commiſſäre bald, einen friedlichen Weg einzuſchlagen, und als dieſe den guten Rath befolgten und die gemachten Forderungen ſo viel als möglich bewilligten, ja auch nach besten Kräften für die nothwendigsten Bedürfnisse der Armee sorgten, da beruhigten sich die Pennsylvanier nicht allein, sondern lieferten auch die drei Emissäre Clinton's aus, welche augenblicklich gehangen wurden.

In dieser Zeit war es, wo Robert Morris an die Spitze des Finanzdepartements gestellt wurde, und solches Vertrauen genoß dieser allgemein geachtete und geliebte Mann, daß er mit Hülfe einer, ihm vom Congresse bewilligten Nationalbank, mehr aber auf seinen eigenen Namen, als auf den der Regierung, Capitalien bekam und dadurch den gesunkenen Credit des Landes retten konnte. Zu einer Zeit besonders waren nur von ihm unterzeichnete Noten zu dem Betrage von 181,000 Dollars im Umlaufe.

Zu gleicher Zeit und während ein amerikanischer Patriot die größten Anstrengungen im Innern des Landes machte, wirkte, kaum weniger thätig, ein Anderer für dasselbe im Auslande. Franklin, Gesandter am französischen Hofe, erhielt von Ludwig XVI. ein Geschenk von 6 Millionen Livres und von Holland, aber auch erst auf Bürgschaft des französischen Königs, die Summe von 10 Millionen Livres zum Darlehn. Spanien weigerte sich, Geld an Amerika vorzustrecken, wenn dieses nicht die Schifffahrt auf dem Mississippi abtrete, dieses aber wurde bestimmt zurückgewiesen.

Während nun jene Mißhelligkeiten die Eintracht der nördlichen Heeresabtheilungen Amerika's zu zerstören drohten, wurde der Krieg im Süden desto eifriger gegen die Feinde fortgeführt, und General Greene schlug hier mit einem Theile seines Heeres, unter Morgan, am 17. Januar bei Cowpens den gefürchteten Engländer Tarleton, und nahm 500 Gefangene und die ganzen Geschützstücke und Vorräthe des Feindes. Hierauf, von Cornwallis verfolgt, dem er übrigens nur durch das glückliche Steigen des Catawbaflusses entging, vereinigte er sich am 9. Februar wieder mit der andern Section des Heeres unter Huger.

Greene hatte jetzt eine solche Verstärkung von Miliz erhalten, daß sich die Zahl seiner Truppen auf etwa 4400 belief; mit diesen hielt er Cornwallis Stand und schlug am 15. März die Schlacht bei Guilford, in welcher jedoch die Amerikaner, wenn auch nicht besiegt, doch gezwungen wurden sich zurückzuziehen. Wenige Tage spät.

aber, als Greene seine Flüchtigen zusammengezogen hatte, folgte er schon wieder den jetzt ebenfalls retirirenden Engländern, und bot hier das sonderbare Schauspiel, daß eine angeblich geschlagene Armee dem Sieger nachsetzte.

Cornwallis rückte nach Wilmington und war jetzt in Zweifel, ob er zur Rettung Süd-Carolina's ziehen, oder sich in Virginien dem Arnold'schen Heerestheil anschließen solle. Ein zusammenberufener Kriegsrath entschied sich für das Letztere, und der englische Befehlshaber überließ das Commando der Truppen Lord Rawdon, welcher, wie er hoffte, die Grene'sche Armee im Schach, die Provinz im Besitz und die britische Autorität in Kraft halten würde.

Lord Rawdon befestigte sein Hauptquartier Camden auf das Beste; die übrig enbritischen Posten in dieser Gegend waren Charleston, Ninety-six und Augusta, nebst noch einigen anderen von minderer Wichtigkeit, die aber doch besetzt gehalten werden mußten, um die Verbindung des Heeres zu sichern und dem unruhigen Geiste der Bewohner überall gleich begegnen zu können. Der Rückzug Cornwallis' gab nämlich den Republikanern wieder neue Hoffnung, und die beiden Insurgentenführer Sumpter und besonders Marion gewannen den Royalisten täglich mehr Grund und Boden ab und sahen dafür eben so rasch neue Freiwillige zu ihren Schaaren eilen.

Allerdings siegte Rawdon in einem Angriff auf Hobkirks-Hill, wo er durch Entschlossenheit und rasches Handeln die Amerikaner schlug und zum Rückzuge zwang; an Leuten hatte er aber, durch den tapfern Widerstand der Feinde, fast eben so viele verloren, als diese, seine Armee sah er dabei mit jedem Tage geschwächt, die Nachbarn wurden immer schwieriger, und am 10. Mai 1781 mußte er endlich Camden räumen, nachdem er dessen Befestigungswerke geschleift hatte.

Die Amerikaner hatten indeß die Forts Watson und Georgetown genommen, auch Augusta mußte mit der Miliz unter dem wackern Pickens capituliren. Ninety-six widerstand aber ihren Angriffen, und Greene zog sich nach einem abgeschlagenen Sturme und da er hörte, daß Rawdon's Armee, durch drei irische Regimenter verstärkt, heranmarschire, über die beiden kleinen Flüsse Tiger und Croadriver zurück.

Die Jahreszeit war jetzt so heiß und ungesund, daß die Feindseligkeiten, wenn auch ohne vorherige Verabredung, doch von beiden Seiten eingestellt wurden. Rawdon verließ, nachdem er durch seine Grausamkeiten die Bewohner von Carolina auf das Aeußerste gegen sich erbittert im August die Hauptstadt dieses Staates und kehrte nach England zurück, während der Befehl der Armee an seiner Statt an Oberst Stuart fiel.

General Greene ließ übrigens diesen kurzen Waffenstillstand keineswegs unbenutzt vorübergehen; es war Anfangs September, und kaum milderte sich die Hitze der Jahreszeit in etwas, als er den Wateree mit seiner ganzen Armee kreuzte und bei Eutawsprings die Engländer gänzlich schlug. Da er auch noch Verstärkungen erhalten hatte, so durften es die Royalisten nicht wagen, das offene Land länger zu behaupten, und zogen sich nach Charleston zurück. Somit eroberten die Amerikaner in wenigen Monaten, die Hauptstädte ausgenommen, ganz Süd-Carolina und Georgien, und Greene erwarb sich in der Geschichte des Freiheitskrieges einen der ersten Namen unter den Helden jener wackern Schaar.

Der Verräther Arnold, welcher sich in dieser Zeit mit Cornwallis in Virginien befand, war mit 1600 Mann in der Nähe von Richmond gelandet, wo er die öffentlichen Vorräthe vernichtete; überhaupt bezeichnete seine Bahn, mehr als bei irgend einem andern wirklich feindlichen Offiziere, Raub, Brand und Verderben, und nicht einmal Privateigenthum wurde geschont.

Washington, obgleich noch immer durch die erste kaum unterdrückte Meuterei seines Heeres, wie um dessen nächstes Zusammenwirken besorgt, ebenso durch den zerrütteten Zustand der Finanzen in seinen Bewegungen gehemmt, ergriff doch alle möglichen Maßregeln, durch die er hoffen durfte, Virginien zu befreien und den Verräther, wie dessen Macht, in seine Gewalt zu bekommen. Lafayette wurde zu diesem Zwecke mit 1200 Mann leichter Infanterie nach Virginien gesandt, während der Commodore der französischen Flotte zu Rhode-Island ebenfalls acht Linienschiffe ausschickte, um des Verräthers Rückzug abzuschneiden. Clinton hörte aber von dem Plan und sandte Admiral Arbuthnot, welcher die französischen Schiffe am Cap Henry traf und sie, wenn auch nicht besiegte, doch dazu zwang, nach Rhode-Island zurückzukehren.

Clinton, der jetzt fand, mit wie genauer Noth Arnold den Amerikanern entgangen war, sandte ihm augenblicklich Verstärkung, und als bald darauf Cornwallis mit seiner Heeresabtheilung dorthin rückte, so vereinigten sich die englischen Truppen und marschirten nun nach Virginien hinein, wo, wie sie recht gut wußten, die Republikaner viel zu schwach waren, um ihnen ernstlichen Widerstand zu leisten. Lafayette jedoch, welcher hier den Oberbefehl führte, ließ ihnen, wenn er auch keine ernstliche Schlacht annahm, doch nicht Ruhe und Frieden, und hemmte überall ihre freien, wirksamen Bewegungen.

Washington wünschte jetzt, vereint mit der erwarteten Flotte de Grasse's, New York anzugreifen, wogegen Clinton, als er dies erfuhr, jede mögliche Vorbereitung traf und, von 3000 Deutschen verstärkt, sich hinlänglich gesichert glaubte; die gehoffte amerikanische Miliz blieb aber größtentheils aus, de Grasse hatte ebenfalls anders lautente Instructionen und mußte nach der Chesapeake-Bay, und Washington änderte plötzlich seinen Plan, welchen er glücklicherweise so geheim zu halten wußte, daß der englische Heerführer keine Sylbe davon erfuhr. Durch ausgestreute falsche Gerüchte hielt er die Engländer in ihren Verschanzungen, zog in Eilmärschen der Chesapeake-Bay zu, vereinigte sich dort mit Lafayette und den französischen Truppen und fand die Mündungen des York- und des Jamesflusses schon durch den, kaum eine Stunde vor ihm eingetroffenen de Grasse blokirt.

Yorktown, wohin sich Cornwallis geworfen, wurde vom 6. October an belagert und beschossen, und schon am 17. sah sich der englische Heerführer, nach tapferem Widerstande, gezwungen, zu capituliren. Am 19. wurden die Festungswerke übergeben. Die Gefangenen bestanden, die Matrosen ausgenommen, aus 7000 Mann, unter denen sich 2000 Kranke oder Verwundete befanden; 550 Engländer waren während der Belagerung geblieben. Ebenso fielen sechzig Kanonen in die Hände der Amerikaner, und in die der Franzosen zwei Fregatten und zwanzig Transportschiffe mit ihrer Mannschaft.

General Lincoln, welcher früher selbst die Demüthigung erfahren hatte, bei Charleston eine amerikanische Armee dem Feind übergeben zu müssen, wurde von Washingtou mit besonderem Takte dazu auserseyen, die Unterwerfung der Briten anzunehmen.

Clinton passirte an demselben Tage, wo die Uebergabe abgeschlossen wurde, mit einer beträchtlichen Macht Sandy-Hook, um Cornwallis zu Hilfe zu eilen, kehrte jedoch, als er erfuhr, daß es zu spät sei, ungesäumt nach New York zurück. Durch Amerika flog aber die Freudenbotschaft in jubelnder Hast, und neue Hoffnung, welche jetzt fast zu steigender Gewißheit wurde, erfüllte die Herzen selbst der Aengstlichsten.

Die französische Flotte segelte nach diesem Siege den westindischen Inseln zu und Lafayette, welcher nach Amerika geeilt war, als es seiner Hilfe bedurfte, kehrte, da ihm der Morgen der Freiheit dämmerte, nach Frankreich zurück; aber seine Liebe bewahrte ihm das dankbare amerikanische Volk bis in die späteste Zeit.

Die amerikanischen Finanzen befanden sich jetzt in einem so traurigen Zustande, daß Amerika, wäre es in dem Kampfe gegen Cornwallis besiegt worden, vielleicht keinen neuen Kriegszug hätte unternehmen können; aber auch das englische Volk fühlte die schweren Kriegskosten, und als es von immer neuen Niederlagen seiner Heere hörte und nun gar erfuhr, wie nur noch wenige Städte, namentlich New York, Savannah und Charleston, und fast nur durch starke Flotten und Garnisonen, behauptet werden konnten, da verlangte es Frieden und die Absetzung der Minister, welche den König fortwährend zu Maßregeln gegen das öffentliche Interesse anreizten. Das Haus der Gemeinen gab diesem Verlangen endlich einen Ausdruck, es erklärte, daß es alle für Feinde seines Königs und Vaterlandes halten würde, welche noch länger einen offensiven Krieg auf dem amerikanischen Continente anriethen, und dieser Erklärung folgte augenblicklich die Resignation des Premierministers, Lord North. Sir Guy Carleton, dessen versöhnendes Benehmen als Gouverneur von Canada ihm schon die Achtung der Amerikaner gewonnen hatte, folgte eben so rasch Sir Henry Clinton im Commando, und Admiral Digby, welcher im vorigen Sommer mit Hülfstruppen in New York eingelaufen war, wurde mit Sir Carleton von dem britischen Ministerium beauftragt, mit den Amerikanern, unter Anerkennung ihrer Unabhängigkeit, einen Friedenstractat zu schließen.

Diese übrigens, obgleich sie dem Frieden geneigt genug waren, hüteten sich doch gar wohl, mit den Ministern allein zu unterhandeln, ohne der Zustimmung des Parlaments gewiß zu sein. Vier Männer wurden deshalb zu ihren Agenten ernannt, und diese waren: Doctor Franklin; John Adams, ihr Gesandter in Holland; John Jay, ihr Gesandter in Spanien; und Henry Laurens, der früher Mr. Adams' Stelle hatte einehmen sollen, aber von einer englischen Fregatte gefangen genommen und im Tower festgehalten worden war. Mr. Adams erwirkte am 19. April von der holländischen Regierung die Anerkennung der Unabhängigkeit Amerika's, am 8. October ein Freundschafts- und Handelsbündniß, und nicht lange nachher eine Anleihe für die erschöpften Kassen seines Vaterlandes.

Um nun mit den amerikanischen Commissären in Paris zu verhandeln, sandte der Hof von St. James Mr. Fitzherbert und Mr. Oswald dorthin, und am 20. Januar 1783 wurden die vorläufigen Friedensartikel zu Versailles unterzeichnet. Der definitive Vertrag wurde noch bis zur Auseinandersetzung der englischen und französischen Angelegenheiten verschoben und kam erst am 3. September zu Stande.

Die Bedingungen nun, welche Amerika, seine Territorien und Fischereien betreffend, bewilligt wurden, übertrafen selbst seine kühnsten Erwartungen, dagegen stand kein Wort von Neutralitätsrechten im Vertrage, und somit blieb künftigem Kampf und Blutvergießen noch eine Hinterthür geöffnet.

Die Nachricht, daß die vorläufigen Friedensbedingungen unterzeichnet worden, gelangte zuerst in einem Briefe von Lafayette nach Amerika, und Sir Guy Carleton veröffentlichte sie bald darauf am 19. April 1783. Also gerade 8 Jahre nach dem Kampfe bei Lexington, dem Beginn des Freiheitskrieges, kam die freudige Gewißheit der glücklichen und ehrenvollen Beendigung desselben.

Die Armee wurde jetzt, nachdem die Offiziere vorher bedrohliche Zeichen von Unzufriedenheit und Aufruhr gegeben, durch Washingtons Ueberredung aber und die aufopferndsten Bemühungen des

Congresses beruhigt worden waren, aufgelöst, und am 3. November traten die Soldaten wieder in das Volk zurück, dem sie angehörten. Das Beiwort, ein Revolutions-Soldat, ist aber zum Ehrentitel geworden und die Wenigen, welche noch in jetziger Zeit im weiten Lande zerstreut leben, werden von ihren dankbaren Landsleuten geliebt und geachtet; bei allen patriotischen Versammlungen nehmen sie den Ehrenplatz ein und ihr Vaterland hat reichlich für die Befriedigung ihrer Bedürfnisse gesorgt.

Die Amerikaner hatten nun bald die Genugthuung, ihre Unabhängigkeit von den meisten übrigen europäischen Großmächten anerkannt zu sehen. Holland war, Frankreich ausgenommen, die einzige Nation, welche sie vor Großbritannien anerkannte, und zwar 1782. Schweden folgte am 5. Februar 1783, Dänemark am 25. Februar, Spanien am 24. März, Rußland im Juli desselben Jahres; Preußen allein säumte damit bis 1785.

Am 25. November räumten die Engländer New York, und eine Abtheilung der amerikanischen Armee zog dort ein.

Am 4. December nahm Washington in New York von seinen Offizieren Abschied, und mit gerührtem Herzen sahen diese den Mann sie verlassen, welcher sie zu Ruhm und Ehre geleitet und ihnen ein so treuer Führer gewesen war. Washington eilte von da nach Annapolis, wo der Congreß damals gerade Sitzung hielt, um sein Amt niederzulegen, und dies that er in öffentlicher, zu diesem Zwecke zusammenberufener Sitzung am 23. December. Seine Berechnungen wurden dort angenommen, seine Auslagen ihm wiedererstattet, aber nichts weiter, und von der zu Thränen gerührten Versammlung nahm „der Vater seines Landes" Abschied und zog sich, von den Segenswünschen des von ihm befreiten Amerika's, von der Bewunderung der Welt begleitet, nach seinem Landsitze Mount Vernon zurück.

Der Krieg war nun beendet. Die Vereinigten Staaten von Nordamerika hatten die Fesseln abgeworfen, welche sie bis dahin umschlungen gehalten; aber die finanziellen Zustände der jungen Republik befanden sich in einer höchst traurigen Lage. Schwere Schulden drückten die Regierungen, wie die einzelnen Corporationen nieder; Ackerbau, Handel und Manufacturwesen waren vernachlässigt worden, und des Volkes Unzufriedenheit wuchs zu bedenklicher Höhe.

Die Folge hiervon blieb denn auch nicht aus, und hier und da fanden schon Aufstände statt. Im August 1784 versammelten sich in Northampton fast 1500 Insurgenten unter Waffen und besetzten das Gerichtshaus. Im nächsten Monate fand etwas Aehnliches zu Worcester statt, wo etwa 300 Bewaffnete die Gerichtssitzung sprengten. Die Zahl dieser Meuterer mehrte sich so bedeutend, daß endlich, unter dem Befehle des Generals Lincoln, eine Armee von 4000 Mann ausgeschickt werden mußte, um sie zu zerstreuen, was ihnen auch, obgleich nicht ohne wirklichen Angriff, gelang. Drei wurden erschossen, vierzehn gefangen und zum Tode verurtheilt, doch endlich wieder begnadigt.

In diesem Jahre aber, wo man erst recht gesehen hatte, wie mangelhaft die, freilich nur für den früheren Zustand des Landes bestimmte Regierungsform sei, wurde auch der Antrag gestellt, die Artikel des Bundesvertrages einer Prüfung und Vervollkommnung zu unterwerfen, und im Mai 1787 kam ein Convent zusammen, welcher jedoch, anstatt die Artikel des Bundesvertrages blos abzuändern, daran ging, eine ganz neue Constitution zu entwerfen.

Die Debatten hierüber waren lang und heftig; es galt aber auch nichts Geringeres, als eine Urkunde festzustellen, an deren Charakter das Wohl oder Wehe künftiger Millionen hing. Was viele Artikel der Constitution betraf, so herrschte da manche, sicher ehrlich gemeinte Verschiedenheit der Ansichten. Einestheils glaubte man, die Regierung dürfe nicht zu wenig Gewalt haben, da sonst Anarchie und eine spätere Gegenrevolution die natürliche und unausbleibliche Folge wären, und andererseits lag auch darin Gefahr, wenn ihr zu viel Gewalt gegeben wurde. Amerika hätte dann den Segen jener Freiheit wieder verloren, welchen zu erhalten es sein theuerstes Herzblut geopfert, und vielleicht nur eine eigene für fremde Tyrannei eingetauscht.

Einige wollten die Constitution lediglich nach dem Vorbilde der Vergangenheit gebildet haben, und diese verlangten, daß die Verfassung von England, als die vorzüglichste bestehende Regierungsform, zum Muster dienen solle; Andere dagegen, nach dem Grundsatze, daß andere Zeiten auch andere Gesetze erforderten, daß der jetzige Zustand Amerika's keinen ähnlichen in der ganzen Geschichte aufzuweisen habe und man deshalb auch keine Parallele mit irgend einem fremden Lande ziehen könne; meinten, sie dürften keine frühere Nation zu ihrem Führer nehmen, sondern müßten, wie der Entdecker ihrer Continents, ihre Bahn durch eine pfadlose Fläche antreten, mit keinem weiteren Compasse dabei, als dem Lichte des Himmels und ihrem eigenen Geiste. Die glückliche Mitte lag vielleicht zwischen den Extremen dieser beiden Meinungen, und die amerikanische Constitution verdankt ihre Vortrefflichkeit sicherlich der Verschmelzung derselben.

Diese Meinungsverschiedenheit war aber auch die Ursache, daß bald zwei sich feindlich gegenüberstehende Parteien entstanden. Diejenigen, welche wünschten, daß die Centralregierung große Gewalt besäße und die übrigen Staaten fest vereinigte, wurden Föderalisten, die Gegner Antiföderalisten genannt.

Auch noch andere Ursachen zu Streitigkeiten tauchten auf, welche in so fern gefahrbringend schienen, da sie die Parteien durch factisch geographische Grenzen scheiden wollten. Die Bewohner der nichtsklavenhaltenden nördlichen Staaten verlangten nämlich, daß die übrigen ihre Repräsentanten zum Congreß nur nach der Zahl ihrer weißen freien Bewohner schicken sollten, während die Sklavenhalter eine solche Zumuthung als ungerecht bezeichneten und zurückwiesen. Der Patriotismus der Männer einigte sich aber doch endlich dahin, daß beide Theile nachgaben; man gestattete, daß die Sklaven bei den Abgeordnetenwahlen mitzählten, nur sollten sie zu drei Fünfteln im Vergleiche mit einer gleichen Anzahl von freien Weißen gerechnet werden.

Nicht ohne bedeutenden Kampf ging die neue Constitution endlich durch und wurde im Anfange des Jahres 1789 von elf Staaten anerkannt; Nord-Carolina weigerte sich, ihr beizutreten, und Rhode-Island hatte keine Abgeordnete zu dem Congresse gesandt.

Die oberste Autorität, in deren Namen man die Constitution verkündete, war die des „Volkes der Vereinigten Staaten," und die Ursache, aus der es verordnete und feststellte und sich den Vorschriften zu gehorchen verbündete, war der Wunsch: eine vollkommnere Einigung zu bilden, Gerechtigkeit zu üben, häuslichen Frieden zu sichern, das allgemeine Wohl zu befördern und den Segen der Freiheit für sich selbst wie für ihre Nachkommen gegen jeden Eingriff zu schützen.

Die legislative Gewalt der Union liegt in einem Senate und einem Hause von Abgeordneten, welche letztere immer aus gesetzlich wählbaren Männern auf zwei Jahre gewählt werden. Der Senat besteht aus zwei Bürgern jedes Staates, welche die Abgeordneten selber wählen. Er wird auf sechs Jahre gewählt; der erste Senat wurde aber so gewählt, daß ein Drittheil nur zwei Jahre, ein anderes vier und das letzte allein sechs Jahre im Amte blieb, damit nie mehr als ein Drittheil in dem Senate aus neuen Mitgliedern bestehe. Ein Senator muß neun Jahre lang Einwohner des Landes gewesen und nicht jünger als dreißig Jahre sein.

Das Haus der Abgeordneten wählt seinen Vorsitzenden, welcher der „Sprecher" genannt wird. Dem Senate präsidirt der Vicepräsident der Vereinigten Staaten.

Diese beiden Häuser werden der Congreß genannt und müssen wenigstens einmal in jedem Jahre zusammenkommen; ihre gewöhnlichen Sitzungen beginnen mit dem ersten Montag im December.

Alle, das Erheben einer Steuer betreffende Anträge müssen aus dem Hause der Abgeordneten kommen; der ganze Geist der Constitution verlangt, daß dem Zweige der Gesetzgebung, welcher dem Volk am nächsten steht, auch die Sorge für das Geld des Volkes, den Staatsschatz, übertragen sei. Der executive Zweig trägt das Schwert, der volksmäßige dagegen die Börse. Die executive Gewalt ruht in den Händen eines Präsidenten und Vicepräsidenten, von denen Jeder für einen Zeitraum von vier Jahren gewählt wird. Jeder von diesen muß aber auch in den Vereinigten Staaten geboren und wenigstens 35 Jahre alt sein. Der Präsident ist der Oberbefehlshaber der Armee und Marine, wenn im wirklichen Dienste. Mit der Beistimmung von zwei Drittheilen des Senates kann er Verträge schließen, Gesandte, Oberrichter und viele andere Beamte ernennen.

Die richterliche Gewalt der Vereinigten Staaten liegt in einem obersten Gerichtshof und solchen anderen Gerichtshöfen, als der Congreß von Zeit zu Zeit bestimmen wird. Die Richter behalten ihre Stellen, so lange sie dieselben gut verwalten. Sie aber, wie der Vicepräsident und der Präsident können in Anklagestand versetzt werden. Die Anklageformel kann jedoch nur vom Hause der Abgeordneten gestellt und die Anklage nur von dem Senate gerichtet werden, wobei zwei Drittheile des Senates übereinstimmen müssen, den Beschuldigten zu verurtheilen.

Die Bundesverfassung hatte sich indeß zu der Zeit, in welcher sie entstand, keineswegs der Anerkennung zu erfreuen, welche ihr jetzt in so reichlichem Maße zu Theil wird. Den Einen war dadurch der Regierung zu viel, den Anderen wieder zu wenig Gewalt gegeben; die Einen fürchteten, sie werde die Freiheiten des Volkes untergraben, die Anderen, daß sie in sich selbst zusammenfallen müsse, und der Tag ihrer Auflösung wurde als gar nicht so fern bezeichnet. Jetzt, nach sechzigjähriger Prüfung, hält man sie in beiden Hemisphären, und mit Recht, für das wahre Palladium bürgerlicher Freiheit.

Viertes Buch.

Von 1789 bis 1852.

Erste Periode.

Von der endlichen Annahme der Constitution bis zu dem Ankaufe von Louisiana.

(Von 1789 bis 1803.)

Am 4. März 1789 sollte die neue Regierung in Kraft treten, unvermeidliche Hindernisse verzögerten aber die feierliche Einsetzung des Präsidenten bis zum 30. April.

Washington zog sich indessen, wie im vorigen Buche erwähnt, nach dem Schlusse des Krieges nach seinem Landsitze zurück und war, wenn auch nicht müssig, wo es galt, die inneren Verbesserungen des Landes anzubahnen, doch entschlossen, den übrigen Theil seines Lebens in häuslicher Ruhe zu verbringen. Pennsylvanien und Virginien hatten dabei, wenn auch auf die zarteste Weise, doch umsonst versucht, irgend pecuniäre Mittel, welche er als eine Belohnung für seine Dienste ansehen möchte, zu seiner Disposition zu stellen; er wies Alles zurück, obgleich seine eigenen Vermögensumstände durch so lange Abwesenheit wirklich in Unordnung gerathen waren. Amerika besaß aber damals keinen solchen Ueberfluß an tüchtigen Männern, um einen Washington entbehren zu können.

Der erste Ruf, welchen er erhielt, seinen reizenden Aufenthalt zu verlassen, kam aus Virginien, von wo er zum ersten Abgeordneten des Convents gewählt wurde, welcher die Constitution berathen sollte. Zögernd folgte er, aber das Vaterland bedurfte seiner jetzt im Frieden, wie vorher im Kriege, und er weigerte sich nicht; ja er übte wohl jetzt einen kaum weniger günstigen Einfluß auf das Glück der Staaten aus, als im Feld in siegreicher Schlacht, da er, einstimmig zum Präsidenten dieser Versammlung gewählt, durch seine Weisheit sowohl, wie durch seinen Einfluß höchst segensreich auf die Bildung der neuen Verfassung wirkte. Sobald aber die Constitution angenommen worden war, rief ihn auch die ganze Nation einstimmig dorthin, wo er die Regierung organisiren konnte, welche er vorher mit berathen hatte—das ganze Volk ernannte ihn zum ersten Präsidenten der Vereinigten Staaten von Nordamerika.

Wohl ungern schied er in einem Alter von 57 Jahren aufs Neue aus seiner friedlichen Heimath, aber er wußte auch, daß es keinen Zweiten in Amerika gab, bei dessen Wahl sich alle Parteien so leicht vereinigen würden, und um die Gefahr der Zwietracht von seinem Vaterlande abzuwenden, folgte er dem ehrenvollen Rufe.

Auf seiner Reise strömte ihm das Volk von allen Seiten entgegen und begrüßte ihn als den Vater seiner Nation, Triumphbogen wurden errichtet und donnernde Kanonen feierten die Ankunft des Mannes, welcher sie von Knechtschaft befreit und ihre Freiheit gesichert hatte.

Der Congreß legte jetzt vor allen Dingen Abgaben auf, um sowohl die Ausgaben der Regierung zu bestreiten, als auch die Schulden zu tilgen, welche während des Krieges gemacht werden mußten. Zu diesem Zwecke wurden sämmtliche eingeführte Waaren, wie der Tonnengehalt der Schiffe besteuert, so daß jetzt alle die Summen, welche sonst von den einzelnen Staaten beansprucht worden, in den Staatsschatz der Centralregierung flossen. Eben so begünstigte er auch, um gleichen Verordnungen anderer Länder das Gegengewicht zu halten, die eigenen Schiffe um ein Bedeutendes, wie sie denn zehn Procent weniger Tonnage für importirte Waaren zu geben hatten.

Die zuerst als Häupter der constitutionellen Republik gewählten Männer waren: Thomas Jefferson, Alexander Hamilton und General Knox, als Staats-, Finanz- und Kriegsminister; die kleine Marine wurde ebenfalls dem Befehle des Letzteren übergeben. Diese Beamten mußten sich der Controle des Präsidenten unterwerfen und konnten, nach der Constitution auch von ihm entlassen werden.

Während dieser Sitzung wurde auch der Antrag gestellt, die Constitution zu verbessern, und der Congreß beschloß endlich, nach langer und heftiger Debatte, zwölf neue Artikel, welche den verschiedenen Staaten vorgelegt und von denen zehn, von drei Vierteln derselben gebilligt, angenommen wurden.

Den Gehalt des Präsidenten bestimmte man auf 25,000 Dollars jährlich, den des Vicepräsidenten auf 5000 und Denen, welche an der Spitze eines Departements standen, setzte man 3500 aus. Die Abgeordenen erhielten sechs Dollars pro Tag und sechs Dollars für je zwanzig englische Meilen, welche sie zu reisen hatten; ein Senator dagegen erhielt sieben Dollars pro Tag und eben so viel für je zwanzig Meilen. Der Oberrichter des Oberen Gerichtshofes bekam 4000 Dollars, die ihm Beigegebenen 3500 Dollars jährlich.

Am 29. Sep. wurde die Sitzung des ersten Congresses geschlossen, und der Präsident besuchte jetzt die Neuengland-Staaten, wo er überall mit freudigem Jubel und mit unbeschreiblicher Herzlichkeit aufgenommen wurde.

Im November 1789 schloß sich Nord-Carolina der neuen Constitution an.

Der zweite Congreß trat am 6. Januar 1790 zusammen, und Mr. Hamilton erfüllte den, ihm am Schlusse der vorigen Sitzung gegebenen Auftrag, indem er eine meisterhaft ausgearbeitete Vorlage brachte, in welcher er die Wichtigkeit des öffentlichen Credits darlegte und gewisse Steuern vorschlug, mit deren Hülfe nicht allein die Nationalschuld, welche sich auf 54 Millionen Dollars belief, sondern auch die Schulden der einzelnen Staaten, circa 25 Millionen Dollars, abgetragen und bleibende Einkünfte für die Abzahlungen der Interressen gewonnen werden sollten. Die Steuern sollten auf gewisse Luxusartikel und auf in den Vereinigten Staaten selbst destillirte Getränke gelegt werden.

Die Debatten über diesen Bericht nahmen nicht allein einen sehr hitzigen Charakter an, sondern erschütterten auch selbst die Basis der Regierung, da man wohl mit Recht von ihnen sagen kann, daß sie die erste Ursache jenes heftigen Parteikampfes waren, welcher an dreißig Jahre lang zwei Theile der Union unter dem Namen der Föderalisten und Republikaner gegen einander aufregte. Ja man warf den Föderalisten und besonders Mr. Hamilton schon monarchische Ideen vor. Nichtsdestoweniger wurden seine Vorschläge später angenommen.

Der einstweilige Sitz der Regierung sollte zehn Jahre in Philadelphia und hernach ihr permanenter Aufenthalt an einer noch zu bestimmenden Stelle am Potomac sein. Im Mai 1790 trat auch noch Rhode-Island der neuen Constitution bei und vervollständigte so die Union der dreizehn, unter einer Regierung vereinigten Staaten.

Eine Bill wurde jetzt im Congreß angenommen, nach welcher Nord-Carolina einen westlich gelegenen Landstrich an die Regierung abtrat, welche dort unter dem Namen: „Das Territorium der Vereinigten Staaten," südlich vom Ohio, eine eigene Territorial-Regierung errichtete. Schon im Jahr 1780 war James Robertson mit vierzig Familien durch eine, 300 Meilen lange Wildniß gezogen und hatte Nashville gegründet, und viele Revolutionssoldaten und Offiziere siedelten sich jetzt am Cumberlandfluß an, wo man eine besondere Strecke für Militärländereien vorbehielt.

Zu gleicher Zeit wurde im August 1790 ein Friedensvertrag mit dem Stamme der Creek-Indianer geschlossen, welcher alle Befürchtungen von dieser Seite beseitigen mußte.

In der dritten Congreßsitzung beantragte Mr. Hamilton eine Nationalbank, deren Gründung bei der republikanischen Partei die stärkste Opposition fand. Diese hielt alle Bankinstitute für nutzlos, die gegenwärtige Bill für mangelhaft und leugnete, daß dem Congreß überhaupt die Macht zustehe, eine Bank zu errichten. Die Unterstützer der Bill behaupteten dagegen, daß eine Nationalbank nicht allein verfassungsmäßig und nützlich, sondern auch nothwendig sei, um den Operationen der Regierung Kraft zu geben. Der Präsident verlangte die schriftlich abzugebende Meinung des Cabinets. Mr. Jefferson und Mr. Randolph waren gegen, Mr. Hamilton und Knox für die Bill, und der Präsident gab endlich, nach reiflicher Ueberlegung, den Ausschlag, indem er sich ebenfalls dafür erklärte und die Bill unterzeichnete. Die Bank wurde in Philadelphia, mit einem Capitale von zehn Millionen Dollars errichtet.

Die über diesen Gegenstand auftauchenden Zwistigkeiten breiteten sich aber bald über die ganze Union aus und sammelten überall das Volk unter die Banner der verschiedenen Parteien; eben so traten sich, besonders zu Washington's Leidwesen, Jefferson und Hamilton feindlich gegenüber.

Am 18. Februar 1791 wurde Vermont, auf Ansuchen seiner Bürger und da New York jedem Anspruch auf seine Jurisdiction entsagte, in die Union aufgenommen.

In eben diesem Jahre beendete man auch den ersten Census der Vereinigten Staaten. Die Zahl der Einwohner betrug 3,929,000, von denen 695,000 Sklaven waren. Die Einkünfte beliefen sich auf 4,771,000 Dollars, die Ausfuhr auf 19 Millionen, die Einfuhr auf 20 Millionen.

Im October hielt der zweite Congreß seine erste Sitzung, und einer seiner ersten Erlasse war der, die Anzahl der Abgeordneten nach dem neuen Census zu bestimmen. Man kam nach harten Debatten darin überein, auf je 33,000 Einwohner Einen zu senden.

Während aber der Congreß durch Parteizwiste erregt wurde, entspann sich an den nordwestlichen Grenzen ein indianischer Krieg. Nach dem Friedensvertrage mit Großbritanien weigerte sich nämlich diese Nation, Detroit und andere feste Plätze an den westlichen Grenzen herauszugeben, und zwar unter dem Vorwande, daß die Amerikaner gewisse Stipulationen des Friedens nicht erfüllt hätten. Diese Posten wurden die Sammelplätze der feindlichen Indianer, welche sich ohnedies bis dahin nur ungern wirklicher Angriffe enthalten hatten.

Die Miamis bildeten damals den wichtigsten der westlichen Stämme, und ihr Häuptling, Michikiniqua (die kleine Schildkröte), soll einer der talentvollsten der wilden Krieger gewesen sein. Wie Pontiac und König Philipp, hoffte auch er die weiße Race vom rothen Grund und Boden vertilgen und indianische Gewalt wiederherstellen zu können. Durch seine hervorragenden Eigenschaften schwang er sich auch bald zum Führer der jetzt verbündeten Wyandots, Delawaren, Pottawatamis, Shawanesen, Chippewas, Ottowas und anderer Stämme auf und, nach dem Prinzipe der Vernichtung, überfielen diese jetzt die Grenzdistricte und verübten ihre gewöhnlichen mitternächtlichen Morde.

Der Präsident suchte allerdings eine friedliche Ausgleichung mit ihnen, doch umsonst, und General Harmar wurde nun von Fort Washington aus mit 1400 Mann gegen sie geschickt. Es gelang diesem auch, einige indianische Dörfer mit den daranstoßenden Fruchtfeldern niederzubrennen; in einer Schlacht aber, unfern Chillicothe, wurde er mit bedeutendem Verluste zurückgeschlagen.

Ihm folgte im Commando der Generalmajor St. Clair, Gouverneur des nordwestlichen Territoriums, welcher mit 2000 Mann den in der fürchterlichsten Gefahr schwebenden Grenzern zu Hülfe eilte. Mit indianischen Kämpfen aber nicht vertraut, oder zu leichtsinnig auf die Stärke seiner Schaar vertrauend, ließ er sich Nachts von seinem wilden Feind überrumpeln, und kaum ein Viertel seiner ganzen Mannschaft entging dem entsetzlichen Blutbade.

Der Congreß sah, daß jetzt ernstliche Anstalten getroffen werden mußten, und als die Indianer auch noch zwei, mit der weißen Flagge an sie abgesandte Offiziere, Oberst Harden und Major Trueman, erschlugen (dieses jedoch gegen den Willen des Häuptlings), da wandte sich Washington an die „Sechs Nationen," welche sich ins Mittel legten und auch die Wabaschstämme überredeten, von der Allianz zurückzutreten und Frieden mit den Vereinigten Staaten zu schließen. Die Miamis ließen sich auch endlich auf eine Art Waffenstillstand ein und versprachen, darüber im nächsten Frühjahr eine Versammlung zu halten.

Im Jahre 1791 wurde, auf Veranlassung des Congresses, eine Münze in Philadelphia angelegt, und der Werth, wie die Eintheilung des Geldes, für die ganze Union regulirt. Dieses Geld nannte man Föderalgeld.

1793 erwählte man General Washington auf's Neue zum Präsidenten, und John Adams wieder zum Vicepräsidenten.

In dieser Zeit etwa war es auch, wo die schon 1789 begonnene französische Revolution anfing, ernstlichen Einfluß auf die Politik der Vereinigten Staaten auszuüben. Der Parteigeist erwachte nämlich hier nur um so stärker, als auch in dem befreundeten Lande die Republikaner das alte System stürzten, und ein großer Theil des Volkes rief, als Frankreich im April 1793 England und Holland den Krieg erklärte, „zu den Waffen!“ Washington dagegen sah sich, wie die Sachen in Frankreich standen, keineswegs veranlaßt, sein Vaterland in einen neuen Krieg zu verwickeln, und erließ, den Unwillen des Volks nicht achtend, eine Neutralitätsproclamation, die in bedeutendem Maße zu dem spätern Wohlstande Nordamerika's beitrug.

Kentucky wurde von Virginien 1790 getrennt und zwei Jahre später als ein besonderer Staat in die Union aufgenommen.

Am 1. Januar 1794 legte Jefferson seine Stelle als Minister des Innern nieder, und ihm folgte Mr. Randolph.

In dieser Congreßsitzung ging eine Bill durch, sechs Fregatten aufzustellen, um den amerikanischen Handel gegen die algierischen Seeräuber zu schützen, die schon elf Kauffahrer und über hundert Bürger der Vereinigten Staaten weggenommen und in Gefangenschaft geschleppt hatten.

Zu gleicher Zeit sah man mit ziemlicher Gewißheit einem neuen Kriege mit England entgegen. Seit dem Frieden von 1783 waren nämlich fortwährend, sowohl von englischer wie von amerikanischer Seite, Klagen eingelaufen, daß die festgestellten Friedensbedingungen nicht gehalten würden. Die Engländer behaupteten dabei, man verwehre den Loyalisten ihre in Amerika gelegenen Besitzungen einzunehmen, und wolle vor der Revolution gemachte Schulden nicht auszahlen; die Amerikaner warfen dagegen den Engländern vor, daß sie noch immer widerrechtlich die an den westlichen Grenzen gelegenen militärischen Posten behaupteten, die Indianer dabei zu feindlichen Einfällen in ihre Grenzen aufreizten und solche Handelsbeschränkungen gestatteten, daß amerikanische, nach einem französischen Hafen bestimmte Kauffahrer von englischen Kreuzern aufgegriffen, abgeführt und in englischen Häfen condemnirt werden könnten.

Den Congreß passirten rasch die folgenden Bills: eine für eine dreißigtägige Handelssperre, eine andere für Errichtung von Festungswerken, eine für das Ausheben einer Hülfsarmee, und eine vierte, die Miliz zu organisiren. Die Schrecken eines zweiten Krieges aber zu vermeiden, wurde Mr. Jay nach England gesandt, um mit der britischen Regierung vorher zu unterhandeln.

Die Ohio-Indianer waren indessen stets feindlich geblieben und hatten sich geweigert, auf Friedensbedingungen einzugehen. General St. Clair gab nach seiner Niederlage das Commando der Truppen ab, und an seine Stelle trat ein Mann, welcher den Indianern nur zu fürchterlich werden sollte. Es war General Wayne, oder „die schwarze Schlange," wie ihn seine wilden Feinde bald nannten. Er imponirte ihnen so, daß „die kleine Schildkröte," als auch noch viele der bis dahin befreundeten und alliirten Stämme von ihm abgefallen waren, den Seinen rieth, Frieden mit den Weißen zu schließen, „denn sie hätten jetzt einen Häuptling, welcher nie schliefe, und den sie daher auch nicht überfallen könnten." Sein Rath wurde mißachtet und in der Nähe eines britischen Forts, um welches sie sich günstig postirt hatten, griff Wayne sie an und schlug sie gänzlich.

Die Gewalt der Engländer über die Indianer war aber hiermit ebenfalls gebrochen; denn als die Flüchtigen in dem Fort Schutz suchen wollten, verweigerte man ihnen den Eingang und wies dieselben Indianer ab, welche man doch früher selbst zum Kampfe aufgereizt. Die Wilden haben dieses nie vergessen und den Versprechungen der Engländer von diesem Augenblick an nicht mehr getraut. Der oberste Häuptling der Delawaren, Buckomgahelas, schloß augenblicklich Frieden mit den Amerikanern, und die ganze Verbindung löste sich auf.

Im 1. Januar 1795 legte Mr. Hamilton seine Stelle als Finanzminister nieder, und ihm folgte Oliver Wolcott von Connecticut. Auch General Knox resignirte am Schlusse der Sitzung, und Timothy Pickering trat an seine Stelle.

Mr. Jay schloß indessen mit England einen Vertrag ab, welcher allerdings die beiderseitigen Ansprüche insoweit beseitigte, daß die Engländer alle westlich liegenden Militärposten an die Amerikaner abtraten, und diese dafür 600,000 Pfund Sterling für britische Unterthanen, denen Amerikaner noch verschuldet wären, zusicherten. Das Durchsuchungsrecht, was sich die Engländer über andere Nationen, also auch über die Amerikaner anmaßten, war aber gar nicht beseitigt, und das Volk stand gegen solche Bedingungen auf, welche ihm nur theilweise gaben, was es ganz verlangte: Freiheit auf seinem eigenen Grund und Boden, wie auf der See und im Handel. Washington dagegen, als der Vertrag vom Senat angenommen worden war, unterzeichnete denselben trotz allen Protestationen, und zwar nach dem Grundsatze, daß es das Beste sei, was unter gegenwärtigen Umständen erlangt werden könne.

Bei der nächsten Congreßsitzung suchte man nun allerdings von Seiten der republikanischen Partei die Wirksamkeit des Vertrags dadurch zu hindern oder aufzuheben, daß man die nöthigen Summen bei der Abstimmung verweigerte; nach langer Debatte wurde aber die Majorität dennoch, und zwar nur mit drei Stimmen, erlangt.

Ebenso wurde in diesem Jahre ein Vertrag mit Algier geschlossen und dadurch der Handel im mittelländischen Meere geöffnet, wie auch die amerikanischen Gefangenen befreit. Auch kamen Friedensverträge mit den westlichen Indianern zu Stande, welche die Ruhe der äußersten Grenzbewohner sicherten.

1796 wurde Tennessee in die Union aufgenommen.

So ruhig sich aber die Aussichten mit England zu gestalten schienen, so beunruhigend zeigten sich die mit Frankreich; denn trotz gegenseitiger Freundschaftsversicherung schien dies Land nur fortwährend darauf hinzuzielen, die junge Republik in die europäischen Kriege zu verwickeln, während Amerika hartnäckig seine Neutralität zu behaupten wußte. Als Frankreich nun endlich sah, daß es durch List nichts ausrichte, suchte es Amerika dadurch zu zwingen, daß es seinem Handel schadete, wo dieses ungestraft geschehen konnte. Es erlaubte seinen Capern, in gewissen Fällen Schiffe der Vereinigten Staaten aufzubringen, und viele Hunderte amerikanischer Fahrzeuge wurden demgemäß, in Verfolgung eines ganz gesetzlichen Handels, genommen und confiscirt.

Im nächsten Jahre, 1797, waren die zweiten vier Jahre von Washington's Präsidentschaft abgelaufen, und nach der Constitution durfte Niemand diese Stelle mehr als zweimal, je zu vier Jahren, einnehmen. Er erklärte aber nun auch seinen festen Entschluß, sich von öffentlichen Geschäften zurückziehen zu wollen, und schied von seinem Volke, dem er Alles gegeben hatte, was nur ein Vater seinen Kindern zu geben im Stande ist: Freiheit, Frieden, Glück und Wohlstand.

Von allen Seiten liefen Dankadressen an ihn ein, welche seinen Verlust als Führer beklagten und sich glückwünschend über Das aussprachen, was sie unter seiner Leitung errungen. Mit allen fremden Nationen, Frankreich ausgenommen, war fester Frieden geschlossen, der öffentliche Credit wiederhergestellt und reichliche Sicherheit für die letzte Abzahlung der Nationalschuld gegeben worden. Der Erfolg des amerikanischen Handels hatte selbst die kühnsten Erwartungen übertroffen, die Producte des Bodens einen reichlichen Markt gefunden, die Ausfuhren sich von 19 Millionen zu mehr als 56 Millionen vermehrt, während die Einfuhren in demselben Maße stiegen, und der Ertrag der Steuern auf importirte Waaren zeigte nie gehoffte Resultate.

1796 veröffentlichte Washington seine Abschiedsrede an das amerikanische Volk.

Es galt jetzt, die Stellung wieder auszufüllen, welche bis dahin von dem Besten des Volkes behauptet worden war, und die beiden großen politischen Parteien brachten ihre Führer ins Feld. Die Föderalisten erklärten dabei ihrerseits, daß sie die einzig wahren Anhänger der Politik Washington's seien, und warfen der andern Partei vor, unter französischem Einflusse zu stehen und französische Prinzipien eingesogen zu haben. Diese suchten die Präsidentschaft für John Adams. Die Republikaner nannten sich dagegen die einzigen Freunde der wahren Freiheit, und beschuldigten ihre Gegner einer ungehörigen Anhänglichkeit an England und dessen Institutionen. Diese boten allen ihren Einfluß für Thomas Jefferson auf.

Als man die Stimmzettel öffnete, fand sich, daß John Adams zum Präsidenten, Thomas Jefferson dagegen zum Vicepräsidenten erwählt worden sei.

John Adams.

(Seite 224.)

Gleich nachdem Mr. Adams die Präsidentschaft angetreten hatte, wurde er durch eine Handlung der französischen Regierung, welche sich jetzt in den Händen des Directoriums befand, auf das Offenste beleidigt. Diese weigerte sich nämlich, Mr. Pinkney, den an Monroe's Stelle dorthin geschickten Gesandten, anzunehmen, bis sich die Vereinigten Staaten ihren anderen Forderungen gefügt hätten. Da wurde augenblicklich der Congreß zusammenberufen und von diesem nach genauer, aber rascher Prüfung der Depeschen beschlossen, die Marine zu verstärken und dem Präsidenten 80,000 Mann Miliz zur Verfügung zu stellen.

Nichtsdestoweniger sandte Mr. Adams, um zu beweisen, wie sehr er den Frieden wünsche, drei besondere Gesandte nach Frankreich, mit der Regierung zu unterhandeln; aber auch diese weigerte man sich officiell anzunehmen und pflog nur einen indirecten Verkehr mit ihnen durch Personen, welche von dem Minister der auswärtigen Angelegenheiten, Talleyrand, beauftragt worden waren, den Amerikanern Vorschläge zu machen. Diese Personen verlangten aber, ehe nur eine wirkliche Verhandlung mit der französischen Regierung eröffnet werden könne, eine beträchtliche Summe Geldes, welche an Talleyrand ausgezahlt werden müsse.

Solch ein beleidigender Antrag wurde von den Amerikanern mit Entrüstung zurückgewiesen, dennoch aber wiederholt, und zwar brieflich, wobei diese Schreiben die Unterschrift X Y Z trugen, daher diese Mission auch in späterer Zeit die X Y Z-Mission genannt worden ist.

Solchem unwürdigen Verfahren wußten die Gesandten der Vereinigten Staaten wohl zuletzt ein Ende zu machen, doch erreichten sie ihren Zweck nicht und Mr. Adams rief sie endlich zurück, indem er erklärte, er würde zu keinen weiteren freundschaftlichen Verhältnissen die Hand bieten, bis er die Gewißheit hätte, daß amerikanische Gesandte auch mit solcher Achtung empfangen würden, wie sie der Würde einer so großen und unabhängigen Nation gezieme.

Diesem folgten bald darauf solche Uebergriffe französischer Fahrzeuge auf amerikanischen Handel, daß sich die ganze Nation mit Entrüstung erhob.

Millonen zur Vertheidigung, aber keinen Cent

als Tribut! lautete der einstimmige Ruf des amerikanischen Volkes; eine reguläre Armee wurde ohne Zögern ins Feld gerufen und Steuern erhoben, und General Washington verließ auf den Ruf seines Vaterlandes noch einmal das stille Asyl seiner Heimath, um das Heer zu befehligen. General Hamilton wurde zum Zweiten im Commando ernannt. Vorzüglich aber warf man die Hauptkraft auf die Marine, um dort Vergeltung für die erlittene Unbill zu nehmen. Jetzt schien aber auch in Amerika selber aller Hader der einzelnen Parteien vergessen zu sein, und als die amerikanische Fregatte Constellation von 38 Kanonen, Commodore Truxion Befehlshaber, die französische Fregatte L'Insurgente von 40 Kanonen nach heftigem Kampfe nahm, flog ein Jubelruf durch das ganze Land.

Die französische Regierung überzeugte sich bald, daß die Amerikaner, so feindselig sie sich selbst auch manchmal gegenüberstehen mochten, doch da gewiß schnell genug gemeinsame Sache machten, wo es galt, einen äußern Feind zu bekämpfen; sie ließ sich deshalb wieder auf Unterhandlungen ein. Mr. Adams ernannte aber wiederum drei Gesandte: Oliver Ellsworth, den Oberrichter der Ver. Staaten; Patrik Henry, früheren Gouverneur von Virginien; und William van Murray, Gesandten in den Niederlanden, welche auch wirklich mit dem jetzigen Oberhaupte der Franzosen, Napoleon Bonaparte, am 20. Sept. 1800 einen Friedensvertrag in Paris abschlossen. Die Armee wurde, sobald die Friedenskunde Amerika erreichte, nach einer Verordnung des Congresses, wieder entlassen.

Der Krieg war vermieden und Amerika die Ruhe gesichert, aber dennoch hatte es einen herben Verlust zu betrauern: Georg Washington verschied, nach kaum vierundzwanzigtägiger Krankheit, am 14. Dezember 1799 zu Mount Vernon. Die Glocken der ganzen Nation läuteten sein Requiem und die Thränen von Tausenden verkündeten die Liebe, welche er in den Herzen der Seinen auf ewige Zeiten zurückließ. Im Hause der Abgeordneten wurde der Stuhl des Sprechers mit schwarzem Flor umhüllt, und die Mitglieder selber erschienen alle in Trauerkleidung, während sie ein Committee der beiden Häuser erwählten, welches berathen sollte, wie man das Andenken Washington's, des Ersten im Kriege wie im Frieden, des Ersten im Herzen seines Volkes am würdigsten ehre.

Washington starb im achtundsechzigsten Jahre seines Alters, seine Geschichte aber ist, so lange er sich dem öffentlichen Dienste weihte, die seines Vaterlandes. Er befehligte dessen Armeen und präsidirte während der interessantesten Entwickelungsperiode in seinen Rathsversammlungen. Sein Name kann nie von dem Amerika's getrennt werden.

Im Jahre 1800 wurde der Regierungssitz, dem 1790 erlassenen Gesetze zufolge, von Philadelphia nach der Stadt Washington verlegt. Ein zehn Quadratmeilen großes Stück Land war zu diesem Zweck von Virginien und Maryland an die Central-Regierung abgetreten und mit dem Namen „District von Columbia" belegt worden. Die öffentlichen Bauten beendete man ebenfalls, und im November des Jahres hielt der Congreß zum ersten Male dort seine Sitzung.

Mississippi und ein Theil des nordwestlichen Territoriums, Indiana genannt, wurden in diesem Jahre zu Territorien, mit einer besondern Regierung, gemacht.

Die Zeit rückte jetzt wieder heran, in welcher ein neuer Präsident gewählt werden mußte, und die Streitigkeiten der föderalistischen und der republikanischen Partei erreichten ihren Höhepunkt, denn es zeigte sich jetzt auch auf der republikanischen Seite eine viel feindlichere Stimmung gegen Adams, als dieses früher der Fall gewesen, wo bei seiner früheren Wahl ihm die Antiföderalisten weniger deshalb ihre Stimme versagt hatten, weil sie seine Gegner gewesen wären, als weil ihnen Jefferson doch noch lieber war. Jetzt hatte sich dagegen die Sache geändert, und zwei Gesetze besonders waren es, welche ihn jener Partei verhaßt gemacht. Das eine wurde das „Fremdengesetz" genannt und gab dem Präsidenten die Macht, jeden Fremden, welcher ihm für den Frieden und die Freiheit des Landes gefährlich erscheinen würde, ohne Weiteres ausweisen zu dürfen. Das andere nannten sie das „Aufruhrgesetz," und nach diesem konnten Solche, welche sich „gegen irgend eine Maßregel der Regierung verschworen oder dagegen schrieben, druckten, äußerten oder veröffentlichten zc., oder auch irgendwie falsche, scandalöse und boshafte Schriften gegen die Regierung der Vereinigten Staaten oder irgend ein Haus des Congresses, oder gegen den Präsidenten erließen, mit Gefängniß oder schweren Geldbußen bestraft werden."

Nach diesem Gesetze waren denn auch wirklich schon mehrere Individuen eingekerkert worden, und Adams verlor so an Popularität, daß sich die Majorität der Wähler auf die Seite der Republikaner neigte.

Kurz vorher, ehe Adams von seinem Amt abtrat, erwählte er, einem vom Congreß erlassenen Gesetze zufolge, noch zwölf neue Richter, welche später Mitternachtsrichter hießen, weil sie Adams noch gerade um 12 Uhr Nachts, ehe er aufhörte Präsident zu sein, ernannt hatte.

Nach der Constitution, wie sie damals bestand, stimmte jeder Wähler für zwei Personen, ohne dabei zu bemerken, welche von diesen er zum Präsidenten wünsche. Derjenige nun, welcher die meisten Stimmen hatte, wurde Präsident, der Andere Vicepräsident. Bei dieser Wahl trat aber ein zwar natürlicher, jedoch ganz unvorhergesehener Fall ein. Die Republikaner, welche über die Föderalisten eine sehr bedeutende Majorität hatten, gaben ihre Stimmen, Mann für Mann, für Thomas Jefferson und Aaron Burr, und beabsichtigten dabei, daß Jefferson, der Führer ihrer Partei, Präsident, und Burr Vicepräsident werden sollte. Diese beiden Männer hatten aber eine vollkommen gleiche Anzahl von Stimmen und die Wahl mußte deshalb, der Constitution nach, durch das Haus der Abgeordneten entschieden werden.

Die Föderalpartei sah sich besiegt, hoffte aber dennoch das Blatt zu wenden, wenn sie Burr zum Präsidenten bekomme, denn daß sie von Jefferson nichts zu erwarten hätte, wußte sie nur zu wohl. Als man aber die Stimmen im Hause zählte, ergab sich ein anderer eigenthümlicher Umstand: Jefferson und Burr hatten aufs neue eine ganz gleiche Zahl, und wieder und wieder wurde gestimmt, und wieder und wieder blieb dasselbe Resultat, bis die Zeit fast verflossen war, wo, der Constitution nach, ein Präsident erwählt sein mußte, wenn nicht die Räder der Staatsmaschine als abgelaufen betrachtet werden sollten. Die Constitution enthielt keine Clausel, durch welche sie hätten wieder aufgewunden werden können. Endlich, nachdem die Mitglieder fünfunddreißig Mal

Thomas Jefferson.

(Seite 229.)

gestimmt, fand man bei der sechsunddreißigsten Abstimmung, daß Jefferson die Majorität eines Staates hatte.

Hätten beide Parteien so starrsinnig auf ihrem Sinne bestanden, so wäre die ganze Constitution umgestoßen gewesen und vielleicht endloses Elend über das schöne freie Land gekommen, denn es gab auch in damaliger Zeit Leute genug, welche auf den Umsturz der Dinge warteten, um, wie sie meinten, das Staatsschiff nach ihren eigenen Interessen oder Ansichten gelenkt zu sehen. Der Widerkehr ähnlicher Fälle aber vorzubeugen erfuhr die Constitution eine entsprechende Ergänzung. Wenn nämlich die Wahl bis zu dem festgesetzten Tage nicht zu Stande gebracht ist, so übernimmt der Vicepräsident die Verwaltung.

Am 4. März 1801 wurde Th. Jefferson feierlich in sein Amt eingeführt, statt aber dabei, wie seine Vorgänger gethan, eine Rede an die beiden Häuser zu halten, sandte er ihnen eine geschriebene Botschaft, die zuerst im Senate vorgelesen und dann dem Hause der Abgeordneten übergeben wurde. Diese Neuerung fand bei seinen Nachfolgern Anklang und ist bis auf den heutigen Tag beibehalten worden.

Die wichtigsten Stellen des Staates gingen jetzt aus den Händen der Föderalisten in die der Republikaner über, und Madison wurde Minister des Innern. Auch einen zweiten Census vollendete man, wonach (1801) die Bevölkerung auf 5,319,762 Seelen gestiegen war. Also hatte sich dieselbe in diesen zehn Jahren um 1,400,000 Seelen vermehrt. Die Ausfuhr war ebenfalls von 19 auf 94 Millionen Dollars, wie das Einkommen von 4,771,000 auf 12,945,000 Dollars gestiegen. Dieser reißend schnelle Wachsthum des Wohlstandes ist in der Geschichte der Nationen beispiellos und findet seinen Ursprung fast eben so sehr in dem industriellen, unternehmenden Geiste der Bewohner, als in ihren vortrefflichen Gesetzen und Institutionen.

In diesem Jahre erklärte der Congreß Tripolis den Krieg.

1802 wurde Ohio als Staat in die Union aufgenommen und die Sklaverei aus diesem ganzen weiten fruchtbaren Landstrich ausgeschlossen. Eine weit wichtigere Erwerbung machten die Vereinigten Staaten aber im nächsten Jahre, wo sie durch einen in Paris abgeschlossenen Vertrag Louisiana, das heißt den ganzen ungeheuren Distrikt, welcher sich vom Mississippi bis zum stillen Ocean ausdehnt, für die Summe von 15 Millionen Dollars von Frankreich kauften und dadurch ihren geographischen Umfang fast verdoppelten. *)

Zweite Periode.

Vom Ankaufe Louisiana's bis zur Besitznahme Florida's.

(Von 1803 bis 1820.)

Um den Krieg mit Tripolis zu eröffnen und die räuberische Thätigkeit der Piraten zu hemmen, wurde Commodore Dale mit zwei Fregatten und einer Kriegsschaluppe in das mittelländische Meer gesandt, wo er den Hafen von Tripolis blokirte und die feindlichen Caper am Auslaufen verhinderte. Im Anfange des Jahres 1803 sandte der Congreß Commodore Preble mit einer Flotte von sieben Segeln aus. Im October ließ sich aber das eine von diesen, die Philadelphia, Capitain Bainbridge, in der Verfolgung eines kleinen Fahrzeuges zu weit in den Hafen locken, wo es strandete und in die Gewalt der Feinde fiel. Die Offiziere wurden gefangen genommen und die Mannschaft als Sklaven behandelt.

Stephan Decatur, ein Lieutenant unter Preble, faßte nun den kühnen Plan, die Fregatte wiederzunehmen oder zu zerstören. Zu diesem Zweck ein kleines Fahrzeug, den „Unerschrockenen," bemannend, segelte er mit 76 Mann von Syrakus ab, lief in den Hafen von Tripolis ein, enterte unter den Kanonen der stärksten Hafenbatterie die Fregatte, trieb die Mannschaft ins Wasser und steckte das Schiff, als die Corsaren herbeieilten und die Kanonen der Forts ihr Feuer eröffneten, in Brand. Er entkam glücklich und führte dieses tollkühne Unternehmen ohne den Verlust eines einzigen Mannes aus.

Die Amerikaner unternahmen jetzt mehrere Versuche gegen Tripo-

*) Siehe Paine's politische Werke, Band II. Addresse an die französischen Bewohner von Louisiana.

lis und zwangen den Bay endlich zu einem Friedensvertrage, so wie zum Austausch der Gefangenen, wobei sie ihm jedoch, da er 200 mehr gemacht hatte, als sie selber, noch 60,000 Dollars auszahlen mußten, und somit endete der tripolitanische Krieg.

Im Juli 1804 wurde General Alexander Hamilton in einem Duell mit dem Vice-Präsidenten der Vereinigten Staaten, Aaron Burr, von diesem erschossen.

Im nächsten Jahre erwählte das Volk der Union zum zweiten Male Th. Jefferson zum Präsidenten, und zwar diesmal mit 162 aus 176 Stimmen. George Clinton aus New York wurde Vicepräsident.

Die weise Politik Amerika's hatte dieses Land bis dahin von den europäischen Zerwürfnissen entfernt gehalten und seinen Handel und Wohlstand zu einer früher kaum gehofften Höhe gebracht; jetzt aber sollten Umstände eintreten, die eine fernere Neutralität fast unmöglich machten.

Besonders war das Durchsuchungsrecht immer noch ein Stein des Anstoßes zwischen England und Amerika. England behauptete nämlich, daß ein in England geborner Mann seine Unterthanenpflicht gegen England nie abwerfen könne und dürfe; Amerika dagegen hielt es in weit liberalerer Politik für billiger und humaner, einem jeden volljährigen Mann auch zu überlassen, welches Vaterland er sich wählen wolle, und ihn, wenn ihm die Verhältnisse in seinem eigenen Geburtslande nicht mehr gefielen, nicht zu nöthigen, daselbst zu verharren. Amerika nahm, diesen Ansichten zufolge, Alle als seine Kinder auf, die seinen gastlichen Schutz suchten und sich seinen Gesetzen fügten; daher kam es denn auch, daß England sehr häufig, besonders Matrosen als englische Unterthanen reclamirte, während sie zugleich amerikanische Bürger waren.

Unter dem Schutze dieses Rechtes visitirten also englische Offiziere amerikanische Fahrzeuge und nahmen dort willkürlich fort, was ihrer Behauptung nach englische Unterthanen waren oder doch wenigstens für solche gehalten wurden. Zu gleicher Zeit blokirten die englischen und französischen Fahrzeuge den Continent, und schlossen selbst den neutralen Handel von dessen Verkehr aus. Ja es blieb nicht einmal bei einfacher Blokade, sondern die Engländer erklärten, daß keine neutrale Macht mit Frankreich oder dessen Alliirten Handel treiben dürfe, wenn sie nicht an England einen gewissen Tribut zahle, während gleich darauf Napoleon zu Mailand ein Decret erließ, worin er erklärte, daß jedes Schiff, welches den Engländern das Durchsuchungsrecht einräume oder gar an England Tribut zahle, sobald es in seinen Häfen gefunden werde, confiscirt werden solle.

Dem amerikanischen Handel drohte auf diese Art Verderben, und der Congreß ordnete, um die eigenen Schiffe zu schützen, eine temporäre Handelssperre an, welche aber solchen Wiederstand bei dem Volke fand, daß sie wieder aufgehoben werden mußte.

Th. Jefferson war inzwischen von seiner politischen Laufbahn zurückgetreten und James Madison an seiner Statt erwählt worden. George Clinton aus New York wurde Vicepräsident.

Ein „Nichtverkehrs-Gesetz" nahm jetzt die Stelle der Handelssperre ein, indem auf ein Jahr lang sowohl mit Frankreich, als mit England jeder Verkehr abgebrochen wurde, insofern nicht eins dieser Länder oder beide die, dem Handel der neutralen Länder so gefährlichen Edicte zurücknähmen. Frankreich that dieses zuerst, 1810, und der Präsident erließ am 2. November eine Proklamation, in welcher er das Nichtverkehrs-Gesetz zu Gunsten Frankreichs und seiner Dependenzen aufhob.

Im April wurde mit Erskine, dem britischen Gesandten zu Washington, ein Vertrag abgeschlossen, worin dieser erklärte, daß die Erlasse des britischen Cabinets, soweit sie Amerika beträfen, zurückgenommen werden sollten. Das britische Ministerium weigerte sich aber, diesen Vertrag zu sanctioniren, und erklärte, daß sein Gesandter, welchen man auch zurückrief, seine Vollmacht überschritten habe. Sein Nachfolger, Jackson, äußerte auch in einer Correspondenz mit dem amerikanischen Minister des Innern, daß die amerikanische Regierung gewußt habe, Erskine sei nicht autorisirt gewesen, solche Zugeständnisse zu machen. Dies wurde vom amerikanischen Minister auf das Bestimmteste zurückgewiesen und vom Präsidenten jede weitere Unterhandlung abgebrochen.

Der Census ergab im Jahre 1810 für die Vereinigten Staaten eine Bevölkerung von 7,239,903 Seelen.

James Madison.

(Seite 232.)

Während aber nun englische Schiffe an den amerikanischen Küsten kreuzten und mehrmals sogar wirkliche Angriffe wagten, wie z. B. der Angriff des „Kleinen Belt" auf die amerikanische Fregatte „Präsident," wobei jedoch der „Kleine Belt" sehr bedeutend den Kürzern zog, machten sich an den westlichen Grenzen drohende Anzeichen bei den dortigen indianischen Stämmen bemerkbar.

Es bildete sich nämlich eine feindliche indianische Conföderation, an deren Spitze der große Shawanesen-Häuptling Tecumseh und sein Zwillingsbruder Elskwatawa, standen, von denen der Erstere, ein Meteor an Heldenmuth und Beredsamkeit, die Kriegführung und Leitung der inneren Angelegenheiten übernommen hatte, indeß sich Elskwatawa, unter dem geheimnißvollen Namen des „Propheten," einen fast unbeschränkten Einfluß auf die abergläubischen Gemüther seines Stammes zu verschaffen wußte. Sie folgten ihm fast unbedingt, und wen die schlaue Kunst des Einen nicht in Fesseln geschlagen, den gewann der kühne Muth, die hinreißende Beredsamkeit des Andern.

Das Ziel, welches sich die beiden Brüder gesteckt hatten, war ein hohes und edles, der ganzen Energie eines solchen Mannes, wie Tecumseh, würdig. — Das Joch der Weißen wollten sie abschütteln, das ihren Nacken blutig drückte, und Tecumseh arbeitete darauf hin, alle, bis dahin oft feindselig einander gegenübergestandenen indianischen Nationen zu einer kräftigen Conföderation zu vereinigen, mit welcher er den riesigen Kampf gegen die ihnen an Zahl und Waffen überlegenen Bleichgesichter beginnen könnte.

Tecumseh zog so von einem Stamme zum andern, und überall, wo seine dringende Rede willige Hörer fand, entzündete er die Herzen der Menge und eroberte sie im Sturme für die gute Sache.

Elskwatawa war dabei auch nicht müßig; unter allerlei listigen Vorwänden und wunderlichen Formen wußte er den Stahl der Rache auf die Köpfe der Häuptlinge zu lenken, welche er der „weißen" Sache günstig glaubte, so wie solche Anordnungen zu treffen, die den rothen Mann von dem Einflusse des Weißen unabhängig machen mußten. So ließ er sie Alles ablegen, was sie bis dahin von europäischem Schmuck und Kleidern gebraucht, selbst der wollenen Decke, welche fast allgemein eingeführt worden war, mußten sie entsagen und sich wieder, zum Schutz gegen Nässe und Kälte, in Büffelhäute und gegerbte Felle hüllen.

So bewachten die beiden Brüder die Bewegungen Großbritanniens und der Vereinigten Staaten, und warteten auf den Augenblick, welcher ihnen zum gemeinsamen Angriffe passend scheinen würde.

Die Amerikaner sahen indessen keineswegs müßig den gefährlichen Vorbereitungen zu, welche ihre Grenzen bedrohten. Der Gouverneur des Indiana-Territoriums, W. Harrison, wurde mit seiner Miliz, welche durch reguläre Truppen unter Oberst Boyd verstärkt worden war, gegen sie geschickt und schlug in dem Kampfe bei Tippecanoe, wenn auch nicht ohne bedeutenden Verlust, die, trotz geschlossenen Waffenstillstandes, nach ihrer Art heimlich auf ihn hereinbrechenden Wilden. Tecumseh befand sich nicht bei diesem Kampfe, sondern weilte noch unter den fernen südlichen Stämmen, da er gar nicht geglaubt hatte, daß die Amerikaner den ersten Schlag führen würden.

1811 gestand die britische Regierung der amerikanischen allerdings einzelne Vergütungen für mehrere Fälle zu, wegen deren sie Klage geführt hatte; das Durchsuchungsrecht ließ sie sich aber doch nicht nehmen, und ging auch gar nicht darauf ein, je davon abzustehen, ja sie stationirte sogar englische Kriegsschiffe vor die bedeutendsten amerikanischen Häfen, um die herauskommenden Schiffe nach britischen Unterthanen zu durchsuchen. Außerdem nahmen die Engländer, da Amerika indessen den Handel mit Frankreich wieder eröffnet hatte, amerikanische Kauffahrer weg, so daß über 900 Fahrzeuge nach und nach und seit 1803 in ihre Hände gefallen waren, was weitere Nachsicht fast zur Unmöglichkeit machte.

Der Präsident legte denn auch dem Congreß alle Beschwerden der Vereinigten Staaten vor und rieth, sich so rasch als möglich in Vertheidigungsstand zu setzen. Die Abgeordneten stimmten diesen Ansichten vollkommen bei; die nöthigen Vorbereitungen wurden getroffen, die reguläre Armee auf 35,000 Mann zu erhöhen und die Marine zu verstärken; ferner wurde ein Gesetz erlassen, welches den Präsidenten ermächtigte, eine Anleihe von 11 Millionen Dollars aufzunehmen; die Steuern auf eingeführte Waaren wurden verdoppelt, und sonstige, dem augenblicklichen Bedürfnisse entsprechende Taxen auferlegt.

Im April 1812 legte der Congreß eine neunzigtägige Hafensperre auf alle Häfen innerhalb der Jurisdiction der Vereinigten Staaten, und am 18. Juni wurde England förmlich der Krieg erklärt.

Die Ursachen des Kriegs legte der Präsident in einem sehr tüchtig ausgearbeiteten Manifeste vor, und die hauptsächlichsten davon waren: Britische Excesse, indem sie die amerikanische Flagge auf offener See, der Freibahn aller Nationen, insultirt — Pressen amerikanischer Seeleute — das Hetzen (harassing) amerikanischer Fahrzeuge, während diese in ihren eigenen Häfen ein- oder ausliefen — das Tödten amerikanischer Bürger, und zwar noch innerhalb ihrer Territorialgrenzen — das Erlassen von Befehlen, die Häfen feindlicher Länder zu blokiren, ohne zugleich zur Unterstützung und Legalisirung solcher Befehle die nöthigen Flotten zu verwenden; ferner, daß man solche Befehle von dem Tage ihres Erlasses an in Kraft gesetzt habe, worauf der amerikanische Handel in jedem Meere geplündert worden — die Anwendung heimlicher Agenten, um die Regierung der Union dem Volke zu entfremden und die einzelnen Staaten selbst gegen einander aufzuwiegeln — und endlich das Aufreizen der ohnedies schon feindlich gesinnten indianischen Stämme.

Gegen diese Erklärung legten die Abgeordneten der föderalistischen Partei einen feierlichen Protest ein.

So hatten denn die Amerikaner auf's Neue gegen das Mutterland die Waffen ergriffen; jetzt aber konnten sie ihren eigenen Forderungen weit kräftigeren Nachdruck geben, als früher. Freilich war das Volk selbst nicht mehr so kampfgeübt, als vor siebenunddreißig Jahren, wo die Colonisten fortwährend gegen innere und äußere Feinde gerüstet sein mußten; dafür hatte sich aber auch die Einwohnerzahl von 3 auf fast 8 Millionen vermehrt, während die pecuniären Hülfsquellen in noch größerem Verhältnisse gestiegen waren. Dieser Krieg erforderte aber dennoch außerordentliche Mittel. Jefferson hatte während seiner Regierung nur danach gestrebt, die im Revolutionskriege aufgelaufene Schuldenlast zu mindern, welche er auch von 75 auf 36 Millionen herunterbrachte, hatte aber dafür natürlich die Militär- und Seemacht gar bedeutend lichten müssen, was jetzt, bei der Wiederanschaffung alles zum Kriege Nöthigen, solche Capitalien in Anspruch nahm, daß nach dem Kriege, 1816, die Schuldenlast wieder auf 123 Millionen Dollars — also 47 Millionen über den ursprünglichen Stand — gestiegen war.

Eben so kam die Kriegserklärung so kurz vor dem Ausheben der Truppen, daß mit dem wirklichen Beginne des Krieges kaum der vierte Theil, und selbst dies nur undisciplinirte Truppen, den Feind zu bekämpfen bereit stand. Uebrigens wurde der Präsident ermächtigt, 100,000 Mann Milizen auszuheben und bis zu 50,000 Mann Freiwillige anzunehmen.

In besserem Zustande befand sich dagegen die Marine; denn schon die Eigenschaft der Vereinigten Staaten als ein seefahrendes, handeltreibendes Volk hatte sie mit tüchtigen Seeleuten versehen, welche, oft von Kauffahrern auf Kriegsschiffe versetzt, den Dienst beider gelernt hatten. Eben so waren durch den erst kürzlich beendigten Krieg mit den Seeräubern des mittelländischen Meeres ihre Offiziere herangebildet und in Uebung gehalten worden. Später verwandelten auch allerdings manche unternehmende Männer ihre Kauffahrer in Kriegsschiffe und nahmen Caperbriefe; zu Anfang des Krieges bestand aber die ganze amerikanische Marine aus 10 Fregatten, 10 Corvetten und 165 Kanonenbooten.

Von den wenigen Offizieren, welche noch aus den Zeiten der Revolution am Leben waren, wurde Henry Dearborn aus Massachusetts zum Generalmajor und Oberbefehlshaber der amerikanischen Armee ernannt. Sein Hauptquartier war zu Greenbush am Hudson, Albany gegenüber.

Der erste Plan des Feldzugs, welcher in Washington gefaßt worden, hatte zum Zweck, Montreal zu erobern, zu gleicher Zeit Detroit und Niagara anzugreifen und dann die verschiedenen Heeresabtheilungen zu vereinigen.

General Hull, früherer Capitän der Revolutionsarmee und jetzt Gouverneur von Michigan, erhielt den Oberbefehl über die gegen Detroit beorderten Truppen und rückte damit, laut empfangener Befehle, in Canada ein, wo er sich zu Sandwich festsetzte und eine entschlossene Proclamation erließ, nach welcher sich auch die Indianer, wie die Canadier — die Letzteren überdies der amerikanischen

Sache geneigt — neutral verhielten. Trotz mehrerer errungenen Vortheile aber und während die Truppen von dem besten Geiste beseelt waren, bewies sich General Hull so ohne alle Energie und Entschlossenheit, ja wirklich so ohne Muth, was sein bald darauf erfolgter Rückzug nach Detroit zeigte, daß die Engländer mit leichter Mühe den Sieg über ihn gewannen. Zur Uebergabe aufgefordert, verlor er gleich bei dem ersten Anrücken der Feinde und von leeren Drohungen erschreckt den Kopf dermaßen, daß er die Thore fast ohne Capitulation öffnete und seine vor Ingrimm wüthenden Soldaten den Gegnern überlieferte.

Er wurde später, als er ausgewechselt worden war, vor ein Kriegsgericht gestellt und zwar von der Anklage des Hochverraths freigesprochen, jedoch wegen Feigheit und eines Offiziers unwürdigen Benehmens zum Tode verurtheilt. Der Präsident begnadigte ihn allerdings, nahm ihm aber jedes militärische Commando.

Glücklicher war Amerika dagegen auf der See. Am 19. August, drei Tage nach der schmachvollen Uebergabe von Detroit, nahm die amerikanische Fregatte „Constitution," Capitän Hull, die englische Fregatte „Guerrière," Capitän Acres. Der Amerikaner wartete, nach Art der Scharfschützen seiner Wälder, ruhig die Zeit ab, wo der Engländer in richtiger Schußweite war, und achtete die auf ihn abgefeuerten Kugeln gar nicht; dann aber gab er Flankensalve auf Flankensalve mit solcher Schnelle und Sicherheit, daß er in dreißig Minuten das feindliche Schiff in ein Wrack verwandelte und es zwang, seine Flagge zu streichen. Es war so zerschossen, daß sie es nicht einmal mit in den Hafen bringen konnten, sondern verbrennen mußten. Unter die Mannschaft der „Constitution" ließ aber der Congreß, um sie für den Verlust der Prise zu entschädigen, 50,000 Dollars vertheilen.

Capitän Porter, Vereinigte Staaten-Fregatte „Essex," nahm ebenfalls auf der Newfoundland-Bank die britische Fregatte „Alert," nach einem nur acht Minuten dauernden Kampfe.

Indessen waren die Engländer in Canada siegreich gewesen und General Renssellaer hatte sich ihnen, die ihn mit furchtbarer Uebermacht angegriffen, ergeben müssen; die Ohio- und Kentucky-Freiwilligen befanden sich aber schon unterwegs, als sie die Trauerkunde erreichte, und anstatt sich dadurch abschrecken zu lassen, feuerte es nur noch mehr ihren Kampfesmuth an, da sie jetzt nicht allein die Freunde zu unterstützen, sondern auch sie zu rächen und verlorenes Terrain wiederzugewinnen hatten.

William Henry Harrison, der Gouverneur des Indiana-Territoriums und Brigadegeneral der Armee, besaß mehr als irgend ein anderer militärischer Führer das Vertrauen der westlichen Einwohner und der Congreß ernannte ihn zum Befehlshaber aller dieser Streitkräfte, mit denen er nach dem nordwestlichen Theil von Ohio vorrückte, um sowohl das Land gegen die Einfälle der feindlichen Wilden zu schützen, als auch die durch Hull's Uebergabe verlorne Strecke wiederzugewinnen.

Indessen wurde Fort Harrison am Wabasch von mehreren Hundert Wilden angegriffen; Capitän Taylor aber, mit nur fünfzehn wirklich waffentüchtigen Männern, schlug sie zurück und hielt sich auch, bis später Verstärkung kam, welche mehrere indianische Städte zerstörte und die Wilden zwang, für die nächste Zeit Frieden zu halten.

Bei der nördlichen Armee fand, außer einigen Scharmützeln, kein bedeutender Kampf in diesem Jahre mehr statt, und sie bezog am 23. December die Winterquartiere.

Die amerikanische Corvette „Wasp," von Capitän Jones befehligt, traf mit der ihr an Zahl und Schwere des Calibers überlegenen englischen Corvette „Frolic" zusammen, und feuerte so sicher und in so fürchterlicher Nähe auf die Feinde, daß von hundertundzwanzig, welche die Mannschaft des „Frolic" ausgemacht, Hundert getödtet oder verwundet wurden und die Corvette genommen ward. Seines blutigen Triumphes sollte er sich aber nicht lange erfreuen, denn ein britischer Vierundsiebziger, der „Poictiers," nahm bald darauf den Sieger mit seiner Prise und führte beide nach Bermuda. Als aber Capitän Jones mit seinen Offizieren aus der Gefangenschaft zurückkehrte, wurden sie von ihren Landsleuten mit Ehrenbezeigungen empfangen; die Mannschaft erhielt 25,000 Dollars und Jones selber den Befehl der Fregatte „Macedonian."

Auch am 25. October feierten die Amerikaner einen glänzenden Triumph zur See, welcher dadurch noch demüthigender für die Engländer wurde, daß er ihnen jetzt die bittere Ueberzeugung aufdrang, es gäbe eine Nation, die ihnen in der Seemannskunde wenigstens gleich stünde, eine Thatsache, welche sie bis dahin hartnäckig geleugnet hatten. Die Fregatte „United States," von Commodore Decatur befehligt, traf die britische Fregatte „Macedonian" und nahm sie nach zweistündigem, hartnäckigem Kampfe. Am 29. December desselben Jahres nahm die schon früher gegen die „Guerrière" siegreiche „Constitution," jetzt von Commodore Bainbridge befehligt, an der brasilianischen Küste die britische Fregatte „Java."

Die Vortheile, welche Amerika auf der See errang, erstreckten sich aber nicht blos auf die ausgerüsteten Kriegsschiffe seiner Marine, nein, auch die raschsegelnden Caper der Republik, welche aus jedem Hafen ausliefen, nahmen Fahrzeuge von weit größerem Caliber und peinigten den englischen Handel bis aufs Blut. Nur wenige von diesen fielen in die Hände der Feinde, während sie selbst nahe an 250 englische Fahrzeuge erbeuteten und dabei 3000 Gefangene machten.

Der Congreß hatte sich am 4. November versammelt und eine Verstärkung der Armee und Marine nahm seine Thätigkeit und Aufmerksamkeit in Anspruch. Das Handgeld wurde erhöht, um Rekruten anzulocken, und auch eine Erhöhung des Solds bewilligt. Eben so sollten vier Kriegsschiffe von je 74 und sechs Fregatten von 44 Kanonen erbaut, wie auch die Marine der Binnenseen vermehrt werden. Am 26. Januar 1813 passirte eine Bill zur Genehmigung eines Anlehens von 16 Millionen Dollars und am folgenden Tage wurde der Präsident ermächtigt, Banknoten bis zu dem Betrage von fünf Millionen Dollars auszugeben.

Die reguläre Truppenmacht der Amerikaner bestand jetzt aus fast 55,000 Mann.

Als man die Stimmen bei der nächsten Wahl zählte, ergab es sich, daß James Madison wieder zum Präsidenten, Elbridge Gerry aber zum Vicepräsidenten für die nächsten vier Jahre erwählt worden war.

Die militärischen Operationen der Vereinigten Staaten waren 1813 hauptsächlich gegen die ausgebreitete nördliche Grenze der Union gerichtet. Beim Anfange des diesjährigen Feldzuges stand die westliche Armee, unter General Harrison, nach dem Einlaufe des Eriesees, die mittlere, unter General Dearborn, zwischen dem Erie und Ontario, und die nördliche, unter General Hampton, hielt die Ufer des Champlainsees besetzt. Die Eroberung von Canada war noch immer das vereinte Ziel derselben.

Die Macht, welche der Gouverneur von Canada, Sir George Prevost, dagegen ins Feld stellen konnte, schien verhältnißmäßig gering. Die Vertheidigung von Ober-Canada war den Obersten Proctor und Vincent übergeben, während General Sheaffe in Unter-Canada, jedoch mehr unter dem Befehle des Gouverneurs selber, stand.

Die Engländer machten den ersten Angriff und schlugen bei Frenchtown die Amerikaner, wobei Proctor, wortbrüchig, die Gefangenen den Händen der Indianer überließ, so daß die Amerikaner in diesem Kampf über 500 Todte und Verwundete verloren. Es waren dies meistens Freiwillige aus Kentucky, und zwar aus den angesehensten Familien dieses reichen Staates.

General Harrison verlegte sein Hauptquartier von Franklinton nach Fort Meigs, welches er an den Stromschnellen des Maumee erbaut hatte. Hier wurde er von dem frühern Oberst, jetzt General Proctor belagert; General Clay rückte aber zu seinem Beistande heran und Proctor, geschlagen, mußte die Belagerung aufheben und sich nach Malden zurückziehen. Harrison ließ General Clay im Commando und ging wieder nach Ohio.

Im Juli erklärten die „sechs Nationen" Canada den Krieg, und die amerikanische Regierung sah sich jetzt genöthigt, den angebotenen Beistand der wilden Stämme, welchen sie bis dahin so viel als möglich zu vermeiden gesucht, anzunehmen. Diese fingen nämlich an, durch ein stetes Zurückweisen beleidigt zu werden, da sie es so auslegten, als ob man an ihrer Tapferkeit zweifele. Die Indianer waren auch in jener Zeit dermaßen an Krieg gewöhnt und vom Krieg abhängig, daß es fast nur darauf ankam, ob man die verschiedenen Nationen für oder gegen sich haben wollte, denn sie ließen sich nicht länger bewegen, neutral zu bleiben. Aus diesen Ursachen entschlossen sich die Amerikaner endlich, „einen und denselben Tomahawk mit ihnen zu erfassen" und gemeinsame Sache mit den rothen Söhnen der Wälder zu machen.

Commodore Chauncey hatte indessen durch unermüdlichen Fleiß und Eifer eine Flottille auf dem Ontariosee ausgerüstet, und der erste wichtige Dienst, welchen diese leistete, war, daß sie die Armee aus Sackettshafen nach York, der Hauptstadt von Ober=Canada, schaffte. Dearborn, welcher diese Armee befehligte, blieb siegreich und räumte erst am 8. Mai York wieder. Eben so nahmen die Amerikaner Fort George und Fort Erie, und schlugen einen auf Sackettshafen unternommenen Angriff nachdrücklich zurück. In einigen andern kleinen Gefechten siegten dagegen die Engländer.

Der Herbst dieses Jahres war Zeuge eines eben so seltenen, als neuen Kampfes, und zwar einer Schlacht auf einem der Binnenseen, welche die englischen von den amerikanischen Besitzungen scheiden. Die amerikanische Flotte des Eriesees war, unter Commodore Oliver Hazard Perry, erst im vorigen Sommer ausgerüstet worden und bestand aus dem „Niagara" und „Lawrence," jede von 25 Kanonen, so wie noch aus mehreren kleinen Fahrzeugen, mit zwei Kanonen durchschnittlich. Die feindliche Flotte wurde für etwa eben so stark gehalten. Commodore Barclay befehligte sie, er war ein alter Veteran, während Perry noch zu jung schien, um viel Erfahrung zu haben; trotzdem überwandt er die englische Flotte und zwang sie, sich ihm zu ergeben.

Dieser Sieg auf dem Eriesee öffnete zu dem Territorium, welches General Hull geräumt hatte, freien Zugang, und Harrison verlor keine Zeit, den Krieg dorthin zu tragen. Am 23. September landete er seine Truppen bei Fort Malden, begegnete aber zu seinem unbegrenzten Erstaunen keinem bewaffneten Feinde, sondern nur den Frauen und Kindern von Amherstburg, welche ihm entgegenkamen, um seinen Schutz anzuflehen. General Proctor hatte, trotz den dringenden Vorstellungen Tecumseh's, der jetzt General in englischen Diensten war, Malden geräumt, das Fort und die Waarenhäuser verbrannt und dem Feinde das Feld überlassen.

Proctor hatte sich bis zu einem an der Themse liegenden und etwa acht Meilen entfernten Herrnhuter Dorfe zurückgezogen; Harrison folgte ihm aber ungesäumt und schlug den Feind total aufs Haupt. Proctor floh feige mit 200 Dragonern; aber der bedeutendste Verlust, den die Engländer an diesem Tage erlitten, entstand ihnen aus dem Tode Tecumseh's, welcher im Gefechte gegen Oberst Johnson's Bataillon blieb. 600 Mann wurden gefangen und die Indianer allein ließen 150 Todte auf dem Schlachtfelde. Unter den Siegstrophäen befanden sich auch sechs, von Hull aufgegebene messingene Feldstücke, und auf zweien von diesen standen die Worte: „Durch Bourgoyne bei Saratoga übergeben.“

Die indianische Conföderation, welche zwar immer noch 3000 Krieger umfaßte, hatte mit Tecumseh das Band verloren, das sie bis dahin zusammengehalten, und die Ottawas, Chippewas, Miamis und Pottawatamies, sandten jetzt Deputationen an General Harrison und boten ihm ein Schutz- und Trutzbündniß an, worin sie sich erboten, „denselben Tomahawk mit den Amerikanern zu ergreifen und alle ihre Feinde, seien es Engländer oder Indianer, zu bekämpfen.“

General Harrison hatte jetzt weit mehr als den durch Hull aufgegebenen Grund und Boden wiedergewonnen, überließ General Caß den Oberbefehl in Detroit und schiffte sich nach Buffalo ein.

Im Frühjahre von 1813 blokirten die Engländer auch die Delaware- und die Chesapeake-Bay und verwüsteten einen großen Theil der Ufer derselben.

Commodore Chauncey's Flotte auf dem Ontariosee war der englischen allerdings an Stärke überlegen, segelte aber nicht so schnell und konnte Sir James Yeo, den Befehlshaber der britischen Schiffe, zu keiner entscheidenden Schlacht bringen. Nur eine nach Kingston bestimmte Kauffahrteiflotte von sieben Segeln, mit Truppen und Provisionen beladen, schnitt er ab und nahm fünf davon weg.

General Wilkinson hatte indessen den Befehl der Centralarmee bekommen und machte sich augenblicklich bereit, Montreal anzugreifen und Canada zu unterwerfen; durch die übrigen Heeresabtheilungen aber nicht unterstützt, mußte er, nachdem eine Abtheilung der Seinen unter General Boyd von den Engländern, unter Oberstlieutnant Morris, angegriffen und geschlagen worden war, wieder zurück und bezog bei den „französischen Mühlen“ die Winterquartiere.

Zur See waren die Amerikaner wieder am 23. Februar glücklich gewesen, wo das Vereinigte Staatenschiff „Hornet“ die britische Corvette „Peacock“ traf und nahm. Der „Peacock“ sank unglücklicherweise mit Dreizehn seiner Mannschaft, während diese im Begriffe waren, die Verwundeten fortzuschaffen. Er hatte drei gepreßte Seeleute an Bord, welche von den Engländern gezwungen worden waren, gegen ihr Vaterland zu kämpfen. Einer von diesen war im Kampfe geblieben.

Dagegen erlitten die Vereinigten Staaten eine andere nicht unbedeutende Niederlage durch den Verlust ihrer Fregatte „Chesapeake", welche im Hafen von Boston vor Anker lag, als die britische Fregatte „Shannon," vom Capitän Broke befehligt, vor dem Hafen erschien und den Amerikaner zum Kampfe herausforderte. Capitän Lawrence, welcher wegen seiner auf dem „Peacock" bewiesenen Tapferkeit zum Befehl des „Chesapeake" befördert worden war, glaubte, die Herausforderung ehrenhalber nicht ausschlagen zu dürfen, und verließ den Hafen. Das Gefecht war fürchterlich blutig und so sicher zielten die Engländer, daß schon nach wenigen Minuten sämmtliche Offiziere am Bord des „Chesapeake" entweder getödtet oder verwundet waren. Auch Lawrence war tödtlich getroffen und rief, nachdem er eine Aufforderung zur Uebergabe mit den Worten zurückgewiesen: „so lange ich lebe, soll meine Flagge wehen," schon fast bewußtlos: „gebt das Schiff nicht auf, gebt das Schiff nicht auf." *)

Die Amerikaner verloren in diesem Kampf an Todten und Verwundeten 63 Mann, die Engländer etwa die Hälfte dieser Zahl.

Der „Shannon" führte seine Prise nach Halifax, und dort wurde der heldenmüthige Lawrence, welcher seine Niederlage nur um vier Tage überlebte, mit allen militärischen Ehrenbezeugungen von den Feinden beerdigt. Seinen Sarg trugen vier der ältesten Capitäne der britischen Marine.

Gleiches Schicksal hatte Lieutnant Allen, welcher die Corvette „Argus" befehligte. Der „Argus" wurde von der britischen Corvette „Pelikan" genommen, Allen selbst aber so schwer verwundet, daß er bald darauf in England starb. Auch er erhielt, wie Lawrence, ein höchst ehrenvolles Begräbniß.

---

*) Die Worte „Don't give up the ship!" sind in Amerika seit diesem Tage zum ehrenvollen Sprichworte kräftiger Ausdauer geworden.

Dagegen waren die amerikanischen Seeleute am 4. September wieder siegreich, wo die Brig „Enterprise" die britische Brig „Boxer" traf und nach heftigem Kampfe, in welchem beide Befehlshaber, Lieutenant Burrows von amerikanischer und Capitän Blyth von englischer Seite, blieben, sie nahm.

Am 26. September kehrte Commodore Rodgers von langer Fahrt zurück, auf welcher er die britischen Inseln umschifft, den atlantischen Ocean durchkreuzt und wenn auch keinen glänzenden Sieg erfochten, doch der Sache seines Vaterlandes wichtige Dienste geleistet hatte, indem er den englischen Handel störte und hemmte, zwölf Kauffahrer nahm und viele Gefangene machte.

Wir müssen jedoch noch einmal zu dem vorhergehenden Jahre zurückgehen, um die Ursachen kennen zu lernen, welche zu jenem blutigen Kriege mit der Nation der Creeks führten. Ihre Ländereien lagen in dem Striche, welchen die Vereinigten Staaten als ihr Territorium beanspruchten, doch war ihnen das Eigenthumsrecht ihres Besitzes von der Regierung zugesichert, während diese die größten Anstrengungen machte, sie in den Künsten des civilisirten Lebens zu unterrichten. Ihre frühesten Gewohnheiten waren aber nicht so leicht mit der Wurzel ausgerottet und ein gefährlicher Gegner entstand den Versuchen der Weißen in Tecumseh, welcher in dieser Zeit die Nation der Creeks durchwanderte und sie mit dem Feuer seiner Beredsamkeit beschwor, zu ihrer wilden, urthümlichen Unabhängigkeit zurückzukehren und dem weiteren Vorrücken der Bleichgesichter endlich einmal Grenzen zu setzen. Er hielt ihnen dabei den bis dahin treu behaupteten Satz auch wieder unermüdet vor: das Land gehöre den rothen Kindern des großen Geistes gemeinsam und sie hätten kein Recht, einen Theil davon bleibend zu veräußern oder gar zu verkaufen.

Diese Vorstellungen fielen auf fruchtbaren Boden und die Creeks zeigten bald ein so feindseliges Benehmen, daß die äußersten Grenzbewohner in den für ihre Sicherheit errichteten Forts' Schutz suchten.

Eins von diesen war Fort Mims in der Tensau-Ansiedelung, das sich mit den geängstigten Familien füllte. Der Commandant desselben, Major Beasely, erhielt gleichzeitige rasch aufeinander folgende Warnungen, wie auch die Kunde, daß man einen Angriff auf sein

Fort beabsichtige. Nichtsdestoweniger zögerte er, die nöthigen Vorsichtsmaßregeln zu treffen; da wurde am Nachmittag des 30. August 1812 das Fort plötzlich von indianischen Kriegern umgeben, und wenn auch die Garnison im Anfang ihren Stand behauptete und die Wilden zurückschlug, so kehrten diese doch bald wieder, trieben die Belagerten in die Gebäude und zündeten diese an. Das Gemetzel war fürchterlich; von dreihundert Männern, Frauen und Kindern entkamen nur siebzehn, um die Schreckenskunde in die benachbarten Ansiedelungen zu tragen.

Dies aber konnten die Vereinigten Staaten nicht ungerächt geschehen lassen. Tennessee sandte unter General Jackson 2000 und unter General Coffee 500 Mann. Georgia schickte General Floyd mit 950 Weißen und 400 freundlich gesinnten Indianern, während Mississippi eine Schaar von Freiwilligen, unter General Claiborne, stellte.

General Jackson traf und schlug die Indianer bei Talladega — 290 indianische Krieger blieben todt auf dem Schlachtfelde. Gleich hernach zerstörten die Tennesseer die Hillabeestädte, wobei sie sechzig Krieger tödteten. General Floyd fand mit den Seinen die Creeks bei Autossee; dies war ihr geheiligter Grund und sie wehrten sich hier wie Verzweifelte, doch umsonst: 400 von ihren Wohnungen wurden verbrannt, 200 ihrer besten Krieger erschlagen, unter ihnen die Fürsten von Autossee und Tallahassee. Auch General Claiborne gewann mit seinen Freiwilligen einen entscheidenden Sieg. Jackson und Floyd betraten hierauf an verschiedenen Orten das indianische Territorium, und dreimal von den Feinden angegriffen, schlugen sie sie dreimal mit Verlust zurück.

Der feindliche Geist der Creeks ließ sich aber nicht so leicht unterdrücken; sie befestigten eine starke Biegung des Tallapuhsa, von den Indianern „Tohopika" und von den Weißen „Hufeisen" genannt, und sammelten hier ihre besten Krieger. General Jackson jedoch, von General Coffee unterstützt, griff zuerst mit den regulären Truppen an, und wenn auch die Wilden in äußerster Verzweiflung kämpften, mußten sie doch endlich der Wuth und Tapferkeit der Soldaten weichen. 550 wurden auf der Halbinsel getödtet und eine große Zahl fiel noch bei dem Versuche, den Fluß zu durchschwimmen, durch die Kugeln der Feinde oder ertrank.

Dieser Sieg endete mit der Unterwerfung der noch übrigen Krieger und führte den Frieden herbei.

Weatherford war einer der angesehendsten Häuptlinge und Prophet der Creeks, aber auch eben so seiner Talente, als seiner Grausamkeit wegen berühmt. Als er sich den Weißen ergab, sagte er:

„Ich bin in Eurer Macht, thut mit mir was ihr wollt. Ich habe den Weißen jedes Leid angethan, das in meiner Macht stand: ich habe sie bekämpft, und tapfer bekämpft. Es gab eine Zeit, wo mir eine Wahl blieb; jetzt bleibt mir keine mehr — jede Hoffnung ist verschwunden. Früher konnte ich meine Krieger zur Schlacht anfeuern—die Todten kann ich nicht mehr aufrufen. Sie können meine Stimme nicht mehr hören, ihre Knochen liegen zu Tallushatches, Talladega, Emukfau und Tohopika. So lange noch eine Aussicht auf Sieg war, habe ich nicht um Frieden gebeten, aber mein Volk ist dahin, ich erbitte ihn für die Nation und für mich."

Während des Sommers 1814 wurde ein Friedensvertrag mit den besiegten Creeks unter für die Vereinigten Staaten sehr günstigen Bedingungen abgeschlossen, und General Jackson kehrte nach Tennessee zurück; bald aber rief ihn der Congreß an General Wilkinson's Stelle nach New Orleans, um dort den Oberbefehl zu übernehmen.

Schon im Frühjahr 1813 hatte sich indessen der Kaiser Alexander von Rußland erboten, den Frieden zwischen Amerika und England zu vermitteln; hierzu verstand sich auch die Republik und schickte John Quincy Adams, Albert Gallatin und James A. Bayard nach Rußland, um dort mit den noch zu ernennenden englischen Abgeordneten den Vertrag abzuschließen; England dagegen wollte die Vermittelung der Russen nicht, sondern verlangte, selbst mit Amerika zu unterhandeln, demzufolge die drei Gesandten im August nach Gent, dem verabredeten Sammelplatze, gingen und dort Lord Gambier, Henry Golbourn und William Adams, von großbritanischer Seite, trafen. Von Amerika kamen noch Henry Clay und Jonathan Russel hinzu.

Der kritischen Lage des Landes wegen hielt es der Congreß für nöthig, eine außerordentliche Sitzung zu berufen, und kam deshalb am 24. Mai zusammen. Das wichtigste ihm obliegende Geschäft war, den erschöpften Staatsschatz zu heben, und trotz des Geschreies der kriegsfeindlichen Partei beharrte er doch mit Festigkeit auf der einmal betretenen Bahn.

Er beschloß, Taxen auf Häuser und Ländereien, auf destillirte Getränke, Conditorwaaren, Detaillisten, Licensen, Kutschen, Auctionen und Banknoten zu legen, und autorisirte eine Anleihe von sieben und einer halben Million Dollars.

Unter anderen wichtigen Punkten beschäftigte sich in der ordentlichen Sitzung die Botschaft des Präsidenten auch mit dem Expatriationsgesetz, dessen Bekämpfung zwischen England und Amerika schon so viel Blut gekostet. Auch jetzt waren noch vierzig Personen, geborene Briten, aber wegen langen Aufenthalts in Amerika naturalisirt und als Bürger der Vereinigten Staaten betrachtet, mit den Waffen in der Hand gefangen genommen und nach ihrem Geburtslande zurückgeschickt worden, um dort auf die Anklage von Verrath gerichtet zu werden. Die amerikanische Regierung durfte dieses natürlich nicht ruhig geschehen lassen, setzte daher eine gleiche Anzahl von Soldaten gefangen und ließ England wissen, sie würde an diesen thun, was man an den Bürgern der Vereinigten Staaten thäte. Als Wiedervergeltung setzten die Engländer jetzt eine doppelte Anzahl von amerikanischen Unteroffizieren gefangen, und auch hierin blieb Amerika nicht zurück, indem es ein Gleiches mit kriegsgefangenen englischen Offizieren that.

Die Streitigkeit wurde jedoch endlich durch Austausch der Gefangenen beigelegt, nur die ersten Vierzig hielt Großbritanien noch fest. Die amerikanische Regierung behielt sich jedoch in fester Erklärung das Recht vor, in vollem Maße Wiedervergeltungsrecht zu üben, wenn Jenen auch nur ein Haar gekrümmt würde.

Eine andere Botschaft des Präsidenten empfahl jetzt eine Hafensperre für alle Ausfuhr, um zu verhindern, daß der Feind Zufuhr aus amerikanischen Häfen bekäme, wie auch um den eigenen Handel zu schützen. Diese Maßregel ging nach warmer Debatte im Congresse durch. Die Opposition betrachtete sie aber als schädlicher für die Amerikaner, denn für den Feind, und verdammte sie als constitutionswidrig und drückend.

Dieser Handelszwang sollte jedoch für Amerika nicht von langer Dauer sein; in Europa fanden mächtige Umwälzungen statt und veränderten dadurch die ganze, bisher nöthige Politik Amerika's. Napoleon wàr jetzt ein machtloser Verbannter auf einer kleinen Insel im mittelländischen Meer und die europäischen Häfen öffneten sich England wieder; unter diesen Umständen wurde denn im Monat April 1813 die Hafensperre, wie das „Nichtimportationsgesetz" wieder aufgehoben.

Um nun zu dem Schlachtfelde zurückzukehren, so war Wilkinson ziemlich unthätig bis zum Anfange Februars an den „französischen Mühlen" gewesen, bis ihn, nach erhaltenen Befehlen vom Kriegsminister, General Brown mit 2000 Mann nach der Niagaragrenze schickte. In Folge seiner ungeschickten und falschen Manövres brachte ihm der Feind in rascher Reihenfolge so viele, keineswegs unbedeutende Schlappen bei, daß sich die öffentliche Meinung endlich auf das Entschiedenste gegen ihn aussprach und er vor ein Kriegsgericht gestellt, jedoch später freigelassen wurde.

Die britische Armee Unter = Canada's zog sich jetzt vom St. Lorenz fort und stationirte sich nahe bei St. Johns, um das Einlaufen einer Flotte in den Champlainsee zu decken. Das Hauptziel war aber dabei, die von Macdonough ausgerüstete Flotte, ehe sie nur einmal auf dem See erschienen wäre, zu zerstören; doch Macdonough erhielt zeitig genug Nachricht davon und verhinderte die Ausführung des Plans durch die schnelle Errichtung einer Batterie an der Mündung des Otterflusses, von welcher die Engländer, als sie den Angriff wirklich machten, mit Verlust zurückgeschlagen wurden.

Im Anfange des Jahres 1814 waren die Amerikaner nun wieder im Besitz ihres ganzen früheren westlichen Territoriums, Fort Mackinaw ausgenommen; England hatte übrigens bis zu dieser Zeit so viel daheim und mit seinen europäischen Kämpfen zu thun gehabt, daß es dem überseeischen Kriege keineswegs die nöthige Aufmerksamkeit schenken konnte. Jetzt war die dringendste Gefahr auf dem Continente beseitigt und man ging nun britischer Seits ernstlich daran, den Krieg in Amerika zu einem baldigen Ende zu führen. Das Hauptziel, welches man dabei im Auge gehabt, scheint gewesen zu sein, die Seeküsten zu besetzen und dann Canada zu schützen, wie auch so viel von dem nördlichen Theile der Staaten, besonders die nördlichen Ufer der Binnenseen, dazu zu erobern, um den künftigen Frieden der Canada-Colonieen zu sichern.

Um dies auszuführen, wurde eine Armee von 14,000 Mann, welche schon unter dem Herzoge von Wellington gekämpft hatte und also fast ganz aus alten gedienten Soldaten bestand, in Bordeaux nach Canada eingeschifft. Zu gleicher Zeit ging eine starke Seemacht, mit entsprechender Zahl von Marinesoldaten, nach dem Küstenlande ab, um die Häfen der Vereinigten Staaten von Maine bis Georgia zu blokiren und den ganzen Küstenstrich zu brandschatzen und zu verwüsten. Man hatte dabei viel auf den Ruf gerechnet, welchen Wellington's Veteranen mitbrachten, und wahrscheinlich geglaubt, die amerikanischen Milizen würden in solchem hoffnungslosen Kampfe vor Furcht und Entsetzen fliehen. Aber wie sollte man sich irren!

Das erste Zusammentreffen mit diesen Truppen fand am 5. Juli statt, nachdem vorher am 2. und 3. General Brown den Niagara überschritten und Fort Erie genommen hatte. Am 4. rückte die Brigade unter General Scott, mit Towson's Artillerie, vom Fort Erie am Ufer des Niagara hin bis Streets-Creek; General Brown schloß sich ihm, etwa um Mitternacht an und General Porter stieß mit den Freiwilligen mit Tagesanbruch zu ihm. Die britische Armee, von General Riall befehligt und 3000 Mann stark, hatte ihre Stellung an der Mündung des Chippewa genommen. Die Engländer waren dabei den Amerikanern an Zahl überlegen, ihr Heer bestand aus schlachtengrauen Veteranen, die amerikanischen Soldaten standen kaum zwei Jahre im Felde, dennoch trieben sie, von dem wackern General Scott geführt, die Briten zurück und zwangen sie, wenn auch nach hartnäckigem blutigen Kampfe, zu fliehen.

So ruhig mochten aber Wellington's Truppen dieses nicht auf sich sitzen lassen; es galt eine Scharte auszuwetzen, und die Soldaten verlangten stürmisch nach neuem Kampfe. Zu gleicher Zeit wurde vom Ontariosee her und unter General Drummond Verstärkung herbeigezogen, so daß sich das englische Heer jetzt auf

5000 Mann, von denen 1500 Milizen und Indianer waren, belief.

Dennoch machten die Amerikaner unter General Scott wieder den ersten Angriff, welcher, von Brown abgesandt, die bei „Schlosser“ bedrohten Waarenvorräthe schützen sollte und unerwartet auf den Feind traf, zugleich aber auch die Kunde erhielt, daß dieser am nächsten Tage eine entscheidende Schlacht schlagen wolle. Rasch sandte er diese Botschaft an seinen Oberbefehlshaber, rückte gegen die Feinde vor und hielt sich hier, von einem Wald gedeckt, eine volle Stunde gegen die ihm an Zahl wohl siebenmal überlegenen Feinde, bis er, schon nach Sonnenuntergang, Verstärkung erhielt.

General Ripley befehligte diese und war beordert, seine Brigade an der Waldgrenze, zur Rechten Scotts, zu formiren; da er aber fand, daß er hier eine höchst gefährliche Stellung einnehmen würde, nahm er die Verantwortung auf sich, dem Feinde näher auf den Leib zu gehen. Als er übrigens zwischen Scotts und des Feindes Kanonen hindurch wollte und nun einsehen mußte, welcher Gefahr er sich dadurch aussetzte, faßte er plötzlich den kühnen Plan, die englischen Kanonen zum Schweigen zu bringen. „Oberst Miller!“ rief er, „wollt Ihr jene Batterieen nehmen?“ — „Ich will's versuchen,“ sagte der wackere Soldat, und an der Spitze des einundzwanzigsten Regiments stürmte er die so drohend besetzte Anhöhe und stieß die Feinde an ihren Kanonen mit den Bajonnetten nieder. Ripley unterstützte ihn zugleich mit einem eben so raschen Angriff auf die Infanterie und vertrieb die Gegner von der Anhöhe, welche den Schlüssel zu ihrer ganzen Stellung bildete.

Jetzt aber sammelte sich der Feind auch wieder, rückte mit Macht heran, die Höhe und seine Artillerie wieder zu gewinnen, und ein Kampf entspann sich, wie ihn die Geschichte der Kriege kaum schon gesehen hat. Der Mond war aufgegangen, aber schwere Wolken deckten den Himmel und verhüllten sein Licht. In nicht weiter Entfernung grollte dabei das dumpfe Brausen des Kataraktes, in welches sich die Schreie der Sterbenden und Verwundeten mischten, und dem dumpfen Krachen der Geschützstücke, dem Knattern des Kleingewehrfeuers antwortete das Zusammenklirren der Bajonoette. Bei diesem Stand der Dinge ließ Ripley die Seinen warten, „bis sie die Bajonnette der Feinde an den ihrigen fühlten," und nun schossen sie in die gedrängten Reihen, nun begegneten sie dem rasenden Angriffe der starrenden Spitzen und zwanzig Minuten lang dauerte der fürchterliche Kampf Fuß an Fuß. Hierauf zogen sich die Veteranen zurück, drangen aber immer wieder aufs Neue zum Angriffe vor, bis sie endlich sahen, daß sie nicht im Stande wären, die Feinde zu werfen, und mit Zurücklassung ihrer Artillerie, das Schlachtfeld räumen mußten.

In diesem fürchterlichen Kampfe verloren die Briten 878 Mann, die Amerikaner 860, worunter 11 Offiziere todt und 56 verwundet — unter den Letzteren die Generale Brown und Scott. Unglücklicherweise büßten aber die Amerikaner die Trophäen ihres sauer verdienten Sieges ein, denn sie waren nicht im Stande, die genommenen Geschützstücke mit fortzuschaffen. Sobald die Engländer fanden, daß die Feinde das Schlachtfeld geräumt hatten, besetzten sie es wieder, nahmen die Kanonen aufs Neue in Besitz und beanspruchten in ihren Berichten den Sieg.

Die jetzt auf 1600 Mann reducirte amerikanische Armee zog sich nach Fort Erie zurück und verschanzte sich dort; die Engländer griffen sie hier an, wurden aber zurückgeschlagen.

Der übrige Theil des Jahres verging unter größtentheils unbedeutenden Scharmützeln, in welchen jedoch die Amerikaner, den Angriff auf Fort Mackinaw und einige andere ausgenommen, fast stets Sieger blieben, während sie, durch General Izard verstärkt, jetzt auch an Zahl wieder den Feinden ziemlich gleich standen und sich nicht mehr blos auf die Defensive zu beschränken brauchten.

Im Anfange des Jahres 1814 dagegen suchten die Engländer einen entscheidenden Streich dadurch zu führen, daß sie sich in Besitz der Hauptstadt setzten, von wo aus sie dann leicht einen ihnen günstigen Frieden dictiren zu können glaubten. Sie blokirten deshalb schon Anfangs Juni den Paturent, und wenn auch die Amèrikaner jetzt ein Heer wieder ins Feld zu rufen suchten, um dem gefürchteten Angriffe zu begegnen, so ist dieses in einer des Krieges ungewohnten Republik doch so schnell nicht geschehen. Als deshalb im August Admiral Cochrane mit Verstärkung anlangte, zählte das amerikanische Heer kaum 3000 Mann, noch dazu undisciplinirte Truppen.

Der Erfolg blieb denn auch nicht lange zweifelhaft. Am 19. schon ging ein Theil der Flotte den Paturent hinauf, zwang die Amerikaner, ihre eigene Flottille zu verlassen und zu zerstören, und setzte das Heer unter General Roß ans Ufer. Dieser umging eine ihm gestellte Falle, marschirte an Washington vorbei und griff nördlich davon Bladensburg an, wohin ihm die Amerikaner entgegengerückt waren. Wohl schlugen sich die Milizen tapfer genug; doch die englischen disciplinirten Soldaten siegten auf allen Punkten, trieben die Flüchtigen nach Washington selbst hinein und nahmen die Hauptstadt, wo sie aber nicht wie das Heer eines civilisirten Volkes verfuhren, sondern wie Croaten senkten, brannten und plünderten, die Bibliothek, wie andere werthvolle Sammlungen vernichteten und die Stadt in Asche legten.

Dieser Vandalismus verfehlte aber den Zweck, die Amerikaner einzuschüchtern, vollkommen; im Gegentheil gaben sie jetzt jeden Gedanken an Frieden auf, und waren fest entschlossen, das Aeußerste daran zu setzen, um den Krieg siegreich zu Ende zu führen.

Die englische Flotte hatte inzwischen nichts weiter ausgerichtet, als daß der eine Theil derselben, welcher den Potomac hinaufgesegelt war, Alexandria nahm; die Amerikaner schlugen dagegen den anderen, welcher oben in der Chesapeake-Bay kreuzte, von Bellair zurück. Admiral Cochrane vereinigte bald darauf sein zerstreutes Geschwader wieder, um mit gesammten Kräften gegen Baltimore zu rücken. Bei Fort Henry hatten jedoch die Bewohner von Baltimore die Mündung des Flusses durch gesunkene Fahrzeuge gedämmt, die Schiffe konnten deshalb nicht mit dem Landheer agiren, und als auch noch General Roß, welcher den Angriff leitete, in einem Scharmützel getödtet wurde, zogen sich die Engländer wieder zurück und gaben die Belagerung und den Sturm von Baltimore auf.

Indessen griff, im Juli desselben Jahres, Commodore Hardy mit acht Schiffen und 2000 Mann die Küste von Maine an und nahm, ohne Widerstand zu finden, Besitz von Eastport und allen Städten an dem westlichen Ufer der Passamaquoddi-Bay. Auch von New-Brunswick her rückte der Gouverneur nach Maine hinein und nahm, von Admiral Griffith dabei unterstützt, einen Theil desselben in Besitz. Die britischen Fahrzeuge gingen den Penobscot bis Hamden hinauf, zwangen dort die Amerikaner, ihre eigene Fregatte, „John Adams," zu zerstören, damit sie nicht in die Hand der Feinde fiele, und erklärten das Land östlich vom Penobscotflusse als "Sr. Großbritanischen Majestät unterthan." Die Engländer behaupteten diese Strecke auch bis zum Schlusse des Krieges.

Während der Monate Juli und August erhielt das canadische Heer eine bedeutende Verstärkung von europäischen gedienten und schlachtengrauen Soldaten, mit denen Sir George Provost in die Vereinigten Staaten und zwar auf demselben Weg einzudringen gedachte, welchen vor ihm General Bourgoyne genommen hatte. Er rechnete dabei auch viel auf die Gesinnung der Amerikaner, welche ihm von Schmugglern und Ueberläufern als der britischen Sache vollkommen geneigt geschildert worden waren. Darin sollte er sich aber arg getäuscht sehen, denn nirgends fast fand er so heftigen Widerstand, als gerade hier.

Am 3. September betrat er nämlich das amerikanische Territorium, rückte über den Champlainsee gegen Plattsburg vor und sah, daß die Milizen von allen Seiten herbeiströmten, um ihm zu begegnen. Das ganze amerikanische Heer belief sich aber nicht einmal auf 2000 Mann, und die Befestigungswerke von Plattsburg verdienten kaum den Namen solcher. Hätte sie daher Sir George Provost gleich und mit aller Kraft angegriffen, es wäre nicht möglich gewesen, ihm Widerstand zu leisten. So aber wollte er recht sicher gehen und erst die Ankunft und den Sieg des britischen Geschwaders abwarten, um mit diesem vereint einen ganz gewissen Erfolg über die Republikaner in Händen zu haben.

Commodore Downie rückte indessen auch wirklich mit dem britischen Geschwader heran, und dieses bestand aus einer Fregatte von 39 Kanonen, der „Confiance," einer Brig von 16, zwei Corvetten von 11 Kanonen und aus verschiedenen Galeeren, im Ganzen 95 Kanonen mit 1000 Mann. Das amerikanische Geschwader unter Commodore Macdonough, welches in der Bay vor Anker lag, zählte nur 86 Kanonen mit 820 Mann, und bestand aus der Fregatte „Saratoga" von 26, dem „Eagle" von 20, dem „Ticonderoga," von 17, dem „Preble" von 7 Kanonen und zehn Galeeren.

General Provost sollte sich aber in seinen Hoffnungen sehr getäuscht sehen; Macdonough's „Geschicklichkeit und Tapferkeit" brachte ein Resultat hervor, welches der englische General nicht geahnt hatte. Das britische Geschwader wurde nämlich besiegt und genommen, und Sir George Provost zog sich jetzt, mit Hinterlassung bedeutender Munition und Waarenvorräthe und von General Strong von Vermont, welcher eine Freiwilligencompagnie befehligte, verfolgt, rasch nach Canada zurück.

Auf dem Ocean wechselte inzwischen das Glück des Krieges mehrere Male. Commodore Porter hatte mit der Fregatte „Essex" im stillen Ocean gekreuzt und dem englischen Handel ungemeinen Schaden gethan, indem er zwölf bewaffnete Walfischfahrer, zusammen mit 107 Kanonen und 302 Mann, wegnahm und nach und nach in den neutralen Hafen von Valparaiso schaffte. Die englische Admiralität sandte endlich Commodore Hillyar mit der Fregatte „Phöbe," von 53 Kanonen und 320 Mann, und Capitän Tucker mit der Corvette „Cherub," von 28 Kanonen und 180 Mann, aus. Der „Essex" führte 46 Kanonen und 250 Mann und sein Begleiter, der „Essex" junior," 20 Kanonen mit 60 Mann. Die Engländer blieben nach einem fürchterlich blutigen Kampfe Sieger und Commodore Porter wurde, nach gegebenem Ehrenwort, auf dem „Essex junior" nach den Vereinigten Staaten zurückgeschickt, wo er jedoch seines tapfern Widerstandes wegen mit Ehrenbezeigungen empfangen ward.

Am 21. April wurde die Vereinigte-Staaten-Corvette „Frolic," von Commodore Bainbridge befehligt, durch die Fregatte „Orpheus" genommen. Am 29. desselben Monats nahm dagegen die amerikanische Corvette „Peacock," Capitän Warrington, die britische Brig „Epervier," Capitän Wales.

Die „Wasp," Capitän Blakely, verließ Portsmouth N. H. am 18. May, nahm die englische Brig „Reindeer," segelte dann nach Europa hinüber, machte noch mehrere Prisen, welche sie nach dem Hafen L'Orient in Frankreich brachte, und blieb dort bis zum 27 August. Hierauf lief sie wieder aus, zerschoß die Brig „Avon," welcher jedoch mehrere englische Fahrzeuge zu Hilfe kamen, und nahm nachher noch fünfzehn Kauffahrer, kehrte aber nie wieder zurück, sondern blieb spurlos verschwunden.

Im Oktober gelangten von den amerikanischen Commissären Nachrichten an die Vereinigten Staaten, welche die Hoffnungen eines baldigen Friedensschlusses zerstörten. Die Regierung der Union befand sich jetzt in einer wirklich schwierigen Lage, da in der letzten Zeit die Ausgaben die Einnahmen natürlich weit überstiegen hatten und die Opposition der föderalistischen Partei unausgesetzt mit derselben Hartnäckigkeit kämpfte und arbeitete. Nichtsdestoweniger hielt der Congreß wacker aus; neue Anleihen wurden sanktionirt, Steuern erhöht und jede nur mögliche Anstalt getroffen, den Krieg eher mit erneuter, als mit geschwächter Kraft fortzuführen.

Mr. Monroe wurde dabei zum Kriegsminister, an General Armstrong's Stelle, ernannt, da dieser bei der Einnahme von Washington sehr unpopulär geworden war.

Der Oppositionsgeist ging indeß, besonders in den Neuengland-Staaten, so weit, daß sich diese nicht allein weigerten, ihre Miliz zu stellen, sondern auch in Hartford einen besondern Convent zusammenberiefen, auf welchem sie die Regierung der Vereinigten Staaten beschuldigten, den Interessen Neu-Englands feindselige Maßregeln beschlossen und ausgeführt zu haben, und zugleich eine Adresse entwarfen, in welcher sie eine Aenderung der Constitution verlangten. Auch erklärten sie, falls die Regierung nicht darauf eingehen würde, ein eigenes Schutz- und Trutzbündniß schließen zu wollen, und ihre Gesandten trugen diese Adresse nach Washington, wobei sie jedoch schon auf dem Wege die Kunde des abgeschlossenen Friedens erhielten.

Die vorgeschlagenen Aenderungen der Constitution wurden den sämmtlichen Staaten vorgelegt, alle aber wiesen sie zurück, Massachusetts, Rhode-Island und Connecticut ausgenommen.

Wir dürfen jetzt, da sich der Krieg mit Großbritannien seinem Ende nähert, General Jackson, eine der wichtigsten Personen der amerikanischen Geschichte, nicht länger aus den Augen lassen. Nach dem Frieden mit den Creeks hatte er am 15. August sein Hauptquartier in Mobile aufgeschlagen. Hier erfuhr er, daß drei britische Schiffe in den Hafen von Pensacola eingelaufen wären und etwa 300 Mann, unter Oberst Nicholls, ans Ufer gesetzt hätten. Der Zweck dieser mit Waffen und Munitionsvorräthen versehenen Expedition sollte sein, die Indianer mit den ihnen nöthigen Gewehren zu versehen und gegen die Vereinigten Staaten aufzureizen. Auch ging das Gerücht, die Engländer beabsichtigten einen starken Angriff auf den südlichen Theil der Union. Jackson rief die Miliz von Tennessee zum Schutz des Landes herbei und diese folgte rasch und willig mit 2000 Mann dem Befehle.

Oberst Nicholls war jetzt thöricht genug, eine Proclamation zu erlassen, in welcher er die Bewohner von Louisiana, Kentucky und Tennessee aufforderte oder einlud, zu ihrer alten Unterthanenpflicht zurückzukehren. Als er aber statt Anklang nur Spott und Hohn fand, versuchte er ein anderes, aber schlechteres Mittel, um zu seinem Zwecke zu gelangen.

Die Insel Barrataria, westlich von der Mündung des Mississippi, war der Aufenthalt einer Bande berüchtigter Piraten, die durch ihre rasende Tollkühnheit und das geheimnißvolle Dunkel, welches über ihrem wirklichen Schlupfwinkel schwebte, bald der Schrecken der dortigen Gegend wurden. Ihre Anzahl belief sich auf fünf- oder sechshundert, und ihr Führer hieß Lafitte. Log das Gerücht übrigens nicht bei diesem Manne — und seine That, den Engländern gegenüber, läßt dies fast glauben — so war er mit allen den Eigenschaften ausgestattet, welche die Romantik von jeher großmüthigen Räubern und berühmten Wegelagerern beigelegt hat. Diese Männer segelten unter der Flagge von Carthagena und gaben sich für Caper dieses Hafens aus, ihre Prisen wurden aber in ihren eigenen Häfen condemnirt und sie waren in der That nichts Anderes, als Räuber zu Land und Piraten zur See.

Die amerikanische Regierung, welche schon fruchtlos versucht hatte, diese Pest der menschlichen Gesellschaft auszurotten, that endlich auch Schritte, die Engländer auf die, beiden Nationen schädlichen Räuber aufmerksam zu machen, und bat sie, trotzdem daß sie sich jetzt als Gegner gegenüberstanden, diesen Feind gemeinschaftlich mit ihr zu bekämpfen und auszurotten. Statt aber darauf einzugehen, wandte sich Nicholls mit Freundschaftsversicherungen an den Piraten, entdeckte ihm, daß ein entscheidender Streich gegen New Orleans geführt werden solle, und bot ihm eine beträchtliche Summe, wenn er, da er doch mit den Pässen des Mississippi vollkommen vertraut sei, die englische Flotte vor die also bedrohte Stadt führen wolle.

Lafitte wußte dem Engländer vorher alle Einzelheiten des beabsichtigten Planes abzulocken, wies dann seine Vorschläge und Anerbietungen mit Verachtung zurück und entdeckte das Ganze Clayborne, dem Gouverneur von Louisiana. Dieser war über die Großmuth und Vaterlandsliebe des Mannes, auf dessen Kopf eben dies Land einen Preis gesetzt, erstaunt und beschämt und bot jetzt ihm und seiner ganzen Schaar Verzeihung des Vorgefallenen an, wenn sie der guten Sache ihre Kräfte weihen wollten. Freudig nahmen sie dies Anerbieten an und Claiborne brauchte es nicht zu bereuen, denn sie leisteten den Vereinigten Staaten später noch höchst wichtige Dienste.

General Jackson indessen hatte der Regierung vorgestellt, daß die Spanier ihre Neutralität gebrochen hätten, indem sie den Engländern gestatteten, ihren Hafen, Pensacola zu benutzen, um von hier aus die Indianer gegen die Amerikaner aufzureizen; er schlug deshalb vor, den Hafen für die Dauer des Kriegs in Besitz zu nehmen. Hierauf erhielt er aber keine Antwort und beschloß nun kurz und gut, auf eigene Faust das auszuführen, was er selbst für das Beste hielt. Deshalb rückte er auch ohne Weiteres, und zwar am 30. October, von Mobile aus und erreichte, an der Spitze von 2000 Mann, am 6. November die Nähe von Pensacola. Der spanische Gouverneur daselbst wollte sich auf keine Unterhandlungen einlassen, und Jackson nahm die Stadt mit Gewalt, worauf die englischen Truppen die Forts am Eingange des Hafens zerstörten und diesen verließen.

Jackson hörte hier, daß Admiral Cochrane in Bermuda Verstärkung getroffen habe und daß dreizehn Linienschiffe mit einer Armee von 10,000 Mann unterwegs wären. Natürlich ließ sich vermuthen, daß das Ziel derselben New Orleans sei; er begab sich deßhalb ohne weiteren Zeitverlust auf den Weg dahin und erreichte die Hauptstadt des Südens am 1. Dezember.

Schon im September befürchteten die Bewohner von New Orleans einen mächtigen Ueberfall der Engländer und die ersten Bürger der Stadt, Gouverneur Clayborne und Edward Livingstone, sahen mit gerechter Angst einem solchen Fall entgegen, da dieser Theil sich der Union noch gar nicht so lange angeschlossen hatte und die Bürgerschaft noch aus viel zu neuen Kräften bestand, um schon mit so starkem Herzen und festem Willen an der alten Union zu hängen. Ueberdies war New Orleans von vielen Seiten angreifbar und die Schwierigkeit ungeheuer, es auf allen zu beschützen. Nichtsdestoweniger ließen sich die wackern Männer dadurch keineswegs abschrecken; sie erließen rasch eine Proclamation, riefen das Volk zu den Waffen und leiteten die Errichtung von Befestigungswerken welche die Hauptpässe vertheidigen sollten. In dieser Zeit traf General Jackson ein und mit dem vollen Vertrauen der Bewohner von New Orleans trat er seinen schwierigen und gefährlichen Posten an.

Endlich erfuhr man mit Bestimmtheit, daß der Feind mit sechszig Segeln Ship-Island nahe. Jackson versäumte keine Maßregel, seine Militärmacht zu verstärken, wirksamer zu vertheilen oder größere Kräfte zu den Vertheidigungswerken zu verwenden. Die bunte Bevölkerung von New Orleans, die Sklaven, die freien Farbigen, Franzosen, Spanier und Amerikaner, Alles mußte mit Hand anlegen, den Feind zu empfangen.

Dieser passirte indessen in den Borgne-See, nahm dort mit leichter Mühe eine kleine Flottille, unter Lieutenant Jones, und bedrohte dadurch New Orleans auf noch viel gefährlichere Weise. Ja selbst in der Stadt ließen sich Zeichen von Verrath kaum verkennen; auch mußten schon die Gefängnisse geleert werden, um die Reihen der Vertheidiger zu füllen, in denen auch Lafitte und seine Leute standen, und General Jackson sah sich genöthigt, auf seine eigene Verantwortung das Standrecht zu verkündigen.

Am 22. December landeten 3000 Mann Briten unter General Kean am Einflusse des Borgne-Sees, nahmen eine kleine, ihnen entgegengesandte Abtheilung von Amerikanern gefangen und postirten sich am Mississippi, neun Meilen unterhalb New Orleans. Jackson, welcher mit Recht fürchtete, daß die Flotte die Borgnestraße nach Ponchartrain hineinpassiren und dann einen gemeinsamen Angriff auf die Stadt bewerkstelligen würde, postirte einen Theil seiner Macht unter General Carroll so, daß er das Vorrücken des Feindes, von dieser Richtung her, aufhalten konnte.

Indessen griff am 23. Nachmittags General Jackson mit General Coffee und unter dem Schutze des Kriegsschiffes „Carolina" die Feinde unterhalb der Stadt an; diese aber behaupteten ihre Stellung und die Amerikaner mußten sich wieder zurückziehen. Jackson, hierdurch gewarnt, beschränkte sich nun auf die Defensive und befestigte besonders das linke Ufer des Mississippi (auf welchem New-Orleans selber liegt) auf das Beste. Die tausend Schritt lange, aufgeworfene Brustwehr bestand großentheils aus Baumwollenballen mit einem fünf Fuß tiefen wassergefüllten Graben davor. Der hier postirte rechte Flügel reichte bis an den Strom, der linke lehnte sich an ein durch Natur und künstliche Verschanzungen uneinnehmbar gemachtes Gehölz.

Am rechten Ufer bestrich eine starke Batterie die Fronte der Position und die ganze Armee wurde dazu verwendet, diese Linie zu beschützen.

Indessen hatten die Engländer die „Carolina" beschossen und in Brand gesteckt, und am 25. traf Sir Edward Packenham, der Oberbefehlshaber der britischen Macht, vom Generalmajor Gibbs begleitet, mit dem übrigen Theile der Armee und dem schweren Geschütz im Lager der Seinen ein. Am 28. machte er schon einen Versuch, die Amerikaner aus ihrer festen Stellung zu vertreiben, wurde aber zurückgeschlagen.

Während man im Kampfe begriffen war, erhielt General Jackson Nachricht, daß die Legislatur von Louisiana, welche damals gerade Sitzung hielt, über eine Unterhandlung mit dem Feinde berathschlage, und im ersten Augenblicke der Aufregung schickte er an Gouverneur Claiborne den Befehl, ihr Verhalten zu beobachten und, wenn sie wirklich jene Absicht hätte, die Thür besetzen zu lassen und sie dadurch gewissermaßen gefangen zu halten. Gouverneur Claiborne verstand aber den Befehl falsch und stellte seine Wachen schon vor dem Beginne der Versammlung auf, so daß er diese dadurch förmlich verhinderte.

Am Morgen des 1. Januar eröffnete der Feind, aus indeß errichteten Batterien, ein fürchterliches Feuer auf die amerikanischen Reihen und machte zugleich den Versuch, den linken Flügel zu bewältigen, wurde aber zurückgeworfen und verlor 120 Mann gegen 30 der Amerikaner.

Am 4. Januar erhielt der General Jackson eine Verstärkung von 2500 Mann Kentucky-Miliz, fast lauter Scharfschützen, unter General Adair, und am 6. trafen zur britischen Armee 4000 Mann unter General Lambert ein. Das englische Heer bestand in dieser Zeit aus 14,000 Mann, das des General Jackson nur aus 6000.

Am 7. trafen die englischen Befehlshaber energische Maßregeln zum Angriffe. Mit ungeheurer Arbeit hatten sie den Canal vom Borgne-See zum Mississippi so weit vertieft, um ihre Boote hierdurch aus dem See in den Strom zu schaffen, und am 8. schon begrüßten sie die amerikanische Armee mit einem Schauer von Kugeln und Congrevischen Raketen.

Die britische Armee, von den Generalen Gibbs und Kean — aber unter dem Oberbefehle Packenham's — angeführt, marschirte jetzt in zwei Divisionen vor, um die amerikanischen Schanzen zu stürmen, und wenn auch General Jackson ein lebhaftes Feuer auf sie eröffnen ließ, rückten sie doch, unbekümmert und Faschienen und Leitern tragend, vor. Hinter den Baumwollenballen aber lagen die amerikanischen Büchsenschützen, das todtbringende Rohr fest im Anschlage: kein Schuß fiel, bis Jeder, in kaum achzig Schritt, seinen Mann auf dem Korne hatte, und jede Kugel fand ihr blutiges Ziel. Rasch reichten dann die Dahinterstehenden frisch geladene Büchsen und so massenweise stürzten die vordringenden Reihen, daß die Engländer stutzten, hielten und in unordentlicher Flucht zurückwichen. Sir Edward Packenham warf sich selbst in die Reihen seiner Leute und trieb sie zu erneuten Angriffen, als ihn zwei Kugeln trafen und er tödtlich verwundet zu Boden stürzte.

Wieder griffen die britischen Schaaren an, wieder aber mußten sie dem sicheren Feuer der Amerikaner weichen. Als man sie zum dritten Mal vergebens in die vernichtenden Kugeln führte, wurden die Generale Kean und Gibbs verwundet, und wenn auch General Lambert noch einen vierten verzweifelten Angriff versuchen wollte, so war doch der Tag rettungslos verloren. Die flüchtigen Schaaren warfen sich auf den Nachtrab und Alles blieb vergebens, sie von Neuem vorzubringen.

Allerdings hatten die Engländer zu gleicher Zeit das rechte Ufer angegriffen und genommen, verließen jedoch, auf dem linken abgeschlagen, diese Position ebenfalls wieder. Fast unglaublich ist die Verschiedenheit der Verluste in beiden Heeren; von den Engländern blieben 2600 Mann, während die Amerikaner nur sieben Todte und sechs Verwundete hatten.

Vollkommen entmuthigt, gaben die Engländer in der Nacht des 18. die Expedition auf und ließen sogar ihre Verwundeten und ihre Artillerie zurück.

Am 17. Februar und während die Amerikaner noch ihr Siegesfest von New Orleans feierten, traf ein außerordentlicher Bote von Europa ein, welcher den schon im December zu Gent abgeschlossenen Friedenstractat herüberbrachte. Dieser Vertrag, welcher augenblicklich von dem Präsidenten und dem Senate ratificirt wurde, stellte fest, daß alle während des Krieges genommenen Plätze zurückgegeben und die Grenzen zwischen der Union und England regulirt werden sollten; gegen die Uebergriffe der Engländer zur See aber, durch welche doch eigentlich der Krieg herbeigeführt worden war, enthielt er gar keine Verwahrung. Da sich aber diese durch das Aufhören der europäischen Kriege selbst erledigten, so legte man darauf auch kein weiteres Gewicht mehr.

Indessen befanden sich immer noch viele Kriegsschiffe auf offener See und konnten daher nicht sogleich von dem abgeschlossenen Frieden benachrichtigt werden. So wurde am 15. Januar 1815 die amerikanische Fregatte „Präsident,“ Commodore Decatur, von den vier Fregatten, welche den Hafen von New York blokirten, im Auslaufen entdeckt, verfolgt und nach heftigem Widerstande genommen.

Am 20. Februar nahm dagegen die „Constitution,“ Capitän Stewart, bei Madeira die „Cyane“ und „Levant,“ und am 23. März die Corvette „Hornet,“ Capitän Biddle, die britische Brig „Penguin“ bei Brasilien.

Bald nach der Bestätigung des Friedens zwischen Großbritannien und Amerika erklärten die Vereinigten Staaten Algier den Krieg. Die algierische Regierung hatte nämlich den Vertrag von 1795 gebrochen und dem Handel der Union Abbruch gethan; diese konnte jedoch, wegen des damaligen Krieges mit England, ihrer Flagge nicht gleich die gehörige Achtung verschaffen. Jetzt aber wurden zwei Geschwader unter den Commodoren Decatur und Bainbridge ausgerüstet, liefen in das mittelländische Meer ein, nahmen mehrere algierische Fregatten und andere Kriegsschiffe, und zwangen den Dei, einen für die Amerikaner höchst ehrenvollen und vortheilhaften Frieden zu unterzeichnen. Decatur ging dann nach Tunis und Tripolis, wo er ebenfalls Genugthuung für Verletzung der zwischen diesen und den Vereinigten Staaten bestehenden Verträge erhielt, und so waren diese Piratenfürsten durch die junge Republik des westlichen Continents mehr gedemüthigt, als je vorher durch irgend eine der großen Mächte, welche sich in schimpflicher Duldsamkeit den frechen Räubereien der Barbaren gefügt hatten.

Um nun aber auch an den westlichen und nordwestlichen Grenzen im eigenen Reiche Ruhe zu bekommen, beschloß die Regierung der Republik, einen Friedensvertrag mit den verschiedenen indianischen Stämmen abzuschließen. Einige der Häuptlinge kamen hierauf in Detroit, am 6. September 1815, zusammen und verstanden sich gern zu einer Erneuerung der früher eingegangenen Verträge.

Nach dem Schlusse des Krieges wurde die stehende Armee der Vereinigten Staaten auf 10,000 Mann reducirt; um aber im Fall eines neuen Krieges das Land besser vertheidigen zu können, setzte der Congreß eine ziemlich bedeutende Summe zur Befestigung der Seeküsten und der im Lande liegenden Grenzen, so wie zur Vergrößerung der Seemacht aus.

Im April 1816 erließ der Congreß eine Bill zur Errichtung von Nationalbanken, mit einem Capitale von 35 Millionen Dollars.

Im September desselben Jahres schloß General Jackson einen Vertrag mit den Chickasaws, Chocktaws und Cherokesen und kaufte ihnen, im besonderen Interesse der Wünsche und der Sicherheit der Grenzbewohner, ihre Ländereien ab. So wurde die Ruhe unter den wilden Stämmen hergestellt und die Cultur schien den endlichen Sieg errungen zu haben.

Im December 1816 wurde das Indiana-Territorium als Staat in die Union aufgenommen.

Schon im Jahre 1790, und besonders während des Krieges, waren indessen in Rhode-Island Versuche gemacht worden, Spinnereien anzulegen und grobe Baumwollenzeuge zu fertigen; denn man fühlte recht gut, wie nöthig es sei, daß sich Amerika vom Mutterlande vollkommen unabhängig mache und besonders seine Waaren selbst producire. Capitalisten, welche solche Fabriken und Spinnereien in großartigem Maßstabe anlegen konnten, zogen daher einen nicht unbedeutenden Gewinn. Nach dem Friedensschluß aber, und da England inzwischen mit seinem Maschinenwesen so ungeheure Fortschritte gemacht hatte, überschwemmte dieses die Union mit seinen billigen Producten, und die amerikanischen, erst begonnenen Manufacturen waren nicht im Stande, dem die Spitze zu bieten; viele Unternehmer gingen dabei zu Grunde.

Allerdings kamen die Manufacturisten nun darum ein, ihren Handel zu beschützen, und ein neuer Tarif wurde zu diesem Zweck im Jahre 1816 festgestellt. Der Handelsstand, ja in einigen Theilen der Union auch die Farmer, bildete aber hiergegen eine so bedeutende Opposition, daß zu dieser Zeit gar nichts Bedeutendes für Hebung der Manufacturen geschah und die Tariffrage zu einer der wichtigsten wurde.

Ebenfalls 1816 wurde eine Gesellschaft, die freien Schwarzen der Vereinigten Staaten in eine Colonie zu vereinigen, gestiftet, stand jedoch nicht unter der unmittelbaren Fürsorge der Regierung, sondern unter dem Schutze der angesehensten Bürger der Vereinigten Staaten. Diese Gesellschaft kaufte an der Westküste von Afrika eine besondere Landstrecke und schaffte dorthin alljährlich eine bedeutende Zahl freier Farbiger. Der Zweck dieser Auswanderung war aber nicht blos, die schwarze Bevölkerung der Vereinigten Staaten zu vermindern, sondern auch noch, durch eine so angelegte Colonie in Afrika den dort bestehenden Sklavenhandel zu hintertreiben und den im innern Lande wohnenden Eingeborenen Afrika's die

Möglichkeit zu gewähren, sich zu civilisiren. Die Colonie nannten sie Liberia.

Madison's zweite Präsidentschaft war jetzt ebenfalls abgelaufen und ihm folgte James Monroe, mit Daniel D. Tompkins als Vicepräsident, am 4. März 1817. Im Sommer dieses Jahres besuchte Monroe alle nördlichen und östlichen Staaten und wurde überall mit den Zeichen freudigster Achtung und Liebe aufgenommen.

In diesem Jahre wurde auch von den durch den Präsidenten ernannten Commissären ein Vertrag mit den Wyandots, Delawaren, Shawanesen, Senecas, Ottowas, Chippewas und Pottowattamies abgeschlossen. Alle diese Stämme traten jene Ländereien an die Vereinigten Staaten ab, welche sie noch innerhalb der Grenzen am Ohio besaßen, durften jedoch auf den abgetretenen Ländereien als Unterthanen der Vereinigten Staaten bleiben.

Das Territorium Mississippi wurde in diesem Jahre in die Union aufgenommen.

Die politischen Kämpfe, welche seit der Revolution so viele Feindseligkeiten hervorgerufen hatten, schwanden nach und nach und es wurde eine Hauptaufgabe der Regierung, die alten Parteivorurtheile zu beseitigen und Einigkeit unter dem Volke zu erwecken.

Dabei verbesserten sich die inneren Einrichtungen der Staaten von Jahr zu Jahr; Straßen und Canäle wurden in allen Theilen der Union angelegt und eben so vergrößerte sich die Leichtigkeit, Reisende und Waaren zu transportiren. Diese Verbesserungen gingen aber nur von den einzelnen Staaten aus, und besonders hervorragend war unter diesen der reiche Staat New York, an dessen Spitze der berühmte De Witt Clinton stand. Der große westliche Canal, welcher den Eriesee mit den Wassern des Hudson verbindet, und der nördliche Canal, welcher in denselben Strom die Fluthen des Champlainsees führt, wurden damals vollendet.

Der Congreß fühlte gleichfalls die Einwirkung dieses thätigen Lebens und beschloß, die ihm zu Gebote stehenden Hilfsmittel der Nation zu solchen Zwecken zu benutzen; man bestritt ihm aber das Recht dazu, und selbst des Präsidenten Monroe Meinung war es, daß dieses nur durch eine Ergänzung der Constitution erlangt wer-

James Monroe.

(Seite 281.)

den könne. Nach langer Debatte schloß sich endlich der Congreß der Meinung des Präsidenten an.

Nichtsdestoweniger hatte derselbe — der Congreß — schon vorher die große Cumberlandstraße anlegen lassen, welche durch den Regierungssitz und über einige der höchsten Berge der Union hinwegführte, um die östlichen mit den westlichen Staaten zu verbinden. Dies aber beruhte auf einem vorherigen Einverständniß mit Ohio und wurde, als es vor die Legislaturen der verschiedenen betreffenden Staaten gebracht wurde, vollkommen gebilligt.

Im ersten Jahre von Monroe's Verwaltung wurde eine Uebereinkunft mit England getroffen, die Seemacht auf den Binnenwassern zu verringeren, und man beschloß, daß keine der beiden Regierungen auf dem Ontario= oder Champlainsee mehr als ein, und auf dem Eriesee oder den oberen Seen mehr als zwei, und zwar nur mit einer Kanone bewaffnete Fahrzeuge halten solle.

Im Jahre 1817 wurden die Vereinigten Staaten zuerst in einen Krieg mit den Seminol=Indianern verwickelt. Diese bildeten nämlich eine Conföderation, welche die Südgrenzen der Staaten und Florida in sich schloß, deren größter Theil aber innerhalb der spanischen Besitzungen lag. Flüchtlinge von den Creeks, wie ihren Herrn entflohene Sklaven aus den Staaten hatten sich mit diesen Indianern vereinigt und mörderische Ueberfälle wurden so häufig, daß sich die Grenzbewohner endlich genöthigt sahen, ihre Wohnsitze förmlich zu verlassen.

Der feindliche Geist der Indianer wurde ferner noch durch einen indianischen Propheten und zwei englische Emmissäre, Arbuthnot und Ambrister, die sich des Handels wegen unter ihnen niedergelassen hatten, genährt.

Im December 1817 wurde zuerst ein Detachement von vierzig Mann gegen sie ausgeschickt, aber fast gänzlich aufgerieben, und General Jackson rückte jetzt selbst mit einem Trupp Tennesseer siegreich an. Ueberzeugt aber, daß die Spanier die eigentlichen Anreizer aller dieser Feindseligkeiten seien, betrat er Florida und nahm die Forts St. Marks und Pensacola in Besitz, so wie Arbuthnot, Ambrister und den Propheten gefangen, von denen die beiden Ersteren verhört, verurtheilt und hingerichtet wurden.

1818 nahm man Illinois in die Union auf.

Handelsverträge wurden in diesem Jahre mit Großbritannien und Schweden abgeschlossen. Im Vertrage mit England regulirte man zugleich die nördliche Grenze der Vereinigten Staaten vom „See der Wälder" bis zu den „steinigen Bergen."

Der Congreß erließ ein Gesetz, welches die Binnenzölle aufhob.

Für die bedürftigen Offiziere und Soldaten der Revolution war schon früher gesorgt worden; jetzt aber wurden noch bessere Vorkehrungen getroffen und jedem Offizier, welcher neun Monate im Kriege gedient hatte und dessen jährliches Einkommen hundert Dollars nicht überstieg, eine monatliche Pension von zwanzig Dollars zugesichert. Die Soldaten erhielten unter gleichen Bestimmungen acht Dollars.

In diesem Jahre traten auch die Chickasaws an die Regierung der Vereinigten Staaten alle ihre Ländereien westlich vom Tennesseeflusse, in den Staaten Kentucky und Tennessee, ab.

1819 wurde Alabama als Staat in die Union aufgenommen und das Arkansas- vom Missouri-Territorium geschieden.

Im December 1818 empfahl der Gouverneur von New York, in seiner Botschaft an die Legislatur desselben Staates, „der Erziehung des weiblichen Geschlechts besondere Aufmerksamkeit zu widmen." Sein Antrag stützte sich auf das längst anerkannte Princip, daß das weibliche Geschlecht in den Müttern gewaltigen Einfluß auf den Geist und Charakter der künftigen Staatsbürger ausübe, und es keinen Grund gebe, weshalb dasselbe — jedenfalls mit eben denselben geistigen Fähigkeiten wie das starke Geschlecht ausgestattet — sich nicht eben solcher Vergünstigungen, dieselben auszubilden, erfreuen solle. Die Legislatur genehmigte hierauf ein Gesetz, das vielleicht das erste ist, welches von Staatswegen für die Erziehung der Mädchen sorgte, und nach welchem die Bildungsanstalten derselben jede nöthige Unterstützung erhalten sollten.

Seit der Zeit haben viele und besonders die neueren Staaten für denselben Zweck Sorge getragen. Fromme Stiftungen und reiche Eltern begünstigten die Idee gleichfalls; durch das ganze Land sind überall Töchterschulen entstanden und haben in ihren segensreichen

Wirkungen Beweise genug für die Vortrefflichkeit solcher Einrichtung und solchen Strebens geliefert.

Am 23. Februar 1819 wurde zu Washington zwischen John Quincy Adams, damaligem Staatssecretär, und Don Onis, dem spanischen Geschäftsträger, ein Vertrag abgeschlossen, nach welchem Spanien Ost- und West-Florida, wie die benachbarten Inseln an die Vereinigten Staaten abtrat. Hiergegen übernahmen die letzteren alle die, sich auf etwa fünf Millionen belaufenden Forderungen, welche ihre Bürger an jene Nation an Schadenersatz u. s. w. zu machen hatten. Der König von Spanien zeigte sich aber unerwarteterweise nicht damit einverstanden; Don Onis wurde zurückgerufen und Don Vives abgesandt. Dieser recognoscirte zuerst sorgfältig an dem englischen, wie an dem französischen Hofe, ob er, im Fall eines Krieges mit den Vereinigten Staaten, auf eine Mitwirkung eines dieser Reiche zu hoffen habe. Amerika hatte sich aber in seinen letzten Kämpfen viel zu entschlossen und tapfer gezeigt, als daß großer Muth zu einem neuen Kriege gegen dasselbe zu erwarten gewesen wäre. Florida war dabei von keinem politischen Nutzen mehr für Spanien. Amerika dagegen bestand fest auf seinen Ansprüchen und — hatte die Macht in Händen; deshalb wurde denn endlich im October 1820 der Vertrag von der spanischen Regierung ratificirt und im folgenden Jahre Florida an die Union abgetreten.

Dritte Periode.

Von der Erwerbung Florida's bis zum Tode des Präsidenten Harrison.

(Von 1820 bis 1841.)

Im Jahre 1820 wurde dem Congresse vom Missouri-Territorium eine Petition eingesandt, worin dieses nachsuchte, als Sonderstaat in die Union aufgenommen zu werden. Hieran knüpfte sich, vom Hause der Abgeordneten ausgehend, die Bedingung, die Sklaverei in Missouri abzuschaffen, und dieses drohte plötzlich die nördlichen und südlichen Staaten in grimme Feindschaft zu zerspalten; denn die ersteren verlangten Aufhebung der Sklaverei, wärend die letzteren fest und entschlossen die „Rechte" des jungen Staates unterstützten. Endlich und nach langen Debatten vereinigte man sich dahin, für Missouri allerdings die Sklaverei beizubehalten, diese aber sonst bis zum 36° 30′ nördlicher Breite unwiderruflich zu beschränken.

Auch Maine wurde von Massachusetts getrennt und als ein besonderer Staat aufgenommen.

1821 trat Monroe seine zweite Präsidentschaft, nach fast einstimmiger Wiederwahl, an; Tompkins blieb ebenfalls Vice-Präsident.

Der vierte Census der Seelenzahl für die Vereinigten Staaten gab bis 1820: 9,625,734, von denen 1,531,436 Sklaven waren.

Am 7. März ernannte Präsident Monroe General Jackson zum Gouverneur und Elijeus Fromentin zum Oberrichter von Florida. Erst am 22. August gaben aber die widerspenstigen spanischen Beamten ihre Posten auf, und Jackson mußte, nach seiner gewöhnlichen derben Weise, vorher ganz entschieden und kühn auftreten, ehe er im Stande war, sie entweder zur Fügsamkeit in die eingegangenen Bedingungen zu bringen, oder ihnen wenigstens zu zeigen, daß er Gewalt und Willen besitze, sie zu zwingen.

Florida theilte man jetzt, in Betreff der Verwaltung, in zwei Counties ein und nannte das eine, östlich vom Suvaneyflusse, „St. John," das andere aber, westlich von demselben, „Escambia." In der nächsten Sitzung des Congresses, mit welcher General Jackson's Commission ablief, wurde auch beschlossen, Florida eine den anderen Territorien ähnliche Regierung zu geben, aber Jackson, welcher sein energisches Auftreten in dieser Zeit für unumgänglich nöthig gehalten hatte, weigerte sich, seinem Posten länger vorzustehen.

Im Juni 1822 wurde ein Schifffahrts- und Handelsvertrag zu gegenseitigem und gleich starkem Vortheile zwischen Frankreich und den Vereinigten Staaten abgeschlossen. Auch die Häfen Westindiens öffnete etwa in dieser Zeit das britische Parlament den Schiffen der amerikanischen Republik. Ferner erkannte die Union allerdings die Unabhängigkeit der südlichen Republiken an, beschloß aber auch, ihre

Neutralität in den dortigen Händeln vollständig zu wahren. Diese Maßregel wurde bestätigt und Gesandte nach Mexico, Buenos Ayres, Columbia und Chili geschickt.

In London unterzeichneten in diesem Jahre die Bevollmächtigten Großbritanniens und Nordamerika's Vertragsartikel, nach welchen der afrikanische Sklavenhandel unterdrückt und die Offiziere beider Nationen autorisirt werden sollten, die Schiffe der anderen Nationen wegzunehmen und zu condemniren, sobald sie in dem verbokenen und schändlichen Handel betroffen würden.

Die Frage der Schutzzölle tauchte besonders stark im Jahre 1824 wieder auf, fand lebhaften Antheil und rief manches pro und contra in die Schranken. Man kam aber doch zuletzt dahin überein, daß es allerdings sehr große Vortheile haben möchte, wenn sich alle Nationen zu einem freien unbeschränkten Handelssysteme bekennten, daß aber gerade die Vereinigten Staaten durch Gesetze leiden müßten, die gegeben worden seien, andere Länder zu beschützen und deren eigene Manufacturen zu heben; ja es wäre deshalb nicht mehr als billig, auch für sie selber gleichen Schutz, gleiche Rechte zu beanspruchen. Nach vielen Discussionen ging endlich ein Gesetz durch, welches wenigstens für Baumwollenwaaren hinlänglichen Schutz gewährte; die Aufmerksamkeit blieb aber immer noch auf diesen Punkt gelenkt, weil man nun auch für andere Manufacturen, besonders wollene Waaren, gleiche Berechtigung zu erlangen suchte.

Am 15. August 1824 traf der General Lafayette — welchen Titel er dem des „Marquis" vorgezogen — im Hafen von New York, und zwar in Folge besonderer Einladung der Vereinigten Staaten, ein, und wurde mit jubelndem Enthusiasmus von allen Amerikanern empfangen. Von dort aus machte er nach verschiedenen Richtungen hin eine Reise durch die Vereinigten Staaten, und seine ganze Fahrt glich einem fortwährenden Triumphzuge; alle Herzen flogen dem Manne entgegen, welcher mit starker Hand Amerika in jener Zeit zu Hilfe geeilt war, wo ihm keine Sonne des Glückes lächelte und das schwärzeste Verhängniß über seinem weiten Lande drohte. Jetzt kehrte er wieder dahin zurück und konnte, als Lohn seines früheren Wirkens, den Segen sehen, der auch durch seine Hilfe dem freien, glücklichen Lande geworden war.

Der Congreß bestimmte ihm übrigens noch die Summe von 200,000 Dollars und eine Township in Florida gelegenen Landes — als eine theilweise Abzahlung der geleisteten Dienste und einen Beweis seiner Dankbarkeit.

Bei seiner Abreise vom Sitze der Regierung bot ihm der Präsident im Namen der Nation ein herzliches Lebewohl, und eine neue Fregatte, nach der Schlacht, in welcher er verwundet worden war, „Brandywine" genannt, führte ihn sicher in sein Geburtsland zurück.

Während Monroe's Administration erfreute sich Amerika eines ununterbrochenen Friedens, zahlte sechzig Millionen von seiner Staatsschuld ab, gewann auf friedlichem Wege Florida für sich und dehnte seine westliche Grenzlinie bis zum stillen Meere aus. Binnenzölle wurden aufgehoben, die stehende Militärmacht zu ihrem kleinstmöglichen Umfange reducirt, Fortschritte gemacht in der Unterdrückung des Sklavenhandels und die Civilisation der Indianer befördert. Der Parteizwist hatte ebenfalls nachgelassen und noch jetzt spricht man von jener Periode als der „Aera guter Gesinnung."

Nachdem Monroe's zweite Präsidentschaft abgelaufen war, standen vier von den edelsten Bürgern der Republik als Candidaten auf. Diese waren: J. Quincy Adams, Andrew Jackson, Henry Clay und William H. Crawford. Die Wähler blieben aber getheilt, und da durch sie keine Wahl zu Stande kommen konnte, so trat, der Constitution gemäß, der Fall ein, wo das Haus der Abgeordneten aus den drei Candidaten, welche die meisten Stimmen hatten, den Präsidenten zu wählen hatte. Diese drei waren die Herren Adams, Jackson und Crawford, und man wählte Adams. Hier wurde zum ersten Male ein Präsident durch die Abgeordneten ernannt, da keiner durch die Majorität der Wähler bestimmt worden war, und wenn man auch früher schon oft die Furcht gehegt, daß bei einer solchen Gelegenheit eine gefährliche Erregung die Staaten erschüttern könne, so zeigte doch der amerikanische Congreß eine Ruhe und Würde, welche darthaten, wie durchdrungen er von dem Gefühle sei, die Constitution seines Landes aufrecht erhalten zu müssen.

Am 4. Juli 1826, dem Tage der Unabhängigkeitserklärung der Vereinigten Staaten, starben plötzlich die beiden früheren Präsidenten John Adams und Thomas Jefferson, und es läßt sich denken,

John Quincy Adams.

(Seite 270.)

daß diese Kunde ein eigenes Gefühl der Trauer und Bestürzung unter den Amerikanern hervorrief, als zwei Männer, welche mehr als irgend ein noch lebender dazu gewirkt hatten, die Unabhängigkeit der Union zu befestigen, an der Jahresfeier derselben zusammen sterben mußten. Merkwürdigerweise verschied fünf Jahre später und ebenfalls wieder am 4. Juli ein dritter Expräsident, James Monroe, und das dankbare amerikanische Volk sagte von ihm, daß seine Geschichte auch sein Lob sei.

Die Freimaurerei verdient hier ebenfalls eine Erwähnung, da eine für diese Gesellschaft höchst wichtige, aber keineswegs vortheilhafte Begebenheit in jene Zeit fällt.

Die Freimaurerei war nämlich beim Schlusse des letzten Jahrhunderts ziemlich populär geworden und hatte viele der besten Amerikaner, ja unter ihnen selbst Washington und De Witt Clinton zu den Ihrigen gezählt. Der Sinn des Volkes neigte sich aber nach und nach mehr zu Sonntagsschulen und Mäßigkeitsvereinen hin, und in jetziger Zeit hat die Freimaurerei verhältnißmäßig sehr wenig Anhänger, was jedoch auch noch den folgenden Umständen zuzuschreiben ist.

Ein Mann, mit Namen Wm. Morgan im Staate New York, wollte ein Buch veröffentlichen, welches die Geheimnisse der Freimaurerei enthalten sollte, aber er wurde am 11. Sept. 1826 auf eine criminelle Anklage hin verhaftet, verhört und zwar freigesprochen, an demselben Tage jedoch auch schon wieder einer Schuld wegen und zwar durch dieselben Männer zur Haft gebracht, welche die erste Anklage gegen ihn erhoben hatten. Diese zahlten den Betrag endlich selber; an dem Abend aber, an welchem er das Gefängniß verließ, wurde er überfallen, in einen Wagen gedrängt und entführt, ohne daß man je wieder etwas von ihm gehört hätte. Das Volk war hierüber empört, und trotzdem, daß allerlei falsche Gerüchte ausgestreut wurden, die Nachforschungen theils irre zu führen, theils über sein Schicksal Zweifel zu erregen, ließ sich die öffentliche Meinung doch nicht täuschen und erklärte die That für einen schändlichen Mord. Die Männer, welche man deshalb im Verdacht hatte, mußten flüchten und sollen später alle ein schmähliches Ende genommen haben. Hierauf organisirte sich aber auch eine Anti-Freimaurergesellschaft, deren erklärter Zweck es war, die Freimaurerei in den Vereinigten Staaten aufzuheben, weil „unter einer freien Regierung geheime Verbindungen unstatthaft seien." Sie berief sich zugleich darauf, daß, wie Morgan's Tod beweise, die Freimaurer sich ein Recht über Leben und Tod ihrer Mitglieder anmaßten und deshalb als den göttlichen wie den menschlichen Gesetzen widerstrebend betrachtet werden müßten.

Im Jahre 1828 erließ der Congreß ein den nördlichen Manufacturstaaten sehr erwünschtes Gesetz, indem er einen Schutzzoll auf Wolle, wollene Waaren, Eisen, Hanf und dessen Fabrikate, auf Blei, destillirte Getränke, Seidenwaaren, Fensterglas und Baumwollenwaaren legte. Die südlichen Staaten betrachteten aber dieses Gesetz als besonders den Baumwollenpflanzern gefährlich und schädlich, und in Charleston, Süd-Carolina, hißten sie die Schiffsflaggen zum Zeichen der Trauer auf halben Masten auf und verlangten einen Staatsconvent.

Im Jahre 1829 nahm, nach vorhergegangener Wahl, Andrew Jackson den Präsidentensitz ein, und John Calhoun von Süd-Carolina wurde Vicepräsident.

Obgleich nun die Schutzzölle wenig Anklang im Süden fanden und sich sogar eine gar heftige Partei, die „Nullifiers," bildete, diesem Gesetze, sei es auch mit Gewalt, entgegenzutreten, so hegte man doch im Allgemeinen eine zu große Achtung vor der Constitution. Daniel Webster schlug zugleich im Senate, durch eine gewaltige Rede gegen diese Umtriebe, die Vertreter derselben und die Gegner der vom Congreß bestimmten Maßregel.

Seit dem Kriege mit den Seminolen, 1818, hatten sich die indianischen Stämme ruhig verhalten. Im April 1832 aber überschritten die Winnebagoes, Foxes und Sacs, welche das Land am oberen Mississippi bewohnten, unter ihrem Häuptling Black Hawk — der schwarze Falke — diesen Strom und überfielen das an die Vereinigten Staaten abgetretene Illinois. Diese wohlbewaffneten und berittenen Schaaren der Wälder zerstreuten sich in fürchterlicher Schnelle über die jeder Vertheidigung baren Prairien, zerstörten ganze Niederlassungen und mordeten und sengten. Die Generäle Atkinson und Scott wurden ohne Säumen zur Vertheidigung der Grenzen beordert.

Andrew Jackson.

(Seite 272.)

Die asiatische Cholera zeigte sich zuerst am 9. Juni, und zwar in Quebec in Canada, unter einigen erst kürzlich eingewanderten Iren. Von dort aus folgte die Seuche scheinbar den Thälern des St. Lorenz, Champlain und Hudson, und am 26. zeigten sich die ersten Symptome in New York, wo sie bald einen höchst bösartigen Charakter annahm. Die Ansteckung verbreitete sich rasch durch die Staaten New York, Michigan und durch die Thäler des Ohio und Mississippi bis zum Golf von Mexico. Von New York ging sie auch südlich durch die atlantischen Staaten bis nach Nord-Carolina hinunter, und es war eine besondere Eigenthümlichkeit dieser Krankheit, daß sie, sowohl zu Land wie zu Wasser, den Hauptstraßen des Handels und Verkehrs folgte. New England entging den Verheerungen derselben, mit wenigen Ausnahmen, ganz.

Indessen sammelte General Scott seine Truppen für den indianischen Krieg und schiffte sie, da dringende Eile nöthig war, in Buffalo am Eriesee in Dampfbooten ein. Die Jahreszeit war aber entsetzlich heiß, die Fahrzeuge wurden gedrängt voll geladen und die Cholera brach unter den Soldaten aus. Das Elend, welches hierauf folgte, läßt sich nicht beschreiben; Viele starben; Viele desertirten aus Angst vor der Krankheit in die Wälder und kamen da elend um. General Scott konnte denn auch unmöglich den Schauplatz des Kampfes zur rechten Zeit erreichen, und General Atkinson, welcher in Eilmärschen bis zum 2. August gegen Black Hawk's Armee herangezogen war, traf diese an der Mündung des oberen Jowa, griff sie an, schlug sie und nahm den Häuptling Black Hawk mit seinem Sohn und noch einigen anderen berühmten Kriegern gefangen.

Mit diesen verfolgte aber die Regierung der Vereinigten Staaten einen ganz ausgezeichneten Plan. Sie hielt die gefangenen Häuptlinge erst einige Monate im Fort Monroe gefangen, führte sie hierauf, den schwarzen Falken und seinen Sohn, durch alle Hauptstädte der Union und durch die bevölkertsten Distrikte derselben, und entließ sie dann wieder frei und ungehindert, aber auch mit der festen Ueberzeugung, daß gegen ein so mächtiges und zahlreiches Volk weiterer Widerstand vollkommen unnütz sein würde.

Am 19. November 1832 hielt ein in Süd-Carolina zusammenberufener Convent der sogenannten „Nullifiers" in Columbia seine Sitzung. Es war dies dieselbe Partei, welche schon früher gegen die Schutzzölle protestirt hatte und nun anfing, in offene Widersetzlichkeit auszuarten. Sie verlangte Zurücknahme der ihr unangenehmen Gesetze und drohte, sich im entgegengesetzten Falle unabhängig von den Vereinigten Staaten zu constituiren, ja sie traf auch wirklich schon verschiedene Maßregeln, die auf thätliche Widersetzlichkeit schließen ließen.

Daß dieser Fall eine ungeheure Aufregung in den übrigen Staaten hervorrief, läßt sich denken; Präsident Jackson war aber nicht der Mann, welcher sich auf solche Art Trotz bieten ließ. Er veröffentlichte am 10. Dec. 1832 eine Proclamation, in welcher er die Partei der „Nullifiers" vor den Folgen ihres Schrittes warnte, ihr vorstellte, daß sie ihre Maßregeln gesetzlich nicht durchführen könne, feindlich nicht durchführen dürfe, und die Erklärung hinzufügte: Die Gesetze der Vereinigten Staaten müßten und sollten aufrecht erhalten werden, und sei es auch im äußersten Falle mit gewaffneter Hand. Schließlich appellirte er noch einestheils an den Patriotismus des Volkes von Süd-Carolina, um die dortigen feindlichen Schritte rückgängig zu machen, anderntheils an Amerika selbst, daß es sich zur Vertheidigung seiner Verfassung rüsten möge.

Keine That General Jackson's ist populärer gewesen, als diese Proclamation, und es zeigte sich von allen Seiten ein dieser Widersetzlichkeit so fest und entschlossen entgegenstehender Geist, und dabei wurden die Kriegsrüstungen der Regierung mit solchem Ernste und Eifer betrieben, daß die Nullificationspartei doch endlich einsah, in wie ungeheurer Minorität sie dastehe; sie that deshalb den ersten Rückschritt und erklärte, die Steuererhebung bis zum 1. März 1833 nicht stören zu wollen; ehe aber diese Periode eintrat, waren schon Maßregeln getroffen, die Ruhe wieder herzustellen.

Henry Clay stellte nämlich am 12. Februar 1833 im Senat einen Gesetzantrag, welcher beide Parteien hinsichtlich der Schutzzölle und des freien Handels vereinigen sollte, und hierdurch gelang es bald wieder, volle Einigkeit zwischen den verschiedenen Staaten der Union zu bewirken.

General Jackson wurde zum zweiten Mal zum Präsidenten und Martin Van Buren von New York zum Vicepräsidenten erwählt.

Auch einen lieben Todten hatten die Amerikaner in diesem Jahre zu beklagen. General Lafayette starb am 20. Mai in Frankreich, und manche Thräne floß ihm am östlichen, wie am westlichen Ufer des atlantischen Oceans.

Die Stellung der bis jetzt noch in den Vereinigten Staaten gebliebenen Indianer wurde indessen, besonders für ihre nächste Umgebung, immer gefährlicher, denn sie hielten, ihrer sonstigen Zwietracht ganz entgegen, fest zusammen und gaben, falls sie wirklich böse Absichten hatten, immer erst mit dem Schlachtgeschrei und dem bluttriefenden Scalpirmesser ihre erste Kriegserklärung. Die Erbitterung der westlichen Staaten gegen die Indianer wuchs fast mit jedem Tage, und wenn auch die Regierung die unglücklichen verblendeten Stämme gern erhalten hätte, so durfte sie doch auch das Wohl ihrer eigenen Unterthanen darüber nicht aus den Augen lassen.

General Jackson scheint die Sache in demselben Lichte gesehen zu haben, denn dies beweist seine dem Congreß mitgetheilte Botschaft, in welcher er sagt: „daß das traurige Schicksal der Mohicaner, Narragansetts und Delawaren auch nur zu bald das der Chocktaws, Cherokesen und Creeks sein würde, wenn sie noch länger innerhalb der Grenzen der Vereinigten Staaten blieben, daß aber auch die Ehre der Union es verlange, wohl zu bedenken, ob nicht etwas gethan werden könne, die Race zu erhalten.

Um dies zu erreichen, schlug er vor, ihnen jene ungeheuren Territorien, welche westlich vom Mississippi lagen, anzuweisen. Dort sollten sie, jeder Stamm besonders und unter seiner eigenen Jurisdiction, von den Vereinigten Staaten aber nicht weiter beschränkt, als es die Sicherheit der eigenen Grenzen erforderte, bleiben und blühen und gedeihen. Aber freiwillig wollte er die Auswanderung der verschiedenen Stämme haben, „denn es wäre grausam und unmenschlich, die Eingebornen zu zwingen, ihrer Väter Gräber zu verlassen und eine Heimath in einem fernen Lande zu suchen.“ Diesem Zwecke galt fortan sein ganzes Streben.

Mit den Chickesaws und Chocktaws wurden wirklich Verträge abgeschlossen, und diesen zufolge tauschten sie ihre Ländereien ein und wanderten (1831, 1832 und 1833) ruhig nach dem ihnen angewiesenen, dicht hinter Arkansas liegenden Territorium aus.

Später, am 2. April 1832, trat Georgien jenen Landstrich an die Vereinigten Staaten ab, welcher südlich von Tennessee und westlich vom Chatachoucheeflusse liegt, und die Regierung zahlte dem Staate dafür 1,250,000 Dollars baar, verstand sich auch dazu, auf ihre eigene Kosten und so bald, als dasselbe friedlich und zu vernünftigen Preisen erlangt werden könnte, alle noch darauf haftende indianische Ansprüche zu tilgen.

Unter diesem Contract und durch verschiedene Verträge mit den Stämmen der Creeks und Cherokesen hatten die Vereinigten Staaten die indianischen Ansprüche bis auf 25,980,000 Acker Landes reducirt und den friedlichen Besitz desselben Georgia übergeben. Von den Indianern, welche das erkaufte Territorium besessen hatten, zogen sich Einige bis westlich vom Mississippi zurück, Andere suchten auch unter ihren Brüdern desselben Stammes in Alabama eine Zuflucht, die große Masse der indianischen Bevölkerung concentrirte sich jedoch immer dichter auf dem weiten und fruchtbaren Landstrich im Innern von Georgia, welchen sie noch für sich zurückbehalten hatte, und weigerte sich von jetzt an hartnäckig, auch nur einen Fußbreit des Bodens weiter aufzugeben.

Die weiße Bevölkerung drängte indessen immer mehr auf sie heran und umschloß bald den District, wo die Indianer eine vollkommen unabhängige Gerichtsbarkeit bewahrten. Nun wäre das gute Land an und für sich wohl schon hinreichende Ursache gewesen den stets wanderlustigen Amerikaner anzureizen, um dort seine Heimath aufzuschlagen, so aber erwies es sich auch, daß die von den Indianern noch behauptete Landstrecke höchst goldreich war, und die Gier der westlichen Farmer, wie der ihnen angeborne Haß gegen die Wilden, bestimmte sie jetzt vereint, die Letzteren unter jeder Bedingung und ohne weiteren Zeitverlust von der bisher rechtmäßig und gesetzlich behaupteten Scholle zu verjagen.

Daß einzelne vor dem Gesetz flüchtige oder entlaufene Neger Zuflucht unter ihnen gefunden hatten oder gefunden haben sollten, gab ihnen einen Vorwand zum ersten Schritt, und dieser war, die Gerichtsbarkeit der Vereinigten Staaten auch über das von den Indianern bewohnte Land auszudehnen. Die Cherokesen hielten dies für unverträglich mit ihren Rechten und appellirten an die oberste

Behörde. Präsident Jackson's Politik aber war, die Indianer — wie er es nannte — friedlich aus dem Staate zu schaffen, und er achtete deshalb den Schrei nach Gerechtigkeit nicht. Friedlich geschah es vielleicht, denn Blut wurde nicht — wenigstens nicht in einem allgemeinen Angriffe — vergossen, aber ungerecht war es und ein böser Fleck in seiner Geschichte, als er in jesuitischer Schlauheit behauptete, „er möge nicht gern in die Selbstständigkeit der einzelnen Staaten eingreifen" — dachte er doch nicht an solche Scrupel, als sich Süd-Carolina seine Selbstständigkeit wahren wollte.

Die armen Indianer befanden sich damals in einer traurigen Lage; von der Staatsregierung wurden sie bedrückt, von Gesandten aus Washington fortwährend gedrängt und getrieben, und einzelne Häuptlinge — man will sogar behaupten, in trunkenem Zustande — unterzeichneten endlich einen Vertrag, nach welchem die Indianer den Staat verlassen sollten. Die Eingebornen erklärten, daß man hier ohne Recht und nur mit Trug und Gewalt verfahre, und daß sie sich nie gutwillig der Ausführung eines solchen Vorhabens unterwerfen würden. Was wollten die armen, unglücklichen Menschen aber machen? Eingeschlossen von allen Seiten durch ihnen feindlich Gesinnte, in ihrem Handel beschränkt, das Wild in ihrem Jagdgebiete fast ausgerottet, Gerechtigkeit von Niemandem zu hoffen — was anders blieb ihnen da übrig, als sich der friedlichen Gewalt zu fügen und im Jahre 1838 trauernd die Gräber ihrer Väter zu verlassen?

Hartnäckiger bezeigten sich dagegen die Bewohner von Ost-Florida, die Seminolen, gegen die man gern eine gleiche Politik befolgt haben würde, wenn es das Terrain nur so verstattet hätte. Schon im September 1823 hatten die Amerikaner einen schriftlichen Vertrag aufgesetzt, von welchem die Indianer später behaupteten, daß er mündlich anders gelautet und daß zwar das dereinstige Aufgeben gewisser Strecken darin ausgesprochen, der Besitz derselben aber noch auf zwanzig Jahre gesichert gewesen sei.

Oberst Gadsden, ein Agent der Vereinigten Staaten, schloß dann einen andern Vertrag mit abgeordneten Häuptlingen, nach welchem diese von der Regierung in jenes Land gesendet wurden, welches sie künftig bewohnen sollten. Erst bei ihrer Rückkehr und wenn sie sich mit dem Tausche zufrieden bezeigt, wäre dann der Vertrag bindend gewesen. Die Häuptlinge gingen dieses auch ein und nahmen die Bedingungen an, hatten sich aber deshalb gar nicht mit ihrem Volke berathen, und dieses leugnete jetzt, eine solche Absicht je gehabt zu haben, und erklärte, die Abgeordneten hätten ihre Vollmacht weit überschritten und gemißbraucht. Nach diesen Stipulationen sollten die Indianer innerhalb dreier Jahre vollkommen ausgewandert sein und der Anfang damit so bald als nur möglich gemacht werden. Allerdings ließ man die erste Zeit ruhig darüber verstreichen, Präsident Jackson war aber nicht der Mann, welcher sich von dem einmal erfaßten Ziele, besonders zu Gunsten von Indianern, hätte ablenken lassen.

Er machte General Wiley Thomson zum Regierungsagenten, um die vorgeschlagene Auswanderung zu überwachen, und sandte ihn nach Florida, dieselbe unverzüglich einzuleiten. Thomson ging, berichtete aber nur zu bald, daß der größte Theil der Indianer nicht gehen wolle, sich auf den Tractat von Fort Moultrie berufe, nach welchem sie noch zwanzig Jahre im Lande bleiben durften, und endlich erkläre, daß wenn auch das Land über dem Mississippi drüben gut sei, die Indianer dort böse wären und sie deshalb lieber bleiben wollten.

Mehrfache Verhandlungen gingen jetzt herüber und hinüber, und General Clinch besonders machte, während General Thomson mehr und mehr Truppen zusammenzog und die Miliz, so viel dieses angehen wollte, verstärkte, einen Vorschlag zur Güte, indem er die Regierung bat, die armen Wilden wenigstens noch bis zum nächsten Frühjahr im Besitz ihrer Ländereien zu lassen, wo sie sich dann allem Anscheine nach gutwillig in das doch Unvermeidliche fügen würden; die Regierung bestand aber auf augenblicklicher Entfernung, und ihre Ordre lautete in dieser Hinsicht ganz bestimmt.

Indessen hielt am 3. Juni 1834 General Thomson eine Conferenz mit den Indianern, und da ihm hier ein Häuptling derselben, Osceola, seiner Ansicht nach zu schroff und trotzig entgegengetreten war, ließ er denselben schließen und einen Tag lang gefangen halten.

Osceola war ein gar eigenthümlicher Charakter; von gemischter Race abstammend (denn sein Vater war ein Engländer, seine Mutter eine Seminolin gewesen, und er vereinigte so in seinen Adern das sächsische mit dem indianischen Blut), verdankte er seine ausgezeichnete Stellung einzig und allein seinen vortrefflichen Eigenschaften. In diesem Fall aber und als er sich in der Gewalt der Engländer sah, gewann das indianische Blut die Oberhand; sonst stolz und düster in seinem ganzen Wesen, wurde er jetzt reuig und folgsam, unterzeichnete einen Vertrag, den ihm Thomson vorlegte, und durchreiste auch in des Generals Auftrag, anscheinend ganz eifrig in seinem Dienste, die Halbinsel; innerlich aber und im Geheimen kochte er Rache und schmiedete Pläne, sein Land von den verrätherischen Bleichgesichtern zu befreien.

Die erste Vergeltung traf auch, und vielleicht mit Recht, jene Indianer, welche die Sache ihres eigenen Vaterlandes an die Feinde verkauft hatten. Mathla, ein Häuptling, wurde erschlagen, weil er jene schändliche Uebereinkunft mit abgeschlossen, und einige Hundert Seminolen, denen ihr Gewissen wohl sagte, was sie zu erwarten hätten, flohen nach Fort Brooke an der Tampa Bai und brachten dorthin die ersten Nachrichten von Osceola's wirklichen Absichten. Indessen waren auch die der Auswanderung nicht günstigen Indianer aus ihren verschiedenen Wohnorten verschwunden.

Durch solche Zeichen geängstigt, zog die Regierung von den südlichen Posten Truppen zusammen und General Clinch erhielt den Oberbefehl, während Major Dade mit 117 Mann vom Fort Brooke ausmarschirte, um sich ihm anzuschließen. Er hatte mit den Seinen von den hundert englische Meilen entfernten Posten etwa achtzig, nach unbeschreiblichen Anstrengungen, zurückgelegt, als er plötzlich in einen von den Seminolen gelegten Hinterhalt fiel. Aus unsichtbaren Verstecken trafen die tödlichen Kugeln ihr sicheres Ziel und von der ganzen Schaar blieben nur Dreißig übrig, welche sich in ein schnell errichtetes Verhau zurückzogen.

Wo aber war Osceola, während diese Wenigen den indianischen Schaaren Trotz boten? — Jedenfalls hatte er den ersten Angriff geleitet, jetzt aber flog er auf flüchtigem Renner von Dade's Schlachtfeld nach Campking, um dort eine andere Arbeit auszuführen.

An diesem Tage nämlich speiste General Wiley Thomson mit einer größern Gesellschaft in einem gar nicht weit von der Garnison entfernt stehenden Hause. Während sie aber bei Tische saßen, wurde eine Gewehrsalve in das Zimmer gefeuert und der General stürzte, von fünfzehn Kugeln durchbohrt. Die übrigen Gäste blieben theils unter den ersten Schüssen, theils flüchteten sie aus dem Haus und wurden draußen eingefangen und ermordet. Osceola stürmte dann an der Spitze seiner Leute ins Zimmer und scalpirte mit eigener Hand den Mann, welcher die Glieder des Seminolenhäuptlings hatte fesseln lassen. Hierauf zogen sich die Indianer, von der Garnison unbelästigt, wieder in ihre Schlupfwinkel zurück.

Am Nachmittag aber kehrte Osceola schon wieder zu dem frühern Schlachtfelde, wo sich die dreißig Ueberlebenden noch immer in ihrer Verschanzung hielten. Diese griff er in wildem Sturm an und Offiziere, wie Soldaten, fielen tapfer kämpfend Einer nach dem Andern. Nur ein Einziger, Ransom Clarke, entging, indem er sich todt stellte, wie durch ein Wunder diesem Blutbad und entkam später nach den unsäglichsten Mühen und Gefahren zum nächsten Fort, starb aber doch bald darauf an den empfangenen Wunden.

General Clinch, dessen Hauptquartier sich zu Fort Drane, einige Meilen nördlich von Campking, befand, sandte schon am nächsten Tage drei Compagnieen reguläre Truppen und eine Anzahl von Freiwilligen gegen die Indianer; aber durch einen, wahrscheinlich mit seinen Landsleuten einverstandenen Führer irregeleitet, erreichten die Truppen den Withlacoocheefluß an einer sehr tiefen Stelle und wurden hier, als die Regulären den Uebergang doch erzwungen hatten, von den Wilden angegriffen, so daß sie sich endlich mit, wenn auch nicht bedeutendem, Verluste zurückziehen mußten.

Durch ihre Erfolge kühn gemacht, überfielen die Seminolen jetzt Alles, was sich von Weißen in ihrer Nachbarschaft niedergelassen hatte. Häuser wurden niedergebrannt, Erndten zerstört, Neger fortgeschleppt und ganze Familien nach jeder Richtung hin ermordet.

General Scott erhielt hierauf den Oberbefehl der Halbinsel und traf am 7. Februar 1836 zu St. Augustine ein. In einem Briefe, vom 11. datirt, beschreibt er die Lage des Landes folgendermaßen:

„Das ganze südlich von diesem Platze liegende Land ist in der letzten Woche total verwüstet worden—kein Gebäude von irgend einem Werthe steht mehr. Nicht ein einziges Haus blieb zwischen dieser Stadt und Cap Florida — eine Entfernung von 250 Meilen —alle sind bis auf den Grund niedergebrannt."

Indessen wurde General Clinch in Fort Drane eng von den Wilden bedroht und General Scott rückte ihm zu Hilfe, während General Gaines, der die südwestlichen Heeresabtheilungen der Vereinigten Staaten befehligte, ohne weitere Ordre abzuwarten, nach der Tampabai hinüberschiffte und von dort aus gegen Fort King marschiren wollte. Die Indianer ließen ihn aber ebenfalls nicht lange Ruhe, und wenn er auch die ersten Angriffe zurückschlug, sah er sich doch von allen Seiten umzingelt und belagert gehalten.

Indessen hatte ein Bote von ihm glücklicherweise den General Clinch erreicht, welcher ihm zuerst, da er vollkommen Mangel litt, Provisionen schickte und dann auch eine höchst nöthige Verstärkung zusandte. Osceola aber, welcher hiervon durch seine Spione zeitig genug Nachricht erhielt, fand es jetzt gerathen, die Seinen rasch zurückzuziehen, täuschte General Gaines einige Tage lang mit falschen Friedensunterhandlungen und war plötzlich und unerwartet verschwunden. General Clinch traf hierauf allerdings in Gaines' Lager ein, doch zu spät, und dieser kehrte nach New Orleans zurück. Ueberhaupt trat von da an ein totaler Wechsel der Befehlshaber ein, indem General Scott nach dem Lande der Creeks beordert wurde, General Clinch seine Stelle selber niederlegte und General Call an dessen Platz trat. Bald darauf, und zwar 1837, traf General Jessup ebenfalls in Florida ein, und durch diesen erhielt der Kampf, wenn auch nicht auf ehrliche Weise, bald eine andere Wendung.

Am 21. October nämlich kam Osceola unter einer Parlamentärsfahne und mit etwa siebzig Kriegern in sein Lager und er, die Vermuthung vorschützend, daß die Indianer Verrath beabsichtigt, nahm ihn und seine Schaar gefangen.

Wenige Monate später starb Osceola in seinem Kerker—wie man sagt, an einer Halskrankheit.

Da so das Haupt der Rebellion abgeschnitten war, glaubte General Jessup sich die Uebrigen leicht unterwerfen zu können; dem war aber nicht so. Zwar brachte er an mehreren Orten den Feind zum Stehen oder wurde vielmehr von diesem angegriffen, immer aber konnte ein solcher Kampf nur mit bedeutendem Verluste zurückgeschlagen werden, während das Land selbst in den Sümpfen und Morästen eine Verfolgung fast unmöglich, stets aber nutzlos machte. Immer neue Truppen wurden dabei nach Florida beordert und bis zum Jahre 1842 zogen sich die trostlosen, blutigen Kämpfe hin, wo sich dann, durch Eifersucht und Neid der eigenen Häuptlinge verrathen, die übrigen Indianer den Amerikanern ergaben und in das den wilden Stämmen angewiesene Territorium, westlich von Arkansas, transportirt wurden.

In den Vereinigten Staaten ging später das keineswegs unglaubliche Gerücht: „jeder in Florida erschlagene Indianer, Mann, Weib oder Kind, koste der Union durchschnittlich 10,000 Dollars.“

General Scott war indessen gegen die Creeks gesandt worden, welche, in der Nachbarschaft der Seminolen, durch Osceola selbst aufgereizt, ebenfalls im blutigen und fürchterlichen Kriege die Waffen gegen die Weißen erhoben hatten. Schon im Mai 1836 begannen sie ihre Ueberfälle, brannten die Wohnungen nieder und zerstörten mehrere Dampfschiffe. Erst als der Gouverneur von Georgia ebenfalls Truppen aushob und mit General Scott vereint gegen die Indianer zog, gelang es ihnen, den wilden Feind zu besiegen. Im Jahre 1838 wurden die Creeks gleichfalls nach dem ihnen westlich von Arkansas angewiesenen Territorium hinübergeschafft, und der Frieden war somit — außer in Florida, wo, wie schon früher gesagt, der Krieg noch bis 1842 wüthete — zwischen Indianern und Weißen gesichert.

Im September 1835 wurde Wisconsin zu einem Territorium und Arkansas zu einem Staate gemacht. Auch erließ der Congreß ein Gesetz, welches Michigan in die Union aufnahm. Seit der Unabhängigkeitserklärung der dreizehn Staaten hatten sich also dieselben mit diesem, dem sechsundzwanzigsten, gerade verdoppelt.

Was nun die verschiedenen politischen Parteien betraf, so waren diese während Monroe's Regierung ziemlich ineinander verschmolzen worden; Jackson's Charakter nach ist es aber leicht erklärlich, daß dieser, der in allen Stücken so fest und entschieden, ja nicht selten in der That willkürlich auftrat, wohl viele Freunde, aber auch viele Gegner haben mußte. Die Letzteren schrieben ihm denn auch jene

Martin Van Buren.

(Seite 283.)

Krisis von 1837, von welcher sich das Land noch immer nicht ganz erholt hat, zu, und behaupten, daß dieselbe durch die Aufhebung der Nationalbank herbeigeführt worden sei.

1832 kamen nämlich die Directoren der Bank um ein neues Privilegium ein, und nach langer Debatte, aber mit ziemlich bedeutender Majorität, erließ der Congreß endlich eine Bill, welche dasselbe gewährte. Diese Bill machte Jackson durch sein, ihm als Präsident zustehendes Veto null und nichtig.

Eine andere Gewaltmaßregel war die, mit der er den Finanzminister Duane, welcher sich seinem Willen widersetzte, entließ und Taney an dessen Stelle setzte. Dies geschah gerade beim Auseinandergehen des Senats und erst am Schlusse einer siebenmonatlichen Session legte der Präsident diesem Hause die Ernennung Taney's vor, die dasselbe denn auch nicht bestätigte.

Von 1832 bis 1836 bot die Regierung das Schauspiel eines hartnäckigen Kampfes zwischen der Executivgewalt und der Majorität des Senats, und beredte und tüchtige Männer standen an den Spitzen beider Parteien. So unterstützte den Präsidenten Jackson Silas Wright von New York mit treffenden Beweisgründen und edler Ruhe, wie Benton von Missouri mit lauter, hinreißender Heftigkeit. Die Gegenpartei rühmte sich dagegen und mit Recht ihrer Führer Henry Clay, Daniel Webster, Preston und Anderer. Die Debatten des Senats waren zu jener Zeit auch so interessant und anziehend, daß schon in frühester Tagesstunde der Platz der Zuschauer oft dicht gefüllt war, und selbst Damen von allen Theilen der Union herbeiströmten und drei Stunden an der Thür standen, um nur einen Sitz zu bekommen und der Sitzung des Senats beiwohnen zu können.

Als Jackson's zweite Präsidentschaft abgelaufen war, zog er sich vom Staatsdienste zurück, und die Partei der Demokraten erwählte, wiederum siegreich, Martin Van Buren zum Präsidenten und Rich. M. Johnson zum Vicepräsidenten.

Nachdem auf General Jackson's Befehl der Staatsschatz in die Banken der verschiedenen Staaten vertheilt worden war, und es dadurch immer mehr erleichtert wurde, Capitalien zu erhalten, schien es als ob eine wahre Speculationswuth das ganze Land erfaßt habe.

Die guten alten Straßen ehrenhafter Industrie überwuchsen mit Gras, und Vermögen wurden mit wahrer Dampfkraft im Sturm und Flug gewonnen. Besonders speculirte man auf Baustellen. Die alten Städte dehnte man auf dem Papiere zu einem Umfang aus, welchen sie in Jahrhunderten nicht erreichen werden, und neue wurden aufgezeichnet, wo noch Wasser strömte oder steinige Berge standen. Dennoch zeichnete man sie sorgfältig aus, legte — auf den Karten versteht sich — Straßen und öffentliche Plätze an, und kaufte und verkaufte in unbegreiflicher Verblendung. Ein Vermögen wurde solcher Art nicht selten in einer Stunde und durch einen einzigen Verkauf gewonnen oder aufs Spiel gesetzt, und es läßt sich denken, daß solch krankhaftes Drängen der Geschäfte endlich eine Krisis herbeiführen mußte. Diese kam 1837.

Vor diesem Jahre verdiente Jeder Geld; nach demselben verlor Jeder und Einer riß im Sturz den Andern mit fort. Eine Gesandtschaft der Kaufleute wandte sich in dieser Noth an den Präsidenten und bat denselben ganz besonders, das "Specie circular" wieder aufzuheben und die Nationalgesetzgebung zusammenzurufen. Van Buren erklärte aber, daß er in dem jetzigen Stande der Dinge keineswegs einen Grund fände, diesen beiden Anforderungen nachzukommen.

Das "Specie circular" war nämlich eine im Jahr 1835 erlassene Schatzordnung an die Banken, worin diese angewiesen wurden, Zahlungen nur in klingender Münze oder in Noten baarzahlender Banken anzunehmen und dadurch das Volk besonders gegen die Speculationswuth der Landkäufer in etwas zu sichern. Dies hatte aber das meiste Silber und Gold nach dem Westen geführt; die Kaufleute mußten alle ihre Steuern ebenfalls nur in klingender Münze bezahlen, aber woher konnten sie diese wieder zurückbekommen? Derjenige, welcher wirklich eine gerechte Forderung an die Regierung hatte, war nicht im Stande, von dieser unter irgend einer Bedingung Gold oder Silber zu erhalten, während er nichtsdestoweniger jeder Forderung der Regierung an ihn mit baarer Münze genügen mußte. Dies erregte besonders in den Städten große Erbitterung. Die Banken hatten theilweise sogar schon über die Regel der Klugheit hinaus sich angestrengt, ihren Verpflichtungen nachzukommen; als aber die Regierung immer und immer nichts für sie that, stellte die von New York, am 10. Mai 1837, alle ihre Zahlungen ein und ihrem Beispiele mußten bald die übrigen Städte der Union nachfolgen.

Die Banken, in denen die öffentlichen Capitalien angelegt waren, theilten nur das allgemeine Loos, und die Frage entstand jetzt: wie soll die Regierung ihre laufenden Ausgaben decken und was soll dann mit dem Staatsschatze geschehen? Um diese Fragen zu beantworten, erließ Van Buren eine Proclamation und rief den Congreß zusammen, welcher demzufolge am 4. September eröffnet wurde.

In seiner Botschaft empfahl der Präsident eine Art, die öffentlichen Gelder aufzubewahren, welche später unter dem Namen "Subtreasury bill" vor den Congreß gebracht, aber verworfen wurde, weil man dadurch die Geldmacht ebenfalls ganz in die Hände der executiven Gewalt gegeben glaubte. So unpopulär war zugleich dieser Vorschlag bei der Majorität des Volkes, daß wahrscheinlich hierdurch Van Buren seine zweite Präsidentschaft einbüßte. Eine Ratenzahlung, welche von dem Ueberschusse der Revenuen, nach einer Congreßakte von 1836, an die verschiedenen Staaten gemacht werden sollte, wurde jetzt für die Bedürfnisse der Regierung zurückbehalten und es ward beschlossen, Banknoten auszugeben. Nichts aber geschah, um dem Volke unmittelbare Hilfe zu leisten, und die Freunde der Regierung behaupteten, vielleicht nicht mit Unrecht, die Regierung selber könne da nicht gut eingreifen, wo es gelte, den Uebertreibungen der Einzelnen ein Ziel zu setzen, damit die Masse wieder den vernachlässigten Weg der nur zu nöthigen Industrie einschlage.

Zu diesem Leiden kam auch noch ein gewaltiges Feuer in New York, welches bei einer fürchterlichen Kälte ausbrach, so daß selbst die Schläuche einfroren und 529 Gebäude niederbrannten. Der Schaden, welcher hierdurch entstand, soll sich auf 17 Millionen Dollars belaufen haben.

Am 13. August begannen die Banken wieder ihr Baarzahlungen, da das "Specie circular," wenn auch nicht formell, doch in der Wirklichkeit aufgehoben worden war.

Indessen hatte sich eine Partei in Canada gebildet, welche, der britischen Regierung feindlich gesinnt, laut ihre Unabhängigkeit verlangte. An der nördlichen Grenze der Staaten New York und Vermont betrachtete man die Sache mit sehr günstigen Augen und that Manches, ihr Vorschub zu leisten; die Männer der Freiheit nahmen den Namen von Patrioten an und es wurde von einzelnen Amerikanern viel gethan, den Canadiern zu ihrer Unabhängigkeit zu verhelfen.

Bei Verfolgung dieser wohl gut gemeinten, aber jedenfalls ungesetzlichen Einmischung in die Verhältnisse einer fremden Macht nahm eine Zahl tollkühner Abenteurer Besitz von „Navy-Island," einer kleinen Insel von ungefähr 350 Acker Land, welche im Niagaraflusse, zwei englische Meilen oberhalb der Fälle, liegt. So tüchtig hatten sie zugleich diesen Platz befestigt, daß ein Sturm, welchen Sir Francis Head, Befehlshaber der britischen Streitmacht, darauf unternahm, vollkommen abgeschlagen wurde. Der Präsident der Union, wie der Gouverneur von New York, erließen übrigens zu gleicher Zeit eine Proclamation an das Volk der Vereinigten Staaten, wonach es sich bei diesem Kampfe unter keiner Bedingung betheiligen solle.

Trotzdem verschaffte man den Männern auf Navy-Island Alles, was sie an Proviant und Munition bedurften; auch Waffen wurden in Masse hinüber befördert. Dabei beschossen die Insurgenten, von denen sich etwa 700 auf der Insel hielten, mit ungefähr zwanzig Kanonen, welche sie zu erhalten gewußt hatten, das gegenüberliegende canadische Ufer, und mietheten sogar ein kleines Dampfboot, die Carolina, welches die Verbindung zwischen Navy-Island und Schlosser (dem Landungsplatze am amerikanischen Ufer) erhalten mußte. Die „Carolina" lief zum ersten Mal am 29. Dec. 1837 aus, und am Abend desselben Tages schon fuhr ein Detachement von 150 bewaffneten Engländern, mit umwickelten Rudern, über den Strom, landete in Schlosser, trieb die Besatzung des Dämpfers ans Ufer, kappte seine Taue, welche ihn am Werft befestigt hielten, zündete das Boot an und ließ es nun mit der reißenden Strömung über die ungeheuren Fälle des Niagara schießen.

Bei diesem Unternehmen wurde ein Amerikaner Namens Durfee getödtet, und man sagt auch, obgleich unverbürgt, daß noch eine

William Henry Harrison.

(Seite 287.)

oder zwei Personen auf dem Fahrzeuge gewesen wären, als es über den Katarakt getrieben ward.

Die Amerikaner waren entrüstet, und ein Mann, Namens M'Leod, von dem man wußte, daß er sich bei dem nächtlichen Ueberfalle betheiligt hatte, und der sich später auf das amerikanische Ufer wagte, wurde gefangen genommen, scharf verhört und längere Zeit in Haft gehalten.

Navy-Island räumten die Insurgenten am 13. Januar 1838, und die Engländer nahmen es schon am 15. wieder in Besitz. Van Renſſelaer, der Hauptmann der Insurgenten, welcher, als ein Amerikaner, sein Vaterland in die Gefahr eines Krieges mit dem Nachbarstaate gebracht hatte, wurde, sobald er das Ufer der Vereinigten Staaten betrat, in deren Namen verhaftet und erst später gegen Caution wieder freigegeben.

Ein anderer Streit drohte der nordwestlichen Grenzen wegen sich zwischen der Union und England zu entspinnen und bewaffnete Schaaren wurden schon von New Brunswick und von Maine ausgesandt. Erst im Herbst 1842 kam zwischen Daniel Webster amerikanischer und Lord Ashburton englischer Seits ein Uebereinkommen zu Stande, welches die Streitfrage friedlich und freundschaftlich entschied und regulirte.

Der Census von 1840 ergab als die Anzahl der Bewohner der Vereinigten Staaten 17,068,666.

Ein harter Kampf fand in diesem Jahre zwischen den Wählern der Demokraten und Whigs statt. Die Ersteren verlangten Van Buren wieder zur zweiten Präsidentschaft, die Letzteren dagegen waren im Anfang unschlüssig, schwankten zwischen dem schon mehrmals durchgefallenen Candidaten Henry Clay und General Harrison, und warfen sich erst, als sie sahen, daß sie Henry Clay unter keiner Bedingung durchbringen könnten, mit aller Energie und allen ihnen zu Gebote stehenden Mitteln auf die Wahl des Generals Harrison, von welchem sie die feste Ueberzeugung hatten, daß er ihr Hauptziel, die Errichtung einer Nationalbank, nur begünstigen und ins Werk setzen würde. Die Wahl rief eine ungeheure Aufregung in den Staaten hervor, die demokratische Partei aber wurde besiegt und General William Henry Harrison mit gewaltiger Majorität zum

Präsidenten der Vereinigten Staaten gewählt. John Tyler von Virginien ward Vicepräsident.

Am 4. März 1841 nahm General Harrison seinen Sitz im „weißen Hause zu Washington,“ als der erste Bürger der Republik, ein — aber schon einen Monat später, am 4. April desselben Jahres, lag er, eine Leiche, auf seinem Todtenbette.

Vierte Periode.

Von Präsident Harrison's Tod bis auf die Gegenwart.

(Von 1841 bis 1852.)

Am 7. April 1841 wurde Präsident Harrison's Leiche mit dem größten republikanischen Gepränge und unter Zuströmen einer zahllosen Volksmenge beigesetzt, und schon wenige Tage später erließ der indeß einberufene Vicepräsident Tyler seine Antrittsrede an das Volk der Vereinigten Staaten.

Bei dem obersten Gerichtshofe des Bezirks Columbia unterzeichnete der neue Präsident folgenden Eid:

„Ich schwöre feierlich, daß ich die Amtspflicht eines Präsidenten der Vereinigten Staaten treulich erfüllen und, so viel in meiner Macht steht, die Verfassung des Freistaats schützen, wahren und vertheidigen will. John Tyler.“

Darüber ward ihm folgendes charakteristische Zeugniß ausgestellt:

„Ich, William Cranch, Oberster Richter der Circuit Court im Bezirke Columbia, bescheinige, daß der obengenannte John Tyler heute persönlich vor mir erschien, und obwohl er sich für geeigenschaftet erachtet, nach dem Tode William Henry Harrison's die Pflichten eines Präsidenten der Vereinigten Staaten auch ohne einen anderen Eid, als denjenigen, welchen er als Vicepräsident geleistet, zu erfüllen und die Gewalt dieses Amtes auszuüben, so hat er dennoch, um allen Zweifeln zu begegnen und größerer Vorsicht willen, obigen Eid geleistet und unterzeichnet. W. Cranch.“

John Tyler.

(Seite 288.)

Wenn man nun auch ziemlich allgemein wußte, daß John Tyler, als aus der Schule virginischer Staatsmänner stammend, besonders einer Vereinigten-Staatenbank nicht geneigt war, so hoffte man doch daß er, da ja die Whigs, welche ihn gewählt, ihr ganzes Streben und Trachten gerade auf die Errichtung einer solchen gesetzt hatten ihrer Einführung, sobald sich der Congreß darüber vereinigt, nicht weiter im Wege stehen würde. Auch enthielt seine Botschaft, welche er bald nach seinem Antritt dem Congresse vorlegte, viel Beruhigendes über die schon auftauchenden Gerüchte, indem sie in allen Punkten mit der Harrison's übereinstimmte. Nur reservirte sich Tyler noch sein Urtheil über die Bank.

Texas, welches sich indessen von Mexiko losgerissen und eine eigene Republik gebildet hatte, schloß in diesem Jahre mit Großbritannien einen Schifffahrts- und Handelsvertrag, wonach England nach besonderen Stipulationen den vollen Frieden zwischen Mexiko und Texas wiederherzustellen hoffte.

Der Census dieses Jahres ergab für die Bevölkerung der Vereinigten Staaten 17,000,572 Seelen, worunter 2,369,553 Negersklaven und 371,606 freie Farbige.

In dem außerordentlichen Congresse legte, als besonders wichtig, Ewing die Bilanz der seiner Führung anvertrauten Bundeskasse vor. Nach Aufzählung der ihm zu Gebote stehenden Hilfsquellen und der zu bestreitenden Ausgaben gelangte er zu dem traurigen Ergebniß, daß, wie auch schon in des Präsidenten Botschaft dargelegt worden war, das sich am Ende des Jahres herausstellende Deficit 16,088,215 Dollars betrage. Ewing hält die Belassung einer schwebenden Schuld für ein fehlerhaftes System und schlägt die Consolidirung derselben mittelst eines Anlehens vor, dessen Tilgung er auf acht Jahre de dato festsetzt. Den Tarif betreffend, verlangt er förmlich eine Auflage von 20 Procent auf alle Waaren, welche keinen Zoll oder weniger als 20 Procent bezahlen, und eben so die Wiederherstellung einer Nationalbank als eines Fiscalagenten der Föderalregierung. Er beweist, daß die mit Einziehung der öffentlichen Gelder betrauten Beamten seit zwölf Jahren 2,650,500 Dollars veruntreut haben.

Die Bill wegen einer Staatsanleihe von 12 Millionen Dollars, auf acht Jahre mit 6 Procent, wurde von beiden Häusern des Congresses angenommen. Auch die Bankbill passirte beide Häuser, eben so wurde der neue Tarif, die Revenuebill, mit einer Majorität von sechzehn Stimmen angenommen.

Die Entdeckung einer Negerverschwörung machte in dieser Zeit bedeutendes Aufsehen im südlichen Theil der Union. Ein großer Theil der Sklaven hatte sich verschworen, ihre Herren zu ermorden; das Complot wurde aber durch ein junges Mädchen entdeckt und die Rädelsführer ohne Weiteres gehängt.

Was man indeß schon geraume Zeit theils erwartet, theils gefürchtet hatte, geschah endlich: am 16. August 1841 gab der Präsident der vorgeschlagenen und von beiden Häusern angenommenen Bill einer Nationalbank sein Veto, und vernichtete dadurch die jahrelangen Hoffnungen und Anstrengungen der Whigpartei, die nun vergebens alles Mögliche gethan hatte, um ihre beiden Candidaten, den Demokraten gegenüber, durchzubringen. Er motivirte seinen Beschluß in folgender Weise:

„Die Befugniß des Congresses," sagte er, „eine Nationalbank zu gründen, welche die ganze Union umfaßte, ist seit dem Ursprung unserer Regierung eine Streitfrage gewesen. Männer, ihrer ganz ausgezeichneten geistigen Fähigkeiten, wie ihrer Tugend und Vaterlandsliebe wegen gleich sehr geschätzt, haben in dieser Beziehung eine verschiedene, sich widersprechende Meinung gehabt. Der Genehmigung des einen Präsidenten folgte die Verneinung des andern. Auch das Volk hat sich in verschiedenen Zeiten bald dafür, bald dagegen ausgesprochen und noch immer ist das Land dieser unentschiedenen Frage wegen in starker Aufregung. Was mich betrifft, so habe ich mich seit den letzten fünfundzwanzig Jahren bei allen passenden Gelegenheiten ohne Rückhalt und offen dagegen erklärt; ich that es in dem gesetzgebenden Körper meines Geburtsstaates, ich habe es eben so offen im Hause der Repräsentanten gethan. Hiernach wird der Senat und das Land wohl einsehen, daß ich einer solchen Maßregel meine Sanction nicht geben konnte, wollte ich nicht anders auf jeden Anspruch der Achtung ehrenhafter Männer, auf alles Vertrauen von Seiten des Volkes, auf alle Selbstachtung Verzicht leisten."

Dagegen zeigte er sich bereit, einer Bank seine Genehmigung zu ertheilen, welcher die Befugniß zustände, für ihre Wechselgeschäfte Filialbanken zu errichten und ihre Noten als Baargeld auszugeben. Die Botschaft schließt mit den Worten:

„Ich sehe in der Bill, welche dem Congresse das Recht ertheilen soll, eine Vereinigte-Staatenbank zu gründen, die in den verschiedenen Staaten Disconto- und Deposito-Commanditen, mit oder ohne deren Einstimmung, errichten dürfte, einen Grundsatz, dem ich mich bisher immer widersetzt habe, und welchem ich nie meine Sanction geben kann. Daher, ohne auf die übrigen Erwägungen einzugehen, gebe ich sie dem Hause, welchem sie ihren Ursprung verdankt, mit diesen meinen Einwürfen gegen ihre Erlassung, zurück."

Man entwarf nun gleich nach diesem Veto einen neuen Vorschlag zu einer Nationalbank, welche unter dem Namen „Fiscalcorporation" in Vorschlag gebracht wurde. Ihr Capital sollte 21 Millionen Dollars betragen, aber auf 35 vermehrt werden können. Der Hauptunterschied von der andern bestand darin, daß sie keine Nebenbanken in anderen Staaten, sondern nur Agenten ernennen, und keine Promessen discontiren, sondern nur fremde und einheimische Wechsel kaufen und verkaufen dürfen sollte. Allein auch dieser Bill gab der unerschütterliche Tyler sein zweites Veto und die Bankbill fiel später bei der Abstimmung des Hauses mit 103 gegen 80 Stimmen durch, da die amerikanische Verfassung eine Mehrheit von zwei Drittheilen erfordert, wenn eine Maßregel, welcher der Präsident seine Signatur verweigert hat, durchgeführt werden soll.

Der Zwiespalt zwischen dem Präsidenten und den Majoritäten beider Congreßhäuser führte zur Auflösung des Cabinets, welches im Allgemeinen das Vertrauen des Congresses und der Whigpartei genossen hatte. Ewing, Crittendon, Badger und Bell sandten am 10. September ihre Entlassung ein, welche angenommen wurde. Der Präsident ernannte alsbald an ihrer Stelle folgende Staatsmänner: Walt Forward von Pittsburgh in Pennsylvanien als Finanzminister; Hugh S. Legare von Charleston in Süd-Carolina als Oberrichter; Abel S. Upshur aus Virginien als Marineminister, und John Maclean, bisherigen Richter des obersten Gerichtshofes der Union, als Kriegsminister. Auch Gr. Grainger dankte ab und Charl. A. Wickliffe aus Kentucky wurde zum Oberpostdirector ernannt.

Fast eben solche Aufregung aber, als das Veto des Präsidenten, nur nach einer anderen Seite hin gerichtet, erzeugte die Untersuchungssache M'Leod's bei den Bewohnern der Vereinigten Staaten. Jener Mann sollte bei dem Verbrennen des amerikanischen Dampfschiffes „Carolina" betheiligt gewesen sein und war auf amerikanischem Grund und Boden verhaftet worden. England hatte aber zugleich gegen eine Verurtheilung dieses seines Unterthanen, welcher, was er auch gethan haben mochte, in der Ausübung seiner Pflicht gehandelt hatte, auf das Entschiedenste protestirt, und es war vorauszusehen, daß eine wirkliche Verurtheilung des Mannes jedenfalls einen neuen Krieg zwischen Großbritannien und Nordamerika nach sich ziehen müsse. Am 4. October ward denn nach unendlichen Verzögerungen und nachdem die Spannung beider Nationen auf's Aeußerste getrieben war, der Proceß zu Utica im New Yorkstaate wirklich eröffnet. Er dauerte acht Tage; M'Leod wurde aber, da man ihm keineswegs sicher beweisen konnte, sich an dem Ueberfall und Verbrennen des Bootes „Carolina" betheiligt zu haben, freigesprochen und somit ein sehr wahrscheinlicher Ausbruch neuer Feindseligkeiten zwischen dem Mutterland und den früheren Colonieen vermieden.

Indessen hatte in Texas Präsident Lamar den Congreß eröffnet, und rieth in Bezug auf Mexiko, da dieses Reich die junge Republik noch immer nicht anerkennen wollte, die Feindseligkeiten zu erneuern.

In diesem Jahre kaufte auch die Regierung der Vereinigten Staaten den Sioux-Indianern ihr ganzes, 25 Millionen Acker enthaltendes Land ab; es läuft an dem südlichen Ufer des St. Peterflusses hin bis zu dessen Quelle und dann direct südlich. Der südöstliche Theil desselben fällt in die Grenzen des jetzigen Staates Jowa und dieser Theil wird von der Union an weiße Ansiedler verkauft, der Rest sollte aber ein indianisches Territorium bilden, in welchem den Sioux, eine bedeutende Landesstrecke vorbehalten ward.

Ein starkes Beispiel von Volksjustiz fand ebenfalls in diesem Jahre, und zwar auf dem Mississippi, in der Nähe des Staates Arkansas, statt. Die Gegend um die Mündung des White river in den Mississippi war seit Jahren von Gauner- und Falschmünzerbanden heimgesucht, namentlich trieben sie auf einigen Inseln ihr Wesen. Die Bewohner der beiden Ufer des Mississippi beschlossen endlich, ihnen das Handwerk zu legen, und es gelang ihnen, 60 bis 70 derselben festzunehmen. Diese Flußpiraten brachten sie an Bord eines Flatbootes, steuerten dasselbe an eine unbewohnte Stelle und erschossen oder ertränkten Alle ohne Ausnahme. Nach Vollendung des Standrechts fuhren sie den Fluß hinab und verbrannten auch die Wohnungen ihrer Schlachtopfer; den Familien thaten sie aber nichts zu Leide, außer daß sie ihnen befahlen, den Staat auf immer zu meiden. Man fand übrigens in den Kleidern der Bande hinreichende Beweise der Falschmünzerei, und so fürchterlich eine derartige Selbsthilfe, wie sie hier die Bürger ausgeübt, einem civilisirten Staate vorkommen mag, so muß man doch bedenken, daß die einzelnen Bewohner jener wilden Districte durch das Gesetz gegen solche wohlorganisirte Banden gar nicht geschützt werden konnten und ein Act der Selbsthilfe hier zu einem Act der Nothwendigkeit wurde.

In dieser Zeit herrschte große Bewegung innerhalb und außerhalb des Congresses in Bezug auf ein, im Laufe der außerordentlichen Sitzung angenommenes Bankerottgesetz. Benton warf, als einer der entschiedensten Gegner dieses Gesetzes, ihm nicht mit Unrecht vor: „es kehre die natürliche Ordnung der Dinge um, indem es den Gläubiger der Discretion des Schuldners unterwerfe." Der Antrag auf Verwerfung dieses Gesetzes wurde aber im Senat zu Washington mit 23 gegen 22 Stimmen, also mit einer einzigen Stimme verneint und es mußte demnach am 1. Februar ins Leben treten. Zur Verständigung über dieses Gesetz möge übrigens Folgendes dienen:

In den Vereinigten Staaten gab es bis dahin keine Bankerottgesetze, und Jedem, der mehr Schulden als Zahlungsmittel hatte, stand es frei, sein Vermögen an irgend einen oder mehrere seiner Gläubiger, die dann preferred creditors hießen, abzutreten; die übrigen mußten nehmen, was ihnen übrig blieb. Von einer sogenannten Masse war keine Rede. Dennoch gab es auch hierin ein gewisses point d'honneur, man machte nämlich alle Diejenigen, welche baares Geld geliehen oder ohne Nutzen einen Wechsel indossirt hatten, zu vorgezogenen Gläubigern; Waarengläubiger mußten mit dem Ueberreste vorlieb nehmen. Hatte man nun auf diese Weise über sein Vermögen verfügt, so daß Nichts übrig blieb, als die unentbehrlichsten Möbel, Handwerkszeug und fünf Dollars in baarem Gelde, so konnte man in die sogenannten courts of insolvent debtors gehen und dort eine discharge verlangen, welche die Person des Schuldners vom Personalarrest befreite. Die Gläubiger, welche auf diese Weise unbefriedigt abziehen mußten, blieben aber dessenungeachtet in ihrem vollen Rechte und konnten, so wie sie nur irgend eines Eigenthums des Schuldners habhaft wurden, sogleich auf dasselbe fahnden; erwischten sie ihn aber in einem anderen Staate, als dem, in welchem er Bankerott machte, so konnten sie ihn auch wohl einsperren lassen, weil jeder Staat nur innerhalb seines Bezirks den Schuldner vom Personalarrest freisprechen konnte.

Dieses Gesetz gab natürlich zu unendlichem Mißbrauch Veranlassung — denn Jedem stand es frei, das, was er noch an Vermögen besaß, seinen Freunden, Verwandten oder auch seiner eignen Frau zu übermachen, wodurch seine übrigen Gläubiger das leere Nachsehen bekamen.

Das neue Bankerottgesetz verbesserte aber diesen Zustand nicht, nein, es verschlimmerte ihn sogar noch, denn es war weiter nichts, als eine Generalabsolution von Seiten der Vereinigten Staaten. Statt daß sich der Schuldner, wie bisher, an den Gerichtshof desjenigen Staates wendete, in welchem er lebte, mußte er sich an die eigens zu diesem Zweck von der Regierung der Union zu ernennenden Gerichtshöfe wenden, die ihn dann, wenn er, wie im obigen Falle, Nichts hatte, durch die ganze Union freisprachen. Nur das Gute hatte es, daß das vorhandene oder auszumittelnde Vermögen wenigstens gleichmäßig unter die Gläubiger vertheilt werden mußte, und daß kein Bankerotteur, wenn er nicht wenigstens 75 Procent an seine Gläubiger bezahlte, Grundstücke kaufen, liegendes oder fahrendes Eigenthum besitzen oder Handel und Fabriken treiben konnte. Dies war wenigstens eine Veranlassung zur Rechtlichkeit.

Der eigentliche Hauptpunkt des Gesetzes lag aber in der gänzlichen Entlastung von jeder Verbindlichkeit. Ganz insolvente Personen konnten auch wohl früher auf gewisse Weise, aber nur unter kränkenden Bedingungen, entlastet werden, auch durften sie das Geschäft, das sie betrieben hatten, nicht wieder aufnehmen; hier dagegen stand es dem Gerichtshof, bei dem der Fallit seine Eingabe gemacht hatte, zu, demselben, wenn alle nöthigen Bedingungen erfüllt waren, ein Entlastungszeugniß auszustellen, das ihn nach einer gewissen Frist rechtlich gegen jede Art von künftigem Recurs sicherte und so die Vergangenheit förmlich hinter ihm abschloß.

Dadurch wurde aber dieses Gesetz Tausenden zu einer förmlichen Einladung, sich insolvent zu erklären; die Zeitungen waren täglich mit Anzeigen von Bankerotten angefüllt, und nicht Kaufleute allein, nein, Journalisten, Aerzte, „Gentlemen," wie sie aufgeführt standen, Handwerker, Arbeiter, kurz Jeder, der bis dahin glücklich genug gewesen war, seinen Credit bis auf 2000 Dollars erweitern zu können, und nicht zu viel Gewissen besaß, um eine solche nie wiederkehrende Gelegenheit zu benutzen, erklärte sich für zahlungsunfähig und vermehrte dadurch nur noch die Krisis, die durch den Bankerott unzähliger Handlungshäuser einen immer bedenklicheren Charakter annahm.

Einen anderen Stoß erhielten Handel und Verkehr durch das neue Veto Tyler's, die erste Tarifbill betreffend, welches auf diesen den Zorn und Haß der Whigs in, wenn das möglich war, noch verstärktem Grade lenkte, wogegen er bei dem Volk bedeutend an Popularität gewann und sich mehr und mehr der demokratischen Partei näherte.

Amerika schien zugleich einem Krieg mit England mit raschen Schritten entgegen zu gehen, denn der Norden befand sich in ungeheurer Aufregung wegen der Grenzfrage zwischen Maine und Canada, die zu ordnen Lord Ashburton von England herübergesandt war; der Süden fühlte sich zu gleicher Zeit durch die Freilassung meuterischer Neger, die in einem englischen Hafen Schutz gesucht und gefunden, auf das tiefste gekränkt und die Nation hatte bis jetzt vergebens von England verlangt, Amerika gegenüber das Durchsuchungsrecht, den Zankapfel so langer Jahre, aufzugeben.

Lord Ashburton's Anwesenheit sollte aber alle diese Streitfragen zu einem günstigen Ende führen; der zwischen ihm englischer und Webster amerikanischer Seits entworfene Vertrag zur Regulirung der nordwestlichen Grenze wurde, trotz einer Anfechtung von Seiten der Demokraten, durch den Senat zu Washington, und zwar in einer sogenannten exclussive session, am 20. Aug., mit einer Mehrheit von 39 gegen 9 Stimmen ratificirt und außerdem Bestimmungen zum Zweck der wirksamen Unterdrückung des Sklavenhandels an der amerikanischen Küste getroffen. Jede der beiden Mächte sollte demnach ein Geschwader unterhalten, das jedenfalls nicht weniger als achtzig Kanonen führte, und für sich stark genug wäre, die Instructionen seiner resp. Regierung zu vollziehen. Beide Geschwader sollten ganz unabhängig von einander gestellt, aber die beiden Offiziere angehalten sein, in Einklang und nach wechselseitiger Berathung zu verfahren.

Eben so günstig wirkte auf die inneren Verhältnisse Amerika's der neue Tarif, aus welchem Präsident Tyler vorher, höchst zweckmäßiger Weise, die „Ländervortheilsclausel“ hinausvotirt und nun erst den Tarif, als er ihm wieder vorgelegt wurde, unterzeichnet hatte. Für das Ausland mag, besonders für manche Staaten, das Schutzsystem Amerika's von nicht unbedeutendem Nachtheil gewesen sein, aber für die junge, in ihren inneren Verhältnissen zerrüttete Republik, für die erst entstandenen Fabriken, die sich noch nicht zu solcher Kraft hinaufgearbeitet hatten, die Concurrenz mit den alten Staaten aufnehmen zu können, erwies es sich sehr günstig. Nur auf den Handel der Seestädte brachte der Zoll eine nachtheilige Wirkung hervor, da er auf viele Producte so hoch gestellt war, daß er einem völligen Verbote gleich kam.

Der nächste Congreß, der, wie man hoffte, eine Aenderung darin herbeiführen sollte, wurde am 5. December eröffnet, und des Präsidenten Botschaft berührte drei Hauptpunkte: einen abermaligen Schatzkammerplan, eine Modification des Tarifs und die Errichtung von Waarenhäusern zur Lagerung von eingeführten Gütern (the warehousing system). Im Haus der Repräsentanten ging am 20. Januar 1843 die Bill zur Abschaffung des bisherigen Bankerottgesetzes mit 140 gegen 71 Stimmen definitiv durch. Auch im Senat wurde dasselbe widerrufen und der Widerruf vom Präsidenten unterzeichnet. War aber das Gesetz selber schon eine schreiende Ungerechtigkeit, so ist die Aufhebung desselben fast noch weniger zu rechtfertigen, und doch blieb nichts anderes übrig, um den schlimmen

Folgen desselben endlich ein Ziel zu stecken. Durch das Gesetz wurden nämlich Die, welche sich bankerott erklärten, wenigstens daran verhindert, wieder aufs Neue zu beginnen, und somit Mancher von einem zu leichtsinnigen Fallissement abgehalten; jetzt aber hob die Zurücknahme des Gesetzes auch diese Clausel für die Zukunft auf — der Theil, welcher den Schuldner gegen seine Gläubiger in Schutz nahm, hatte seine Wirkung erfüllt, und jetzt, wo sich nun die Wirkung zu Gunsten des Gläubigers ändern konnte, wurde das Gesetz wieder aufgehoben und damit die Unzahl der Bankerotteurs, die sich auf mehr als 40,000 belief, auf die einfachste Weise und ohne weitere künftige Verbindlichkeit, von allen ihren Schulden förmlich losgesprochen.

Mit England schien übrigens ein anderer Streitpunkt aufzutauchen, und zwar die Frage über das ungeheure Oregongebiet am stillen Meere. Bei der Mainegrenze handelte es sich eigentlich um keinen bedeutenden Vortheil für das eine oder das andere Land, es war mehr eine Principfrage — ein Gegenstand, bei welchem sich England sowohl, wie Amerika etwas von seinen Rechten zu vergeben glaubte, wenn es die Bedingungen des anderen Landes so ohne Weiteres annähme; hier aber betraf es einen gewaltigen, fruchtbaren Landstrich, der in späteren Zeiten die Verbindung der Vereinigten Staaten mit China und dem indischen Archipel vermitteln konnte, und so kam nicht allein die Eifersucht, es kam auch der materielle Vortheil der beiden Länder mit ins Spiel und drohte das kaum hergestellte gute Vernehmen aufs Neue zu stören.

Amerika war übrigens hier fest entschlossen, nicht zu weichen, und eine dem Senat vorgelegte Bill, welche die Besiedelung des fernen Küstenstriches bezweckte, wurde im Senat am 3. Februar 1843 mit 24 gegen 22 Stimmen angenommen.

Den Hauptbestimmungen derselben nach soll jeder weiße männliche Einwanderer aus den Vereinigten Staaten 640 Acker Land erhalten, die er sich aber anheischig machen mußte, fünf Jahre hintereinander zu bebauen. Außerdem erhält die Frau eines solchen Colonisten 160 Acker und der Vater eines jeden Kindes unter 18 Jahren für dieses noch weitere 160 Acker. Für die Bewirkung der Besitznahme werden dem Präsidenten 100,000 Dollars aus der Staatskasse angewiesen. Zu gleicher Zeit soll, um die Passage in dem Gebiete so viel als möglich zu sichern, eine Reihe von Militärposten und Blockhäusern, von einigen Punkten der Staaten Missouri und Arkansas aus, durch den besten, ins Oregonthal führenden Paß und bis an die Mündung des Columbiaflusses aufgestellt und errichtet werden.

Ende Februar 1843 erließ Präsident Tyler auch ein Manifest gegen die Erklärung Sir Robert Peel's, der im englischen Hause der Gemeinen geäußert hatte, daß durch den Ashburton'schen Vertrag England nur das Durchsuchungsrecht, nicht das Besuchsrecht aufgegeben habe, so daß also britische Kreuzer das Recht hätten, Schiffe unter amerikanischer Flagge anzuhalten und zu untersuchen, ob sie diese Flagge mit Recht führten. Der Präsident erkannte dieses Recht blos da an, wo Verdacht des Seeraubs vorhanden sei; sonst aber sei keine Nation in Friedenszeiten berechtigt, Schiffe einer anderen Nation auf hoher See, außerhalb der Grenzen ihrer Territorialgerichtsbarkeit, unter irgend einem Vorwand anzuhalten.

„Ich betrachte," erklärt der Präsident, „den Artikel 8 des Vertrags als jeden möglichen Beweggrund ausschließend, unsere Fahrzeuge an der afrikanischen Küste unter dem Vorwand bloßer Nothwendigkeit und angeblichen Mißbrauchs unserer Flagge durch fremde Sklavenhändler anzuhalten. Wir haben die Sorge über uns genommen, solche Mißbräuche zu verhindern, indem wir uns verpflichten, eine bewaffnete Macht zu stellen, wie sie beide Theile als zur Erreichung des Zwecks genügend betrachten. Unsere Regierung hat den Willen und die Macht, diesen Zweck zu erreichen; im Nothfall wird sie sich nicht mit einer Flotille von achtzig Kanonen begnügen, sondern eher, als daß sie einer fremden Regierung es überließe, ihre Gesetze zu vollziehen und ihre Verbindlichkeiten für sie zu erfüllen, deren dringendste der Schutz ihrer Flagge gegen Mißbräuche sowohl, als gegen Beleidigungen ist, würde sie ihre ganze Seemacht aufbieten."

Im März wurde dieser Congreß geschlossen, ohne übrigens die gehoffte Aenderung des Tarifsatzes herbeigeführt, oder überhaupt etwas Wesentliches für das Volk gethan zu haben. Nichtsdestoweniger gingen die Geschäfte, wenn auch langsam, doch sicher fort, und auch die Banken erholten sich nach und nach von der Krisis, die ihnen

Verderben gedroht; die Manufacturen und Fabriken blühten auf, der Ackerbau stieg durch den billigen Länderkauf zu einer am Ende des vorigen Jahres kaum gehofften Höhe.

Ein eignes Unglück trug sich am 28. Februar 1844 auf dem Dampfschiff „Princeton" zu, wo mit einem Schlage der Präsident wie das ganze amerikanische Cabinet hätten vernichtet werden können. Capitän Stockton, der Befehlshaber des prachtvollen Dampfschiffes „Princeton," hatte nämlich eine sehr bedeutende Gesellschaft von Herren und Damen, und darunter den Präsidenten Tyler mit Familie, wie die Cabinetsminister und die auswärtigen Gesandten, desgleichen eine Anzahl von Mitgliedern des Senats und des Repräsentantenhauses zu einer Spazierfahrt auf seinem Boot eingeladen. Eine Riesenkanone, die eine 230 Pfund schwere Kugel schoß, wurde unterwegs mehrere Mal abgefeuert, sprang aber zuletzt, als sich der größte Theil der Passagiere schon wieder in die Cajüte zurückgezogen hatte, tödtete A. P. Upshur, den Minister des Auswärtigen, Gilmer, den Marineminister, und mehrere der anderen Herren augenblicklich und verwundete eine große Anzahl der Uebrigen — unter ihnen auch den Capitän.

Später wurde Calhoun das Ministerium des Auswärtigen und J. Warrington das Ministerium der Marine an der Stelle der Verunglückten übertragen.

Ende Januars 1844 belief sich die Einwohnerzahl der Vereinigten Staaten auf 18,980,650 Seelen, worunter nicht weniger als 4,886,632 Deutsche.

Am 1. März bestätigte der Senat den Beschluß des Repräsentantenhauses, wodurch die bisherigen Territorien Jowa und Florida als Staaten in die Union aufgenommen wurden. Negersklaverei ist, nach dem früher gegebenen Gesetz, das dieselbe nur bis zu einem gewissen Breitengrad der Union gestattet, in Jowa nicht, in Florida jedoch, wie bisher, erlaubt.

Ernste Aufstände fanden im Frühjahr 1844 in Philadelphia statt. Sie entstanden aus der Eifersucht eingeborner amerikanischer Protestanten gegen die fremde römisch-katholische Bevölkerung, welche die Controlle über die Volksschulen an sich zu reißen trachtete und die bestehenden Schulgesetze zu Gunsten des Gebrauchs der Bibel in den Schulen zu verändern strebten. Dreißig Wohnhäuser, ein Bethaus und drei Kirchen wurden niedergebrannt. Vierzehn Personen wurden getödtet und vierzig verwundet. Erst am dritten Tage und nachdem das Militär mit Kanonen in den Straßen aufgestellt worden war, wurde die Ordnung wieder hergestellt. Aber schon am 7. Juni erneuerten sich diese bedauerlichen Scenen. Der Gouverneur ließ 5000 Mann Land-Miliz in die Stadt einrücken, welche indeß nicht verhindern konnten, daß auch diesmal fünfzig Personen entweder getödtet oder verwundet wurden.

Rhode-Island war im Jahre vorher (1843) der Schauplatz eines Versuches gewesen, die bestehende Regierung umzustoßen. Die „Wahlpartei," durch welche der Versuch gemacht wurde, betrachtete allerdings die Sache aus einem ganz anderen Gesichtspunkte. Sie machte durch eine ungesetzliche Versammlung eine Constitution für den Staat, und erwählte einen Gouverneur — Dorr — und Mitglieder für die Legislatur. Ihre Gegner, die „Gesetz- und Ordnungs-Partei" genannt, handelten im Einverständniß mit den bestehenden Autoritäten, erwählten Staatsbeamte und machten King zum Gouverneur. Am 18. Mai 1843 setzte sich Dorr mit einer bewaffneten Menge in Besitz des Staats-Arsenals. Gouverneur King erschien indeß an der Spitze einer Militärmacht, und Dorr entfloh, nachdem verschiedene Personen arretirt worden waren. Dorr erschien aber einige Zeit darauf mit 200—300 Mann wieder zu Chepachet, welche sich beim Heranrücken einer überlegenen Regierungsmacht zerstreuten. Dorr kehrte später nochmals zurück, wurde aber gefangen und vor Gericht gestellt, des Hochverraths überführt und ins Staatsgefängniß gesperrt, aus dem er 1845 entlassen wurde.

Eine beunruhigende anarchische Störung entstand durch die Antirenters im Staate New York. Unter der holländischen Regierung hatten einige Ansiedler bedeutende Strecken Landes empfangen, unter denen das von Van Rensselaer, bestehend aus den größeren Theilen der Albany und Rensselaer Counties, das bedeutendste war. Dieses Land war in kleine Farmen eingetheilt, und für geringen Pacht, der in einer gewissen Quantität Korn, Hühnern &c. zu bezahlen war, an Farmer und deren Nachkommen für immer gegeben worden. Im Laufe der Zeit begannen die Pächter diese Bedingungen als unrepublikanisch und als den Ueberrest einer feudalen Tyrannei zu betrachten. Im Sommer 1844 brachen die Feindseligkeiten mit großer Heftigkeit im Renſſelaer und Columbia County aus. Weit verzweigte Verbindungen wurden von den Antirenters gebildet, um dem Gesetz Widerstand zu leisten. In Indianer verkleidete, bewaffnete und berittene Banden durchzogen das Land, und zwangen die Reisenden, die ihnen in die Hände fielen, unter Androhung von Thätlichkeiten „Nieder mit dem Rent" zu rufen. Sie erbrachen Häuser, entführten friedliche Männer, theerten und federten sie. Mehrere Personen wurden getödtet, unter anderen auch der Deputy-Sheriff Steele. Unterdessen wurde Silas Wright zum Gouverneur des Staates erwählt, durch dessen kluge Maßregeln die öffentliche Ruhe wieder hergestellt wurde. Er proklamirte am 27. August 1844 im Delaware County das Aufruhrgesetz, machte muthige Männer zu Sheriffs und gab ihnen hinreichende militärische Hülfe. Die Hauptführer der Antirenters wurden gefangen, gerichtet und eingesperrt, die Mörder Steele's zum Tode verurtheilt, das Urtheil aber in ewige Gefangenschaft umgeändert.

Eine der außerordentlichsten Betrügereien des Jahrhunderts ist der sogenannte Mormonismus. Sein Stifter Joseph Smith war ein unbekannter, ungebildeter Mensch aus den Neu-Englandstaaten. Unter der Vorgebung einer besonderen Offenbarung verfertigte er wie Mahomed die Stereotypplatten des Buches der Mormonen, und überredete Viele, daß er der von Gott inspirirte Erfinder einer neuen Religion sei, welche seinen Bekennern dasselbe Uebergewicht über alle anderen Völker geben würde, das die Juden über die Heiden besessen hätten. Seine Gesetze sind jetzt noch nicht völlig bekannt, aber es ist außer Zweifel, daß sie viele Verbrechen zulassen. Es fanden sich indeß eine Anzahl Personen beiderlei Geschlechts, die sich von diesem Betrüger täuschen ließen und ihr Eigenthum zum allgemeinen Fond hergaben. Bei ihrer Ankunft in Missouri — 1838 — zählten sie 5000 Personen, unter denen sich 700 bewaffnete Männer befanden. Man beschuldigte sie bald verschiedener Verbrechen, unter anderen eines Mordversuchs gegen Gouverneur Boggs, und sie wurden deshalb durch eine Militärmacht unter General Atkinson vertrieben. Sie kauften jetzt eine große Strecke Landes in Illinois, an dem östlichen Ufer des Mississippi, und bauten dort auf einem schönen Hügel „Nauvoo", mit einem prächtigen Tempel in Mitte ihrer Wohnhäuser. Todtschläge und Räubereien sollen in ihrer Nachbarschaft häufig vorgekommen sein, die ihnen die sie umgebende Bevölkerung feindlich gesinnt machten. Der Prophet Joseph Smith und sein Bruder wurden vom Gouverneur Ford in Haft genommen und ins Gefängniß zu Karthago gesetzt. Ungefähr 100 verkleidete Männer erbrachen das Gefängniß und ermordeten sie am 7. Juli 1844. Im Jahre 1845 gestaltete sich die Stimmung ihrer Nachbarn so feindlich, daß sie ihre Besitzung in Illinois verkauften und ihre Stadt, welche nicht weniger als 10,000 Einwohner enthielt, verließen und sich nach den Regionen der Felsengebirge wendeten. Die Mormonen befinden sich jetzt in dem großen Thale Ober-Californiens am Salzsee.

Von besonderer Wichtigkeit war aber jetzt die Texas-Bill, den Anschluß an die Union betreffend, wie sie dem Senate vom Hause der Repräsentanten vorgelegt, bestätigt und vom scheidenden Präsidenten Tyler unterzeichnet wurde. Die Bill lautete folgendermaßen:

Art. 1. Das in der Republik Texas befaßte und von Rechtswegen dazu gehörige Gebiet darf zu einem neuen Staat errichtet werden, unter dem Namen „Staat Texas," mit republikanischer Regierungsform, wie sie das durch Deputirte im Convent versammelte Volk besagter Republik unter Beistimmung der bestehenden Regierung annehmen mag, damit dieselbe als eine der Staaten der Union aufgenommen werde.

Art. 2. Und wird weiter beschlossen, daß vorstehende Zustimmung des Congresses ertheilt werde unter folgenden Bedingungen und Bürgschaften, als:

a) Bei der Bildung besagten Staats sind alle Grenzfragen, die sich, anderen Staaten gegenüber, ergeben mögen, den Anordnungen der Regierung zu Washington zu unterstellen, und die Verfassung von Texas, sammt der gehörigen Bescheinigung ihrer Annahme durch das texanische Volk, soll an den Präsidenten der Vereinigten Staaten übermacht werden, der sie dem Congreß zur definitiven Feststellung bis spätestens 1. Januar 1846 vorlegen wird.

James K. Polk.

(Seite 303.)

b) Bestimmt die einzelnen verfassungsmäßigen Bedingungen der Aufnahme.

c) Gestattet, daß später aus Texas selber und mit dessen Bewilligung gebildete neue Staaten, wenn sie dem darüber durch die Constitution erlassenen Gesetz genügen, aufgenommen werden, und es von ihrer eignen Bestimmung abhängen soll, ob sie Sklaverei oder keine Sklaverei haben sollen.

Art. 3. Ermächtigt den Präsidenten, vorläufig die Aufnahme des Staates in die Union zu bewerkstelligen, und weist, zur Bestreitung der Kosten für Missionen und Unterhandlungen, 100,000 Dollars an.

Zum nächsten Präsidenten der Vereinigten Staaten war, nach gewaltigem Wahlkampf, der Candidat der Demokraten, James K. Polk, ernannt worden, und derselbe erließ am 4. März 1845 seine Antrittsbotschaft, in welcher er sich nicht allein entschieden günstig für den Anschluß von Texas, sondern auch für die Besetzung des Oregongebietes erklärte. In Bezug auf den Tarif sprach er sich dahin aus, daß ihm die Staatsrevenüen als erste, der Zollschutz für einzelne Interessen aber nur als secundäre Rücksicht gelten würde.

Der mexikanische Gesandte erließ hierauf am 8. März einen energischen Protest gegen die Einverleibung von Texas, erklärte seine politischen Functionen für beendigt und verlangte seine Pässe. Auch die mexikanische Regierung richtete am 28. März eine diplomatische Note an Shannon, den amerikanischen Gesandten in Mexiko, worin sie sagt:

„Nichts ist mehr zu beklagen, als daß freie und republikanische Nationen, nahe Nachbarn und würdig einer brüderlichen Einigkeit, gegründet auf wechselseitige Interessen und auf gemeinsame Beobachtung eines edlen und redlichen Verfahrens, nun ihre Verbindung wegen eines Ereignisses abbrechen, das Mexiko abzuwenden bestrebt war, das aber die Vereinigten Staaten vollendet haben, und das eben so beleidigend gegen jenes, als des guten Rufs der Union unwürdig ist. Der Unterzeichnete erneuert gegen Se. Excellenz W. Shannon Esq. die ihm früher zugesandte Verwahrung gegen jene Einverleibung, hinzufügend, daß die mexikanische Regierung sich ihr mit aller der Kraft widersetzen wird, die ihrer Ehre und Souverainetät zukommt, und daß seine Regierung aufrichtig wünscht, die der Vereinigten Staaten möchte die Erwägung der Ehre und Gerechtigkeit mehr berücksichtigen, als die einer Gebietsvergrößerung auf Kosten einer befreundeten Republik, welche, inmitten ihrer Mißgeschicke, sich einen unbefleckten und guten Namen zu erhalten und dadurch den Rang zu verdienen wünscht, der ihr vom Geschick bestimmt ist. Unterzeichneter versichert übrigens Se. Excellenz seiner vollkommnen Hochachtung u. s. w. Luis G. Cuevas."

Die beigelegte Protestation, die derselbe Minister den Gesandten Englands, Frankreichs und Spaniens zufertigte, spricht sich über die Ungerechtigkeit des Verfahrens der Vereinigten Staaten aus, welche in der Geschichte civilisirter Staaten ohne Beispiel dastehe, und schließt mit den Worten:

„Mexiko wird seine Macht und seine Hilfsmittel aufbieten, um den Anschluß von Texas an die nordamerikanische Union zu verhindern, und auf unser gutes Recht vertrauend, hoffen wir, was auch daraus entstehen möge, unsere Ehre zu wahren, welche wir in dieser ernsten Frage um jeden Preis vertheidigen müssen."

Die ganze damalige Kriegsmarine der Vereinigten Staaten bestand aus folgenden Schiffen:

11 Linienschiffe: Pennsylvania, 120 Kanonen; Ohio, 80; North Carolina, 80; Delaware, 80; Alabama, 80; Vermont, 80; Virginia, 80; New York, 80; Franklin, 74; Washington, 74; Columbus, 74. — Ferner 17 Fregatten: Independence, 54; United States, 44; Constitution, 44; Potomac, 44; Brandywine, 44; Jowa, 44; Hudson 44; Santee, 44; Cumberland, 44; Columbia, 44; St. Lawrence, 44; Sabine, 44; Guerriere, 44; Savannah, 44; Raritan, 44; Constellation, 36; Macedonian, 36. Ferner 34 Corvetten, Brigs oder Schooner von 30 bis zu 6 Kanonen herab; dann 4 Dampfboote: Princeton und Mississippi, von je 500 Pferdekraft, mit 10 und 12 großen Kanonen; Fulton, von 220facher, Poinset, von 120facher Pferdekraft. Von den genannten Linienschiffen waren aber damals noch die Alabama, Vermont, Virginia und New York, und eben so 6 Fregatten erst im Bau begriffen, so daß im Fall eines

Krieges nur 7 Linienschiffe und 11 Fregatten augenblicklich zur Verfügung standen.

Im Jahre 1846 wurde Wisconsin als dreißigster Staat in die Union aufgenommen.

Die Regierung schloß auch einen Vertrag mit den Winnebagoes Indianern, kraft dessen dieser Stamm alles jetzt von ihm bewohnte Land — gegen 1½ Millionen Morgen — und dazu weitere 2 bis 3 Millionen Acker, auf welche er bis jetzt das Jagdrecht ansprach, abtrat. Durch diesen und einen im Frühjahr mit den Pottawatomies geschlossenen Vertrag sind alle Rechtstitel der Indianer auf Ländereien in dem neuen Staat Iowa erloschen. Die Indianer hatten das Gebiet binnen Jahresfrist zu räumen, um westwärts vom Mississippi die ihnen angewiesene neue Heimath zu beziehen. Von der stipulirten Kaufsumme wird vertragsmäßig ein sehr beträchtlicher Theil, unter Oberaufsicht des Präsidenten, auf den Unterricht der Indianer in den Künsten des civilisirten Lebens verwendet; ein anderer beträchtlicher Theil der Summe bleibt aber 30 Jahre lang, mit fünf Procent, in den Händen der Regierung und wird für die Winnebagoes als Sparpfennig verwaltet.

Wir kommen nun zu dem Zeitpunkt, wo die Feindseligkeiten mit Mexiko einen immer ernsteren Charakter annahmen, und schon ein Heer an den Rio Grande gesandt wurde, um den Forderungen Amerika's Nachdruck geben und im schlimmsten Fall den Krieg beginnen zu können.

Die Vereinigten Staaten hatten, wie erwähnt, die Aufnahme von Texas in den Bund der Union angenommen, und dadurch eigentlich nur den zweiten Schritt nach der schon früher erfolgten Anerkennung der Republik Texas gethan. Nicht aber daher allein rührte die Feindseligkeit zwischen den beiden Schwesterrepubliken, sondern sie kam dadurch nur zum schon lange gedrohten Ausbruch.

Es läßt sich wohl kaum verkennen, daß Amerika, und besonders der südliche Theil der Union, aus allen Kräften dahin wirkte, den Anschluß an Texas herbeizuführen, da er auf diese Weise namentlich gegen die nördlichen Staaten gekräftigt wurde und mit Texas und Californien eher das Gleichgewicht halten konnte, wenn die nicht sklavenhaltenden Staaten Oregon erst besiedelt oder gar — ein in

Amerika keineswegs für unmöglich gehaltener Fall — Canada mit in ihre Verbindung gezogen hätten. Zugleich hielt Amerika, und mit Recht, sein Augenmerk auf den stillen Ocean gerichtet; die Regierung sandte eine Flotte, unter Commodore Sloat, und eine Landexpedition, unter dem Obersten Kearny und dem Capitän Fremont, mit Dragonern dorthin, die weiten, fast noch unbekannten Landstrecken Oregons und Obercaliforniens zu erforschen und vielleicht auch durch solchen Zug die Gesinnung der dortigen Bewohner kennen zu lernen.

Daß der Besitz des stillen Meeres für die Vereinigten Staaten von ungeheurer Wichtigkeit sein mußte, läßt sich nicht verkennen. Der Handel mit China, Japan, Australien, den Südseeinseln und dem indischen Archipel konnte nur von hier aus mit Erfolg gesichert werden, und die Engländer thaten schon ihr Möglichstes, diejenigen Besitzungen zu erwerben, wo sie dem amerikanischen Handel in späterer Zeit am empfindlichsten geschadet haben würden. Allerdings hatte sich die Union durch den abgeschlossenen Oregonvertrag, welcher ihr wohl den Columbia-Strom sicherte, aber ihre Grenzen nach Norden zu sehr beschränkte, einen sehr günstig gelegenen Küstenstrich gesichert; wer aber stand ihr dafür, daß die unmächtige, fortwährenden Spaltungen unterworfene mexikanische Regierung nicht über kurz oder lang mit England in Feindseligkeit gerieth und dadurch diesem die sicher augenblicklich benutzte Gelegenheit geboten hätte, Californien zu besetzen, oder dieses gar durch irgend einen Vertrag sich abtreten zu lassen? Dann wären sie an den Ufern der Südsee von den Engländern förmlich eingeschlossen, überwacht und beschränkt gewesen, und einem solchen Falle glaubte die Regierung der Union schon „aus Pflicht gegen die Bürger ihrer Staaten" vorbeugen zu müssen, welche dadurch in ihrem Rechte geschmälert würden.

England kann auch darin Amerika nicht den geringsten Vorwurf machen, denn das ist gerade das Princip, welches es selber seit langen Zeiten schon verfolgt und wodurch es fast in allen Welttheilen sich nach und nach in Besitze und Eigenthumsrechte hineingedrängt hat. Im Anfang waren es immer nur einzelne, anscheinend oder wirklich ganz aus eigenem Antriebe ausgewanderte Individuen, die sich an irgend einem gutgelegenen Küstenpunkte, Hafenplatz oder an der

Mündung eines Flusses niederließen; diesen folgten mehrere, eine Ansiedelung entstand und England sah sich plötzlich — manchmal sogar gegen frühere Verträge, wie z. B. auf Borneo — genöthigt, einen englischen Regierungssitz dort anzulegen, natürlich nur deshalb, um seine Unterthanen gegen Eingriffe der „Nachbarn" zu schützen. Einer Niederlassung schlossen sich dann mehrere an, und die Fremden sprachen plötzlich von Rechten, wo sie vor kurzer Zeit nur erst Schutz beansprucht hatten.

Ob ein solches Verfahren gebilligt werden kann, will ich dahingestellt sein lassen; jedenfalls fußt es auf dem Rechte des Stärkeren und dieses ist ja von jeher mit dem Rechte der Entdecker fest und innig verwebt gewesen.

Vorher aber, ehe Amerika, sei es aus welchen Gründen immer, Obercalifornien nach und nach besiedelte, ja halb und halb schon in Beschlag genommen, hatte es Ansprüche auf mexikanische Entschädigungen gehabt, welche besser gegründet waren, als seine Ansprüche auf mexikanische Territorien.

Viele Jahre schon vor dem Beginne des mexikanischen Krieges hatten mehrere unglückliche Ursachen eine wirkliche und vollständige Freundschaft zwischen Mexiko und den Vereinigten Staaten verhindert. Die mehrfachen Revolutionen, welche die südliche Republik seit ihrem Entstehen zerrissen hatten, wie die Thatsache, daß die Ansichten und die Politik jedes der wechselnden Regierenden beinahe stets mit den Ansichten und der Politik seines Vorgängers im vollkommensten Widerspruche stand, machen es für ein Nachbarreich, welches sich in seinen Grundsätzen treu blieb, unmöglich, eine stete und sichere Freundschaft einzuhalten. Der Krieg mit Spanien hatte dabei den mexikanischen Staatsschatz erschöpft, und es wurde nöthig, diesen durch außerordentliche Mittel wieder zu füllen. Die rasch nach einander ans Ruder stürmenden Präsidenten verstanden ebenfalls wenig vom Völkerrecht, oder kehrten sich, wenn sie es wirklich verstanden, noch viel weniger daran. Wo sich ihnen daher die Gelegenheit bot, benutzten sie dieselbe, Geld durch Confiscation von Eigenthum oder durch sonstige Preßmittel zu erhalten, und dehnten diese Gewaltmaßregeln endlich auch auf solche Fremde und Fahrzeuge aus, die nicht unter ihrer Botmäßigkeit standen.

Die Schiffe der Vereinigten Staaten, welche bei ihrer Lage und Nachbarschaft sehr natürlich mit dem mexikanischen Handel am meisten beschäftigt waren, sahen sich solchen Bedrückungen immer mehr und mehr ausgesetzt, während die Regierung selber umsonst Entschädigung und Schutz für erlittene und zukünftige Unbill verlangte. Doch hierüber führe ich besser die sich hierauf beziehende Stelle aus der Botschaft des Präsidenten Polk an, welcher sich, zur Motivirung des damals schon begonnenen Krieges, über die einzelnen Ursachen aussprach, die den ersten und wichtigsten Anlaß dazu gegeben hatten.

„Der gegenwärtige Krieg,“ sagt er darin, „ward von den Vereinigten Staaten weder gewünscht, noch hervorgerufen; im Gegentheil wurden alle ehrenhaften Mittel angewandt, um ihn zu vermeiden. Nachdem wir unsererseits Jahre lang gesteigerte und nicht wieder gutgemachte Beleidigungen erduldet, hat Mexiko, mit Verletzung heiliger Verträge und jedes, von den civilisirten Völkern anerkannten Grundsatzes der Gerechtigkeit, die Feindseligkeiten begonnen und durch sein eigenes Handeln uns zum Kriege gezwungen. Lange vor dem Vorrücken unseres Heeres an das linke Ufer des Rio Grande hatten wir hinlänglichen Grund zum Kriege mit Mexiko, und wären die Vereinigten Staaten schon früher zum Aeußersten geschritten, so würden sie für die Gerechtigkeit ihrer Sache an die ganze civilisirte Welt haben appelliren können.“

„Ich halte es für meine Pflicht, Ihnen bei der jetzigen Gelegenheit eine gedrängte Uebersicht der Beleidigungen, welche wir erlitten haben, der Ursachen, welche zum Kriege führten, und der Fortschritte, welche derselbe seit seinem Beginnen gemacht, vorzulegen. Dies ist auch besonders der Mißverständnisse wegen um so nothwendiger, welche in gewissem Maße über seinen Ursprung und wahren Charakter obgewaltet haben. Der Krieg ist dargestellt worden als ungerecht und unnöthig, und als sei er unsererseits ein Angriff auf einen schwachen und beleidigten Feind. Solche irrige Ansichten, obgleich nur Wenige sie hegten, sind weit und breit in Umlauf gesetzt, nicht nur hier im Lande, sondern auch in Mexiko und in der ganzen Welt, und man hätte kein wirksameres Mittel finden können, um den Feind zu ermuthigen und den Krieg in die Länge zu ziehen.“

„Die Nation kann stolz darauf sein und sich freuen, daß die große

Masse unseres Volkes der Regierung bei der erfolgreichen Fortführung des Krieges keine solche Hindernisse in den Weg legte, sondern sich höchst patriotisch und bereit erwies, ihres Vaterlandes Ehre und Interesse mit jedem Opfer zu vertheidigen. Die Freudigkeit und Schnelle, mit welcher unsere Freiwilligen auf des Vaterlandes Ruf ins Feld eilten, beweist nicht nur ihren Patriotismus, sondern auch ihre feste Ueberzeugung, daß unsere Sache gerecht sei."

„Das Unrecht, welches wir von Mexiko fast so lange, als es eine unabhängige Macht war, erfuhren, und die Geduld, mit der wir es ertrugen, ist ohne Beispiel in der Geschichte der civilisirten Völker. Es ist freilich Grund, anzunehmen, daß durch die Bestrafung und Abwehr des ersten Unrechts der gegenwärtige Krieg hätte vermieden werden können, aber die Ungestraftheit einer Beleidigung ermuthigt fast nothwendig zur anderen, bis Mexiko zuletzt unsere Nachsicht einer Schwäche und Unentschlossenheit zuzuschreiben schien, während sie nur aus unserer Großmuth und dem aufrichtigen Wunsch, die freundschaftlichen Beziehungen mit einer Schwesterrepublik zu erhalten, hervorging."

„Kaum hatte Mexiko seine Unabhängigkeit erlangt, welche die Vereinigten Staaten von allen Völkern zuerst anerkannten, so begann es das System der Beleidigung und Beraubung, welches es seitdem immer fortgesetzt hat. Unsere in gesetzmäßigem Handel begriffenen Bürger wurden eingekerkert, ihre Schiffe in Beschlag genommen und unsere Flagge in den mexikanischen Häfen insultirt. Brauchte man Geld, so war die Beschlagnahme unserer Kauffahrteischiffe und ihrer Frachten eine gelegene Hilfsquelle, und mußte man dazu ihre Eigenthümer, Capitäne und Mannschaften einkerkern, so geschah es. Rasch wechselten in Mexiko die Herrscher; aber das Raubsystem blieb. Auf die Beschwerden der Vereinigten-Staaten-Regierung antwortete man mit neuen Gewaltthaten; die feierlichsten Versprechungen der Abhilfe wurden von Mexiko verschoben oder umgangen. Die Archive des Staatsdepartements enthalten sprechende Beweise zahlreicher Ungesetzlichkeiten, welche von Mexiko gegen Eigenthum und Personen unserer Bürger verübt wurden, und von muthwilligen Beleidigungen unserer Flagge. Das Einschreiten unserer Regierung, um Genugthuung zu erhalten wurde einmal über das andere angesprochen unter Umständen, welche keine Nation mißachten darf."

„Nach dem am 5. April 1831 zwischen beiden Republiken abgeschlossenen Freundschafts-, Handels- und Schifffahrtsvertrag durfte man hoffen, daß die Verletzungen aufhören würden und daß Mexiko durch die Gesetze, welche das Betragen civilisirter Nationen in ihrem Verkehre mit einander reguliren, in Schranken gehalten werden würde; aber diese Hoffnung erwieß sich bald als eitel. Das vor jener Zeit stattgefundene Verfahren Mexiko's, das Eigenthum unserer Bürger in Beschlag zu nehmen und zu confisciren, ihre Personen zu verletzen und unsere Flagge zu beleidigen, wurde kaum eine kurze Weile aufgegeben, obgleich der Tractat die Rechte und Pflichten der respectiven Parteien so klar definirt, daß es unmöglich ist, sie mißzuverstehen oder sich darin zu irren. In weniger als sieben Jahren nach Abschluß jenes Vertrages waren die erlittenen Kränkungen so unerträglich geworden, daß sie nach des Präsidenten Jackson's Ansicht nicht mehr geduldet werden konnten. In seiner Botschaft vom Februar 1837 legte er sie der Beachtung des Congresses vor und erklärte, daß „„die Länge der Zeit, seitdem einige dieser Beleidigungen begangen, die wiederholten und erfolglosen Beschwerden, der muthwillige Charakter vieler dieser Gewaltthätigkeiten gegen das Eigenthum und die Personen unserer Bürger, gegen die Beamten und die Flagge der Vereinigten Staaten, unabhängig von den neuen Beleidigungen der Regierung und des Volkes durch den außerordentlichen mexikanischen Gesandten, in den Augen aller Völker einen unmittelbaren Krieg rechtfertigen würden."" Im Geiste der Güte und Nachsicht empfahl er indeß Repressalien als mildere Form der Genugthuung. Er erklärte, daß der Krieg, „„wenn derselbe mit Ehre vermieden werden könnte, von einer gerechten, edelmüthigen Nation, welche auf ihre Stärke vertraue, wegen geschehener Beleidigungen nicht als Hilfsmittel gebraucht werden sollte,"" und er fügt hinzu: „„bei Betrachtung der gegenwärtigen verwickelten Lage jenes Landes ist mir der Gedanke aufgestiegen, daß wir sowohl mit Weisheit als mit Mäßigung handeln würden, wenn wir Mexiko noch einmal Gelegenheit gäben, das Vergangene zu sühnen, ehe wir uns selbst zu unserem Rechte verhelfen. Sowohl um jede irrige Meinung von

Seiten Mexiko's zu vermeiden, als auch um unseren eigenen nationalen Charakter vor Tadel zu schützen, sollte diese Gelegenheit mit der erklärten Absicht und vollständiger Vorbereitung geboten werden, um alsbald Genugthuung zu nehmen, wenn dieselbe nicht auf die wiederholte Aufforderung gegeben wird. Zu diesem Ende empfehle ich, daß eine Acte erlassen werde, welche zu Repressalien autorisirt und der vollziehenden Gewalt die Kriegsmarine der Vereinigten Staaten gegen Mexiko zur Verfügung stellt, um sie in Ausführung zu bringen, im Fall die mexikanische Regierung nach nochmaliger vom Bord eines unserer Kriegsschiffe an der mexikanischen Küste erlassener Aufforderung sich weigert, die streitigen Angelegenheiten mit uns freundschaftlich zu ordnen.""

„Die Comite's beider Häuser des Congresses, denen diese Botschaft des Präsidenten überwiesen wurde, stimmten seiner Meinung hinsichtlich des von Mexiko erlittenen Unrechts vollkommen bei und empfahlen, daß eine nochmalige Aufforderung zur Abhilfe der Beschwerden geschehe, ehe man zu Krieg oder Repressalien autorisire. Das Comite des Senats für die auswärtigen Angelegenheiten sagt in seinem Berichte: „„Sollte nach solcher Aufforderung die mexikanische Regierung schnelle Gerechtigkeit verweigern, so können wir an alle Nationen nicht nur wegen der Billigkeit und Mäßigung, mit welcher wir gegen eine Schwesterrepublik handelten, sondern auch wegen der Nothwendigkeit, welche uns zwang, Abhilfe wegen des erlittenen Unrechts entweder durch wirklichen Krieg oder durch Repressalien zu suchen, appelliren. Die Sache wird dann dem Congresse beim Beginn der nächsten Sitzung in klarer, deutlicher Form vorgelegt werden; und das Comite zweifelt nicht, daß man dann sogleich diejenigen Maßregeln treffen wird, welche nöthig sein mögen, um die Ehre unseres Landes zu vertheidigen und unseren verletzten Bürgern vollkommene Entschädigung zu sichern.""

„Das Comite für die auswärtigen Angelegenheiten im Hause der Repräsentanten gab ein gleiches Gutachten ab. In seinem Berichte sagte dasselbe, daß es „„vollkommen der Meinung des Präsidenten beistimme, daß hinreichende Ursache vorhanden sei, uns selbst Recht zu schaffen, und daß es glaube, wir würden in der Meinung anderer Nationen gerechtfertigt sein, diesen Schritt zu thun; daß es aber bereit sei, nochmals einen Versuch mit einer in der feierlichsten Form an die Gerechtigkeit der mexikanischen Regierung gerichteten Aufforderung zu machen, ehe weitere Maßregeln ergriffen würden.""

„Damals herrschte, wie man glaubte, über diesen Punkt im Congreß keine Meinungsverschiedenheit. Die ausübenden und gesetzgebenden Zweige stimmten überein. Dennoch war unsere Nachsicht und der Wunsch, den Frieden mit Mexiko zu erhalten, so groß, daß die Beleidigungen, über die wir uns damals beklagten, und welche zu jenen feierlichen Verhandlungen Anlaß gaben, nicht allein bis auf den heutigen Tag ungesühnt blieben, sondern neue, ernstere Beschwerden sich seitdem anhäuften."

„Bald nach jenen Verhandlungen ging ein Specialbotschafter nach Mexiko ab, um das letzte Verlangen für Genugthuung zu stellen; dieß geschah am 20. Juli 1837. Die mexikanische Antwort, vom 29. desselben Monats datirt, enthält Betheuerungen des „„sehnlichsten Wunsches"" der Regierung, „„die endliche und billige Erledigung der zwischen den beiden Regierungen obschwebenden Streitfragen keinen Augenblick aufzuschieben;"" daß „„nichts unterlassen werden solle, was zur schleunigsten und billigsten Abmachung der Angelegenheiten, welche so ernstlich die Aufmerksamkeit der amerikanischen Regierung in Anspruch genommen, beitragen könne;"" daß „„die mexikanische Regierung die einfachsten Grundsätze des öffentlichen Rechts — die heiligen Verpflichtungen, welche das Völkerrecht auferlege, und die religiöse Treue gegen Verträge zu ihren einzigen Führern nehmen wolle;"" und daß „„Alles, was Vernunft und Gerechtigkeit in einem jeden Falle gebieten möchten, geschehen werde."" Es wurde ferner die Versicherung gegeben, daß die Entscheidung der mexikanischen Regierung über jenen Klagepunkt, weswegen Abhilfe verlangt worden sei, der Regierung der Vereinigten Staaten durch den mexikanischen Minister in Washington mitgetheilt werden solle."

Diese feierlichen Versicherungen, welche auf unsere Forderung um Abhilfe gegeben worden waren, wurden nicht weiter beachtet. Durch Ertheilung derselben hatte jedoch Mexiko ferneren Aufschub erlangt. Präsident Van Buren sagt in seiner Jahresbotschaft an den Congreß vom 5. December 1837, daß, „„obgleich die größere Zahl"" unserer Beschwerden und „„manche derselben über erschwerte Fälle persönlichen Unrechts jetzt der mexikanischen Regierung Jahre lang vorgelegen hätten, und einige der Ursachen nationaler Klage und dazu der beleidigendsten Art unverzügliche, einfache und genügende Antworten zuließen, doch erst seit einigen Tagen eine besondere Mittheilung in Antwort auf unsere letzte, vor fünf Monaten gemachte Forderung von dem mexikanischen Minister empfangen worden,"" und daß „„nicht für eine unserer öffentlichen Beschwerden Genugthuung gegeben oder angeboten sei; daß nur einer der Fälle persönlichen Unrechts günstig beurtheilt sei; daß nur vier Sachen beiderlei Art von allen denen, welche formell übergeben und auf deren Abmachung ernstlich gedrungen worden, bis jetzt durch die mexikanische Regierung entschieden worden seien."" Präsident Van Buren, glaubend, daß es vergeblich sein würde, noch ferner zu versuchen, durch die gewöhnlichen Mittel, welche die ausübende Gewalt in Händen hat, Abhilfe zu erlangen, theilte diese Meinung dem Congreß in der gedachten Botschaft mit, in welcher er sagt: „„Nach einer sorgfältigen, bedächtigen Prüfung des Inhalts — der Correspondenz mit der mexikanischen Regierung — und in Betracht des von der mexikanischen Regierung bewiesenen Geistes, ist es mir zur schmerzlichen Pflicht geworden, die Sache, wie sie jetzt steht, dem Congreß, an den sie gehört, zu übergeben, um über die Zeit, die Art und Weise und die Maßregeln der Abhilfe zu entscheiden."" Hätten die Vereinigten Staaten damals Zwangsmaßregeln ergriffen und sich selbst Recht verschafft, so würden alle unsere Schwierigkeiten mit Mexiko wahrscheinlich schon längst geordnet und der jetzige Krieg abgewendet worden sein. Großmuth und Mäßigung von unserer Seite hatten nur die Wirkung, die Schwierigkeiten verwickelter zu machen und eine freundschaftliche Abmachung zu erschweren. Daß solche Maßregeln zur Abhilfe unter ähnlichen, von irgend einer der mächtigen europäischen Nationen geschehenen Provocationen von den Vereinigten Staaten prompt ergriffen worden wären, kann nicht bezweifelt werden. Die Nationalehre und die Erhaltung des nationalen Charakters in der ganzen Welt, so wie auch unsere eigene Selbstachtung und der unseren Bürgern schuldige Schutz würden jenen Ausweg unumgänglich nöthig gemacht haben. Die Geschichte keines civilisirten Volkes der neueren Zeit bietet in einem so kurzen Zeitraume so viele muthwillige Angriffe auf die Ehre seiner Flagge und auf das Eigenthum und die Personen seiner Bürger, als damals die Vereinigten Staaten von den mexikanischen Behörden und dem mexikanischen Volke erduldet hatten. Aber Mexiko war eine Schwesterrepublik auf dem nordamerikanischen Continente, deren Territorium an unseres grenzte, und befand sich in schwachem, verwirrtem Zustande; diese Rücksichten haben muthmaßlich den Congreß bewogen, es noch länger mit Nachsicht zu behandeln."

„Statt uns selbst Recht zu schaffen, wurden neue Unterhandlungen begonnen, mit schönen Versprechungen von Seiten Mexiko's, aber, wie der Ausgang bewiesen hat, mit dem wirklichen Vorsatze, die Entschädigung, welche wir verlangten, und welche uns so gerechter Weise zukam, ins Endlose hinauszuschieben. Diese Unterhandlung endigte, nachdem sie länger als ein Jahr gedauert hatte, mit der Convention vom 11. April 1839, „„zur Ordnung der Ansprüche von Bürgern der Vereinigten Staaten von Amerika an die Regierung der mexikanischen Republik."" Das gemeinschaftliche Collegium von Commissären, welches durch diese Convention geschaffen wurde, um die Ansprüche zu untersuchen und über dieselben zu entscheiden, wurde erst im August 1840 organisirt, und nach den Stipulationen der Convention sollten sie ihre Arbeit innerhalb achtzehn Monaten von jener Zeit an beendigen. Vier von den achtzehn Monaten wurden mit vorläufigen Discussionen über geringfügige und hinhaltende, von den mexikanischen Commissären vorgebrachte Punkte hingebracht, und erst im Monat December 1840 fingen sie die Untersuchung der Forderungen unserer Bürger an Mexiko an. Es blieben nur vierzehn Monate, um jene zahlreichen und complicirten Fälle zu untersuchen und zu entscheiden. Im Monat Februar 1842 war die Zeit der Commission abgelaufen, weshalb viele Forderungen wegen Mangels an Zeit unerledigt blieben. Die Forderungen, welche durch das Collegium und den Schiedsrichter, der durch die Convention autorisirt war, bei Meinungsverschiedenheit zwischen den mexikanischen und amerikanischen Commissären zu entscheiden, zugestanden wurden, beliefen sich auf 2,026,139 Dollars 68 Cents. Als die Commission ablief, lagen dem Schiedsrichter noch weitere Forderungen zum Belaufe 928,627 Dollars 88 Cents vor, welche von den amerikanischen Commissären untersucht und zugesprochen, von den mexikanischen Commissären aber nicht gutgeheißen waren und über welche sie kein Urtheil abgaben, indem sie als Grund anführten, ihre Autorität hätte mit dem Ablaufe der gemeinschaftlichen Commission aufgehört. Außer jenen Ansprüchen waren noch andere von amerikanischen Bürgern da, zur Summe von 3,336,837 Dollars 5 Cents, welche dem Collegium eingereicht waren, über welche dasselbe aber keine Zeit gehabt hatte, vor der endlichen Vertagung zu entscheiden."

„Die den Reclamanten zuerkannte Summe von 2,026,139 Dollars 68 Cents war eine liquidirte Schuld Mexiko's, über die kein Streit obwalten konnte und die es nach den Vertragsbestimmungen zu bezahlen verpflichtet war. Bald nachdem die endlichen Urtheile über diesen Betrag erfolgt waren, bat die mexikanische Regierung um Aufschub des Zahlungstermines, indem sie angab, es würde ihr ungelegen sein, die Zahlung zur festgesetzten Zeit zu leisten. In der nachsichtigen Milde gegen eine Schwesterrepublik, welche Mexiko so lange gemißbraucht hatte, gewährten die Vereinigten Staaten bereitwillig jenes Gesuch. Ein neuer Vertrag wurde daher am 30. Januar 1843 zwischen den beiden Regierungen geschlossen, welcher im Eingange erklärt, „„dieses neue Arrangement sei zur Bequemlichkeit Mexiko's eingegangen worden."" Nach den Stipulationen dieses Vertrages sollten die fälligen Zinsen auf die zu Gunsten der Reclamanten, zufolge der Convention vom 11. August 1839, entschiedenen Summen ihnen am 30. April 1843, bezahlt werden, und es wurde stipulirt, daß „„das Capital jener zugesprochenen Summen nebst den auflaufenden Zinsen innerhalb fünf Jahren in gleichmäßigen Raten alle drei Monate bezahlt werden solle."" Ungeachtet diese neue Convention auf Mexiko's Gesuch und um seiner Verlegenheit abzuhelfen eingegangen worden war, so haben die Reclamanten doch nur die am 30. April 1843 fälligen Zinsen und drei von den zwanzig Terminzahlungen erhalten. Obgleich die Zahlung der solchergestalt liquidirten und eingestandenermaßen von Mexiko an unsere Bürger als Entschädigung für anerkannte Gewaltthätigkeiten und Unrecht schuldigen Summen durch Tractat gesichert war, dessen Verpflichtungen stets von allen gerechten Nationen für heilig gehalten wurden, so hat Mexiko doch durch Unterlassung und Verweigerung der Zahlung diese feierliche Verpflichtung verletzt. Die zwei im April und Juli 1844 fälligen Termine sind, unter den besonderen damit verknüpften Umständen, von den Vereinigten Staaten aufgenommen und an die Reclamanten ausbezahlt worden; aber Mexiko ist dieselben noch schuldig. Aber dies ist nicht Alles, worüber wir gerechte Ursache zu klagen haben. Um denjenigen Reclamanten, deren Sachen durch die gemeinschaftliche Commission zufolge der Convention vom 11. April 1839 nicht entschieden worden waren, Hilfe zu schaffen, wurde es ausdrücklich durch den sechsten Artikel der Convention vom 30. Januar 1843 festgesetzt, daß „„eine neue Convention geschlossen werden solle zur Abmachung aller Ansprüche der Regierung und der Bürger der Vereinigten Staaten an die Republik Mexiko, welche von der früheren Commission, die in der Stadt Washington zusammenkam, nicht völlig entschieden worden seien, und aller Ansprüche der Regierung und Bürger Mexiko's an die Vereinigten Staaten.““

„Dieser Stipulation gemäß wurde eine dritte Convention geschlossen und in der Stadt Mexiko am 20. November 1843 von den Bevollmächtigten der beiden Regierungen unterzeichnet, durch welche Vorkehrungen zur Constatirung und Bezahlung jener Forderungen getroffen wurden. Im Januar 1844 ratificirte der Senat der Vereinigten Staaten diese Convention mit zwei, augenfällig billigen Amendements. Als man aber die vorgeschlagenen Amendements der mexikanischen Regierung vorlegte, fanden dieselben Ausflüchte, Schwierigkeiten und Verzögerungen statt, welche so lange die Politik jener Regierung gegen die Vereinigten Staaten bezeichneten. Obgleich der Gegenstand ihrer Berathung dringend anempfohlen wurde, hatte sie doch selbst jetzt — 8. December 1846 — noch nicht entschieden, ob sie die Amendements annehme oder nicht.“

„Mexiko hat so zum zweiten Mal die Treue der Verträge verletzt, indem es unterließ oder sich weigerte, den 6. Artikel der Convention vom Januar 1843 in Ausführung zu bringen.“

„Das ist die Geschichte des Unrechts, das wir von Mexiko erlitten und eine so lange Reihe von Jahren geduldig ertragen haben. Weit entfernt, daß billige Genugthuung für Beleidigungen und Beschimpfungen, welche wir erlitten, gegeben worden wäre, liegt eine große Erschwerung derselben in der Thatsache, daß, während die Vereinigten Staaten — bemüht, das gute Vernehmen mit Mexiko aufrecht zu erhalten — beständig, aber vergebens Ersatz für vergangenes Unrecht zu erlangen strebten, fortwährend neue Beleidigungen vorfielen, welche die Ursache zur Klage vermehrten und den Betrag unserer Forderungen steigern mußten. Während die Bürger der Vereinigten Staaten, unter der Garantie eines Freundschafts-, Handels- und Schifffahrtstractats, gesetzlichen Handel mit Mexiko trieben, haben viele derselben alle Unbill erlitten, welche aus offenem Kriege entsprungen sein würde. Dieser Tractat, statt unseren Bürgern Schutz zu gewähren, hat sie veranlaßt, die mexikanischen Häfen zu besuchen, um dort, wie in zahlreichen Fällen geschehen ist, geplündert und ihrer persönlichen Freiheit beraubt zu werden, wenn sie ihre Rechte geltend machen wollten."

„Hätte die ungesetzliche Beschlagnahme amerikanischen Eigenthums und die Verletzung der persönlichen Freiheit unserer Bürger — um nichts von den in den Häfen Mexiko's vorgefallenen Beleidigungen unserer Flotte zu sagen — auf offener See stattgefunden, so würde dies schon lange von selbst den wirklichen Kriegszustand zwischen beiden Ländern hervorgerufen haben. Indem wir so lange duldeten, daß Mexiko seine feierlichsten Tractat-Verpflichtungen verletzte, unsere Bürger plünderte und gefangen nahm, ohne ihnen einen Ersatz zu bieten, haben wir eine der ersten und vornehmsten Pflichten, welche eine Regierung gegen ihre Bürger hat, versäumt, und die Folge davon war, daß viele von ihnen, früher wohlhabend, jetzt in Bankerott gestürzt sind. Der stolze Name eines amerikanischen Bürgers, der ihn überall gegen Beleidigung und Verletzung schützen sollte, hat unseren Bürgern in Mexiko keinen solchen Schutz gewährt. Lange vor Ausbruch der Feindseligkeiten hatten wir also hinreichende Ursache zum Kriege gegen Mexiko, aber selbst da nahmen wir die Genugthuung noch nicht in eigene Hand, bis endlich Mexiko selbst als Angreifender mit feindlichem Heer in unser Gebiet einfiel und das Blut unserer Bürger vergoß."

Was nun die Geschichte von Texas selbst betrifft, so wurde dieses schon im Jahre 1803, durch den zwischen Frankreich und England geschlossenen Vertrag, mit dem übrigen Territorium, das unter dem

Namen „Louisiana" bekannt war, ein Theil der Vereinigten Staaten. Durch den Florida-Vertrag von 1819 traten diese jedoch an Spanien alle die Länderstrecken ab, welche innerhalb der jetzigen Texasgrenzen lagen, und Mexiko gewann durch seine Revolution, durch welche es sich vom Mutterlande losriß, auch, als unabhängige Nation, die früher von jenem besessenen Rechte. Diese ganze Länderstrecke bildete den Hauptttheil des früheren Distrikts von Tamaulipas.

Im Jahre 1824 errichtete Mexiko eine Föderalconstitution, unter welcher die Republik in eine Anzahl souverainer Staaten, ganz dem Verhältnisse der nordamerikanischen Union entsprechend, eingetheilt wurde. Jeder derselben hatte seine eigene vollziehende, gesetzgebende und richterliche Gewalt und war, alle Bundes-Zwecke ausgenommen, so unabhängig von der Centralregierung oder einem der anderen Staaten, wie Pennsylvanien oder Virginien ꝛc. unter der Regierung der Union es sind. Texas und Coahuila verschmolzen sich und bildeten einen dieser Staaten. Die Constitution, die sie annahmen und die auch von der mexikanischen Conföderation gebilligt wurde, bestätigte nochmals, daß der Staat Texas frei und unabhängig von irgend einem anderen mexikanischen Staat, wie von jeder anderen Macht, dastehe, und proclamirte jenes große Princip menschlicher Freiheit, daß die Souverainetät eines Staates ursprünglich und rechtmäßig nur in der Masse der Individuen beruhe, aus denen er bestehe.

Durch die Colonisationsgesetze wurden jetzt Auswanderer aus den Vereinigten Staaten sowohl, wie aus anderen Ländern eingeladen, sich in Texas niederzulassen, und Viele (z. B. Stephen F. Austin 1821) besiedelten seine fruchtbaren Prairieen, so daß sich in gar kurzer Zeit eine von den südlicher gelegenen Provinzen sehr verschiedene Bevölkerung in dem jungen Staate bildete.

Im Jahre 1835 brach in der Stadt Mexiko eine Militärrevolution aus, welche die Föderal- und die einzelnen Staatenconstitutionen vollkommen umwarf und einen militärischen Dictator (Santa Anna) an die Spitze der Regierung stellte. Unter dieser Gewalt verwarf ein Congreßbeschluß die Constitutionen der einzelnen Staaten, errichtete eine Centralrepublik und verwandelte die Staaten in abhängige

Districte. Das Volk von Texas protestirte gegen diese Maßregel als constitutionswidrig und tyrannisch, und als ihre Vorstellungen mißachtet wurden, erhob es sich in offenem Widerstand. Verschiedene kleine Gefechte — bei Gonzalez, Goliad, Alamo 2c. — wurden darauf mit wechselndem Erfolg geliefert, bis am 21. April 1836 eine Armee von texanischen Bürgern und Soldaten, unter General Samuel Houston, den mexikanischen Dictator, Santa Anna, auf den Ebenen von Sa Jacinto gänzlich aufs Haupt schlug.

Diese Schlacht war entscheidend; Santa Anna wurde gefangen und der mexikanischen Armee alle weiteren Angriffsversuche in Texas unmöglich gemacht, ja Texas verlangte jetzt sogar seine volle Unabhängigkeit von der Centralrepublik, und Santa Anna sah sich genöthigt, durch einen Vertrag diese Unabhängigkeit anzuerkennen. Er war zwar damals Kriegsgefangener, hatte aber auch umsonst versucht, Texas wieder zu erobern und eine gänzliche Niederlage erlitten; seine Autorität war nicht widerrufen worden, und kraft dieses Tractates erlangte er seine persönliche Freiheit wieder. Die Feindseligkeiten wurden durch diesen Vertrag aufgehoben, und die Armee, welche unter seinem Befehl in Texas eingedrungen, kehrte in Folge desselben unbelästigt nach Mexiko zurück. Die mexikanische Regierung desavouirte jedoch eine solche, ihrer Meinung nach abgezwungene Erklärung; ihre eignen verwickelten Umstände gestatteten ihr aber nicht, das Werk der Unterwerfung auszuführen, und Texas war bald nachher als unabhängige Republik von allen christlichen Nationen anerkannt.

Schon 1836 sprachen die Bewohner von Texas größerer Sicherheit wegen den Wunsch aus, in die Union Nordamerika's aufgenommen zu werden, und im folgenden November trug ein von der texanischen Regierung beauftragter Gesandter der Schwesterrepublik diese Bitte vor, die Vereinigten Staaten wiesen aber zu jener Zeit den Vorschlag zurück, und erst 1844 kam, unter der Präsidentschaft John Tyler's, der Antrag der Aufnahme nochmals in Verhandlung und wurde, wie schon vorerwähnt, vom ausscheidenden Präsidenten Tyler unterzeichnet.

Nach dem Protest der mexikanischen Regierung blieben die Sachen in ihrem unerquicklichen Stand bis zum September, wo Präsident

Polk durch den Gesandten der Vereinigten Staaten in Mexiko bei der Regierung dieses Landes anfragen ließ, ob sie einen amerikanischen Bevollmächtigten, zur Beilegung aller Streitigkeiten, annehmen würde. Die Antwort fiel bejahend aus, und der Bevollmächtigte erreichte am 30. Nov. 1845 Veracruz, wo er jedoch zu seinem nicht gerade freudigen Erstaunen fand, daß sich die Politik dieses Landes in für Amerika höchst ungünstiger Weise verändert hatte. Präsident Herrera, der dem Frieden günstig gewesen, sah eine starke Opposition, unter General Paredes, gegen sich, die unter dem Vorwand in volle Rebellion ausartete, daß Herrera den Staat Texas einem feindlichen Lande überliefern wolle, indem er einen Friedensgesandten von den Vereinigten Staaten annähme.

Herrera's Anhänger fürchteten für ihre Sicherheit und wiesen den Gesandten der Union zurück, „weil er nicht in der besonderen Angelegenheit der Texasfrage gekommen sei, sondern seine Aufträge sich auch noch auf die Berathung der lange bestrittenen Ansprüche amerikanischer Bürger ausdehnten."

Am 30. December 1845 legte General Herrera seine Präsidentschaft nieder und General Paredes nahm, ohne Widerstand, die Zügel der Regierung in die Hand. Der amerikanische Bevollmächtigte wurde von ihm nicht angenommen und kehrte in die Vereinigten Staaten zurück.

Indessen hatte schon Präsident Tyler, den endlichen Anschluß des Staates Texas, wie dessen natürliche Folgen voraussehend, die sogenannte „Observations-Armee" an die texanische Grenze gesandt, um nach dem Anschluß, und im Fall Mexiko mit Heeresmacht nach Texas einbrechen sollte, gleich gerüstet zu sein und den jungen Bruderstaat beschützen zu können. Die Regierung erwählte dann den damaligen Obristen des sechsten Infanterieregiments Zacharias Taylor zum Oberbefehlshaber sämmtlicher Truppen, die in oder bei Fort Jessup in Louisiana concentrirt werden sollten.

General Taylor traf zu Fort Jessup etwa Mitte Juni 1845 ein, und seine Armee umfaßte jetzt: sieben Compagnien des 2. Dragonerregiments unter dem Befehl von Obrist Twiggs; das dritte Infanterieregiment unter Obristlieutenant Hitchcock und acht Compagnien des vierten Infanterieregiments unter Obrist Vose. Von dort aus begab er sich aber, empfangener Ordre zufolge, schon Anfang Juli mit seinem Observationscorps nach New Orleans, um von hier aus, sobald die texanische Regierung die amerikanische Erklärung des Anschlusses bestätigt hätte, augenblicklich bereit zu sein, nach der westlichen Grenze des neuen Staates Texas aufzubrechen. Am 22. Juli 1845 wurden die Truppen eingeschifft und landeten später an der Corpus-Christi-Bai, welche die Mündung des Nuences bildet.

Außerdem nämlich, daß Mexiko ganz Texas nicht hergeben wollte, bildete hier ein ziemlich breiter Landstrich, der zwischen den beiden Flüssen Nuences und Rio Grande liegt, ein neues bestrittenes Territorium, indem die Mexikaner behaupteten, dieses wenigstens gehöre nicht mit zu Texas, sondern zu Mexiko selber, während die Amerikaner die südliche Grenze von Texas bis zum Rio Grande ausdehnten.

An der südlichen Mündung des Nuences, also im bestrittenen Lande, liegt das Städtchen Corpus Christi, gleichnamig mit der Bai, und am westlichen Ufer der Rio Grande-Mündung, also in Mexiko selber, die Stadt Matamoras, die von den Mexikanern sehr befestigt war.

Die Truppen setzten ohne Weiteres nach Corpus Christi, auf das von Mexiko bestrittene Land, über, ja General Taylor empfing Befehl, den Rio Grande als Grenzgebiet und jeden bewaffneten Einfall der Mexikaner auf das östliche Ufer desselben als Kriegserklärung wie als Anfang des Krieges zu betrachten. Am 11. März 1846 verließ die Armee demnach den Nuences und marschirte durch einen öden, wasserarmen Landstrich dem Colorado zu. Am 20. erreichte sie den Arroyo Colorado, eine Salzwasser-Lagune, etwa dreißig Meilen vom Rio Grande entfernt, und hier wollte ihr zuerst eine Abtheilung von Mexikanern den Uebergang wehren. General Taylor ließ sich aber nicht durch leere Drohungen abschrecken, sondern setzte, unter dem Schutze der aufgepflanzten Kanonen, ohne jedoch den mindesten Widerstand zu finden, über. Am 24. nahm Obrist Twiggs von Point Isabel am Brazos Sant Jago Besitz, und am 28. erreichte die Hauptarmee den Rio Grande und pflanzte das „Sternen- und Streifen-Banner“ am linken Ufer dieses Flusses, Matamoras gerade gegenüber, auf. Die Batterien der Stadt wurden von den

Mexikanern auf das Lager der Amerikaner gerichtet; Taylor hingegen begann sofort die Aufführung eines Forts, dessen Kanonen das Herz der Stadt bedrohten. Er war indeß gegen alle Einwohner des Landes äußerst höflich und bemerkte, er sei in Frieden gekommen, um Texas zu beschützen, und nicht, um in Mexiko einzufallen; aber wenn er angegriffen würde, so wisse er sich zu vertheidigen.

Diesen Angriff konnte er mit gutem Grunde stündlich erwarten. Der General Paredes hatte die besten Truppen Mexiko's, von den fähigsten Generalen befehligt, an den Ufern des Rio Grande versammelt. An beiden Seiten des Flusses wurde eine kriegerische Thätigkeit entwickelt. General Arista erhielt den Oberbefehl in Matamoras, und das mexikanische Gouvernement erließ am 23. April 1846 eine förmliche Kriegserklärung gegen die Vereinigten Staaten. General Arista benachrichtigte den General Taylor am 24., daß seiner Meinung nach die Feindseligkeiten bereits begonnen hätten, und an diesem Tage floß das erste Blut. Capitän Thornton mit 63 Dragonern wurde durch General Taylor zum Recognosciren einige Meilen an dem Flusse hinaufgesandt. Sie fielen in einen Hinterhalt, und nach einem vergeblichen Versuche, sich durchzuschlagen, mußten sie sich ergeben, wobei sechzehn getödtet oder verwundet wurden.

Der amerikanische Congreß und das Volk war nach Ankunft von General Taylor's Bericht erstaunt und beunruhigt. Ihre Armee war umgeben von den Soldaten, die die Schlächtereien von Goliad und Alamo verübt hatten. Der Präsident benachrichtigte den Congreß, daß die Mexikaner „in unser Territorium eingefallen seien, und daß Blut unserer Bürger auf unserm eigenen Grund und Boden geflossen wäre.“ Der Congreß antwortete, daß durch diese That Mexiko's der Krieg erklärt sei, und passirte nach zwei Tagen ein Gesetz, das zur Aushebung von 50,000 Volontärs für den Dienst von zwölf Monaten ermächtigte, und bewilligte zehn Millionen Dollars zur Führung des Krieges. Die Kriegserklärung lag in den Händen der Executive, und es scheint die Absicht derselben gewesen zu sein, sich durch Erwerbung derjenigen Theile von Mexiko, welche zwischen den Vereinigten Staaten und dem stillen Ocean liegen, schadlos zu halten, und so den Krieg in die blühendsten und reichsten

Theile des feindlichen Landes zu spielen, um den Feind auf diese Art zu zwingen, gegen Geldvergütung und um Frieden zu schließen, diese Territorien abzutreten und Texas bis zum Rio Grande zu entsagen.

Die amerikanische Executive, unterstützt durch General Scott und das Kriegsdepartement, entwarf innerhalb zweier Tage einen Kriegsplan. Nach diesem Plane sollten Schiffe das Cap Horn umsegeln, um an den Küsten Californiens die Armeen zu unterstützen, welche mit der Eroberung jener Landestheile bereits beschäftigt sein würden. Eine West-Armee unter General Kearney sollte sich zu diesem Zwecke in Fort Leavenworth versammeln, Neu-Mexiko besetzen und, westwärts vorrückend, mit der Flotte vereint handeln. Eine Mittel-Armee sollte durch General Wool von den verschiedenen Theilen der Union in San Antonio de Bexar (Texas) versammelt werden, und in die mexikanischen Provinzen Coahuila und Chihuahua einfallen. Da die bestehende reguläre Armee der Vereinigten Staaten die Stärke von 9000 Mann nicht überstieg, so mußten alle diese Armeen erst geschaffen werden.

General Taylor, dessen Truppen das Occupations-Heer genannt wurden, stand achttausend mexikanischen Truppen gegenüber, und sandte deshalb nicht blos an das Kriegsdepartement, sondern auch an die Gouverneure der nächsten Staaten Aufforderungen zur Hülfe, während General Arista auf der andern Seite Proclamationen an die Mexikaner erließ, worin er sie aufforderte, ihre bedrohte Heimath und ihre Altäre zu vertheidigen, und in denen er die amerikanischen Soldaten durch Anbietung hoher Belohnungen zur Desertion aufforderte.

Taylor erhielt Nachricht durch Capitän Walker, daß eine große mexikanische Truppenmacht sich in seinem Rücken zwischen ihm und seinen Vorräthen zu Point Isabel aufgestellt habe. Walker war daselbst vom Major Munroe aufgestellt worden, um die Verbindung aufrecht zu erhalten, und hatte am 28. April fünfzehn Minuten lang mit 1500 mexikanischen Reitern gekämpft, 30 davon getödtet und sich dann zurückgezogen.

Taylor war nicht unschlüssig. Er verließ sein Lager zu Matamoras mit Zurücklassung einer Garnison unter dem Befehle des vertrauenswürdigen Veteranen Major Brown, und erreichte mit der Haupt-Armee Point Isabel unbelästigt. Die Mexikaner, in dem Glauben, er habe sein Lager in Flucht verlassen, griffen dasselbe an, und Major Brown erwiderte diesen Angriff durch ein Feuer auf die Stadt (vom 6.—9. Mai). Taylor vernahm den Kanonendonner mit großer Angst, als ein Adjutant des Majors ihn um Hülfe bat. Er verstärkte die Garnison zu Point Isabel um 500 Mann, die ihm durch den Commodore Connor von der Flotte zur Disposition gestellt waren, und benachrichtigte das Kriegsdepartement, daß er am 7. Mai Point Isabel verlassen würde, um die Verbindung mit Major Brown zu öffnen und Provisionen in sein Lager zu bringen. „Wenn der Feind meinen Marsch durch irgend welche Stärke verhindern will, so werde ich ihn schlagen." Denselben Abend marschirte er, und den nächsten Mittag bekam er die mexikanische Armee in Sicht, die in voller Schlachtordnung ihm den Weg versperrte. Taylor machte Halt und formirte seine Schlachtlinie. Colonel Twiggs commandirte den rechten, Colonel Belknap den linken Flügel. Auf jeder Seite befanden sich Batterien leichter Artillerie. Um 2 Uhr eröffneten die Mexikaner das Feuer. Die leichte Artillerie unter Major Ringgold und Duncan leistete Außerordentliches. Ringgold wurde tödtlich verwundet. Die Mexikaner, obgleich durch das Terrain begünstigt und mehr als doppelt so stark an Zahl, waren nach fünf Stunden gezwungen, am 8. Mai 1846 Abends 7 Uhr das Schlachtfeld von Palo Alto zu räumen. Um 2 Uhr am nächsten Tage setzte Taylor seinen Marsch fort, und entdeckte nach Zurücklegung von drei Meilen die Mexikaner, günstig mit Artillerie postirt, zu Resaca de la Palma, ungefähr 6000 Mann stark, während er nur über 2200 Mann zu commandiren hatte. Um 4 Uhr erreichten die Amerikaner das Schlachtfeld, das von den Mexikanern heftig vertheidigt wurde. Capitän May mit seinen Dragonern griff eine mexikanische Batterie an, hieb die Mannschaft nieder und nahm den General La Vega, als er eben im Begriff war, eine Kanone abzufeuern, gefangen. Die Mexikaner wurden gänzlich in die Flucht geschlagen; ihr Lager, ihre Vorräthe, ihr Gepäck und General Arista's Papiere fielen in die Hände der Amerikaner. Zweihundert Mexikaner bedeckten das Schlachtfeld; die Fliehenden wurden verfolgt und ertranken in großer Anzahl beim Uebersetzen des

Rio Grande. Als General Taylor in dem Lager gegenuber Matamoras ankam, verbreitete er endlosen Jubel unter den ermüdeten Vertheidigern desselben, fand aber den braven Commandanten des Forts todt. Taylor nannte den Platz, wo er kämpfte und fiel, Fort Brown.

Groß war die Freude in den Vereinigten Staaten über diese Siege am Rio Grande. Taylor wurde zum Generalmajor erhoben und viele seiner Offiziere befördert.

Die mexikanische Armee verließ Matamoras, und die Amerikaner nahmen am 18. Mai ohne Widerstand Besitz von der Stadt.

Während die Nachrichten von der großen Gefahr der Armee am Rio Grande die Herzen der amerikanischen Nation durchdrangen, versammelte General Gaines eine bedeutende Anzahl Freiwilliger, um dem General Taylor zu Hülfe zu eilen. Ueberall waren die jungen Männer bereit und beeilten sich, mit ihren Brüdern sich zu vereinigen und die Mexikaner zu bekämpfen. General Taylor war im Juni und Juli durch die große Anzahl schlecht armirter Ankömmlinge aufgehalten worden, die trotz der Anstrengungen des Generals Jesup erst nach ungefähr drei Monaten vollständig ausgerüstet werden konnten. Indessen nahm man Besitz von den Städten am untern Rio Grande, und Camargo wurde zu einem Depot für Lebensmittel und Munition gemacht und mit einer Garnison von 2000 Mann unter General Patterson versehen.

Die Armee war jetzt 6000 Mann stark, und die 1. Division unter General Worth setzte sich am 20. August in Bewegung, welcher General Taylor mit der Haupt-Colonne folgte. Am 5. September vereinigten sich die verschiedenen Divisionen zu Marin, und bezogen am 9. September, drei Meilen von Monterey, bei Walnut-Springs ein Lager. Hier erhoben sich gegen Süden und Westen die hohen Berge der Sierra Madre, während ihnen die befestigten Wälle von Monterey, bespickt mit Kanonen, entgegenstarrten. Sie befanden sich in unbekannten Regionen, in einem eroberten Lande, von Tausenden erbitterter Feinde umgeben. Die meisten der Truppen waren unerfahrene Freiwillige, obwohl ihre Offiziere, die entweder direct oder indirect ihre Erziehung in

Westpoint erlangt hatten, unübertrefflich waren. Sie hatten besonders einen kaltblütigen und vorsichtigen Befehlshaber, der einsichtsvoll bei Entwerfung eines Planes und energisch bei der Ausführung war.

Die einzige Straße von Saltillo nach Monterey zieht sich südwestlich durch eine von dem Flusse San Juan durchströmte Schlucht. Indeß fanden amerikanische Ingenieure unter Capt. Mansfield einen Weg, auf dem man die Saltillo-Straße erreichen und wahrscheinlich den Feind von jedem Succurs trennen konnte. General Worth wurde mit diesem wichtigen Dienst betraut, und führte eine Abtheilung von 600 Mann am 20. und 21. September auf diesem gefahrvollen Umwege nach der Saltillo-Straße. Am Morgen des 21. hatten sie nahe Monterey ein Gefecht, in welchem Colonel Hay und seine texanischen Rangers sich besonders auszeichneten. Nachdem so die Saltillo-Straße gewonnen war, stellte sich ihnen durch zwei auf einem Hügel vorgeschobene Batterien in der Nähe der Stadt ein neues Hinderniß dar. Ungeachtet des heftigsten Feuers wurden sie von den Amerikanern genommen und gegen die dritte und Hauptbatterie gerichtet, welche sich in einem befestigten, noch unvollendeten Steinhause (der Bischofspalast genannt) auf einem steilen Hügel befand. Die Nacht brach herein, und die ermüdeten und hungrigen Soldaten hatten noch die Gefahren eines Sturmes zu bestehen. Um 3 Uhr Morgens am 22. September bestieg eine Truppenabtheilung unter Colonel Childs in Begleitung der Ingenieure Saunders und Meade den Hügel. Ein heftiger Ausfall aus dem Fort wurde zurückgeworfen, die Amerikaner betraten dasselbe mit den fliehenden Mexikanern und nahmen es. Nachdem auch diese Batterie erobert und gegen die Stadt gewendet war, standen die durch den Tod Vieler verringerten und durch dreitägige Anstrengung ermüdeten Truppen dicht hinter Monterey.

Mittlerweile hatte Taylor die Aufmerksamkeit des Feindes von diesem Punkte durch einen Scheinangriff in der Front abzulenken gesucht. Aber so hitzig wurde diese Bewegung vom General Butler, Capitän Backus und Andere ausgeführt, daß sie die Stadt nahmen, obgleich mit großem Verlust an Mannschaft, da jede Straße verbarrikadirt und die Häuser mit Kanonen besetzt waren. Am zweiten Tage wurde ein Theil der Vertheidigungswerke von der Garnison verlassen, und die Amerikaner erreichten, General Quitman an der Spitze, den Marktplatz, indem sie die Zwischenwände der Häuser niederrissen. Am Morgen des 23. September wurden die Vertheidigungswerke auf der gegenüberliegenden Seite durch General Worth angegriffen und genommen.

General Taylor vereinigte sich jetzt mit Worth und empfing den mexikanischen Befehlshaber, General Ampudia, der mit einer weißen Flagge kam, um über Capitulation und Waffenstillstand zu unterhandeln, in der Erwartung, daß ein Friede in Kurzem abgeschlossen werden würde, da General Santa Anna jetzt an der Stelle von Paredes Präsident von Mexiko geworden war. General Taylor glaubte die günstige Gesinnung zu kennen, die der schlaue Santa Anna gegen Amerika zeigte, und hatte deshalb Ordre an den Commodore Conner erlassen, denselben unbelästigt von Cuba, seinem bisherigen Exil, zurückkehren zu lassen. Taylor hatte nicht Mannschaft genug, um die mexikanischen Gefangenen bewachen zu lassen, und da er außerdem alle Lebensmittel, die sich in Monterey befanden, für seine eigene Armee gebrauchte, so schloß er am 24. September einen Waffenstillstand auf acht Wochen ab, der den Mexikanern freien Abzug mit den Waffen gestattete. Nach Verlauf von sechs Wochen wurde indeß der Krieg erneuert, da Präsident Polk den Waffenstillstand verwarf und den Befehl ertheilte, die Demarcationslinie zu überschreiten und den Krieg mit Nachdruck fortzusetzen.

Doch auch den Westen Amerika's und Californien dürfen wir nicht aus den Augen verlieren.

General Wool, Commandeur der Mittel-Armee, erhielt am 29. Mai 1846 seine Befehle vom Gouvernement in Troy, reiste sofort nach Washington und von dort durch die Staaten Ohio, Indiana, Illinois, Kentucky, Tennessee und Mississippi, überall die angeworbenen Freiwilligen inspicirend. Die Anzahl derselben belief sich auf 12,000 Mann, welche $10\frac{1}{2}$ Regimenter Infanterie und 2 Regimenter Cavallerie bildeten. Sie gingen am 16. Juli nach ihren verschiedenen Bestimmungsorten ab. Neuntausend derselben marschirten nach dem Rio Grande, um General Taylor zu verstärken, während diejenigen, welche die Mittel=Armee bilden sollten, auf verschiedenen Wegen nach dem Sammelplatze San Antonio aufbrachen. Hier begann General Wool die Einübung jener strengen Disciplin, welche sein Corps so auszeichnete und seiner Armee den Ruf einer Muster=truppe gab. Seine Stärke belief sich auf 500 Reguläre und 2410 Volontärs. Die Avantgarde verließ San Antonio am 21., 22. und 23. September, und am 25. folgte Wool mit der Haupt=Armee.

Am 8. October stand Wool am Rio Grande, Presidio gegenüber, den er vermittelst einer fliegenden Brücke passirte. Von hier aus marschirte er 26 Meilen westlich nach Nava, durch eine wasserlose, menschenleere, öde Gegend. Die Truppen passirten beim Uebersteigen der Sierra San Jose und San Rosa steile, felsige Anhöhen und tiefe Schluchten. Oft mußte der Weg erst gebahnt werden, ehe ihre dreihundert schwer geladenen Wagen durchkommen konnten. Sehr oft flohen die unwissenden Bewohner des Landes beim Anblick der Armee, in dem Glauben, es seien mexikanische Räuberbanden. Schreiende Weiber verließen eilig ihre Wohnungen und umklammerten die am Wege stehenden Kreuze, bebend ihr Schicksal erwartend. Bald wurden sie indeß besser von der Absicht der Amerikaner unterrichtet, und begrüßten Wool's Nahen mit Freude. Er unterstützte die Ruhigen und Schwachen gegen die Gesetzlosen und Starken, und als er San Fernando und Santa Rosa passirte, wurde er als Freund empfangen. Er betrat die Hauptstadt von Coahuila — Monclova — am 31. October, und bald wehte die amerikanische Flagge auf dem Gouvernementsgebäude der Provinz. Hier vernahm er die Einnahme von Monterey und den Abschluß eines Waffenstillstandes. Auch sah er ein, daß die beabsichtigte Route nach Chihuahua der Sierra Madre entlang für seine Wagenzüge unpassirbar sei, und daß er dieses Land nur auf Umwegen über Parras erreichen könnte. Er und General Taylor hielten es für nicht räthlich, eine Truppen=abtheilung so weit vom Kriegsschauplatze zu entfernen, besonders da die schon eroberten Provinzen Neu=Leon und Coahuila sie auch in den Besitz von Chihuahua setzten.

Am 25. November marschirte General Wool gegen Parras, wo er am 5. December anlangte. Auf den Rath des Generals Taylor sammelte er in diesen fruchtbaren Gegenden Lebensmittel für beide

Armeen in genügender Quantität, da in dem Monterey umgebenden Lande Mangel daran gelitten wurde. Die strenge Disciplin seiner Truppen verbesserte indeß nicht nur seine Armee, sondern brachte auch der Bevölkerung jener Striche ein ganz unbekanntes Gefühl der Sicherheit bei, und erregte in ihnen den Wunsch nach einer bessern Regierung.

Während der Zeit war General Taylor nach der Hauptstadt der Provinz Tamaulipas — Victoria — vorgedrungen, wo er in Verein mit General Patterson und einer Flotte Tampico zu erobern hoffte. Dieser Platz hatte sich aber schon am 14. November dem Commodore Conner ergeben. General Butler befand sich als Commandant in Monterey, während General Worth in Saltillo, der Hauptstadt von Coahuila, von welcher die Amerikaner am 17. friedlich Besitz genommen hatten, commandirte.

Die veränderlichen Mexikaner hatten ihren Präsidenten Paredes beseitigt und Santa Anna wieder mit der höchsten Gewalt bekleidet, der eine Armee von 22,000 Mann zu San Louis Potosi concentrirte. General Worth befand sich sechzig Meilen von Monterey und zweihundert Meilen von General Taylor — in Victoria — entfernt, als er die bestürzende Nachricht erhielt, daß diese Armee ihn in Kürze angreifen würde. Er konnte nur über 900 Mann verfügen, und sandte deshalb einen Courier an General Wool, ihn um eilige Hülfe mit seiner ganzen Macht ersuchend. In zwei Stunden befand sich Wool's ganze Abtheilung auf dem Wege; nur 14 Soldaten waren wegen Krankheit nicht fähig, ihm zu folgen, und wurden von den dankbaren Bewohnern von Parras freiwillig und mit vieler Liebe gepflegt. In vier Tagen marschirte diese Armee hundert und zwanzig Meilen bis nach Agua Nueva, einundzwanzig Meilen von Saltillo entfernt.

General Taylor erfuhr indeß, daß ein Angriff auf die Hauptstadt Mexiko über Vera Cruz gemacht werden sollte, und daß General Scott zum Leiter dieser Invasion ernannt sei, und als der ältere Offizier auch das Commando über ihn haben würde. Die Streitmacht des General Scott sollte von Taylor's Armee genommen werden. General Scott befahl daher dem General Taylor, ihm seine besten Truppen zu senden und hieß ihm, so lange, bis Verstärkungen vom Gouvernement geschickt werden könnten, sich defensiv zu verhalten. Taylor gehorchte, was er auch immer fühlen mochte, strikt dem Befehle, und entsendete nach Vera Cruz den größeren Theil seiner regulären Truppen und Freiwilligen. Dieselbe Ordre erhielt General Wool. Aber mit den Ueberresten ihrer Streitkräfte stellten sich diese beiden Generale der furchtbarsten Armee, welche Mexiko jemals ins Feld gesandt hatte, entgegen, hielten ihren Angriff auf und schlugen sie zurück.

General Taylor entnahm nun aus ganz entschiedenen Anzeichen, daß Santa Anna ihn bedrohte. Indem er deshalb eine kleine Garnison in Monterey hinterließ, rückte er mit ungefähr 300 Mann südlich vor zu dem Lager bei Agua Nueva. Ihre ganze Macht, Offiziere und Soldaten zusammen, belief sich auf 4690 Mann, und Santa Anna näherte sich mit mehr als einer vierfachen Uebermacht. Außer dem besaß er noch 3000 Mann regulärer Cavallerie unter Gen. Minon und 1000 unter Gen. Urcea, die er vorausgesandt hatte, die Stellung der Amerikaner zu umgehen, ihre Magazine zu zerstören und ihnen den Rückweg abzuschneiden. Die Armee blieb ruhig im Lager zu Agua Nueva bis zum Vormittag des 21. Februar 1847. Santa Anna rückte nun heran. Jetzt wurde das Lager bei Agua Nueva abgebrochen, und Santa Anna, in dem Glauben, daß seine Feinde in Schrecken vor ihm flohen, verfolgte sie mit Eifer, bis er zu dem rauhen Bergpaß von Angostura gelockt war, welchen die amerikanischen Generale schon vorher als den Platz ausgewählt hatten, an welchem sie die Schlacht annehmen wollten. General Wool wurde von Taylor als activer Commandeur bei Buena Vista zurückgelassen, während er selbst, besorgt um seine von Minon bedrohten Magazine, nach Saltillo ging. Am Morgen des 22. stellte General Wool die Armee in Schlachtordnung. Der Bergpaß bildete den Schlüssel zur amerikanischen Stellung. Hier war Capitän Washingtons Batterie postirt. Es war gerade der Geburtstag des großen Washington, und als Feldgeschrei war gewählt worden: „Gedenkt Washington's!" Von ihrer Stellung blickten die Truppen durch den Paß hinunter nach Süden zu und sahen aus den ungeheuren Staubwolken die lange Reihe des mexikanischen Heeres mit seinen glänzenden Waffen und bunt ausgeschmückten Fahnen emportauchen. Als die Mexikaner näher heranrückten, entzückte ihre herrliche Musik für den Augenblick selbst das Ohr der feindlichen Krieger, aber bald wurde sie übertäubt durch das Jubelgeschrei der Amerikaner, als General Taylor, den sie für unüberwindlich hielten, plötzlich auf dem Schlachtfelde erschien. Um Mittag ungefähr schoben die Mexikaner eine Abtheilung auf den östlichen Höhen gegen den linken Flügel der Amerikaner vor. Um 3 Uhr begann die Schlacht. Das Corps der Volontär-Riflemen unter Colonel Marshall traf mit den vorgerückten Mexikanern zusammen. Diese brachten die amerikanischen Linien nicht zum Wanken, während sie selbst Verluste erlitten. Die Nacht brach herein, die Amerikaner blieben unter Waffen. Zwei Stunden nach Mitternacht begannen die Mexikaner den Angriff von Neuem. Keine Sprache kann die gefährliche Lage der verhältnißmäßig wenigen Amerikaner beschreiben, welche die lange und blutige Schlacht bei Buena Vista schlugen und endlich gewannen. Bei Beginn des Tages begannen einige der Freiwilligen zu fliehen, und in dem Versuche, sie zum Stehen zu bringen, verlor Capitän Lincoln, Adjutant des Generals Wool, sein dem Vaterlande theures Leben. Einmal hatten die Mexikaner den linken Flügel der Amerikaner umgangen und rückten dort siegreich vor, als sich ihnen der Colonel Jefferson-Davis mit den ihr Ziel nie verfehlenden Mississippi-Volontärs entgegenwarf und sie zum Rückzuge zwang. Zu wiederholten Malen wäre die Schlacht verloren gewesen ohne die reitende Artillerie, welche, mit reißender Schnelligkeit ihre Stellung verändernd, stets auf dem Punkte der Gefahr erschien. Zwei Mal hielt Lieutenant O'Brien die Massen des Feindes mit seiner kleinen Batterie auf, indem er unerschüttert gegen sie Stand hielt, bis er nach Verlust einiger Geschütze nur noch sich und seine Mannschaft retten konnte. Capitän Washington behauptete, obgleich wiederholt angegriffen, standhaft seine Position im Bergpasse. Ein Mal hatte die mexikanische Cavallerie einen Weg in den Rücken der Amerikaner gefunden und griff deren Lager an. Sie wurden jedoch zurückgeschlagen. Hier verlor Colonel Yell sein Leben. Dann kam ein Augenblick, wo mehrere Tausend Mexikaner in Gefahr waren, gefangen genommen zu werden, aber Santa Anna befreite sie und änderte die Positionen seiner Batterien für einen letzten entscheidenden Angriff, indem er die Amerikaner durch den ehrlosen Streich, daß er einen Parlamentär mit Flagge wie zur Uebergabe an sie schickte, in Unthätigkeit versetzte. Dieser letzte Angriff wurde mit Wuth gegen das Centrum, das Taylor selbst commandirte, gemacht. Eine kurze Zeit lang waren die Volontärs in Gefahr, von der Uebermacht überwältigt zu werden. Die Obersten Hardin, Clay und McKee wurden getödtet, aber die Batterien von Bragg und Sherman kamen zur Verstärkung an, und durch fast übermenschliche Anstrengungen retteten sie den Erfolg des Tages.

Santa Anna sah sich genöthigt, seine sehr geschwächten Truppen zurückzuziehen. Die zweite Nacht brach herein. Offiziere und Soldaten blieben unter Waffen und die Pferde gesattelt. Das Schlachtfeld war bedeckt mit den leblosen Opfern des Krieges. Die amerikanischen Militärärzte und ihre Assistenten sprangen den Verwundeten, Freund oder Feind, hülfreich bei, während mexikanische Weiber den Tod der Sterbenden zu erleichtern suchten und die Dahingeschiedenen beklagten.

Die Amerikaner waren vorbereitet, den Kampf von Neuem wieder aufzunehmen. Entfernt stationirte Außenposten hatten staunenerregende Märsche gemacht und das Lager erreicht. General Marshall mit seinen berittenen Kentuckiern und Capitän Prendiß mit seiner Artillerie hatten vom Passe von Rinconada in einem Tage auf schlechtem Wege fünfunddreißig Meilen gemacht. Bei dem ersten Grauen des Tages ging General Wool auf Recognoscirung aus und bemerkte, daß der Feind in vollem Rückzuge war. Er eilte mit dieser frohen Botschaft zu dem Zelte Taylors, und beide fielen sich weinend vor Freude in die Arme, während das Jauchzen des Siegesgeschrei's über das Schlachtfeld tönte.

Santa Anna hatte vor der Schlacht seinen Truppen das Leben und das Eigenthum ihrer Feinde versprochen, und hatte außer den regulären Soldaten Horden von Rancheros ausgesandt, die Bergpässe zu besetzen, so daß kein einziger Amerikaner mit dem Leben davon kommen sollte. Von einer Abtheilung dieser Rancheros wurde ein Cavallerie-Train bei Ramas angegriffen und 45 Trainsoldaten getödtet. Am Tage der Schlacht wurde General Minon mit 1800 Mann vom Capitän Webster und seinen Leuten von Saltillo zurückgeschlagen. Colonel Morgan und Irven schlug eine andere Abtheilung bei Agua Frio am 26. Februar, und Major Giddings bestand ein siegreiches Gefecht bei Ceralvo am 7. März. Der Sieg von Buena Vista, ohne welchen der Guerillakrieg eine ganz andere Gestalt angenommen hätte, ließ die Amerikaner nach diesem Gefechte in den ruhigen Besitz der nördlichen Provinzen Mexiko's. Nachdem die activen Operationen hier beendigt waren, verließ General Taylor nach wenigen Monaten die Armee und kehrte heim, wo er mit hohen Ehren empfangen wurde. General Wool blieb in Monterey, um das eroberte Land zu regieren und zu decken.

Als der Krieg begann, war bereits eine Flotte an den Küsten Californiens angelangt. Commodore Sloat, der sie commandirte, war von dem Navy-Departement instruirt worden, daß, wann Krieg mit Mexiko ausbräche, er ohne weitere Befehle abzuwarten, mit der Flotte feindlich gegen Mexiko agiren sollte. Da er die Ueberzeugung gewonnen zu haben glaubte, daß der Krieg wirklich ausgebrochen sei, so griff er am 7. Juli 1846 Monterey, Cal., an und nahm es ein. Am 9. wurde Francisco, nördlich von Monterey, durch einen Theil des Geschwaders unter Befehl des Commodore Montgommery genommen. Am 15. langte eine Fregatte unter Commodore Stockton an. Am 17. detaschirte Commodore Sloat eine Abtheilung nach der Mission St. John, um Kanonen und andere Munition, welche der Feind dort verwahrt hatte, zu nehmen.

An diesem Platze fanden sie jedoch bereits die amerikanische Flagge wehend, welche Colonel Fremont aufgepflanzt hatte. Derselbe war nämlich schon im Jahre 1845 von der Regierung der Vereinigten Staaten angeblich auf eine friedliche Forschungsreise mit 63 Mann abgesandt worden. Als ein Offizier des topographischen Ingenieur-Corps war Fremont in den Jahren 1842—1843 beschäftigt gewesen, die großen Flüsse, Thäler, Prairien, See'n und Bergpässe auf der großen Tour nach Oregon zu untersuchen, und hatte schon damals durch seine scharfen Beobachtungen, durch seinen Muth und sein tactvolles Benehmen unter den Indianern die Fähigkeiten des einstigen tüchtigen Commandeurs verrathen. Beim Ausbruche des Krieges war er nun zufällig dort zur Stelle. Obgleich er vom mexikanischen General Castro, Militärcommandanten von San Juaquin die Erlaubniß, dort zu überwintern, erhalten hatte, so fand er doch bald, daß ihm und allen Amerikanern Verderben drohte. Er bot daher die amerikanischen Ansiedler am Sacramento auf, sie stießen zu ihm und vertrieben die mexikanischen Behörden vom nördlichen Theil des innern Californiens. Die amerikanischen Californier erklärten sodann am 6. Juli ihre Unabhängigkeit von Mexiko und stellten Fremont an die Spitze ihrer Regierung. Wenige Tage darauf kam die Nachricht, daß der Krieg zwischen den Vereinigten Staaten und Mexiko ausgebrochen wäre, und die californische Flagge, welche einen Bären als Wappen zeigte, wurde abgenommen und die Flagge der Vereinigten Staaten unter lautem Jubel aufgesteckt.

Commodore Stockton formirte aus den 160 Mann, die er unter Fremont antraf, ein Bataillon Marinesoldaten mit diesen segelten sie nach San Diego, wo sie sich mit den übrigen Marinetruppen vereinigten, auf Los Angeles losrückten und diesen Sitz des Gouvernements einnahmen. Hier proclamirte Commodore Stokton sich selbst zum Gouverneur und setzte eine Civilregierung ein. Sodann wandten sich beide Anführer, eine kleine Garnison zurücklassend, wieder nordwärts. Im September kam eine mexikanische Streitmacht unter den Generalen Flores und Don Pico heran, erregte einen Aufstand und griff Los Angeles an. Capitän Gillippi, der amerikanische Commandant, sah sich genöthigt, zu capituliren, und Capitän Mervine, der mit den Mariniers der Savannah die Garnison zu befreien versuchte, wurde zu seinem Schiffe zurückgetrieben. Commodore Stockton segelte nun nach den südlichen Häfen, und Colonel Fremont marschirte, nachdem er sein Bataillon frisch rekrutirt hatte, gleichfalls nach Süden, um bei der Wiedereroberung des verlornen Landstrichs mitzuwirken.

Unmittelbar nach dem Ausbruche des Krieges im Jahre 1846 hatte die Executive Ordres ausgegeben, daß eine Armee des Westens unter Befehl des Generals Kearny gebildet werden sollte, um Neu-Mexiko und Californien zu nehmen und den amerikanischen Staaten einzuverleiben. Diese Armee sollte bestehen aus einem Regiment berittener Freiwilliger aus Missouri (856 Mann unter Doniphan), einem Bataillon Infanterie (145 Mann), aus leichter Artillerie (250 Mann mit 16 Kanonen) und aus 407 Dragonern.

Am 5. Juni traf die erste Abtheilung dieser Truppen auf ihrem Sammelplatze, Fort Leavenworth, ein. Die Wahl der commandirenden Offiziere für das 1. Missouriregiment schien den Freiwilligen von großer Wichtigkeit, weil im Falle des Todes von General Kearny das Commando der ganzen Armee auf den Colonel dieses Regiments übergehen mußte. Alle Offiziere, welche von den Freiwilligen gewählt wurden, waren als Gemeine eingetreten. Die Wahl zum Obersten fiel auf Doniphan; Ruff ernannten sie zu ihrem Oberstlieutenant und Gilpin zum Major. Zwanzig Tage lang wurden die Freiwilligen sodann von ihren Offizieren, die zum Theil früher auf der Schule zu Westpoint gewesen waren, einexercirt, erhielten von den Damen von Liberty Fahnen geschenkt, und setzten sich am 30. Juni in Marsch, nachdem General Kearny die Bagage bereits vorausgeschickt hatte. Die Armee ging, in südlicher Richtung sich bewegend, über den Plattefluß, die Nebenflüsse des Kansas, dem Arkansas entlang, nach Bent's Fort und von da wieder südlich und südwestlich nach Santa Fe.

Ein großer Theil der Gegenden, welche die Armee durchzog, war eine freie, wilde, unermeßliche Ebene, oder sanft gewelltes Flachland, oft so weit das Auge reichte grün mit dichtem langem Grase überwachsen, oft mit unzähligen bunten Blumen freundlich geschmückt; hier glühte weit und breit das Roth der verschiedenen Arten der Prairierose, dort war wieder das Feld orangegefärbt von der wilden Lilie, und dann zeigte sich wieder das sanfte Grün und das zarte Weiß und Roth der Mocassinblume, dieser Königin der Prairien.

Längst den Ufern des Arkansasflusses fanden die Truppen ganze Heerden von Büffeln, deren Jagd ihnen vielfach Vergnügen und festlichen Genuß bereitete. Aber auch schwere Mühseligkeiten hatten sie zu bestehen. Der Boden war häufig so weich und sumpfig, daß die Wagen einsanken, und die Soldaten selbst mußten mit äußerster Anstrengung heben und mit den Pferden ziehen, um dieselben fortzubringen. Dann wieder mußten Schluchten ausgefüllt werden, um den Weg passirbar zu machen, über Ströme mußten Brücken geschlagen werden, und dann mußte der Freiwillige oft zur Nachtruhe sich niederlegen auf Plätzen, die von Schlangen, gehörnten Fröschen, Eidechsen und Muskitos wimmelten. Lange Märsche mußten gemacht werden ohne alles Wasser und zuweilen selbst ohne etwas zu essen; schon vom 8. Juli an wurden die Rationen auf die Hälfte und später sogar auf ein Drittel herabgesetzt. Zweimal entstand unter ihren Pferden eine sogenannte Estampeda, d. h. ein allgemeines panisches Scheuwerden. Das erste Mal, bei Bent's Fort, wurden die fast tausend auf der Prairie weidenden Pferde durch den Anblick eines Indianers so erschreckt, daß sie in wilder Flucht davon jagten, und trotz aller Bemühungen konnten ungefähr fünfundsechzig von ihnen nicht mehr zurückgebracht werden.

Als General Kearny sich der Hauptstadt Neu-Mexiko's näherte, erfuhr er, daß der Gouverneur Don Manuel Armigo eine furchtbare Streitmacht zusammengebracht hätte, um seinem Vorrücken Schranken zu setzen. Er stellte daher fünfzehn Meilen von Santa Fe beim Passe Galisteo seine Armee in Schlachtordnung, um dem Feinde entgegen zu treten; aber die Mexikaner hatten nicht den Muth dazu, und so rückte General Kearny am 18. August ohne Schwertstreich in die 6000 Einwohner enthaltende Stadt ein, nahm vom Palaste des Gouverneurs Besitz und pflanzte auf demselben die Flagge der Vereinigten Staaten auf. Die Armee hatte somit in fünfzig Tagen fast neunhundert Meilen durch wilde, wüste Landstrecken zurückgelegt.

General Kearny schritt nun nach seiner Instruction zur Errichtung einer Civilregierung, ohne weder in Santa Fe, noch in der umliegenden Gegend irgend erhebliche Schwierigkeiten zu finden. Schon am Tage nach seinem Einzuge erließ er eine Proclamation, in der er erklärte, daß er selbst die Gouverneursstelle von Neu-Mexiko verwalten würde, und sagte ferner: „ihr seid nunmehr amerikanische Bürger und den mexikanischen Behörden keinen Gehorsam mehr schuldig." Die angesehensten Männer leisteten unter Anrufung der heiligen Dreieinigkeit den von ihnen geforderten Eid der Treue gegen die Vereinigten Staaten, und es wurde bekannt gemacht, daß von jetzt an Jeder, der gegen diesen Eid handeln würde, als Verräther bestraft werden sollte.

Diese Maßregeln gaben jedoch, als sie in Washington bekannt

wurden, zu sehr lebhaften Debatten Anlaß, denn es erhob sich die Frage, ob die Regierung nicht ihre constitutionellen Befugnisse überschritten hätte, indem sie ohne Zuthun und Zustimmung des Congresses in obiger Weise ein Territorium der Union einverleibt hätte.

Nachdem General Kearny nunmehr Neu-Mexiko erobert und die neue Regierung des Landes, an deren Spitze er Charles Bent stellte, organisirt hatte, so mußte er nach seiner Instruction nach Californien aufbrechen. Er übergab deshalb Oberst Doniphan das Commando in Neu-Mexiko, mit der Bestimmung, daß er so lange dort bleiben sollte, bis die Freiwilligen unter Oberst Price angekommen wären, und dann mit seinem Regimente und einigen Verstärkungen nach Chihuahua marschiren und sich dort um weitere Befehle an General Wool wenden sollte.

Während nun General Kearny den Rio Grande entlang südwärts marschirte, traf ihn der berühmte Kit Carson, der, vom Colonel Fremont abgesandt, ihm die Nachricht brachte, daß Californien bereits von den Amerikanern erobert wäre. Kearny nöthigte ihn jedoch, seine Briefe Hrn. Fitzpatrik zu übergeben und ihm selbst zum Führer nach Californien zu dienen, und nachdem er sich hundert Mann zu seiner Escorte ausgewählt hatte, schickte er seine übrigen Truppen nach Santa Fe zurück. Kearny zog nun weiter, überschritt den Rio Grande ungefähr unterm 33. Grad nördlicher Breite, und erreichte die Kupferminen des Gila am 20. October. Den Lauf des Flusses verfolgend, kam er am 22. November an dessen Mündung unterm 32. Breitengrade an. Von hier marschirte er, sich immer möglichst nahe am Colorado haltend, vierzig Meilen weiter, dann circa sechzig Meilen westlich durch eine dürre öde Wüste und erreichte am 2. December das Dorf Wamas, die erste Ansiedlung an Californiens Grenze. Auf seinem Weitermarsche stieß am 5. nahe bei San Diego Capitän Gillespie mit 36 Mann zu ihm, welche auf sein Ansuchen vom Commodore Stockton, der damals als Gouverneur von Californien fungirte, gesandt waren. Ein feindliches Corps war in der Nähe. Am folgenden Morgen ließ der General, der einen Angriff erwartete, seine kleine Truppe auf die gänzlich erschöpften Pferde steigen, mit denen sie bereits von Santa Fe 1050 Meilen gemacht hatten, und marschirte bei Anbruch des Tages nach San Pascal ab, wo er auf 160 berittene Californier stieß. Die Amerikaner blieben im Gefechte zwar endlich Sieger, aber diese mexikanischen Krieger des Nordens verkauften den Sieg viel theurer, als die südlichen. Kearny selbst erhielt zwei leichte Wunden, die Capitäne Johnson und Moore, sowie Lieutenant Hammond wurden getödtet, ja die volle Hälfte der amerikanischen Offiziere und 19 Gemeine waren verwundet oder getödtet worden. Unfähig, sich mit den Verwundeten fortzubewegen, wurde Kearny darauf in seinem Lager selbst vom Feinde blockirt, bis durch Carson und Beale, die zu Stockton gesandt worden waren, 200 Marinesoldaten zum Entsatz kamen, mit welchen Kearny am 12. December San Diego erreichte.

Am 29. December übernahm Kearny auf Commodore Stockton's Ersuchen das Commando über 500 Marinesoldaten und die Landtruppen, und marschirte gegen Angeles, um gemeinschaftlich mit Fremont die Empörung zu unterdrücken, die damals durch eine mexikanische Streitmacht von 600 Mann unter den Generalen Flores und Pico unterstützt wurde. Letztere griff er bei San Gabriel am 8. Januar 1846 an und trieb sie zurück; am 9. griff er sie nochmals bei Mesa an und schlug sie aufs Haupt, wobei die Amerikaner nur 17 Mann verloren. Die Mexikaner zogen sich darauf zwölf Meilen hinter Angeles nach Cowenga zurück, und da auch noch der Colonel Fremont, nachdem er einen höchst beschwerlichen Wintermarsch von vierhundert Meilen zurückgelegt hatte, gerade jetzt im Felde erschien, so ergaben sich die mexikanischen Generale demselben auf Capitulation am 12. Januar. Stockton übertrug nun die Gouverneursstelle an Fremont, der sie bis zum 1. März verwaltete; dann folgte ihm nach verschiedenen Zwistigkeiten Kearny im Amte.

Kearny wurde in seiner Position unterstützt durch die Flotte unter Commodore Shubrik, und seine Landmacht war verstärkt worden durch das Mormonenbataillon, welches gegen Ende des Januar unter Oberst Cooke eintraf. Dieses Bataillon war ursprünglich von Colonel Allen von Council Bluff nach Santa Fe geführt worden, doch Allen starb unterwegs und Lieutenant Smith übernahm vorläufig das Commando. Cooke war von Santa Fe aus erst den Del Norte abwärts gegangen, und war dann mehr südlich als Kearny marschirt, wobei er die Gegend fruchtbarer und den Weg besser fand. Auf Befehl der Regierung führte Kearny den Oberst Mason ins Amt als Chef der californischen Regierung ein, und kehrte (am 16. Juni 1847) über die Rocky Mountains durch den Südpaß nach Hause zurück. Ihn begleiteten die Colonels Fremont und Cooke, sowie der ehrenwerthe Willard P. Hall, der als Volontär mit ausgezogen und nachher zum Mitgliede des Congresses gewählt worden war, ferner Offiziere und Soldaten, im Ganzen vierzig Personen. Am 22. August kamen sie bei Fort Leavensworth an, von wo Kearny unmittelbar nach Washington abging, nachdem er in wenig mehr als einem Jahr den Continent zweimal durchkreuzt hatte.

Drei Tage nachdem Kearny im Jahre 1846 Santa Fe verlassen hatte, langte Colonel Price daselbst mit seinen Verstärkungen an. Colonel Doniphan, der Ordre hatte, nunmehr nach Chihuahua zu marschiren, erhielt am 11. October von General Kearny Contreordre, datirt von „bei La Loya," worin ihm befohlen wurde, mit seinem Regimente gegen die Navajo-Indianer zu ziehen. Die Häuptlinge dieser Indianer waren nämlich, wie alle übrigen, zu einer Versammlung nach Santa Fe eingeladen worden, um mit ihnen Freundschafts- und Friedensverträge zu schließen; sie hatten auch zu kommen versprochen, waren aber statt dessen feindlich in Neu-Mexiko eingefallen, und hatten bei Solon sieben Mexikaner getödtet und Weiber und Kinder in die Gefangenschaft geschleppt. Die Mexikaner sollten daher nunmehr als amerikanische Bürger beschützt werden. Dies war jedoch keine leichte Aufgabe. Der Winter war vor der Thüre und die Lager der mächtigen Navajos, der „Herren des Gebirges," lagen im Westen, weit entfernt in unbekannten Gegenden. Oberst Doniphan theilte deshalb, um das Gebiet jener Indianer vollständig zu durchstreifen und gehörig darin aufzuräumen, sein Regiment in drei Colonnen; die eine unter Major Gilpin sollte eine nördliche Richtung einschlagen, eine zweite unter Colonel Jackson eine südliche, während er selbst zwischen beiden in der Mitte vorrücken wollte. Alle sollten sich endlich bei Ojo Oso (Bärenquelle) vereinigen, und die Häuptlinge zwingen, sich dort zu einer Berathung zu versammeln.

Während dessen ging ein Detachement unter Capitän Walton den Del Norte hinab nach Salverde, um einen Transport Kaufmannsgüter für den Handel in Chihuahua zu escortiren. Dieses Detachement ward von den mexikanischen Streitkräften bedroht; glücklicher Weise jedoch stieß Capitän Burguin, den General Kearny mit 200 Mann zurückgeschickt hatte, zu denselben und nun war es zu stark, um von den Mexikanern angegriffen zu werden. Die Colonnen setzten sich in Marsch und nach unglaublichen Beschwerden und furchtbaren Abentheuern unter den Wilden, indem sie über Höhen und Schluchten eines unbekannten Gebirges drangen, wo ein einziger falscher Schritt Roß und Reiter in den unermeßlichen Abgrund stürzen konnte, und nachdem in dem Schnee und Unwetter im Gebirge, mehrere Freiwillige erfroren waren, erreichten sie doch endlich vollständig ihren Zweck. Major Gilpin hatte 750 Meilen im Indianergebiete zurückgelegt. Capitain Reid von Jacksons Abtheilung er bot sich freiwillig mit 30 Mann Sandoval, einen Navajo Häuptling, zu einer fünf Tagereisen entfernten Versammlung des Stammes über's Gebirge zu begleiten. Sie waren da ganz in der Gewalt der Indianer, aber durch muthiges Vertrauen und Lustigkeit gewannen sie deren Herzen für sich. Von den mehr als 500 Mann, die sie dort versammelt trafen, hatten nur wenige je einen Weißen gesehen. Reid und seine Leute nahmen an ihren Tänzen und Gesängen Theil, und was den Indianern ganz besonders gefiel, tauschten mit ihnen ihre Kleidungsstücke aus. So wurden diese Wilden freundlich gestimmt und ihr erster Häuptling Narbona kam, obgleich krank und alt, selbst zum Lager nach Ojo Oho (Nov. 22.) und es wurde ein Vertrag geschlossen, wonach die Amerikaner, Mexikaner und Navajos in beständigen Frieden mit einander leben sollten, obgleich die Indianer es sehr auffallend fanden, wie es auch ihr Häuptling Sarcilla Largo aussprach, daß die Amerikaner, welche hergekommen wären, die Neu-Mexikaner zu bekriegen, die nie feindlich gegen Amerikaner gehandelt hätten, sie (die Navajos), deren alte Feinde doch die Neu-Mexikaner wären, verhindern wollten, dasselbe zu thun.

Colonel Doniphan ging darauf zurück nach Valverte, welches er zum Sammelplatz seiner Truppen machte, und wohin er auch eine Abtheilung regulärer leichter Artillerie mit 10 Kanonen von Santa Fe dirigiren ließ. Mitte December brach er dann mit seiner Macht in drei Divisionen nach Süden auf, indem er mit seiner Bagage auch noch einen Transport Kaufmannsgüter escortirte. Er hatte jetzt auf 90 Meilen jene traurige Wüste zu durchziehen, welche „die Tour des Todes" heißt, und wo man an Wasser, wie an Speise und Feuermaterial Mangel litt. Zu Donnana erst, am 22. Dec., fanden seine Truppen wieder Erholung. Indem sie nun in der Richtung auf El Paso vorrückten, trafen sie am 25. Dec., bei Bracito am del Norte, auf mexikanische Streitkräfte unter General Ponce de Leon. Dieser sandte einen Officier mit einer schwarzen Fahne und befahl dem amerikanischen Commandeur vor ihm zu erscheinen. Als dies verweigert wurde, fügte der Parlamentär mit hochmüthiger Verachtung hinzu: Wir werden weder Pardon geben noch annehmen. Die Mexikaner rückten darauf vor und feuerten auf ihrer ganzen Linie entlang dreimal hintereinander ihre Gewehre ab. Die Missourier warfen sich dabei zu Boden und als die Mexikaner, sie für todt haltend, näher kamen, sprangen sie plötzlich auf und richteten ein so furchtbares Feuer auf den Feind, daß derselbe in wilder Unordnung die Flucht ergriff, 200 Todte und Verwundete auf dem Schlachtfelde lassend, während die Amerikaner nur sieben Verwundete und gar keinen Todten hatten. Die Stärke der Mexikaner betrug 1200 Mann, denen Doniphan nur 500 entgegen zu stellen hatte. Die Amerikaner hatten nun in dem reizenden Thale des El Paso del Norte Gelegenheit, sich vollständig von den ausgestandenen Mühseligkeiten zu erholen. Hier stießen auch die von Santa Fe unter Clarke und Weightman gesandten Artillerie-Compagnien zu ihnen.

Von El Paso sollte ihr Weg nun weiter in unbekannte, feindliche Gegenden gehen, und nun erfuhren sie, daß General Wool nicht in Chihuahua wäre, und daß sie auf seine Armee nicht zu ihrem Schutz zählen durften. Missouri begann Besorgniß für das Schicksal seiner Söhne zu fühlen. Sie aber drangen furchtlos weiter vor. Am 8. Februar brach Doniphan vom El Paso auf. Seine Truppen hatten jetzt eine Wüste von 65 Meilen zu durchziehen, und die ganze Macht kam hier in die dringendste Gefahr, bis auf den letzten Mann vor Durst zu Grunde zu gehen. Viele der Zugthiere und Pferde stürzten nieder, mancher Brave warf sich verzweifelnd zu Boden, um zu sterben; viele Soldaten und Officiere selbst warfen alles von sich, um leichter mit ihren letzten Kräften noch einen 10 Meilen entfernten Landsee (Laguna de los patos) zu erreichen; aber die gütige Vorsehung, welche so oft während des Krieges unsre Krieger gnädig erhielt und rettete, erlöste sie auch hier wieder von ihrem Leiden, indem ein so heftiger Regenschauer eintrat, daß die Waldbäche von den Felsen hinabstürzten, sie zu erquicken; so gelang es ihnen endlich den See zu erreichen, wo sie lagerten, und nachdem sie nur einen Tag ausgeruht, traten sie am 18. Februar von neuem ihren Marsch an.

Als Colonel Doniphan sie nunmehr Chihuahua näherte, erfuhr er, daß eine Streitmacht von 4000 Mann vom Gouverneur der Provinz Don Angel Trias ausgehoben worden wäre, um sich ihm entgegen zu stellen, und am 28. Februar stieß er auf den Feind, der sich stark verschanzt in einer festen Position am Paß von Sacramento, 18 Meilen von der Hauptstadt, aufgestellt hatte. Während des ganzen Krieges wurden wohl kaum kühnere Thaten vollbracht als in dem Kampfe, der sich nun entspann, und besonders that sich Capitain Reid hervor, der an der Spitze der Cavallerie allen seinen Leuten voraus die feindlichen Batterien stürmte. So wurde die viermal stärkere Uebermacht (die Amerikaner zählten nur 925 Mann), die unter den Augen ihres Gouverneurs auf selbstgewähltem, vortheilhaften Terrain, und commandirt von den Generalen Heredia und dem wissenschaftlich gebildeten, ehemaligen Kriegsminister General Conde focht, mit einem Verluste von 300 Todten, und ebenso vielen Verwundeten, gänzlich geschlagen, während die Amerikaner nur den Verlust eines Todten und 18 Verwundeter zu bedauern hatten.

Nach dieser Niederlage war die Stadt und Provinz Chihuahua ganz in der Gewalt der Sieger. Da Capitain Reid und Weightman sich in der Schlacht beide vorzugsweise ausgezeichnet hatten, so wurde ihnen die Ehre zu Theil, am folgenden Tage detachirt zu werden, um militärisch von der Hauptstadt des Landes Besitz zu nehmen. Oberst Doniphan selbst sammelte erst die Trophäen seines Sieges, und rückte sodann den 2. März selbst mit dem Hauptcorps in Chihuahua ein, und ließ die Flagge seines Landes über eine Stadt wehen, die 40,000 Einwohner enthielt, und in deren Nähe einige der reichsten Bergwerke Mexikos sich befinden.

In diesem gesunden und herrlichen Clima genossen seine schwer strapezirten Truppen sechs Wochen lang der stärkenden Ruhe, während des Beginns des Frühlings; dann marschirten sie über Parras nach Saltillo, wo sie endlich am 22. Mai zu General Wools Armeecorps stießen. Aber schon war die Schlacht bei Buena Vista geschlagen worden, und ihre Dienstzeit ging am letzten Mai zu Ende. Sie wurden deßhalb über Comargo und Rio Grande zurück nach New-Orleans dirigirt, woselbst sie am 15. Juni ankamen, nachdem sie seit ihrem Ausmarsch von den Ufern des Mississippi 5000 Meilen marschirt waren.

Während dessen hatten die Neu-Mexikaner eine Verschwörung angezettelt, um sich dem Joche der Amerikaner zu entziehen. Am 19. Januar 1847 brachen zu gleicher Zeit an verschiedenen Orten Aufstände aus. Zu Fernando de Taos wurde der amerikanische Gouverneur Charles Bent, der Sheriff Lee und noch vier Andere grausam ermordet, zu Arroya Honda fielen ebenfalls sieben Amerikaner, desgleichen in Rio Colorado und vier in Mora. Oberst Price, der das Militaircommando in Santa Fe führte, erhielt diese erschütternde Kunde am 20. Jan., zugleich mit der Nachricht, daß der Feind, dem stündlich Verstärkungen zukämen, gegen ihn heranrücke. Er sandte sofort Befehle an alle seine Außenposten, zu ihm zu stoßen. Am 23. marschirte er dem Feinde entgegen. Am 24. traf er bei der kleinen Stadt Canada mit demselben zusammen, griff ihn sofort an und schlug ihn in die Flucht. Am 29. hatte Oberst Price, der inzwischen, durch Capitain Burguin von Albuquerque, bis auf 479 Mann verstärkt worden war, ein zweites siegreiches Rencontre mit den 1500 Mann starken Mexikanern beim Bergpasse Embudo. Nun zogen die Amerikaner über die Berge von Taos durch zwei Fuß tiefen Schnee, bei einer so starken Kälte, daß vielen die Glieder erfroren. Durch Fernando de Taos passirten sie, ohne vom Feinde belästigt zu werden. Zu Puebla aber fanden sie am 5. Februar den Feind in einer verschanzten Position aufgestellt. Diese Position wurde zwar mit Sturm genommen und der Feind vertrieben, aber nicht ohne den schmerzlichen Verlust mehrerer besonders tapferer Officiere, namentlich des Capitains Burguin, der hier fiel.

Ebenso war Capt. Hendley am 22. Januar bei einer Attaque auf das Dorf Mora gefallen. (Das Dorf wurde am 3. Februar durch ein Detachement unter Capt. Morin zerstört.)

Im Ganzen mögen in diesen Gefechten die Mexikaner circa 300 Mann an Todten verloren haben; die Zahl ihrer Verwundeten ist nicht bekannt. Der Verlust der Amerikaner betrug an Todten und Verwundeten ungefähr 60. 15 Mexikaner wurden als Verschwörer hingerichtet.

Obgleich nun aber die Amerikaner Sieger geblieben waren, so lebten sie doch fortan immer in Furcht vor geheimen Verschwörungen. Auch die Indianer, besonders die Commanches, begannen feindselige Gesinnungen zu zeigen, und längs der weiten Communicationslinie, von den Niederlassungen am Missouri bis nach Santa Fe, Californien und Oregon, wurden Raub und Mord von den Wilden gegen Reisende verübt. Die Regierung der Vereinigten Staaten verstärkte deßhalb die hier stationirten Truppen. Ein neues Bataillon wurde nach Neu-Mexiko geschickt, eins wurde in Santa Fe unter Colonel Gilpin verwandt, ein anderes unter Colonel Powell auf der Tour nach Oregon aufgestellt. Colonel Price wurde zum General avancirt, und erreichte, nachdem er das Commando an Colonel Walker übergeben hatte, am 25. September Missouri wieder, nachdem er von seinem Bataillon im Kampfe 2c. mehr als 400 Mann verloren hatte.

Da die mexikanische Regierung es verweigert hatte, sich auf Friedensunterhandlungen einzulassen, so beschloß die Executive der Vereinigten Staaten, über Vera Cruz einen Streich auf die Hauptstadt des feindlichen Landes selbst auszuführen. General Scott, der im Range höchste Officier der Armee, wurde gebührlicherweise auserwählt, dieses gefährliche Unternehmen zu leiten. Am 18. November 1846 erhielt der General seine Ernennung durch Secretair Marcy, und war angewiesen, die nöthigen Streitkräfte hauptsächlich von der Armee des General Taylor zu entnehmen; während diesem General Mittheilung gemacht worden war, daß die Truppen zu besagter Invasion von seinem Corps abgerufen werden würden. Am 25. November gab General Scott, obwohl mit Widerstreben, die Ordres, durch welche, wie bereits erwähnt, den Generalen Taylor und Wool der größere Theil ihrer Streitkräfte entzogen wurde. Aber mit einer schwächeren Macht als die, welche General Scott gegeben wurde, wäre es Wahnsinn gewesen, einen solchen Einfall zu beginnen; noch konnte von andrer Seite die Natur des Unternehmens den Verzug und Zeitverlust gestatten, um neue Truppen auszuheben und zu disciplиniren. Das tödtliche Sommerclima von Vera Cruz erforderte unverzügliches und schnelles Handeln. Santa Anna lag bei San Luis Potosi mit 20,000 Mann. Es schien eher wahrscheinlich, daß er sich nach Vera Cruz wenden würde, woselbst er dann vereint mit den Streitkräften in jener Gegend der Landung des General Scott sich mit 30,000 Mann hätte widersetzen können; als daß er sich gegen Gen. Taylor wenden würde. Aber (General Scott erfuhr dies erst nach seiner Landung) Santa Anna wählte das Letztere und wurde bei Buena Vista geschlagen. Um die wichtigen und großartigen Vorbereitungen für eine Belagerung im fremden Lande zu machen, war General Jesup, der Generalquartiermeister, noch New Orleans gegangen, um selbst mit General Scott alle Details zu ordnen. In welch' großartigem Style die Sache angegriffen wurde, mag daraus erhellen, daß allein 163 Transportschiffe dazu gebraucht wurden. Zum allgemeinen Sammelplatz der verschiedenen Truppencorps, welche die Invasionsarmee bilden sollten, war die 125 Meilen von Vera Cruz gelegene Insel Lobos gewählt worden. Unvermeidliche Verzögerungen traten jedoch ein, so daß General Scott sich doch erst am 7. März mit seinen Truppen auf der Transportflotte einschiffte, welche von Commodore Conner befehligt wurde. Am 9. erreichte er Vera Cruz und landete die ganze Armee, mit bewundrungswürdiger Ordnung an der Westseite der Insel Sacrificios. Die Garnison der Stadt wurde nun aufgefordert, sich zu ergeben, und da sie sich weigerte, ließ General Scott Belagerungsbatterien unter Leitung des Oberingenieurs Colonel Totten errichten, und begann in der Nacht des 18. März ein furchtbares Bombardement gegen die Stadt. Die Flotte wirkte hierbei gleichfalls mit, obgleich sie sich dadurch dem Feuer des Castells aussetzte. Am 26. Morgens ließ General Landera, Commandant von Vera Cruz, Capitulations-Vorschläge machen. Die Generale Worth, Pillow und Totten kamen endlich mit ihm über die einzelnen Bedingungen überein, und am 27. Abends wurde Vera Cruz und das starke Castell San Juan d'Ullao, die Haupthandelsstadt und die stärkste Festung Mexikos mit 5000 Mann (die auf Ehrenwort entlassen werden sollten) und 500 Stück Geschützen übergeben. Bei der ganzen Belagerung erlitten die Amerikaner nur den sehr geringen Verlust von neun Mann, unter denen sich leider auch die beiden sehr verdienten Officiere, Capt. Alburtis und Vinton, befanden. Capt. Swift, eine hervorleuchtende Zierde der Armee, der eine Compagnie Sappeurs und Mineurs gebildet hatte, schonte in seinem Diensteifer seine Gesundheit so wenig, daß er vor der Front seiner Compagnie niederstürzte, und von Allen bedauert im Hospital starb. General Scott übte strenge Disciplin in seiner Armee, und Eingriffe in das Privatrecht friedlicher Mexikaner wurden nicht gestattet.

Die amerikanische Regierung nahm jetzt das System an, von den eroberten Gebieten Geldabgaben zu erheben, damit nicht durch zu große Milde und prompte Bezahlung für alle Bedürfnisse der Armee, der Krieg so zusagen zu einem pecuniären Vortheil für einige Stände der Mexikaner werden, und der Frieden sich dadurch verzögern möchte. Da nun also die besten Häfen Mexikos erobert waren, so wurden amerikanische Zollbeamten ernannt und Einfuhrzölle erhoben. Am 8. April brach General Scott von Vera Cruz auf, nachdem er eine Garnison daselbst zurückgelassen. General Twiggs wurde mit der Avantgarde auf der Straße nach Jalapa vorgeschoben. Die übrigen Abtheilungen der Armee rückten am Fuße der großen östlichen Bergkette der Cordilleren vor, und der Ober-General schlug bei Plan del Rio ein Lager auf. Jetzt lag ein steiler, schwierig zu passirender Bergpaß vor ihm. Der Paß selbst, sowie die Höhen, welche ihn beherrschten, starrten von Kanonen, und waren von 12,000 Mann unter Santa Anna besetzt. Dieser hatte alle möglichen Anstrengungen gemacht, den Muth der Seinigen aufrecht zu erhalten, und hatte erklärt, daß er lieber fechtend fallen wolle, als dulden, daß die amerikanischen Schaaren stolz die kaiserliche Hauptstadt von Azteca bedrohen sollten. General Scott recognoscirte den Feind und fand, daß seine Stellung so stark befestigt, und so vollkommen durch die Batterien auf den Höhen des Cerro Gordo gedeckt waren, daß jeder Frontangriff unausführbar wäre.

Aber unterstützt durch das Genie der Ingenieure Lee und Beauregard fand er, daß durch Anlegung einer neuen Straße, über steile Klippen und tiefe Abgründe, die feindliche Stellung nach links hin (auf dem feindlichen rechten Flügel) umgangen werden könnte. Nachdem in drei Tagen heimlich die nöthigen Arbeiten hierzu vollendet worden, veröffentlichte der Obergeneral am 17. April in einem Armeebefehl den ganzen detaillirten Plan des Angriffs für den folgenden Tag, genau nachweisend, wie die Schlacht gewonnen, wie der Feind verfolgt und wie die größtmöglichen Vortheile aus dem Siege gezogen werden müßten; und alles wurde pünktlich so ausgeführt, wie er es befohlen hatte.

Gegen Mittag schon war der steile Paß genommen, die Höhen von Cerro Gordo waren von der Brigade Twiggs erstürmt, und das feindliche Lager durch eine Abtheilung unter Colonel Harney, Gen. Shields (der schwer verwundet wurde) und Col. Riley erobert worden. Um 2 Uhr Nachmittags wandte das feindliche Heer sich zur hastigen Flucht, über tausend todte und verwundete Mexicaner bedeckten das Schlachtfeld; von den 8500 Amerikanern waren 430 getödtet oder verwundet. 3000 Mexikaner wurden gefangen genommen, aber da man weder Lebensmittel, noch sonst Gelegenheit hatte sie zu halten, so wurden sie auf Ehrenwort wieder losgelassen. Santa Anna wurde nun mit großem Eifer verfolgt. Gen. Scott hatte schon vor der Schlacht befohlen, daß jeder der Verfolger Lebensmittel auf zwei Tage mit sich nehmen und daß ihnen, damit sie nicht inne zu halten nöthig hätten, Munitionswagen ꝛc. unmittelbar nachfolgen sollten. Am 19. rückte die amerikanische Cavallerie auf dieser Verfolgung in Jalappa ein und nahm die Stadt in Besitz. Am 20. fanden sie den wichtigen Posten La Hoya verlassen. Am 22. pflanzte General Worth, nachdem die Amerikaner nun den Gipfel der östlichen Cordilleren erreicht hatten, ohne Widerstand zu finden, die Fahne seines Landes in dem Castel von Perote (nach San Juan d' Ulloa der stärksten Festung Mexiko's) auf. Durch diese nachdrückliche und unaufhaltsame Verfolgung jenes denkwürdigen Sieges, wurde der Feind verhindert, sich wieder zu erholen und in diesen seinen stärksten Inlandspositionen Stand zu fassen, und dadurch wurden der siegreichen Armee neue

Schlachten erspart. Santa Anna's Equipage und Kanzlei wurden bei Cerro Gordo zwar gerettet, aber eine große Anzahl Geschütze fiel dort sowohl, wie in Perote, den Amerikanern in die Hände. Von Perote weiter, durch das große tafelförmige Thalland zwischen den großen Ketten der Cordilleren, die Terras Frias (das kalte Land) genannt, hatte die amerikanische Armee nun keinen ernstlichen Widerstand mehr zu erwarten.

Am Morgen des 15. Mai rückte die Avantgarde unter Worth in Puebla ein, die zweite Stadt des Landes von 80,000 Einwohnern. Die Mexikaner, Männer und Weiber, drängten sich eifrig von den gefüllten Balcons die gewaltigen Sieger zu sehen. Durch die Kriegsstrapatzen mitgenommen, und in das einfache nüchterne Grau der amerikanischen Armee gekleidet, entsprachen sie den Erwartungen der an glänzende Uniformen gewöhnten Mexikaner durchaus nicht, und diese konnten endlich gar keinen anderen Grund für die Erfolge der Amerikaner auffinden, als den, „daß ihre Anführer grauhärige, alte Männer wären."

Da nun die amerikanischen Heere die nördlichen Theile des Landes überzogen, und ferner einen erfolgreichen, die Hauptstadt selbst bedrohenden Einfall ins Innere gemacht hatten, so sandte die Regierung zu Washington Nicolas P. Trist mit dem Auftrag ab, zu versuchen, ob die mexikanische Regierung jetzt vielleicht zu Friedensverhandlungen geneigt wäre. Aber wiederum wurde der Olivenzweig des Friedens zurückgewiesen. Dagegen war die Unterbrechung, die durch diese nutzlosen Versuche, Frieden zu schließen, in den Operationen der Armee hervorgerufen wurde, vielfältig nachtheilig. Die Stärke des Heeres schwand durch Krankheiten, denn das Klima, so angenehm es ist, erwies sich doch in so hohem Grade ungesund, daß die Amerikaner zu Hunderten in die Hospitäler kamen, und viele selbst starben. (700 starben in Perote und 1800 lagen einmal zu gleicher Zeit in Puebla.) Die Zeit, für welche viele der Freiwilligen Dienste genommen hatten, ging zu Ende, viele (1700 Mann) waren sogar desertirt. Inzwischen hatte der Congreß die Bildung von 10 neuen Regimentern durch einen Beschluß vom 11. Februar 1847 sanctionirt, und von diesen wurde der Armee über Vera Cruz Verstärkung nachgeschickt. Obgleich jedoch diese Verstärkungen nicht groß genug waren, um Scott in den Stand zu setzen Besatzungen zurückzulassen, die hinlänglich gewesen wären, ihm seine Zufuhrslinie im Rücken frei zu halten, so beschloß er dennoch vorzurücken.

Am 7. August brach er demgemäß 10,728 Mann stark von Puebla auf und ließ 3000 Mann in den Hospitälern und als Besatzung unter Col. Childs zurück. Die einzelnen Colonnen mußten sich nur in solchen Entfernungen halten, daß sie einander nöthigenfalls unterstützen konnten, und so führte Scott, persönlich die Vorhut begleitend, seine kleine Armee vorwärts, um gleich einem neuen Cortes den zahllosen Massen entgegen zu treten, die der bevorstehende Todeskampf einer zur Wuth getriebenen Nation gegen ihn heraufbeschwören könnte. Der Marsch der Amerikaner ging jetzt durch eine reizend schöne angebaute Gegend, in der Wasser reichlich vorhanden war. Schnell begannen sie nun die Berge der großen Cordilleren von Anahuac, die die Scheidelinie zwischen beiden Weltmeeren bilden, emporzusteigen. Am dritten Tage ging ihr mühsamer Marsch an steilen Abhängen hinauf. Endlich war der Gipfel erreicht und drei Meilen jenseits Rio Frio tauchte plötzlich vor ihren in Staunen entzückten Augen alle die Pracht und Schönheit des großen Thales von Mexiko auf. Der gigantische Gipfel des Popacatapetl erhob sich in der Ferne zu ihrer Linken, vor ihnen lag der See Texcuco und jenseits desselben die Dome und Thürme der Stadt der Montezuma's. Mancher tapfre Amerikaner jubelte damals, diese Thürme zu sehen, zu denen er nie gelangen sollte. Die Bergpässe waren hier nicht besetzt und die Armee ging daher weiter, bis die Avantgarde unter General Twiggs am 11. zu Ayotla, nördlich vom See Chalco, nur 15 Meilen von der Hauptstadt Halt machte. Die übrigen Corps wurden nun schnell concentrirt und in kleinen Distanzen von einander, theilweise am östlichen Ufer des Sees gelagert. Jetzt kam es darauf an, genau die Position der Stadt und Alles, was auf ihre Vertheidigung Bezug hatte, kennen zu lernen und in gehörige Erwägung zu ziehen. Der eigentliche Grund der Stadt war früher eine Insel gewesen, und der See, der sie früher begränzte, war zu einem schlammigen Morast eingetrocknet. Durch diesen Sumpf führten lange gerade Dämme, die sehr leicht durch Artillerie bestrichen werden konnten, als Straßen von der Landstraße ab zu den verschiedenen Thoren. Der Damm jedoch, der für den von Vera Cruz Kommenden zu passiren war, zeigte sich als der längste von allen. Bevor man aber überhaupt einen dieser Dämme erreichen konnte, war noch erst ein äußeres sehr starkes System von Verschanzungen zu überwinden.

Eine kühne Recognoscirung wurde gemacht. Auf dem Wege von Vera Cruz, wo die Armee jetzt lagerte, konnte man sich der Stadt nicht nähern, ohne vorher die stärksten der äußeren Befestigungswerke, die von El Penon, zu nehmen. „Ohne Zweifel," sagt General Scott, „hätten sie genommen werden können, doch sicher nicht ohne einen großen und unverhältnißmäßigen Verlust, und ich mußte die tapfre Armee schonen und aufsparen für eine große Schlacht, die, wie ich deutlich voraussah, noch geschlagen werden mußte, bevor die Hauptstadt genommen, oder der große Zweck des Feldzuges, ein gerechter und ehrenwerther Friede, errungen werden konnte." Durch die Ingenieure geleitet rückte daher die Armee am 15., in einem Marsche von 27 Meilen auf einem neugebahnten Wege über scharfe vulcanische Felsen und tiefe Abgründe, an Stellen, von denen der Feind nie sich hatte träumen lassen, daß sie passirbar wären, die Seen Chalco und Jochamileho umgehend, nach St. Augustine auf dem Wege von Acapulco acht Meilen südlich von Mexiko. Dort wurde am 18. ein Lager aufgeschlagen. Die feindlichen Werke, die auf dieser Seite den Zugang zur Stadt wehrten, waren das Fort Antonia, und anderthalb Meilen nördlich, die stark befestigte Höhe von Churubusco. Diesen Werken konnte man sich in Front nur auf einem sehr gefährlichen Dammwege nähern. Wenn man aber eine Umgehung nach Westen machte, wo indessen neue Gefahren und Schwierigkeiten entgegen standen, war es jedoch möglich, sie in der linken Flanke anzugreifen. Der Obergeneral befahl daher zwei Bewegungen, die beide gleichzeitig ausgeführt wurden. General Worth rückte mit Harney's Cavallerie vor, um Fort Antonio in Front zu bedrohen, während General Pillow's Division, bestehend aus den Brigaden Pierce und Cadwallader, sich nach links wandte, um unter Leitung der Ingenieure Lee, Beauregard ꝛc. einen Weg zu bahnen, durch zerrissene Klippen alter Lava, deren tiefe Schluchten mit Wasser gefüllt waren. Um diese Arbeiten zu decken und zu unterstützen, wurde General Twiggs Division, bestehend aus den Brigaden Riley und Percifer Smith nachgesandt. Am Nachmittag des zweiten Tages, nachdem dieser schwierige Weg fast drei Meilen weit fortgeführt worden war, befanden sich die Truppen auf Kanonenschußweite von dem befestigten Lager bei Contreras, welches mit 22 schweren Geschützen bepflanzt und von 6000 Mann unter General Valencia besetzt war. Dieses Lager stand ferner durch eine gute Straße mit der Stadt Mexiko, und ebenso mit dem Hauptlager Santa Anna's in Verbindung, welches zwei Meilen näher lag. Man konnte sehen, wie die Mexikaner sich auf dieser Straße eilig nach dem bedrohten Punkte bewegten. Nun begann der Kampf in dem die Divisionen Twiggs und Pillow, besonders aber die Brigade Riley, engagirt war. Unerschrocken rückten sie vorwärts, obgleich sie stark vom feindlichen Feuer zu leiden hatten, während die leichten amerikanischen Batterien von Magruder und Callender, welche sie unterstützten, nur mit großen Schwierigkeiten in Action gebracht werden konnten. Die Sonne neigte sich schon zum Untergange, als der Obergeneral selbst mit neuen Truppen auf dem Kampfplatz erschien, und Colonel Morgan von der regulären Infanterie eine Ordre gab, die dieser unterstützt durch General Shields von den Freiwilligen mit Erfolg ausführte; der Oberst sollte nämlich das Dorf Contreras (oder, wie es auch genannt wird, Ansalda), welches auf dem Wege der Communicationslinie vom Lager Valencia's. zu dem Santa Anna's lag, wegnehmen. Jetzt war dem General Valencia jede Verstärkung abgeschnitten. Die Nacht, die nun eintrat, war kalt und finster und der Regen stürzte in Strömen herab auf die Truppen, die ohne alle Nahrung schlaflos im Felde bivouakirten. Die Lage der Truppen in Ansalda war außerdem in hohem Grade gefährlich, denn in ihrer vorgeschobenen Stellung waren sie jetzt durch ein unpassirbares Lavafeld, in dessen tiefen Einschnitten der Regen reißende Ströme gebildet hatte, vom Hauptquartier abgeschnitten. Sieben Adjutanten hatte General Scott seit Beginn der Nacht mit Befehlen an sie abgeschickt, aber keinem gelang es, zu ihnen zu dringen. Aber die Befehlshaber dieser Abtheilung fanden neue Hülfsquellen in ihrem Genie, ihrem Muthe und ihrer Einigkeit. General Percifer Smith schlug vor, um Mitternacht aufzubrechen, den Feind zu überfallen und das Lager bei Contreras zu stürmen. Jeder war sogleich bereit, und wie aus eigenem Antriebe griff alles in einander, Officiere wie Soldaten jeder war prompt und schnell bei dem erforderlichen Werke. General Shields vertheilte seine 600 Mann auf eine lange Linie, und ließ zahlreiche Wachtfeuer anzünden, um Santa Anna und seiner Armee von 12,000 Mann, der er allein gegenüberstand, die Bewegung gegen Valencia's Lager zu verdecken. Einem einzigen Boten nur, dem Ingenieur Lee, gelang es, in der tiefen Finsterniß, durch die Wasser und Felsen hindurch, in's Hauptquartier zu kommen, und dem Obergeneral die angenehme Nachricht von dem tapfern Vorhaben zu bringen, und in General Smith's Namen um Unterstützung zu bitten. General Scott gab seine Einwilligung, und sandte General Twiggs, um gegen fünf Uhr Morgens die im Rücken des Feindes Stürmenden dadurch zu unterstützen, daß er die Front des Feindes bedrohte. Um Mitternacht brach General Smith geführt von Ingenieur Smith auf. Oberst Riley befehligte die Vorhut. Der Regen goß noch immer in Strömen herab, und der Marsch ging nur langsam vorwärts. Eine so tiefe Finsterniß herrschte, daß die Soldaten dicht an einander gedrängt gehen mußten, um sich nicht zu trennen und zu verlieren. Endlich, ungefähr bei Sonnenaufgang, stürmten sie 4500 Mann stark die Verschanzungen, und warfen sich völlig unerwartet auf die bestürzten Mexikaner. 17 Minuten lang herrschte der Schrecken und das Morden, dann ergaben sich die Mexikaner und das Lager war genommen. Vier Generale, 88 Officiere und 3000 Mann wurden gefangen, und 33 Geschütze erbeutet, unter welchen sich auch zwei von jenen befanden, die Lieutenant O'Brien auf so ehrenvolle Weise bei Buena Vista verloren hatte, und die durch Capitain Drum, mit einer Abtheilung desselben Regiments, erobert worden, zu dem sie in jener Schlacht gehört hatten. Die Sieger von Contreras konnten sich des jubelnden Hurrahs bei ihrer Ueberlieferung nicht enthalten, worin auch der inzwischen am Platze erschienene Obergeneral, stolz auf seine brave Armee, herzlich mit einstimmte. 700 Merikaner waren geblieben, die Amerikaner verloren an Todten und Verwundeten 66 Mann, unter ersteren den braven Capitain Hanson. Jetzt befahl General Scott eine Bewegung gegen Churubusco, wozu der eben gewonnene Sieg nunmehr den Weg gebahnt hatte. In nordöstlicher Richtung auf der Straße durch St. Angel vorrückend, hielt er ein weites Feld besetzt. General Worth commandirte auf dem äußersten rechten Flügel, wo er den jetzt vom Schrecken ergriffenen Feind aus Fort Antonia trieb. General Shields, der bei Contreras Stunden lang die ganze Armee Santa Anna's in Schach gehalten hatte, befehligte den äußersten linken Flügel, und hatte auch jetzt noch die gefährliche Aufgabe, die mexikanische Hauptarmee von dem eigentlichen Punkt, der gegenwärtig angegriffen werden sollte, abzuhalten. Das Centrum führte General Twiggs und rückte schnell auf Churubusco los. Er langte von Westen herkommend dort an, und attaquirte die eine der beiden sehr starken Befestigungen, die verschanzte Kirche von San Pablo, mit entschlossenem Muth. Gleichzeitig traf aber auch General Worth, durch General Pillow und Cadwallader verstärkt, von Fort Antonio kommend, bei Churubusco ein; stürzte sich wüthend auf die ihm entgegenstehende, stärkere Verschanzung, den sogenannten Pont du Tête (Brückenkopf) und nahm sie stürmend ein. Sofort ließ er nun die Kanonen wenden und auf die zur Citadelle gemachte Kirche richten, worauf auch hier der Feind, unter dem alten, tapfern General Rincon, sich ergab. (20. August.)

Während dieser Vorgänge kämpften auf dem linken Flügel die Generale Shields, Pierce &c. eine blutige Schlacht gegen Santa Anna's furchtbare Uebermacht, nur unterstützt von einzelnen Regimentern, die Scott, nach dem erfolgreichen Fortgange der Operationen an den andern Punkten, allmälig als Succurs dorthin schickte. Endlich räumte Santa Anna das Feld. Shields und Worth verfolgten ihn, und Colonel Harney's Dragoner, die zu hitzig bis vor die Thore der Stadt selbst nachjagten, erlitten dadurch empfindlichen Verlust, einige Officiere fielen, und Capitain Kearney verlor hier seinen Arm.

Der Obergeneral hätte nun, wenn er seinen Sieg verfolgen wollte, die Stadt Mexiko nehmen können. Aber er war gesandt worden, nicht das Land zu erobern, sondern den Frieden zu erzwingen, und er glaubte, daß die Einnahme der Hauptstadt einen Friedensschluß eher verzögern, als beschleunigen würde. Er wollte die Regierung nicht entehrt aus der Stadt verjagen. „Die Armee," sagte Scott in seiner Depesche, „möchte dieser Republik noch etwas lassen, woran ihr Stolz sich hielte, und sie opfert dem Patriotismus mit freudigem Herzen den glänzenden Ruhm, mit dem Schwerdte in der Hand, in eine so große Hauptstadt einzuziehen."

Der Obergeneral verlegte nun das Hauptquartier nach Tacubaya, woselbst er am 21. August den Palast des Erzbischofs mit dessen schönen Gärten bezog. Hier wurde am 24. mit den mexikanischen Bevollmächtigten ein Waffenstillstand als Vorläufer des endlichen Friedens abgeschlossen. N. P. Trist, der Bevollmächtigte der Vereinigten Staaten, sollte nun die Friedensbedingungen mit der mexikanischen Regierung feststellen. Unter andern verlangte diese, daß weite Strecken zwischen beiden Republiken als Trennung wüst liegen bleiben sollten. Aber obgleich gedemüthigt, konnten die Mexikaner sich dennoch nicht zur Abtretung der verlangten Ländereien verstehen. Die Unterhandlungen wurden abgebrochen und nochmals erhob sich der Muth der Mexikaner, einen letzten entscheidenden Kampf zu wagen. Sie verletzten den Waffenstillstand, indem sie ihre Verschanzungen verstärkten. Sie errichteten bei der sogenannten Königs-Mühle eine Gießerei, in der sie die von den Kirchthürmen genommenen Glocken zu Kanonen verarbeiteten. Sie riefen die Provinzen auf, sich in Masse zu erheben und ihnen zu Hülfe zu kommen, und mit Feuer, Gift, Dolch oder in jeder möglichen Weise die fremden Eindringlinge zu beschädigen und zu vernichten.

Die Stadt Mexiko konnte von Tacubaya deutlich gesehen werden; sie lag nordöstlich etwa 3 Meilen entfernt, mehr in nördlicher Richtung, nur eine Meile entfernt, ragte aber die befestigte Bergkuppe des Chapultepec hervor. Seine Porphyrfelsen stiegen an der Süd- und Ostseite steil in die Höhe, während er auf der Westseite durch eine bewaldete Abdachung mehr allmälig sich erhob, hier aber lag am Fuß des Berges das befestigte steinerne Gebäude El Molinos del Rey (die Königsmühle) und eine Viertelmeile davon nach Westen stand ein zweites steinernes Fort Casa Mata. Dies waren die Hindernisse, welche jetzt den Amerikanern den Zugang nach der Hauptstadt versperrten, und sie bildeten die Stützpunkte der mexikanischen Armee, welche 14,000 Mann stark unter Santa Anna hinter ihnen aufgestellt war.

Nachdem die Generale Scott und Worth persönlich eine Recognoscirung vorgenommen und den Plan verabredet hatten, beorderte ersterer letzteren zum Angriff auf Molinos del Rey. Ein furchtbarer Kampf entspann sich nun (8. September) und führte als Resultat die Eroberung von Molinos und Casa Mata herbei. 800 Mexikaner nebst 52 Offizieren wurden gefangen; aber auch die Amerikaner hatten schweren Verlust erlitten. Sie hatten 116 Todte und 665 Verwundete, worunter sich 49 Offiziere befanden. Jn heißesten Kampf stürzte sich Major Wright, von Mason vom Jngenieurcorps unterstützt, auf die Hauptbatterie im Centrum des Feindes und nahm sie. So fürchterlich aber war der wüthende Angriff, den die Mexikaner nun machten, um ihre Batterie wieder zu nehmen, daß von 14 amerikanischen Offizieren allein 11 todt auf dem Platze blieben, unter ihnen befand sich auch Wright und Mason selbst. Eine Brigade verlor ihre drei ältesten Offiziere, Col. M'Jntosh, Major Waite wurden verwundet und Oberst Martin Scott getödtet. Casa Mata war in die Luft gesprengt, und El Molinos demolirt worden. Hier an dem Chapultepec war es, wo früher der Palast der Montezumas stand, und hier empfingen nun die Nachfolger Cortez die harte Züchtigung durch die amerikanischen Waffen.

Jn der Nacht des 11. September ließ nun Gen. Scott aus den eroberten schweren Geschützen 4 Batterien gegen die Befestigungen des Chapultepec selbst errichten. Am 12., bevor noch die Nacht anbrach, waren bereits die äußeren Schanzen durch das Feuer der Amerikaner demolirt und Bresche geschossen worden. Am 15., um 8 Uhr Morgens begann der Sturm auf die Feste, die letzte Hoffnung einer großen Nation. Die Batterien, die bisher ununterbrochen gefeuert hatten, hielten eine kurze Weile inne und dies war das verabredete Signal vorzurücken. Gen. Quitman geht im Sturmschritt von Süden vor; Gen. Percifer Smith von Südost und Gen. Pillow und Colonel Clark greifen von Westen her über die waldige Abdachung des Berges an. Die amerikanischen Batterien fuhren indessen während der wüthenden Attaque immer fort Bomben über die Köpfe ihrer Kameraden auf den Feind zu schleudern. Die Garnison wehrte sich zwar heldenmüthig, aber endlich dennoch überwältigt, begann sie zu weichen und sich zurückzuziehen. In diesem Momente wurden die Reservetruppen, die unter Santa Anna hinter Chapultepec aufgestellt waren, von Gen. Worth angegriffen und geworfen. Auf Befehl des Obergenerals verfolgte er den Feind hart auf dem Fuße und suchte durch einen Umweg durch das nordwestliche Thor San Cosme in die Stadt selbst einzudringen. Gen. Quitman verfolgte während dessen den nach der Stadt fliehenden Feind auf dem geraden Wege von Chapultepec her; er hatte Befehl, einen Scheinangriff auf das südwestliche, oder Belen-Thor zu machen, welches sich in der Nähe der innerhalb der Stadt gelegenen furchtbaren Citadelle befindet, um den Feind vom eigentlichen Angriffspunkte, dem San Cosme-Thore, abzuziehen.

Scott selbst rückte mit General Worth in die Vorstadt San Cosme vor, wo die feindlichen Batterien, welche sie aufhalten sollten, nach kurzem Kampfe genommen wurden. Zur Nacht jedoch kehrte er nach Chapultepec zurück, um mit väterlicher Sorgfalt persönlich nachzusehen, daß die Bedürfnisse des kämpfenden Heeres und der vielen Verwundeten 2c. nach bester Möglichkeit befriedigt würden. General Worth blieb seiner Instruction gemäß bis am Morgen in der Vorstadt liegen. Quitman dagegen brachte mit Shields und Smith diese Nacht schon in der Stadt selbst zu, nachdem er von dem Scheinangriff, der ihm befohlen worden, zu einem wirklichen übergegangen war, und, obgleich mit beträchtlichem Verlust, das Belen-Thor genommen hatte. Die Citadelle hatten sie jedoch noch nicht passirt. Als General Scott darauf am nächsten Morgen um vier Uhr (14. Sept.) wieder in der Vorstadt San Cosme angekommen war, erschien eine Deputation der mexikanischen Behörden, um mit ihm eine Capitulation zu schließen. (Die mexikanische Armee war nach Mitternacht aus der Stadt entflohen.) General Scott erwiderte der Deputation, „daß die Amerikaner einrücken würden, ohne alle andre Bedingungen als diejenigen, welche das eigene Ehrgefühl, der humane Geist des jetzigen Zeitalters und die Würde des amerikanischen Charakters ihnen auferlegten." Worth und Quitman rückten nun vorsichtig vorwärts; ersterer nach der Alameda, letzterer nach dem Grand Plaza, wo die siegreiche Armee auf dem Nationalpalaste von Mexiko das Sternenbanner der nordamerikanischen Republik aufpflanzte.

Die mexikanischen Streitkräfte in den Kämpfen vom 12. — 14. beliefen sich ungefähr auf 20,000 Mann, denen die Amerikaner nur 7180 entgegen zu stellen hatten. Die Ersteren mögen dabei nahe an 6000 Mann, die zahlreichen Deserteure mitgerechnet, eingebüßt haben. Der Verlust der Amerikaner belief sich auf 10 Officiere und 130 Soldaten, die gefallen, und 68 Officiere und 703 Soldaten, die verwundet worden waren. Um zehn Uhr Morgens rückte General Scott selbst mit einer Cavallerieeskorte, unter den hellen Fanfaren der Trompeten, in die besiegte Hauptstadt der Azteken ein und wurde auf dem Grand Plaza vom lauten Jubel seiner Kampfgenossen empfangen.

Während der ersten 24 Stunden hatten die Truppen von der Anarchie in Mexiko mehr zu erdulden, als vorher durch den Kampf. 2000 Verbrecher, die man aus den Gefängnissen entlassen hatte, griffen die Amerikaner von den Dächern herab an, indem sie dabei gleichzeitig in die Häuser einbrachen und Räubereien begingen. Endlich wurden am 15. Morgens diese Banditen mit Hülfe der Mexikaner selbst unschädlich gemacht.

General Scott erließ an die Armee am Tage des Einzuges in Mexiko einen denkwürdigen Tagesbefehl, wie sie die Disciplin und ihr Benehmen gegen die Besiegten halten sollte. Nachdem er die Compagnien und Regimenter angewiesen hatte, sich zusammen zu halten, fährt er fort: „Vermeidet alle Unordnung, Streit und Trunkenheit; Marodeure werden kriegsgerichtlich bestraft werden. Die gute Ordnung, deren Befolgung zu Puebla der Armee zu hoher Ehre gereicht, muß auch hier befolgt werden. Die Ehre der Armee und des Vaterlandes fordert von uns, daß Jeder sich bestmöglichst betrage. Der Tapfere und Starke muß sich Gottes und seines Landes Billigung seiner Thaten dadurch verdienen, daß er mit nüchterner Besonnenheit, ordentlich und schonungsvoll verfährt. Der Obergeneral hofft, daß seine edlen Waffenbrüder ihr Ohr der mahnenden Stimme ihres Commandeurs und Freundes nicht verschließen werden."

Am 16. forderte General Scott auf, öffentlich und für sich Dankgebete für den glücklichen Sieg zu Gott zu erheben.

Am 19. wurde zur besseren Aufrechterhaltung strenger Ordnung das Kriegsrecht proklamirt, so daß die Bürger Mexiko's jetzt unter der amerikanischen Armee gesicherter gegen Gewaltthätigkeiten waren, als jemals vorher unter ihrer eigenen Regierung.

Die Crisis des Krieges war nunmehr vorüber. Das ganze weite Gebiet des mexikanischen Staats war dem Wesen nach thatsächlich erobert, und was von Kriegsoperationen noch folgte, war nur gleichsam das Wogen der Wellen, nachdem der Sturm sich schon gelegt hat.

Wir sahen oben, daß Scott, als er Puebla verließ, seine eigene Communikationslinie unterbrechen mußte, indem er nicht stark genug war, hinreichende Garnisonen zurückzulassen. Auch so hatte er, als er endlich in die Hauptstadt als Sieger einrückte, nur noch 6000 Mann bei sich. Hätte die Armee nicht so glückliche Erfolge erkämpft, so konnte sie in allem Ernste aus den früheren Erfahrungen erwarten, daß ihr wüthend erbitterter Feind keinen Mann von ihr am Leben gelassen haben würde. Die Mexikaner erndteten somit den verdienten Lohn ihrer früheren Grausamkeiten, indem die Amerikaner zu Thaten fast übermenschlicher Energie dadurch angetrieben wurden.

Obgleich nun aber Mexiko erobert war, so verlangten die Vereinigten Staaten doch nichts weiter von ihm, als einen Friedensvertrag zu schließen, und waren bereit, ihren Edelmuth in milden Bedingungen zu bewähren.

Santa Anna hatte Mexiko in der Nacht vom 13. September verlassen und ließ einige Tage lang nichts von sich hören. Während der Vorgänge in Mexiko nun war der Col. Childs, der in Puebla commandirte, und dessen ganze active Stärke 247 Mann betrug (1800 Mann lagen in den Hospitälern), seit dem Tage der Schlacht bei Chapultepec vom Feinde eng eingeschlossen worden. Der Muth der Belagerer wurde noch gehoben, als am 22. September Santa Anna selbst mit mehreren tausend Mann, dem Rest seiner Armee, vor

Puebla erschien. Col. Childs wurde aufgefordert, sich zu ergeben; aber, obgleich er selbst und seine kleine Schaar von Wachen und Strapazen fast erschöpft war, so wies er dennoch alle Anträge ab und setzte die Vertheidigung tapfer fort. Inzwischen war Santa Anna gemeldet worden, daß General Lane mit 3000 Mann Verstärkung für General Scott von Vera Cruz heranzöge. Er verließ daher am 30. Sept. Puebla, um nach Pinal zu gehen, wo Lane täglich erwartet wurde. Dieser hatte jedoch gleichfalls die Bewegung der Mexikaner erfahren; er wich daher von seiner directen Marschroute ab, und traf dadurch unerwartet bei Huamantla mit Santa Anna zusammen. Der Kampf begann und die Mexikaner räumten mit einem Verluste von 150 Mann das Feld. Die Amerikaner verloren 13 Todte und 11 Verwundete; unter den ersteren war der wohlbekannte Capt. Walker von den Texas Rangers. Am 12. October langte Lane bei Puebla an und entsetzte die Stadt, welche eine 40tägige Belagerung ausgehalten hatte. Nochmals wich nun General Lane von seinem Marsche ab, um den Feind aufzusuchen. Zu Atlixco (10 Leagues von Perote) traf er auf den wohlbekannten General Rea, der eine starke Guerilla befehligte, und zerstreute dieselbe nach einem heftigen Gefechte, wobei 219 todte und 300 verwundete Mexikaner auf dem Platze blieben, während auf amerikanischer Seite nur ein Mann getödtet und Einer verwundet worden war. Von diesen Guerillabanden, deren Hauptquartier Atlixco bildete, waren früher viele Amerikaner, die einzeln oder in kleinen Abtheilungen umherstreiften oder sich von ihren Corps entfernten, getödtet worden. Desgleichen war Major Sally, der 1000 Mann von Lane's Truppen von Vera Cruz nach Jalappa führte, von diesen Guerillas unter Rea viermal aus dem Hinterhalt angegriffen worund obgleich er sie dennoch jedesmal in die Flucht trieb, so hatte er doch 100 Mann seiner Leute eingebüßt.

Santa Anna verzweifelte nun an jedem glücklichen Erfolge; er verließ die Trümmer der Armee, legte am 18. October sein Amt nieder und begab sich selbst auf die Flucht. Senor Pena y Pena, als Präsident des höchsten Gerichtshofes, war dadurch der gesetzmäßige Nachfolger Santa Anna's in der höchsten Staatsgewalt. Er erließ sogleich einen feierlichen Aufruf an die verschiedenen Staaten der Republik Mexiko, und forderte sie auf, Deputirte nach Queretaro zu schicken, woselbst die Friedensbedingungen berathen werden sollten. Am 11. November versammelte sich daselbst ein Congreß, der vier Bevollmächtigte, unter denen auch General Rincon sich befand, ernannte, welche mit Trist die Friedenspreliminarien feststellen sollten. Das amerikanische Gouvernement hatte zwar während dessen das Vertrauen zu Trist verloren und seine Bevollmächtigung zurückgenommen; dessenungeachtet unterzog er sich mit Zustimmung und Billigung General Scotts in diesem dringenden Falle der Unterhandlung. Am 2. Februar 1848 wurde der vorläufige Vertrag, über den man sich verständigt hatte, von Trist und den mexikanischen Bevollmächtigten zu Guadelupe Hidalgo unterzeichnet. Am 22. wurde derselbe vom Präsidenten Polk dem Senate zur Genehmigung vorgelegt. Der Senat nahm den Vertrag jedoch nur mit Modificationen an, und der Präsident ernannte nun Sevier, Mitglied des Senats, und Clifford, General-Anwalt, um mit dem so modifirten Vertrage nach Quaretaro zu gehen und dessen Annahme dort zu bewirken. Der Vertrag wurde nochmals im mexikanischen Congreß vorgelegt und von dessen Präsidenten dringend zur Annahme empfohlen, welche auch mit einer starken Majorität ausgesprochen ward.

Der Friede wurde in Mexiko selbst der Armee erst am 29. Mai von General Butler bekannt gemacht, dem Scott, da er heimkehren wollte, das Commando übergab.

In der Zwischenzeit war General Sterling Price mit einer Streitmacht von Neu-Mexiko nach Chihuahua gezogen, und hatte am 16. März bei Santa Cruz de Rozales, 60 Meilen von obiger Stadt auf der Straße nach Durango, ein mexikanisches Corps unter General Angel Frias angegriffen und geschlagen, wobei er den General selbst nebst 42 seiner Officiere gefangen nahm und den Mexikanern im Ganzen einen Verlust von 238 Mann beibrachte, während er selbst nur 20 verlor.

Sevier brachte den ratificirten Vertrag nach Hause zurück, während Clifford als amerikanischer Gesandter in Mexiko blieb, und am 4. Juli 1848 wurde der Friedensschluß in einer Proclamation des Präsidenten Polk dem Volke der Vereinigten Staaten officiell bekannt gemacht.

Der Friedensvertrag zwischen den Vereinigten Staaten und Mexiko enthält 22 Artikel folgenden Inhalts:

Art. 1. Es wird fester und allgemeiner Friede zwischen den contrahirenden Theilen stipulirt. Art. 2. Bis zu der (jetzt erfolgten) Ratification des Friedens tritt Waffenstillstand ein. Art. 3. Nach erfolgter Ratification wird Mexiko unverweilt von den amerikanischen Truppen geräumt; es werden die Zollstätten sofort den mexikanischen Behörden wieder übergeben, alle, von dem Tage der Auswechselung der Ratification an eingegangenen Zollgebühren nach Abzug der Erhebungskosten an Mexiko ausgezahlt, und die Hauptstadt innerhalb Monatsfrist vollständig geräumt. Art. 4. Die genommenen Forts und Waffen werden zurückgegeben, das Land innerhalb dreier Monate vollkommen geräumt, diejenigen amerikanischen Truppentheile indeß, welche vor dem Eintritt der ungesunden Jahrszeit nicht eingeschifft werden können, gastfrei gehalten; die Kriegsgefangenen werden ausgewechselt und die Vereinigten Staaten tragen dafür Sorge, daß die, von Indianern aus dem Gebiete der Vereinigten Staaten gefangen genommenen Mexikaner wieder in Freiheit gesetzt werden. Art. 5. Die neue Grenzlinie beginnt von der Mündung des Rio Grande, läuft durch die Mitte dieses Flusses bis zu der Südgrenze von Neu-Mexiko, von dort längs dieser Grenze bis zu ihrem westlichen Endpunkt, von dort nordwärts, längs der Westgrenze Neu-Mexiko's, bis zum Flusse Gila, von dort diesen Fluß hinab bis zum Colombo, und dann längs der Grenzlinie zwischen Ober- und Nieder-Californien bis zur Südsee. Die beiden Regierungen ernennen Commissäre, welche diese Grenzlinie gemeinschaftlich zu reguliren haben. Art. 6. Den Schiffen der Vereinigten Staaten wird freie Schifffahrt im Meerbusen von Californien zugesichert, und die Vereinigten Staaten erhalten das Recht, auf beiden Ufern des Gila eine Eisenbahn zu bauen oder einen Canal anzulegen. Art. 7. Das Recht der Schifffahrt auf dem Gila und dem Rio Grande steht beiden Völkern gleichmäßig zu, ohne daß von ihren Schiffen irgend eine Gebühr erhoben wird. Art. 8. Den Mexikanern in den abgetretenen Gebietstheilen steht es frei, entweder zu bleiben, oder mit ihrem Eigenthum auszuwandern. Art. 9. Die Bewohner der abgetretenen Gebietstheile werden, sobald thunlich, auf vollkommen gleichem Fuß mit den übrigen Bürgern, in die Union der Vereinigten Staaten aufgenommen. Art. 10. Die Vereinigten Staaten versprechen die mexikanischen Grenzen gegen die Indianer zu schützen; den Bürgern der Vereinigten Staaten ist es untersagt, von den Indianern gestohlenes Eigenthum der Mexikaner zu kaufen, und gefangene Mexikaner, welche in das Gebiet der Union gebracht werden, sollen von der Regierung wieder zurückgeliefert werden. Art. 11. Die Vereinigten Staaten bezahlen 15,000,000 Dollars an Mexiko, nämlich: bei der Ratification des Vertrags 3 Millionen baar in der Hauptstadt Mexiko, und ferner alljährlich, vier Jahre hindurch, 3 Millionen, ebenfalls in der Hauptstadt Mexiko, mit 6 Procent Zinsen vom Tage der Ratification an gerechnet. Art. 12. Die Vereinigten Staaten übernehmen die Bezahlung der, durch die Convention von 1834 regulirten Entschädigungs-Forderungen von Bürgern der Vereinigten Staaten an Mexiko. Art. 13. Die Vereinigten Staaten begeben sich aller weiteren Ansprüche an Mexiko. Art. 14. Die Vereinigten Staaten entlasten Mexiko überdies von gewissen früheren Zahlungsansprüchen amerikanischer Bürger, und versprechen zur Tilgung derselben 3,250,000 Dollars zu bezahlen; zur Untersuchung dieser Ansprüche soll eine Commission niedergesetzt werden. Art. 15. Beiden Theilen steht es frei, jeden beliebigen Punkt ihres Gebietes zu befestigen. Art. 16. Der Handelsvertrag von 1831 wird von Neuem auf acht Jahre in Kraft gesetzt. Art. 17. Die für den Unterhalt der amerikanischen Truppen vor der Räumung erforderlichen Vorräthe werden zollfrei eingeführt. Art. 18. 1) Waaren, welche eingeführt sind, während sich die Zollstätten im Besitz der Vereinigten Staaten befanden, sollen weder confiscirt noch neu verzollt werden; 2) dasselbe gilt von den, innerhalb 60 Tagen nach erfolgter Ratification eingeführten Waaren; 3) von den vorerwähnten Waaren soll keinerlei Abgabe erhoben werden; 4) alle bereits im Innern des Landes befindlichen, von außen eingeführten Waaren bleiben abgabefrei; 5) sind solche Waaren aber nach einem Orte gebracht worden, der nicht von amerikanischen Truppen besetzt war, so zahlen sie nachträglich den Zoll des mexikanischen Tarifs; 6) alle Waaren können ohne Erlegung eines Zolles wieder verschifft werden. Art. 19.

Alle Waaren, welche innerhalb 60 Tagen nach der Rückgabe der Zollstätten in mexikanische Häfen eingeführt werden, zahlen den Einfuhrzoll nach dem Zollregulativ der Vereinigten Staaten. Art. 20. Ergeben sich Differenzen, so werden die beiden Republiken sich bemühen, dieselben durch Unterhandlung auszugleichen. Art. 21. enthält Bestimmungen für den Fall, daß dennoch wieder einmal Krieg zwischen den Vereinigten Staaten und Mexiko ausbrechen sollte. Art. 22. Die Ratificationen sollen innerhalb dreier Monate ausgewechselt werden.

So endigte dieser glorreiche Krieg, der den Vereinigten Staaten nicht weniger als 30,000 Menschenleben und 78 Millionen kostete.

* * *

In Folge des Friedens verließ am 12. Juni 1848 die letzte Abtheilung der amerikanischen Armee die Stadt Mexiko und am 1. August übergab General Smith die Stadt Vera Cruz den mexikanischen Behörden.

General Scott, der, wie vorher bemerkt das Commando der Armee an General Butler übergeben hatte, wurde bei seiner Rückkehr nach den Vereinigten Staaten mit den größten Ehrenbezeigungen empfangen, so unter andern am 25. Mai 1848 von den Stadtbehörden und der Miliz New Yorks.

In den Vereinigten Staaten rüstete man sich um diese Zeit zu einem Kampfe anderer Art, nämlich zur Präsidenten-Wahl. Am 7. und 8. Juni versammelte sich die Whig-National-Convention in der Independence Hall zu Philadelphia und nominirte am 2. Tage den General-Major Zacharias Taylor zum Präsidenten und Millard Fillmore von New York zum Vicepräsidenten. Kurze Zeit vorher hatte die demokratische National-Convention zu Baltimore Lewis Caß von Michigan zum Präsidenten und Wm. O. Butler von Kentucky zum Vicepräsidenten nominirt. Mit diesen letzten Nominationen war indeß eine Anzahl Glieder der demokratischen Partei nicht zufrieden und diese stellten deßhalb in einer Convention, welche am 22. und 23. Juni in Utica, N. Y., abgehalten wurde, Martin Van Buren als Candidat für die Präsidentschaft und H. Dodge für die Vicepräsidentschaft auf. Diese Nomination adoptirte auch eine am 9. und 10. Aug. in Buffalo abgehaltene Freesoil-Convention.

Die nächste Folge dieser Zersplitterung der demokratischen Partei war die Wahl Taylor's zum Präsidenten und Fillmore's zum Vicepräsidenten, welche beide am 4. März 1849 ins Amt eingeführt wurden.

Am 4. Juli 1848 wurde in Washington, D. C., mit großen Ceremonien und vor einer ungeheuren Volksmenge, die aus allen Theilen der Union herbeigekommen war, der Grundstein zu einem National-Denkmal zu Ehren des Vaters der Republik, General Washington gelegt. Am 1. Januar 1848 hatte zu Philadelphia eine ähnliche Feierlichkeit bei Eröffnung des bekannten Girard-College stattgefunden, das nach dem testamentarischen Willen des zu Philadelphia verstorbenen Bürgers Girard und aus dessen hinterlassenem Vermögen zur Aufnahme und Erziehung von Waisenkindern erbaut worden war.

In dem durch den mexikanischen Krieg erworbenen Californien wurde kurze Zeit nach der Besetzung durch die Amerikaner ein ungeheurer Goldreichthum entdeckt und am 8. December 1848 wurden die ersten Depositen von California-Gold in der Vereinigten Staaten Münze gemacht. Ein gewaltiger Auswandererstrom richtete vom Goldfieber erfaßt, aus allen Theilen der Union und Europa's seinen Lauf nach dem neuen Eldorado. Die Bevölkerung Californiens nahm rasch zu und schon am 11. December fand zu Pueblo de San Jose eine Versammlung zu Gunsten eines provisorischen Gouvernements statt. In einer ähnlichen am 21. December zu San Francisco abgehaltenen Versammlung wurde beschlossen, auf den 6. August 1849 eine Convention mit der vollen Macht, eine Constitution für Californien zu entwerfen und dem Volke vorzulegen, nach Monterey zu berufen. Diese Convention fand wirklich am 31. August statt und constituirte sich am 4. September durch Erwählung Robert Simple's zum Präsidenten.

Das Aufblühen der Städte in Californien wurde indeß durch öftere bedeutende Feuersbrünste sehr gehemmt. Das erste ausgedehnte Feuer in San Francisco fand am 24. December 1849 statt, und vernichtete für nahe zu 1½ Millionen Eigenthum. Ein zweites Feuer folgte schon am 14. Juni 1850 und der durch dasselbe entstandene Verlust wird auf 5 Millionen geschätzt. Durch mehr oder

Zacharias Taylor.

(Seite 361.)

minder bedeutende Feuersbrünste wie am 17. September 1850 (Verlust $300,000), am 3. Mai 1851 (Verlust $5,000,000), am 22. Juni 1851 (Verlust $3,000,000) in San Francisco und am 14. Mai 1851 in Stockton, kamen Tausende von Menschen, die sich in Californien goldene Berge geträumt hatten, an den Bettelstab.

Durch die Erwerbung neuer Gebiete wurde indeß eine Frage von höchster Wichtigkeit, die Einführung von Sklaven in diese Ländertheile betreffend, hervorgerufen. Dieselbe wurde mit großer Heftigkeit in- und außerhalb des Congresses debattirt und drohte zu einer Zeit das stolze Gebäude der Union zu vernichten. Schon am 22. Januar 1849 fand eine Versammlung der südlichen Mitglieder des Congresses statt, die eine von Calhoun entworfene Addresse annahmen, in welcher die Rechte der Sklavenhalter in leidenschaftlicher Sprache vertheidigt wurden. Die Erbitterung zwischen den Parteien zeigte sich bei der Eröffnung des Congresses im December 1849, wo erst nach 3 wöchentlichem Abstimmen beim 63. Ballotement im Hause der Repräsentanten ein Sprecher, Howell Cobb von Georgia, erwählt wurde. — Der Hauptvertheidiger der Rechte der Sklavenstaaten John Caldwell Calhoun, Senator von Süd-Carolina, starb aber am 31. Mai 1850 und vielleicht nur hierdurch wurde die Passirung der Fugitive Slave Bill, die am 12. September 1850 im Repräsentantenhause in der Form, wie sie aus dem Senate kam, angenommen wurde, ermöglicht.

Durch dieses Gesetz wurden die Nichtsklavenstaaten verpflichtet, die flüchtigen Sklaven, welche sich unter ihrer Jurisdiction befanden, an die sie reclamirenden Eigenthümer auszuliefern und denselben mit allen gesetzlichen Mitteln zur Erlangung ihres Eigenthums behülflich zu sein. Die Freunde der Union waren erfreut über die ziemlich allgemein befriedigende Lösung der Verderben drohenden Frage und drückten ihre Anerkennung in zahlreichen Unions-Versammlungen aus. Solche Versammlungen fanden statt am 30. März in St. Louis, am 30. Oktober in New York, am 21. November in Philadelphia u. s. w.

Indeß dauerte eine bedenkliche Aufregung in den südlichen wie in den nördlichen Staaten dennoch fort. Am 19. November 1850 versammelte sich eine Convention von Disunionisten in Nashville,

Tenn., und emfahl durch einen Beschluß einen Congreß der Sklavenstaaten, um ferner Schritte zur Wahrung ihrer Rechte und nöthigenfalls zur Trennung von der Union zu thun. Der Hauptsitz dieser südlichen Fanatiker war Süd-Carolina, wo sich am 5. May 1851 eine Convention von Delegaten der südlichen Rechteassociationen in Charleston versammelte und beschloß, daß sie in Verbindung mit oder selbst ohne andere Staaten für den Austritt aus der Union seien. Der gesunde Sinn des Volkes siegte jedoch in fast allen südlichen Staaten über diese Partei und die Beibehaltung der Union wurde von der Majorität des Volkes auch jetzt noch für die sicherste Garantie der Freiheit und des Gedeihens erkannt.

Der Congreß passirte im September 1850 ein Gesetz für Errichtung einer Territorial-Regierung für Neu Mexiko und Utah und verleibte zu gleicher Zeit Californien als Staat der Union ein.

Oregon hatte schon im August 1848 eine Territorial-Regierung erhalten.

Als eine unmittelbare Folge des mexikanischen Krieges muß jener kriegerische Geist betrachtet werden, der jetzt noch alle Volksschichten durchdringt. Diese abenteuerliche Kriegslust, besonders der südlichen und südwestlichen Staaten, äußerte sich in Expeditionen nach Cuba und nach den nördlichen Staaten Mexiko's, so daß sich Präsident Taylor am 11. August 1849 veranlaßt fühlte, eine Proclamation zu erlassen, worin er alle Bürger vor der Betheiligung an bewaffneten Erpeditionen gegen Länder, die mit den Vereinigten Staaten in Frieden leben, warnte. Nichts desto weniger rüstete der verbannte spanische General Narciso Lopez, unterstützt von reichen Cubanesen und Amerikanern, eine Expedition gegen Cuba aus. Dieselbe bestand aus 609 Mann in drei Abtheilungen, die sich auf der Mugeresinsel vor der Küste von Yucatan am 15. Mai 1850 vereinigten und den Dämpfer „Creole" bestiegen. Am 19. Mai zwischen zwei und drei Uhr Morgens erreichte Lopez Cardenas im Osten von Matanzas, landete seine Truppen, nahm nach Sonnenaufgang die Stadt in Besitz, sah sich indeß gezwungen, dieselbe wieder zu räumen und auf sein Dampfboot zurückzukehren, welches hart von dem spanischen Kriegsdämpfer „Pizarro" verfolgt, in Key West vor der Küste von Florida, eine Zuflucht fand. Die Mannschaft stieg sofort ans Land und der „Creole" wurde am 21. Mai von den amerikanischen Behörden mit Beschlag belegt und General Lopez selbst am 27. Mai in Savannah verhaftet, aber aus Mangel an Beweisen unter dem Jubelruf des versammelten Volkes wieder freigelassen.

Trotz dem unerwartet kalten Empfange, dem Lopez bei der Bevölkerung Cuba's, auf deren Unterstützung er bei der Befreiung der Insel vom spanischen Joche gerechnet hatte, zu Theil geworden war, ließ er sich nicht von einem neuen Versuche abschrecken. Mit ausdauernder Thätigkeit und mit sonst bei Creolen seltener Beharrlichkeit rüstete er eine zweite Expedition aus. Der Präsident der Vereinigten Staaten erließ am 25. April 1851 wieder eine warnende Proclamation an das Volk der Vereinigten Staaten, sich nicht an dem Einfalle in Cuba zu betheiligen, oder denselben auf irgend eine Weise zu unterstützen. Abermals sammelten sich indeß 600 Abenteurer in New Orleans, von denen sich 480 am 3. August 1851 auf dem Dämpfer „Pampero", der nicht groß genug war, um Alle aufzunehmen, einschifften und an der Nordküste von Cuba unweit Bahia Honda landeten. Kurze Zeit vorher, am 4. Juli, pflanzte die Freiheitspartei von Cuba im Gebirge Puerto Principe die Fahne des Aufruhrs auf, wodurch die Aussichten auf einen günstigen Erfolg dieser zweiten Expedition bedeutend stiegen. Eine Abtheilung spanischer Truppen unter General Lemery zerstreute übrigens gar bald die einzelnen Abtheilungen der Insurgenten, und am 31. Juli, noch vor Lopez' Landung, war die Ruhe auf der ganzen Insel wieder hergestellt.

Als die Nachricht von Lopez' Landung nach dem ungefähr 28 Meilen entfernten Havanna kam, wurden sofort ansehnliche Truppenabtheilungen gegen Bahia Honda zu in Bewegung gesetzt. Am 13. August wurden die Banditen (wie die Spanier Lopez' Truppen nannten) von General Enna in ihren Verschanzungen bei Las Pozas angegriffen, leisteten aber tapfer Widerstand und verloren in diesem Gefechte 30 Mann, unter denen sich der Ungar Oberst Pragay (zweiter Befehlshaber der Expedition) befand. Colonel Crittenden, der mit 130 Mann in Cubanos zur Beschützung der Vorräthe geblieben war, wurde bei dem Versuche, sich mit Lopez zu vereinigen, von einer überlegenen spanischen Truppenmacht angegriffen und aufgerieben. Ungefähr Dreißig retteten und vereinigten sich mit dem Hauptcorps, während Fünfzig bis Sechszig, unter ihnen Crittenden, sich nach der Seeküste zurückzogen und in vier Booten auf die hohe See steuerten. Der spanische Dämpfer Habanero nahm sie Alle gefangen und brachte sie nach Havannah, wo sie am 16. August ankamen und wenige Stunden später erschossen wurden. Inzwischen setzte General Enna, der Verstärkungen erhalten hatte, seine Operationen gegen Lopez fort und suchte ihn zu umzingeln. Durch die Oertlichkeit begünstigt gelang es indeß den Insurgenten mit Zurücklassung der Verwundeten, die von den spanischen Soldaten und Bauern sofort erschossen wurden, in die Gebirge zu entkommen. Am 17. August aber waren sie ringsum eingeschlossen. Es entspann sich ein heftiger Kampf, bei dem General Enna tödtlich verwundet wurde. Während der dadurch unter den Spaniern ausgebrochenen Verwirrung gelang es den Umzingelten zu entrinnen. Am 19. August zerstörte ein starker Regen die Munition Lopez' und machte die Waffen seiner Truppen unbrauchbar, so daß sie bei dem am 20. von den Spaniern erfolgten Angriff geschlagen und zerstreut wurden. Nur 125 Mann entkamen, wurden jedoch von den Bauern mit Hülfe der Bluthunde eingefangen und bei den Behörden eingebracht. Lopez selbst wurde am 29. durch eine Anzahl Landleute gefangen und am 1. September Morgens 7 Uhr auf dem Platze La Punta in Havanna garrotirt. Er starb wie ein tapferer Mann mit Segenswünschen für sein geliebtes Cuba.

Dies ist der Verlauf eines Unternehmens, von welchem die Amerikaner noch wenige Wochen vorher große Dinge erwarteten. Die Entrüstung in den Vereinigten Staaten über die barbarischen Hinrichtungen der meistens aus geborenen Amerikanern bestehenden Theilnehmer der Expedition, äußerte sich am 21. August in einem Auflaufe, der in New Orleans stattfand und wobei das Eigenthum mehrerer Spanier zerstört wurde. Selbst der spanische Consul mußte sich vor der Wuth des Volkes flüchten und Schutz im Stadtgefängniß suchen. Die hieraus mit Spanien entstandenen Mißhelligkeiten wurden friedlich beigelegt, in Folge dessen der spanische Consul nach New Orleans, das er verlassen hatte, zurückkehrte und

Millard Fillmore.

(Seite 369.)

die gefangenen Amerikaner, welche mittlerweile nach Spanien transportirt waren, freigegeben wurden.

Das Jahr 1849 brachte eine Menge Unglücksfälle über die Vereinigten Staaten. Am 12. Mai fand eine große Ueberschwemmung von New Orleans statt und der entfesselte Mississippi verursachte großen Schaden an den Gebäuden der Stadt und den Pflanzungen der Umgegend. Am 17. Mai zerstörte eine furchtbare Feuersbrunst in St. Louis 23 im Hafen liegende Dampfschiffe und 15 Square Häuser in der Nähe des Hafens. — Der Verlust ist auf 3 Millionen taxirt. Zudem brach die Cholera aus, forderte am 15. May ihr erstes Opfer in New York und verbreitete sich schnell und mit großer Heftigkeit über die ganze Union. Auch einige Riots ängstigten die Bewohner von New York (am 10. Mai) und Philadelphia (am 9. und 10. Oktober), wurden aber mit Hülfe der Miliz und nach Zurücklassung von einigen Todten und Verwundeten, unterdrückt.

Am 9. Juli 1850 starb Zacharias Taylor, Präsident der Vereinigten Staaten nach einer kurzen Krankheit von 5 Tagen und wurde unter großen Feierlichkeiten begraben. Der Vicepräsident Millard Fillmore wurde am 10. Juli in das Amt eines Präsidenten der Vereinigten Staaten eingeführt, das er noch jetzt verwaltet. Der Expräsident James K. Polk war am 15. Juni 1849 zu Nashville, Tenn., ebenfalls zu seinen Vätern heimgegangen.

An demselben Tage, als der Präsident zum großen Leidwesen der gangen Nation sein Leben aushauchte, wüthete ein großes Feuer in Philadelphia, das 350 Häuser zerstörte und wobei 172 Menschen getödtet und verwundet wurden.

Durch die Erwerbung der großen Ländergebiete an den Ufern des stillen Oceans, durch die Ausbeutung der reichen Goldminen Californiens und durch eine im eigentlichsten Sinne des Wortes zur Völkerwanderung angewachsene Einwanderung aus dem geknechteten Europa, die besonders seit Unterdrückung der Freiheitsbestrebungen von 1848 und 1849 eine große Masse intelligente Kräfte nach den Vereinigten Staaten führte, entstand ein neues reges Leben und der Handel erreichte eine hohe Blüthe.

Im Jahre 1849 trafen die ersten ungarischen Flüchtlinge in New York ein, die, Ujhazy an der Spitze, am 15. Januar 1850 eine

Audienz bei dem Präsidenten Taylor hatten. Im Dezember 1851 langte das Haupt der ungarischen Revolution, Ludwig Kossuth, in New York an. Die menschenfreundlichen Anstrengungen der englischen und amerikanischen Regierung für ihn hatten seine Befreiung und Entlassung aus türkischer Haft zu Kiulahia in Kleinasien zur Folge und auf dem ihm von der Vereinigten Staaten Regierung zur Disposition gestellten Kriegsdämpfer Mississippi erreichte er Gibraltar, von wo er sich nach England einschiffte. Dieser große Agitator für Völkerfreiheit wurde in allen bedeutenden Städten der Union mit nie gesehenem Pomp und Enthusiasmus empfangen. Auch wurde ihm eine Ehre zu Theil, die vor ihm nur Lafayette genossen hatte, indem er beiden Zweigen des Congresses offiziell vorgestellt wurde. Mit wunderbarer Beredsamkeit vertheidigte er das Prinzip der Nichtinterventionspolitik, und es ist außer Zweifel, daß durch seine rastlose Thätigkeit der Zeitpunkt sehr nahe gerückt ist, in welchem die mächtigen Freistaaten Nordamerikas ihre gewaltige Stimme in die Wagschale für die niedergetretenen Nationen legen werden.

Anhang.

I.

Die Constitution der Vereinigten Staaten.

Im Jahre 1787 durch eine Convention von Abgeordneten zusammengestellt, welche aus den Staaten New Hamshire, Massachusetts, Connecticut, New York, New Jersey, Pennsylvania, Delaware, Maryland, Virginia, Nord-Carolina, Süd-Carolina, und Georgia in Philadelphia zusammenkamen.

Wir, das Volk der Vereinigten Staaten, verordnen und gründen, um einen vollkommenen Verein zu bilden, Gerechtigkeit festzustellen, innere Ruhe zu sichern, für gemeinsame Wehr zu sorgen, allgemeine Wohlfahrt zu fördern und den Segen der Freiheit uns und unsern Nachkommen zu erhalten, diese Verfassung für die Vereinigten Staaten von Amerika.

Erster Artikel.

Erste Section.

Die gesammte, hierdurch verliehene gesetzgebende Gewalt soll einem Congresse der Vereinigten Staaten übertragen werden, welcher aus einem Senat und einem Repräsentantenhause bestehen soll.

Zweite Section.

I. Das Repräsentantenhaus soll aus Gliedern bestehen, die alle zwei Jahre vom Volke der verschiedenen Staaten gewählt werden, und die Wähler jedes Staates sollen die für Wähler des zahlreichsten Zweiges der Gesetzgebung des Staates erforderlichen Eigenschaften haben.

II. Niemand soll Volksvertreter werden, der nicht das fünf und zwanzigste Jahr erreicht hat, nicht sieben Jahre Bürger der Vereinigten Staaten gewesen, und bei seiner Erwählung nicht Bewohner des Staates ist, in welchem er gewählt werden soll.

III. Die Volksvertreter und directen Steuern sollen unter den verschiedenen Staaten, welche in diesem Vereine befaßt sind, je nach deren Volkszahl ausgeglichen werden, welche durch Zusatz von drei Fünftheilen zu der Gesammtzahl freier Personen (die auf eine Zahl Jahre Dienstpflichtigen mit eingerechnet, die nicht besteuerten Indianer abgerechnet) zu bestimmen ist. Die dermalige Zählung soll binnen drei Jahren, nach dem ersten Zusammentreten des Congresses der Vereinigten Staaten und dann binnen zehn Jahren, auf solche Weise, wie sie das Gesetz angiebt, vorgenommen werden. Die Zahl der Volksvertreter soll einen für jedes Dreißigtausend nicht überschreiten, aber jeder Staat soll auch mindestens einen Vertreter haben, und bis diese Zählung vollzogen sein wird, soll der Staat New Hampshire drei, Massachusetts acht, Rhode-Island und Providence einen, Connecticut fünf, New York sechs, New Jersey vier, Pennsylvanien acht, Delaware einen, Maryland sechs, Virginien zehn, Nord-Carolina fünf, Süd-Carolina fünf und Georgia drei zu wählen berechtigt sein.

IV. Wenn in der Vertretung irgend eines Staates Erledigungen stattfinden, so soll die vollstreckende Gewalt desselben Wahlbefehle zur Besetzung der Stellen ergehen lassen.

V. Das Repräsentantenhans soll seinen Sprecher und andere Beamten wählen und allein die Macht haben, sie gerichtlich zu belangen.

Dritte Section.

I. Der Rath der Vereinigten Staaten soll aus je zwei Senatoren aus jedem Staate bestehen, die von der dortigen Gesetzgebung auf sechs Jahre zu wählen sind, und jeder Senator soll Eine Stimme haben.

II. Unmittelbar nachdem sie sich, zufolge ihrer ersten Wahl, versammelt haben, sollen sie so viel als möglich in drei Classen getheilt werden; die Sitze der Senatoren erster Classe sollen mit Ablauf des zweiten Jahres, die der zweiten mit Ablauf des vierten und die der dritten mit Ablauf des sechsten erledigt sein, so daß alle zwei Jahre ein Drittel wählbar ist, und wenn durch Abdankung oder sonstwie während der Nichtversammlung des gesetzgebenden Körpers irgend eines Staates Erledigungen vorfallen, so soll die vollstreckende Gewalt daselbst einstweilige Bestallungen bis zur nächsten Zusammenkunft der gesetzgebenden Gewalt besorgen, wo dann jene Erledigungen wieder auszufüllen sind.

III. Niemand soll vor seinem dreißigsten Jahre und ehe er neun Jahre Bürger der Vereinigten Staaten gewesen, auch wenn er nicht bei seiner Wahl Bewohner desjenigen Staates ist, für welchen man ihn wählen will, Senator werden können.

IV. Der Vicepräsident der Vereinigten Staaten soll Präsident des Senates sein, jedoch keine Stimme haben, wenn diese nicht gleich getheilt sind.

V. Der Senat soll seine übrigen Beamten wählen, so wie auch einen einstweiligen Präsidenten, in Abwesenheit des Vicepräsidenten oder wenn dieser das Amt des Präsidenten der Vereinigten Staaten versehen müßte.

VI. Der Senat soll allein die Gewalt haben, alle Klagen gegen Staatsbeamte zu prüfen. Wenn er zu diesem Zwecke Sitzungen hält, so muß dies auf Eid oder Handgelöbniß geschehen. Wenn der Präsident der Vereinigten Staaten vor Gericht gezogen wird, soll der Oberrichter den Vorsitz führen, und Niemand kann für überführt erachtet werden, ohne Beistimmung von zwei Dritteln der gegenwärtigen Mitglieder.

VII. Das Urtheil in solchen Klagsachen soll sich nicht weiter als auf Amtsentsetzung und Entziehung des Rechtes, irgend ein Amt, welches Ehre, Vertrauen oder Vortheil gewährt, in der Unionsregierung erhalten und bekleiden zu dürfen, erstrecken; nichtsdestoweniger soll der überführte Theil der gerichtlichen Anklage, Untersuchung, Urtheil und Strafe nach Gesetz unterworfen sein.

Vierte Section.

I. Zeit, Ort und Art der Wahl der Senatoren und Abgeordneten soll in jedem Staate von der dasigen gesetzgebenden Gewalt bestimmt werden; der Congreß kann jedoch jederzeit dergleichen Einrichtungen treffen oder abändern, ausgenommen die Bestimmung der Orte, wo die Senatoren zu wählen sind.

II. Der Congreß soll jährlich mindestens einmal zusamenkommen, und zwar am ersten Montage des Decembers, wenn er nicht durch ein Gesetz einen andern Tag festsetzt.

Fünfte Section.

I. Jedes Haus soll Richter der Wahlen, Wiedererwählungen und der Befähigung seiner eigenen Mitglieder sein, und die Majorität in jedem soll zur Vornahme der Geschäfte berechtigt sein; eine kleinere Zahl dagegen kann sich von Tag zu Tag vertagen und ist befugt, fehlende Mitglieder zum Erscheinen zu zwingen, auf solche Weise und unter solchen Strafen, wie sie jedes Haus verfügen wird.

II. Jedes Haus kann seine Geschäftsordnung festsetzen, seine Mitglieder wegen ungehörigen Verhaltens bestrafen und mit Beistimmung von zwei Dritteln ein Mitglied ausstoßen

III. Jedes Haus soll ein Protokoll (Journal) seiner Beschlüsse führen und dasselbe von Zeit zu Zeit veröffentlichen, solche Fälle dabei ausgenommen, welche nach seinem Ermessen Geheimhaltung erfordern. Die Ja's und Nein's der Mitglieder jedes Hauses, und bei jeder Gelegenheit, sollen, auf Verlangen eines Fünftheils der Anwesenden, in das Protokoll eingetragen werden.

IV. Kein Haus soll sich während der Sitzung des Congresses ohne Zustimmung des andern länger als drei Tage vertagen, oder an einem andern Orte Sitzung halten, als an welchem beide Häuser versammelt sind.

Sechste Section.

I. Die Senatoren und Repräsentanten sollen für ihre Dienste eine durch das Gesetz bestimmte und aus der Schatzkammer der Vereinigten Staaten zu zahlende Entschädigung erhalten. Sie sollen in allen Fällen — Verrath, Felonie und Friedensbruch ausgenommen — so lange sie der Sitzung ihres Hauses beiwohnen und wenn sie nach demselben gehen oder daher kommen, vor Verhaftung sicher sein; auch können sie wegen irgend einer in einem der beiden

Häuser gehaltenen Rede oder Debatte nirgends anders zur Rechenschaft gezogen werden.

II. Kein Senator oder Repräsentant soll während der Zeit, für welche er gewählt wird, in irgend einem bürgerlichen Amte unter der Regierung der Vereinigten Staaten angestellt werden, welches in solcher Zeit errichtet, oder dessen Gehalt in derselben erhöht worden, und kein Beamter der Vereinigten Staaten soll Mitglied eines oder des andern Hauses werden, so lange er im Amte steht.

Siebente Section.

I. Alle Anträge wegen Erhebung der Abgaben sollen vom Hause der Repräsentanten ausgehen; der Senat kann aber Vorschläge machen oder unter Abänderung beitreten, wie bei anderen Anträgen.

II. Jeder Antrag, welcher im Hause der Repräsentanten, und im Senate durchgegangen ist, soll, ehe er Gesetz wird, dem Präsidenten der Vereinigten Staaten vorgelegt werden; billigt dieser ihn, so unterzeichnet er; wo nicht, so sendet er ihn mit seinen Einwürfen an das Haus, von welchem er ausging, zurück; dieses soll die Einwürfe in sein Protokoll eintragen und die Sache nochmals in Erwägung ziehen. Wenn nach solcher abermaligen Erwägung zwei Drittel für den Antrag sind, so wird er nebst den Einwürfen an das andere Haus geschickt. Dieses hat ihn nun ebenfalls zu erwägen, und wenn zwei Drittel desselben ihn billigen, so soll er Gesetz werden. In solchen Fällen aber sollen die Stimmen mit Ja und Nein gegeben und die Namen der für und wider den Antrag Stimmenden in das Protokoll jedes Hauses eingetragen werden. Wenn ein Antrag binnen zehn Tagen, von der Uebersendung an gerechnet (die Sonntage ausgenommen), nicht vom Präsidenten zurückgesendet wird, so soll er Gesetz sein, so gut, als ob derselbe ihn unterzeichnet hätte; ausgenommen jedoch, der Congreß hätte durch Vertagung die Rückgabe verhindert, in welchem Fall er nicht Gesetz sein soll.

III. Jeder Befehl, Beschluß oder jedes Votum, wozu der Beitritt des Senates und des Hauses der Repräsentanten erforderlich ist (die Frage über Vertagung ausgenommen) soll dem Präsidenten der Vereinigten Staaten vorgelegt werden, und ehe er in Wirksamkeit tritt, von ihm genehmigt oder, wenn nicht von ihm genehmigt, wieder durch zwei Drittel des Repräsentantenhauses genehmigt werden müssen, nach den bei Anträgen vorgeschriebenen Verordnungen und Beschränkungen.

Achte Section.

Der Congreß soll Macht haben:

I. Auflagen, Zölle, Gefälle und Steuern aufzulegen und einzuziehen, Schulden zu zahlen und für die gemeinsame Vertheidigung und Wohlfahrt der Vereinigten Staaten zu sorgen; aber alle Zölle, Auflagen und Steuern sollen in den gesammten Vereinigten Staaten gleichmäßig sein.

II. Geld für Rechnung der Vereinigten Staaten aufzunehmen.

III. Den Handel mit dem Auslande und unter den verschiedenen Staaten und mit den indianischen Stämmen zu ordnen.

IV. Eine gleichförmige Regel für die Einbürgerung (naturalisation) und gleichförmige Gesetze hinsichtlich der Bankerotte in den Vereinigten Staaten festzustellen.

V. Geld zu prägen, den Werth desselben, sowie den der ausländischen Münzen zu bestimmen und Maß und Gewicht zu reguliren.

VI. Das Fälschen der Banknoten und laufenden Münzen der Vereinigten Staaten zu bestrafen.

VII. Postämter und Poststraßen anzulegen.

VIII. Den Fortschritt der Wissenschaften und nützlichen Künste durch Sicherung der für eine bestimmte Zeit ausschließlichen Rechte der Schriftsteller und Erfinder auf ihre Schriften und Erfindungen zu fördern.

IX. Gerichte, die unter dem Obergerichte stehen, zu errichten.

X. Seeraub und Felonie auf dem Meere und Verstöße gegen das Völkerrecht zu bestimmen und zu bestrafen.

XI. Krieg zu erklären, Caperbriefe und Erlaubniß zu Repressalien zu verleihen und Verordnungen über das Beutemachen zu Wasser und zu Lande zu geben.

XII. Heere zu errichten und zu halten, nur soll keine diesfallsige Geldbewilligung auf länger als zwei Jahre geschehen.

XIII. Eine Seemacht auszurüsten und zu erhalten.

XIV. Vorschriften über Leitung und Einrichtung der Land- und Seemacht zu geben.

XV. Für Aufruf der Landwehr zur Vollziehung der Gesetze der Union, zur Unterdrückung von Aufständen und zur Abwehr von Angriffen zu sorgen.

XVI. Für Organisation und Disciplin der Landwehr zu sorgen und den Theil derselben zu leiten, welcher zum Dienste der Vereinigten Staaten gebraucht wird, wobei die Besetzung der Offizierstellen, wie die Macht, die Landwehr nach der vom Congreß vorgeschriebenen Kriegszucht einzuüben, den einzelnen Staaten vorbehalten bleibt.

XVII. Ausschließliche Gesetzgebung in allen möglichen Fällen über einen nicht über zehn Quadratmeilen umfassenden District auszuüben, welcher, durch Abtretung einzelner Staaten und mit Genehmigung des Congresses, der Sitz der Regierung der Vereinigten Staaten werden soll. Und eben so auch Machtvollkommenheit zu üben an allen, mit Zustimmung der gesetzgebenden Gewalt des Staates, in welchem sie liegen, angekauften Plätzen zur Errrichtung von Festungen, Speichern, Zeughäusern, Schiffsvorräthen und andern nöthigen Gebäuden; — und

XVIII. Alle Gesetze zu geben, welche nöthig und zweckmäßig sind, die vorbeschriebenen und alle mittelst dieser Verfassung der Regierung der Vereinigten Staaten oder einem Departement oder einer Behörde derselben verliehenen Befugnisse zu handhaben.

Neunte Section.

I. Die Einwanderung oder Einbringung solcher Personen, deren Zulassung die jetzt vorhandenen Staaten für räthlich halten, soll vor dem Jahre 1808 nicht vom Congresse verboten werden, wohl aber kann auf solche Einwanderungen eine Steuer oder ein Zoll gelegt werden, der jedoch zehn Dollars für die Person nicht überschreiten darf.

II. Das Vorrecht der Habeas-corpus-Acte soll nicht aufgehoben werden, außer wenn dies, im Fall der Empörung oder eines Angriffs, die öffentliche Sicherheit erfordert.

III. Keine Bill auf Confiscation des Vermögens oder Entziehung der bürgerlichen Rechte, noch ein Gesetz ex post facto soll gegeben werden.

IV. Kein Kopfgeld noch andere directe Steuer soll aufgelegt werden, außer im Verhältniß zur Schätzung oder der oben angeordneten Zählung.

V. Kein Gefäll oder Zoll soll auf die Ausfuhr aus irgend einem Staate gelegt werden. Keinem Hafen eines Staates soll durch Handelsverordnungen oder Uebereinkommen ein Vorzug vor dem andern eingeräumt werden; noch sollen Schiffe, welche aus oder nach einem Staate kommen oder gehen, gehalten sein, in einem andern anzulegen, auszuladen oder Abgaben zu bezahlen.

VI. Kein Geld soll aus dem Schatze bezogen werden, außer zu gesetzlicher Verwendung, und von Zeit zu Zeit soll eine regelmäßige Berechnung der Einnahme und Ausgabe aller Staatsgelder veröffentlicht werden.

VII. Kein Adelstitel soll von den Vereinigten Staaten verliehen werden und Niemand, der von ihnen ein besoldetes oder mit Vertrauen bekleidetes Amt hat, soll ohne Zustimmung des Congresses Geschenke, Accidentien oder irgend einen Titel von einem Könige, Fürsten oder auswärtigen Staaten annehmen.

Zehnte Section.

I. Kein Staat soll einen Vertrag, Bund oder Vereinigung eingehen, Caperbriefe und Ermächtigungen zu Repressalien verwilligen, Geld prägen, Creditscheine ausstellen, etwas Anderes als Gold- und Silbermünze bei Schuldzahlungen bieten, eine Bill auf Confiscation des Vormögens oder Entziehung der bürgerlichen Rechte, oder ein ex post facto-Gesetz, oder ein die Verbindlichkeit der Verträge schwächendes Gesetz geben, oder einen Adelstitel verleihen.

II. Keiner soll, ohne Zustimmung des Congresses, Gefälle oder Zölle auf Ein- und Ausfuhr legen, ausgenommen so weit es durchaus nothwendig zur Vollziehung der Aufsichtsgesetze ist, und der reine Ertrag aller von einem Staate auf Ein- und Ausfuhr gelegten Gefälle und Zölle soll zum Gebrauche der Schatzkammer der Vereinigten Staaten dienen, und alle diesfallsigen Gesetze sollen der Durch- und Oberaufsicht des Congresses unterworfen werden. Kein Staat soll unter Zustimmung des Congresses Tonnengeld fordern und in Friedenszeiten Truppen und Kriegsschiffe halten, irgend eine

Uebereinkunft oder einen Vertrag mit einem andern Staate oder einer auswärtigen Macht eingehen, oder sich auf Krieg einlassen, wofern er nicht eben angegriffen wird oder in so drohender Gefahr ist, daß Aufschub nicht zulässig wäre.

Zweiter Artikel.

Erste Section.

I. Die vollziehende Gewalt soll einem Präsidenten der Vereinigten Staaten von Amerika übertragen werden. Er soll sein Amt vier Jahre verwalten und mit dem auf eben so lange gewählten Vicepräsidenten folgendermaßen gewählt werden:

II. Jeder Staat soll in der Weise, wie seine Gesetzgebung vorschreibt, eine Zahl von Wählern gleich der Gesammtzahl der Senatoren und Volksvertreter, welche der Staat zum Congresse zu schikken berechtigt ist, bestimmen; aber kein Senator oder Volksvertreter, oder wer ein besoldetes oder mit Vertrauen bekleidetes Amt im Dienste der Vereinigten Staaten hat, soll Wähler werden.

III. Die Wähler sollen in ihren Staaten zusammenkommen und mittelst Wahlkugeln für zwei Personen stimmen, wovon Einer wenigstens nicht Bewohner desselben Staates mit ihnen sein soll. Und sie sollen eine Liste von allen denjenigen Personen machen, für welche gestimmt worden, und von der Zahl der Stimmen, die ein Jeder bekommen hat. Dieses Verzeichniß sollen sie unterschreiben und beglaubigen, und versiegelt an den Regierungssitz der Vereinigten Staaten, und zwar an den Präsidenten des Senats addressirt, senden. Der Präsident des Senats soll in Gegenwart des Senats und Repräsentantenhauses alle Beglaubigungen eröffnen, und dann sollen die Stimmen gezählt werden. Wer die meisten Stimmen hat, soll Präsident sein, wenn die Zahl dieser Stimmen die Mehrheit von allen bestimmten Wählern ist, und hat mehr als Einer diese Mehrheit und gleiche Stimmenzahl, dann soll das Haus der Repräsentanten sofort durch Abstimmung Einen davon zum Präsidenten ernennen. Hat Niemand eine Mehrheit, so soll besagtes Haus auf diese Weise den Präsidenten aus den fünf höchsten auf dem Verzeichnisse wählen. Aber bei der Wahl des Präsidenten sollen die Stimmen staatenweise gesammlt werden, so daß die Repräsentation jedweden Staates eine Stimme hat. Zu diesem Ende müssen wenigstens von zwei Drittheilen der Staaten je ein oder mehrere Mitglieder zugegen sein und die Mehrheit aller Staaten ist zur Wahl nöthig. In jedem Falle soll Derjenige, welcher nach der Wahl des Präsidenten die meisten Wahlstimmen hat, Vicepräsident sein. Sollten aber Zwei oder Mehrere übrig sein, die gleiche Stimmen haben, so soll der Senat den Vicepräsidenten aus ihnen mittelst Wahlkugeln wählen.

IV. Der Congreß hat die Zeit der Ernennung der Wähler und den Tag, wo die Wähler ihre Stimmen abgeben sollen, zu bestimmen; dieser Tag soll durch die ganzen Vereinigten Staaten derselbe sein.

V. Niemand, außer ein eingeborener Bürger oder wer zur Zeit der Annahme dieser Verfassung Bürger der Vereinigten Staaten war, kann zum Präsidenten-Amte wählbar sein, auch Niemand, der nicht fünfunddreißig Jahr alt ist und vierzehn Jahre in den Vereinigten Staaten gelebt hat.

VI. Auf den Fall der Entfernung des Präsidenten vom Amte, oder seines Todes, seiner Abdankung oder seiner Unfähigkeit, die Befugnisse und Pflichten dieses Amtes zu üben, soll dasselbe dem Vice-Präsidenten anheimfallen und der Congreß mittelst Gesetzes für den Fall der Absetzung, des Todes, der Abdankung oder Unfähigkeit sowohl des Präsidenten, als des Vice-Präsidenten Vorsorge treffen und erklären, welcher Beamte dann des Präsidenten Stelle vertreten soll, und ein solcher Beamte soll, bis die Unfähigkeit beseitigt oder ein Präsident erwählt ist, demgemäß verfahren.

VII. Der Präsident soll zu festgesetzten Zeiten für seine Dienste eine Entschädigung bekommen, welche während der Zeit, auf die er erwählt worden, weder steigen noch fallen darf, und in dieser Zeit soll er weder von den Vereinigten Staaten, noch einem einzelnen Staate unter ihnen irgend eine andere Vergünstigung erhalten.

VIII. Ehe er sein Amt antritt, soll er folgenden Eid oder Gelöbniß ablegen:

„Ich schwöre (oder gelobe) feierlich, daß ich das Amt eines Präsidenten der Vereinigten Staaten treu verwalten und nach meinen besten Kräften die Verfassung der Vereinigten Staaten bewahren, schützen und vertheidigen will."

Zweite Section.

I. Der Präsident soll der Oberbefehlshaber des Heeres und der Seemacht der Vereinigten Staaten, wie auch der Landwehr der verschiedenen Staaten, wenn sie in den wirklichen Dienst der Union tritt, sein. Er hat das Recht, die schriftliche Meinung jedes der Hauptbeamten bei jedem Verwaltungsdepartement über Alles, was die Pflichten ihrer Stellen betrifft, einzuziehen, und zugleich die Macht, bei Vergehen gegen die Vereinigten Staaten Strafmilderung oder Begnadigung zu ertheilen; nur nicht im Falle der Anklage gegen die Staatsverwaltung.

II. Er soll Macht haben, auf und mit Rath und Zustimmung des Senats Verträge zu schließen, wofern zwei Drittel der gegenwärtigen Senatoren beitreten; und er soll ernennen und auf und mit Rath und Zustimmung des Senats anstellen: Gesandte, andere hohe Staatsbeamte und Consuln, Oberrichter und alle anderen Beamten der Vereinigten Staaten, für deren Anstellung anderweitig nicht gesorgt ist und welche dem Gesetze gemäß anzustellen sind. Der Congreß kann übrigens gesetzlich die Anstellung von Bürgern, welche er für räthlich hält, dem Präsidenten allein, oder den Gerichtshöfen, oder den Häuptern des Departements übertragen.

III. Der Präsident soll die Macht haben, alle, während der Senat nicht versammelt ist, vorfallenden Amtserledigungen zu ersetzen, indem er die Bestallung bis zu Ende der nächsten Sitzung ertheilt.

Dritte Section.

Er soll von Zeit zu Zeit dem Congreß Kunde von dem Zustande der Union geben und seiner Erwägung solche Maßregeln empfehlen, die er für nöthig und förderlich hält. Bei außerordentlichen Anlässen kann er auch beide Häuser oder eins versammeln und sie, falls sie in Betreff der Vertagungszeit nicht übereinstimmen, auf eine ihm angemessen erscheinende Zeit vertagen. Er hat Gesandte und andere Staatsbeamte zu empfangen, Sorge zu tragen, daß die Gesetze getreu vollzogen werden, und alle Beamten der Vereinigten Staaten zu bestellen.

Vierte Section.

Der Präsident, Vice-Präsident und alle Civilbeamten der Vereinigten Staaten sollen, wenn des Verraths, der Bestechlichkeit oder anderer schwerer Verbrechen und Unbill nach Form des Gesetzes angeklagt und überwiesen, ihres Amtes entsetzt werden.

Dritter Artikel.

Erste Section.

Die richterliche Gewalt der Vereinigten Staaten soll einem Obergerichtshof und niederen Gerichtshöfen, welche der Congreß von Zeit zu Zeit anordnen und gründen mag, übertragen werden. Die Richter sowohl der obern als der niedern Gerichtshöfe sollen ihr Amt behalten, so lange sie sich gut verhalten, und zu festgesetzten Zeiten für ihre Dienste eine Entschädigung bekommen, die, so lange sie im Amte stehen, nicht verringert werden darf

Zweite Section.

I. Die richterliche Gewalt soll sich auf alle Fälle des gemeinen Rechts wie der Billigkeit unter dieser Verfassung, den Gesetzen der Vereinigten Staaten, den unter ihrer Machtvollkommenheit eingegangenen oder einzugehenden Verträgen, auf alle Fälle, welche Botschafter, andere öffentliche Gesandte und Consuln berühren, auf alle Fälle der Admiralitäts- und Marine-Gerichtsbarkeit, auf Streitigkeiten, wo die Vereinigten Staaten Partei sind, auf Streitigkeiten zwischen zwei oder mehreren Staaten, zwischen einem Staat und Bürgern eines andern, zwischen Bürgern verschiedener Staaten und zwischen einem Staate oder dessen Bürgern und auswärtigen Staaten, Bürgern oder Unterthanen, erstrecken.

II. In allen Fällen, welche Botschafter, andere öffentliche Gesandte und Consuln betreffen, und in denen, wo ein Staat Partei ist, soll der Obergerichtshof die privative Gerichtsbarkeit haben. In allen übrigen vorerwähnten Fällen soll der Obergerichtshof Appelations-Instanz sowohl wegen des Rechtspunktes, als der Thatsache sein, mit solchen Ausnahmen und unter solchen Einrichtungen, welche der Congreß für gut finden wird.

III. Alle Verbrechen sollen, mit Ausnahme derer gegen die Staatsverwaltung, durch ein Schwurgericht, untersucht werden; diese Untersuchung soll in dem Staate, wo besagte Verbrechen begangen worden sind, vorgenommen werden; sind sie aber nicht in einem Staate begangen worden, so soll die Untersuchung an dem Orte oder den Orten, welche der Congreß durch Gesetz bestimmt, vor sich gehen.

Dritte Section.

I. Hochverrath gegen die Vereinigten Staaten soll blos darin bestehen, daß Krieg gegen sie erregt wird, oder daß man, ihren Feinden anhängend, denselben Hülfe und Vorschub leistet. Niemand soll des Verraths anders, als auf das Zeugniß zweier Zeugen in offener Verhandlung oder auf Bekenntniß vor offenem Gerichtshofe überwiesen werden.

II. Der Congreß soll Macht haben, die Strafe des Verraths zu bestimmen, aber kein Urtheil gegen Verrath soll eine Entziehung der bürgerlichen Rechte oder Confiscation der Güter des Verurtheilten auf länger als dessen Lebenszeit nach sich ziehen.

Vierter Artikel.

Erste Section.

In jedem Staate soll den öffentlichen Urkunden, Registraturen und dem gerichtlichen Verfahren jedes andern Staates volle Treue und Glauben beigemessen werden, und der Congreß soll mittelst allgemeiner Gesetze die Art vorschreiben, wie solche Urkunden, Registraturen und Verfahren zu beglaubigen sind und welche Wirkung sie haben.

Zweite Section.

I. Die Bürger jedes Staates sollen zu allen Freiheiten und Privilegien der Bürger der übrigen Staaten berechtigt sein.

II. Wer in einem Staate des Verraths, der Felonie oder eines andern Verbrechens angeklagt, der Justiz entflieht und in einem andern Staat ergriffen wird, soll auf Verlangen der vollstreckenden Gewalt desjenigen Staates, aus welchem er entfloh, ausgeliefert und nach dem Staate gebracht werden, welcher über das Verbrechen zu richten hat.

III. Niemand, der in einem Staate unter dasigen Gesetzen zu einem Dienste oder einer Arbeit verpflichtet ist und in einen andern flüchtet, soll, zufolge irgend eines diesfallsigen Gesetzes oder einer Verfügung, dieses Dienstes oder dieser Arbeit entbunden sein, sondern auf Anspruch der Partei, welcher dieser Dienst oder diese Arbeit gebührt, ausgeliefert werden.

Dritte Section.

I. Durch den Congreß können neue Staaten zu dieser Union zugelassen, aber kein neuer Staat soll innerhalb der Gerichtsbarkeit eines andern gebildet oder errichtet werden, noch soll ein Staat durch Verbindung zweier oder mehrerer Staaten oder Staatentheile ohne Zustimmung der gesetzgebenden Gewalten der dabei betheiligten Staaten sowohl, als des Congresses gebildet werden.

II. Der Congreß soll die Macht haben, alle nöthigen Einrichtungen und Verfügungen hinsichtlich des Gebiets oder andern, den Vereinigten Staaten zuständigen Eigenthums zu treffen, und Nichts in dieser Verfassung soll so gedeutet werden, daß es irgendwie Ansprüche der Vereinigten Staaten oder auch eines einzelnen beeinträchtigte.

Vierte Section.

Die Vereinigten Staaten sollen jedem in dieser Union begriffenen Staat eine republikanische Regierungsform gewährleisten und jeden gegen Einfall, oder auf Ansuchung der gesetzgebenden oder, falls diese nicht zusammenberufen werden könnte, der ausübenden Macht, gegen innere Gewaltthätigkeit schützen.

Fünfter Artikel.

Wenn zwei Drittel beider Häuser es nöthig finden, soll der Congreß Verbesserungen dieser Constitution vorschlagen, oder auf Ansuchen der gesetzgebenden Gewalten von zwei Dritteln der einzelnen Staaten eine Zusammenkunft veranstalten, um Verbesserungen vorzuschlagen, welche in beiden Fällen für alle Absichten und Zwecke als Theil dieser Verfassung gültig sein sollen, wenn sie von den gesetzgebenden Körpern von Dreivierteln der einzelnen Staaten, oder durch Uebereinkunft in Dreivierteln derselben, je nachdem der Congreß eine oder die andere Genehmigungsart vorgeschlagen hat, genehmigt worden. Es soll jedoch keine vor dem Jahre 1808 gemachte Verbesserung irgendwie die erste und vierte Clausel des neunten Abschnitts im ersten Artikel berühren und keinem Staate soll, ohne seine Zustimmung, seine gleiche Stimme im Senate genommen werden.

Sechster Artikel.

I. Alle vor Annahme dieser Constitution gemachten Schulden und eingegangenen Verbindlichkeiten sollen gegen die Vereinigten Staaten unter dieser Constitution gleich rechtsbeständig sein, wie unter der Conföderation.

II. Diese Constitution und die Gesetze der Vereinigten Staaten, welche ihr zufolge gemacht werden, und alle unter Machtvollkommenheit der Vereinigten Staaten geschlossenen oder zu schließenden Verträge sollen das höchste Landesgesetz, und die Richter in jedem Staate daran gebunden sein, was auch in der Constitution, Verfassung oder den Gesetzen eines Staates dagegen sein mag.

III. Die vorerwähnten Senatoren und Repräsentanten, und die Mitglieder der verschiedenen Staatsgesetzgebungen und alle vollstreckenden und gerichtlichen Beamten der Vereinigten, wie der einzelnen Staaten sollen eidlich oder durch Gelöbniß verbindlich gemacht werden, diese Verfassung aufrecht zu halten; nie aber soll ein an ein Religionsbekenntniß geknüpfter Eid zur Befähigung zu einem Amte oder zu einem öffentlichen Auftrage im Dienste der Vereinigten Staaten erfordert werden.

Siebenter Artikel.

Die Genehmigung der Versammlungen von neun Staaten soll zur Gründung dieser Constitution zwischen den dieselbe so genehmigenden Staaten hinreichend sein.

Gegeben im Convent durch einmüthige Zustimmung der gegenwärtigen Staaten am 17. September des Jahres unseres Herrn eintausend siebenhundert und siebenundachtzig, und dem zwölften der Unabhängigkeit der Vereinigten Staaten von Amerika. Zum Zeugniß dessen haben wir hier unsere Namen unterschrieben.

Die Constitution, obgleich 1787 festgestellt, wurde erst 1788 angenommen und trat erst 1789 in Wirksamkeit. Die Zahl der zu diesem Convent gewählten Abgeordneten war 65, von denen zehn nicht erschienen und sechzehn sich weigerten, die Constitution zu unterzeichnen. Die folgenden neununddreißig unterschrieben die Constitution:

New Hampshire — John Langdon, Nicholas Gilman.
Massachusetts — Nathaniel Gorham, Rufus King.
Connecticut — William Samuel Johnson, Roger Sherman.
New York — Alexander Hamilton.
New Jersey — William Livingston, David Brearley, William Patterson, Jonathan Dayton.
Pennsylvania — Benjamin Franklin, Thomas Mifflin, Robert Morris, George Clymer, Thomas Fitzsimons, Jared Ingersoll, James Wilson, Gouverneur Morris.
Delaware — George Read, Gunning Bedford jr., John Dickinson, Richard Basset, Jacob Broom.
Maryland — James M'Henry, Daniel of St. Thomas Jenifer, Daniel Carroll.
Virginia — John Blair, James Madison jr.
Nord-Carolina — William Blount, Richard Dobbs Spaight, Hugh Williamson.
Süd-Carolina — John Rutledge, Charles C. Pinkney, Charles Pinkney, Pierce Butler.
Georgia — William Few, Abraham Baldwin.

George Washington, Präsident.
William Jackson, Secretär.

Amendements

zur Constitution der Verein. Staaten, nach der Clausel des fünften Artikels der vorhergehenden Constitution ratificirt.

(Bei seiner ersten Sitzung unter der Constitution die 1789 in New York gehalten wurde, legte der Congreß den Legislaturen der verschiedenen Staaten zwölf Verbesserungen vor, von denen jedoch nur zehn angenommen wurden. Es sind die ersten zehn der folgenden Amendments, und sie wurden von drei Viertheilen der constitutionellen Zahl der Staaten am 15. December 1791 bestätigt. Das eilfte Amendment wurde in der ersten Sitzung des dritten Congresses vorgeschlagen und den beiden Häusern in einer, vom 8. Januar 1798 datirten Botschaft des Präsidenten der Vereinigten Staaten, als von der constitutionellen Zahl der Staaten angenommen, mitgetheilt. Das zwölfte Amendment, in der ersten Sitzung des achten Congresses vorgeschlagen, wurde, laut eines öffentlichen, vom 25. September 1804 datirten Berichts des Staatsministers, im Jahre 1804 durch die constitutionelle Zahl der Staaten angenommen.)

Erster Artikel.

Der Congreß soll kein Gesetz erlassen, wodurch irgend eine Religion zur herrschenden erklärt, oder die freie Ausübung einer andern verhindert, oder die Freiheit der Rede und Presse, oder das Recht des Volkes, sich friedlich zu versammeln und dem Congresse Petitionen für die Abhilfe von Uebelständen, wie Adressen vorzulegen, beschränkt würde.

Zweiter Artikel.

Da eine gutgeordnete Miliz zur Sicherheit eines freien Staates nöthig ist, so soll das Recht des Volkes, Waffen zu besitzen und zu führen, nicht geschmälert werden.

Dritter Artikel.

Kein Soldat soll in Friedenszeiten in irgend ein Haus ohne die Bewilligung des Eigenthümers, und selbst im Kriege nicht, außer nach gesetzlichen Bestimmungen, einquartirt werden.

Vierter Artikel.

Das Recht des Volkes, seine Personen, Häuser, Papiere und Effecten gegen unvernünftige Nachsuchungen sicher zu wissen, soll nicht angetastet und kein Durchsuchungsbefehl ausgestellt werden, außer auf wahrscheinliche Ursache, durch Eid oder Versicherung an Eidesstatt unterstützt und mit besonderer Beschreibung des zu durchsuchenden Platzes und der in Beschlag zu nehmenden Personen oder Effecten.

Fünfter Artikel.

Niemand soll eines Haupt- oder entehrenden Verbrechens wegen vor Gericht gezogen werden können, außer auf eine Vorlage und Anklage der Grand Jury; solche Fälle ausgenommen, welche sich bei der Land- oder Seemacht, oder bei der Miliz, wenn in activem Dienste, wie in Kriegszeit und in allgemeiner Gefahr ereignen. Niemand soll aber für ein und dasselbe Vergehen zweimal in Gefahr von Leben und Freiheit gebracht werden; eben so wenig soll er gezwungen sein, in irgend einem Criminalfall als Zeuge gegen sich selbst auszusagen, noch seines Lebens, seiner Freiheit oder seines Eigenthums beraubt werden dürfen ohne das gehörige Rechtsverfahren. Auch soll Privateigenthum nicht ohne gerechte Vergütung zu öffentlichem Gebrauche verwendet werden dürfen.

Sechster Artikel.

Bei allen criminalrechtlichen Klagen soll dem Angeklagten das Recht eines schnellen und öffentlichen Verhörs zustehen, und zwar durch eine unparteiische Jury des Staates und Distrikts, in welchem das Verbrechen begangen sein soll, welcher Distrikt vorher rechtmäßig auszumitteln ist. Dann soll ihm die Natur und Ursache der auf ihm lastenden Beschuldigung mitgetheilt und er mit den gegen ihn aufgerufenen Zeugen confrontirt werden; auch steht ihm das Recht zu, Zeugen zu seinen Gunsten gerichtlich zum Erscheinen im Gerichtshofe zwingen zu lassen; eben so soll er die Unterstützung eines Advokaten zu seiner Vertheidigung haben.

Siebenter Artikel.

In Sachen des gemeinen Rechts, wo der fragliche Werth zwanzig Dollars übersteigt, soll das Recht einer Prüfung durch Geschworene vorbehalten bleiben und kein solcher, schon durch eine Jury geprüfter Fall soll noch einmal in irgend einem andern Gerichtshofe der Vereinigten Staaten, es sei denn nach den Vorschriften des gemeinen Gesetzes, vorgenommen werden.

Achter Artikel.

Ueberhohe Bürgschaft soll nicht verlangt werden, auch sollen keine übermäßigen Geld-, noch grausame und ungewöhliche Gefängnißstrafen auferlegt werden.

Neunter Artikel.

Die Aufzählung gewisser Rechte in der Constitution soll nicht dahin ausgelegt werden, als würden dem Volke dadurch andere Rechte abgeleugnet oder vernachlässigt.

Zehnter Artikel.

Die den Vereinigten Staaten durch die Constitution weder übertragene, noch durch diese den Staaten untersagte Gewalt soll den einzelnen Staaten, oder dem Volke darin, bewahrt bleiben.

Elfter Artikel.

Die gerichtliche Gewalt der Vereinigten Staaten soll nicht dahin ausgedehnt werden können, daß sie in irgend einem Rechtsfalle, welcher, nach gemeinem Rechte oder Billigkeitsverfahren, von Bürgern eines andern Staates oder Unterthanen einer fremden Macht gegen einen Theil der Union begonnen oder betrieben würde, sich einmischte.

Zwölfter Artikel.

Die Wähler sollen in ihren respectiven Staaten zusammenkommen und durch Wahlzettel einen Präsidenten und Vicepräsidenten ernennen, von denen jedoch Einer wenigstens nicht Bewohner desselben Staates mit ihnen sein darf. Sie haben in ihren Stimmzetteln ganz bestimmt die Person zu benennen, welche sie zum Präsidenten, und die, welche sie zum Vicepräsidenten wünschen; ferner sollen sie genaue Listen aller der Personen, für welche zur Präsidentschaft, und aller derjenigen, für welche zur Vicepräsidentschaft gestimmt worden ist, wie auch die Zahl der Stimmen angeben, und diese Listen sollen sie unterzeichuen und beglaubigen, und versiegelt an den Regierungssitz der Vereinigten Staaten, „an den Präsidenten des Senats" adressirt, einsenden. Der Präsident des Senats soll dann in Gegenwart des Senats und des Hauses der Abgeordneten alle die Certificate eröffnen und die Stimmen sollen dann gezählt werden. Derjenige, welcher die meisten Stimmen zur Präsidentschaft hat, soll Präsident werden, wenn diese Zahl die Mehrheit der Gesammtzahl der bestimmten Wähler ist, und wenn Niemand eine solche Majorität hat, dann soll das Haus der Repräsentanten sofort von Denen, welche die meisten Stimmen haben, jedoch aus nicht mehr als Dreien, einen Präsidenten durch Abstimmung erwählen. Bei der Wahl des Präsidenten aber sollen die Stimmen staatenweise genommen werden, so daß die Repräsentation jedweden Staates eine Stimme hat. Die hierzu erforderliche Zahl soll aus einem Mitglied oder aus Mitgliedern von zwei Drittheilen der Staaten bestehen, und eine Majorität aller Staaten soll zu einer Wahl nothwendig sein. Und wenn das Haus der Repräsentanten, sobald ihm das Recht der Wahl zufällt, bis zu dem Tage vor dem 4. März keinen Präsidenten erwählt hat, dann soll der Vicepräsident als wirklicher Präsident fungiren, wie es bei einem Todesfall oder anderer Regierungsunfähigkeit des Präsidenten der Fall gewesen sein würde.

Derjenige, welcher die meisten Stimmen zur Vicepräsidentschaft hat, soll Vicepräsident sein, wenn solche Zahl eine Majorität der ganzen Zahl der bestimmten Wähler ist, und wenn Niemand eine solche Majorität hat, dann soll der Senat aus den zwei höchsten Zahlen der Liste den Vicepräsidenten wählen. Die erforderliche Zahl hierzu soll aus zwei Drittheilen der ganzen Zahl der Senatoren bestehen, und eine Majorität der ganzen Zahl ist zu einer Wahl nöthig.

Aber Niemand, welcher der Constitution nach unwählbar für das Amt des Präsidenten ist, soll wählbar zum Vicepräsidenten der Ver. Staaten sein.

II.

Unabhängigkeits-Erklärung der Vereinigten Staaten.

Gegeben im Congreß am 4. Juli 1776.

Wenn im Laufe der Begebenheiten ein Volk genöthigt wird, die politischen Banden aufzulösen, welche es mit einem andern vereinten, und unter den Mächten der Erde die gesonderte und gleiche Stellung einzunehmen, wozu es durch die Gesetze der Natur und deren Schöpfer berechtigt ist, so fordert die geziemende Achtung vor den Meinungen der Menschen, daß es die jene Trennung veranlassenden Ursachen öffentlich verkünde.

Wir halten folgende Wahrheiten für klar und keines Beweises bedürfend, nämlich: daß alle Menschen gleich geboren; daß sie von ihrem Schöpfer mit gewissen unveräußerlichen Rechten begabt sind; daß zu diesem Leben, Freiheit und das Streben nach Glückseligkeit gehören; daß, um diese Rechte zu sichern, unter den Menschen Regierungen eingesetzt sind, deren gerechte Gewalten von der Zustimmung der Regierten herkommen; daß jedesmal, wenn irgend eine Regierungsform zerstörend in diese Endzwecke eingreift, das Volk das Recht hat, jene zu ändern oder abzuschaffen, eine Regierung einzusetzen und diese auf solche Grundsätze zu gründen und deren Gewalten in der Form zu ordnen, wie es ihm zu seiner Sicherheit und seinem Glück am erforderlichsten scheint. Die Klugheit zwar gebietet, schon lange bestehende Regierungen nicht um leichter oder vorübergehender Ursachen willen zu ändern, und demgemäß hat alle Erfahrung gezeigt, daß die Menschen geneigter sind, die Leiden zu ertragen, so lange sie zu ertragen sind, als sich durch Vernichtung der Formen, an welche sie sich einmal gewöhnt, selbst Recht zu verschaffen. Wenn aber eine lange Reihe von Mißbräuchen und unrechtmäßigen Eingriffen, welche unabänderlich immerdar den nämlichen Gegenstand verfolgen, die Absicht beweist, das Volk dem absoluten Despotismus zu unterwerfen, so hat dieses das Recht, so ist es seine Pflicht, eine solche Regierung umzustoßen und neue Schutzwehren für seine künftige Sicherheit anzuordnen. Von der Art war auch das stille Dulden dieser Colonien, und von der Art ist nun die Nothwendigkeit, welche sie das frühere System der Regierung zu ändern zwingt. Die Geschichte des gegenwärtigen Königs von England ist eine Geschichte von wiederholten Ungerechtigkeiten und unrechtmäßigen Anmaßungen, welche alle die Errichtung einer unumschränkten Tyrannei über diese Staaten bezwecken. Zum Beweise dessen seien hiermit Thatsachen der unparteiischen Welt vorgelegt.

Er hat seine Genehmigung den heilsamsten und nothwendigsten Gesetzen für gemeine Wohlfahrt verweigert.

Er hat seinen Statthaltern verboten, Gesetze von unaufschiebbarer und dringender Wichtigkeit rechtskräftig zu machen, oder er hat ihre Wirkung suspendirt, bis seine Genehmigung dazu erlangt wurde, und die so aufgeschobenen hat er zu beachten gänzlich vernachlässigt.

Er hat es verweigert, andere Gesetze zu zweckmäßiger Einrichtung ausgedehnter Districte des Volkes zu genehmigen, es sei denn, daß dieses Volk sein Vertretungsrecht bei der Gesetzgebung aufgeben würde — ein Recht, dem Volke unschätzbar und nur furchtbar dem Tyrannen.

Er hat gesetzgebende Körper in ungewöhnliche, unbequeme und von den Bewahrungsörtern ihrer öffentlichen Urkunden entfernte Plätze zusammenberufen, und dies aus der alleinigen Absicht, sie durch Ermüdung zur Willfährigkeit gegen seine Maßregeln zu zwingen.

Er hat zu wiederholten Malen die Häuser der Repräsentanten aufgelöst, weil sie sich mit mannhafter Festigkeit seinen Eingriff in die Volksrechte widersetzten.

Er hat nach solchen Auflösungen für eine geraume Zeit die Wahl anderer (Repräsentantenhäuser) zu veranstalten sich geweigert, wodurch die gesetzgebende Gewalt, welche nicht vernichtet werden kann, dem gesammten Volke zur Ausübung wieder zugefallen ist und mittlerweile der Staat allen Gefahren eines feindlichen Einfalls von außen und Erschütterungen im Innern ausgesetzt blieb.

Er hat sich Mühe gegeben, das Steigen der Bevölkerung dieses Staates zu verhindern, indem er zu diesem Endzwecke den Gesetzen für die Naturalisation Fremder Hindernisse in den Weg legte, andere Gesetze zum Ermuntern der Einwanderungen hieher zu erlassen verweigerte und die Preisbedingungen zu neuem Ländererwerb steigerte. Er hat die Handhabungen der Gerechtigkeitspflege gestört, indem er seine Zustimmung zu Gesetzen, die Errichtung richterlicher Gewalten bezweckend, verweigerte.

Er hat die Richter von seinem Alleinwillen abhängig gemacht in Hinsicht der Dauer ihrer Aemter und des Betrages und der Bezahlung ihrer Gehalte.

Er hat eine Menge neuer Aemter errichtet, Schwärme von Beamten hierher geschickt, um unser Volk zu belästigen und seinen Lebensunterhalt aufzuzehren.

Er hat mitten unter uns in Friedenszeiten stehende Heere, ohne Zustimmung unserer gesetzgebenden Behörden, gehalten.

Es war sein Bestreben, die Kriegsmacht unabhängig von der bürgerlichen Gewalt und erhaben über sie zu stellen.

Er hat sich mit andern verbündet, uns einer, unserer Verfassung ganz fremden und von unsern Gesetzen nicht anerkannten Gerichtsbarkeit zu unterwerfen, indem er seine Genehmigung ihren Aussprüchen augeblicher Gesetzgebung ertheilte, diese nämlich:

Zur Einquartierung starker bewaffneter Truppencorps bei uns;

Zur Beschützung derselben durch ein Scheingericht vor der Strafe auf den Todtschlag, wenn sie ihn an den Bewohnern dieses Staates begehen würden;

Zur Abschneidung unseres Handels mit allen Theilen der Welt;

Zur Auflage von Abgaben auf uns, ohne unsere Zustimmung;

Zur Beraubung der Wohlthat des Gerichtsverfahrens durch Geschworene in mancherlei Fällen;

Zu unserer Transportirung übers Meer, um angeblicher Verbrechen wegen gerichtet zu werden;

Zur Vernichtung des freien Systems der englischen Gesetze in einer benachbarten Provinz, indem er eine Willkürregierung in derselben einführte und ihre Grenzen erweiterte, um sie zu gleicher Zeit als Muster und als taugliches Werkzeug für die Einführung der nämlichen unumschränkten Herrschaft innerhalb dieser Colonieen gebrauchen zu können;

Zur Wegnähme unserer Freiheitsbriefe, Vernichtung unserer werthvollsten Gesetze und Veränderung unserer Regierungsform von Grund aus;

Zur Suspendirung unserer eigenen Gesetzgeber und zur Ermächtigung jener, uns in allen und jeglichen Fällen Gesetze zu geben.

Er hat der Regierung hier entsagt, indem er uns außerhalb seines Schutzes erklärte und Krieg gegen uns führte.

Er hat unsere Meere geplündert, unsere Küsten verwüstet, unsere Städte verbrannt und Tod und Verderben über unser Volk gebracht.

Er hat, indem er gegenwärtig große Heere ausländischer Söldlinge überschifft, um das Werk des Todes, des Elendes und der Tyrannei zu vollenden, allbereits mit Handlungen von Treulosigkeit und Tyrannei begonnen, welche kaum ihres Gleichen selbst in den barbarischen Zeitaltern haben und des Hauptes einer civilisirten Nation völlig unwürdig sind. Er hat unsere auf hoher See gefangenen Mitbürger gezwungen, die Waffen gegen ihr eigenes Vaterland zu tragen, die Henker ihrer Freunde und Brüder zu werden oder selbst durch deren Hände zu fallen.

Er hat unter uns innere Aufstände erregt und gegen die Bewohner unserer Grenzen jene grausamen Indianer aufzubringen getrachtet, deren bekannte Kriegsweise ein rücksichtsloses Vertilgen jeglichen Alters, Geschlechts und Standes ist.

Bei jeglicher Stufe dieser Unterdrückungen haben wir auf das Allerunterthänigste um Abhilfe gebeten: unsern wiederholten Bitten wurde nur mit wiederholtem Unrecht geantwortet.

Ein Fürst, dessen Charakter durch eine jede Handlung so sehr den Tyrannen bezeichnet, ist untauglich, eines freien Volkes Herrscher zu sein.

Wir haben es aber auch nicht an Aufforderungen an unsere britischen Brüder fehlen lassen. Wir haben sie von Zeit zu Zeit vor dem Unternehmen gewarnt, durch ihre Gesetzgebung eine unerlaubte Rechtspflege über uns auszudehnen. Wir haben sie an die Umstände unserer Auswanderung und diesseitigen Niederlassung erinnert. Wir haben an ihre angeborene Gerechtigkeitsliebe und Hochherzigkeit appellirt und sie bei den Banden unserer gemeinsamen Abkunft beschworen, jener angemaßten Herrschaft zu entsagen, die unvermeidlich unsere Verbindungen und Gemeinschaft unterbrechen würde. Aber auch sie waren taub gegen die Stimmen der Gerechtigkeit und der Blutsverwandtschaft. Daher müssen wir der Nothwendigkeit, welche unsere Trennung von ihnen erheischt, nachgeben und sie für das halten, wofür uns die übrige Menschheit gilt, für—Feinde im Krieg, für Freunde im Frieden.

Wir daher, die Volkspräsentanten der Vereinigten Staaten von Amerika, versammelt im Generalcongreß und den höchsten Richter der Welt für die Reinheit unserer Absichten zum Zeugen anrufend, verkünden hiermit feierlichst und erklären im Namen und aus Machtvollkommenheit des guten Volkes dieser Colonieen, daß diese vereinten Colonieen frei und unabhängige Staaten sind und es zu sein das Recht haben sollen; daß sie von allem Gehorsam gegen die britische Krone los und ledig gesprochen sind, und daß alle politische Verbindung zwischen ihnen und dem britischen Reiche gänzlich aufgelöst ist und sein soll; daß sie als freie und unabhängige Staaten volle Gewalt haben, Krieg anzufangen, Frieden zu schließen, Bündnisse einzugehen, Handel zu treiben und alle andern Handlungen und Dinge zu verichten, wozu unabhängige Staaten rechtlich befugt sind. Und zur Aufrechthaltung dieser Erklärung verbürgen wir uns, mit festem Vertrauen auf den Schutz der göttlichen Vorsehung, wechselseitig mit unserm Leben, unserer Habe und unserem Gut und unserer unverletzlichen Ehre.

Unterzeichnet auf Befehl und in Vertretung desselben:

John Hancock, Präsident.
Charles Thompson, Secretär.

Josiah Bartlett.
William Whipple.
Matthew Thornton.
Samuel Adams.
John Adams.
Robert Treat Payne.
Elbridge Gery.
Stephen Hopkins.
William Ellery.
Roger Sherman.
Samuel Huntingdon.
William Williams.
Oliver Wollcott.
William Floyd.
Philipp Livingston.
Francis Lewis.
Lewis Morris.
William Paca.
Thomas Stone.
C. Carrol of Carrolton.
George Wythe.
Richard Henry Lee.
Thomas Jefferson.
Benjamin Harrison.
Thomas Nelson, jr.
Francis Lightfoot Lee.

Richard Stockton.
John Witherspoon.
Francis Hopkingson.
John Hart.
Abraham Clark.
Robert Morris.
Benjamin Rush.
Benjamin Franklin.
John Morton.
George Clymer.
James Smith.
George Taylor.
James Wilson.
George Roß.
George Read.
Thomas M'Kean.
Samuel Chase.
Carter Braxton.
Edward Rudledge.
Thomas Heyward, jr.
Thomas Lynch, jr.
Arthur Middleton.
Burton Gwinnet.
Lyman Hall.
George Walton.

III.

Bevölkerung der Vereinigten Staaten.

Siebenter Census 1850.

Staaten.	Weiße Bevölkerung.	Freie farbige Bevölkerung	Summa der Freien.	Sklaven.
Maine	581,763	1,325	583,088	—
New Hampshire	317,389	475	317,864	—
Vermont	312,756	710	313,466	—
Massachusetts	985,498	8,773	994,371	—
Rhode Island	144,012	3,543	147,555	—
Connecticut	363,189	7,415	370,604	—
New York	3,042,574	47,448	3,090,022	—
New Jersey	466,240	23,093	489,333	222
Pennsylvania	2,258,480	53,201	2,311,681	—
Delaware	71,289	17,957	89,246	2,289
Maryland	418,590	74,077	492,667	90,368
Virginia	894,149	53,906	948,055	473,026
Nord-Carolina *	552,477	27,271	579,748	288,412
Süd-Carolina	274,775	8,769	283,544	384,925
Georgia	513,083	2,586	515,669	362,966
Florida	47,120	926	48,046	39,341
Alabama	426,515	2,250	428,765	342,894
Mississippi	291,536	898	292,434	300,419
Louisiana	254,271	15,685	269,956	230,807
Texas	133,131	926	134,057	53,346
Arkansas	162,071	587	162,658	46,982
Tennessee	756,893	6,271	763,164	239,461
Kentucky	770,061	9,667	779,728	221,768
Missouri	592,077	2,544	594,621	87,422
Ohio	1,951,101	25,930	1,977,031	—
Michigan	393,156	2,547	395,703	—
Indiana	983,634	5,100	988,734	—
Illinois	853,059	5,293	858,352	—
Wisconsin	303,600	626	304,226	—
Iowa	191,830	292	192,122	—
Californien	200,000	—	200,000	—
Summa	19,517,885	409,200	19,927,085	3,164,648
Territorien.				
District Columbia	38,027	9,973	48,000	3,687
Minesota	6,192	—	6,192	—
New Mexiko	61,632	—	61,632	—
Oregon	20,000	—	20,000	—
Utah	25,000	—	25,000	—
Im Ganzen	19,668,736	419,173	20,087,909	3,168,335

* 710 Indianer mitgerechnet.

Kurze Uebersicht.

	Freie Bevölkerung 1840.	Sklaven 1840.	Freie Bevölkerung 1850.	Sklaven 1850.
Freie Staaten	9,654,865	1,102	13,533,327	222
Sklavenstaaten	7,290,719	2,481,532	6,393,758	3,164,426
Distr. u. Territor.	117,769	4,721	160,824	3,687
Im Ganzen	17,063,353	2,487,355	20,087,909	3,168,335

IV.

Das Wachsthum der Bevölkerung der Vereinigten Staaten.

Der Census von 1790 ergab 3,929,827
– – 1800 – 5,305,941, also eine Zunahme von 35 pCt.
– – 1810 – 7,239,814, – – – – 36 „
– – 1820 – 9,638,191, – – – – 33 „
– – 1830 – 12,866,020, – – – – 33 „
– – 1840 – 17,069,453, – – – – 32 „
– – 1850 – 23,256,244, – – – – 36 „

Die Bevölkerung der Vereinigten Staaten nahm also in 60 Jahren um 19,326,417 zu, und zwar

an Weißen . . . um 16,456,797
an freien Farbigen . um 369,195
an Sklaven . . . um 2,500,425

V.

Bevölkerung der hauptsächlichsten Städte der Vereinigten Staaten.

(Nach den verschiedenen Zählungen.)

Städte.	1790	1800	1810	1820	1830	1840	1850*
Portland, Maine	—	3,677	7,169	8,581	12,601	15,218	26,819
Bangor, "	—	—	850	1,221	2,867	8,627	14,441
Manchester, N. H.	—	—	615	761	877	3,235	18,933
Boston, Mass.	18,038	24,027	32,250	43,298	61,392	93,383	138,788
Lowell, "	—	—	—	—	6,474	20,796	32,964
Springfield "	—	—	2,767	3,914	6,784	10,935	21,602
Salem, "	7,921	9,457	12,613	12,721	13,886	15,082	18,846
Providence, R. I.	—	7,614	10,071	11,767	16,832	23,171	41,513
New Haven, Conn.	—	—	5,772	7,147	10,180	14,890	22,539
Hartford, "	—	—	3,955	4,726	7,074	12,793	17,966
New York, N. Y.	33,131	60,489	96,373	123,706	203,007	312,710	515,394
Brooklyn, "	—	3,298	4,402	7,175	12,042	36,233	96,850
Albany, "	3,498	5,349	9,356	12,630	24,238	33,721	50,771
Buffalo, "	—	—	1,508	2,095	8,654	18,213	40,266
Rochester, "	—	—	—	1,502	9,269	20,191	36,561
Williamsb., "	—	—	—	—	1,620	5,680	30,786
Troy, "	—	—	3,885	5,264	11,401	19,334	28,785
Syracuse, "	—	—	—	—	—	6,502	22,235
Utica, "	—	—	—	2,972	8,323	12,782	17,240
Newark, N. J.	—	—	—	6,507	10,953	17,290	38,885
Trenton, "	—	—	—	—	—	4,035	6,766
Paterson, "	—	—	—	—	—	7,596	21,341
Philadelphia, Pa.	42,520	70,287	96,664	108,116	167,188	258,037	409,353
Pittsburg, "	—	1,565	4,768	7,248	12,542	21,115	46,601
Reading, "	—	—	—	—	—	8,410	15,821
Lancaster, "	—	—	—	—	—	8,417	12,382
Harrisburg, "	—	—	—	—	—	6,020	8,173
Pottsville, "	—	—	—	—	—	4,337	7,496
Baltimore, Md.	13,503	26,614	46,555	62,738	80,626	134,379	169,012
Washington, D. C.	—	3,210	8,208	13,247	18,827	23,364	40,001
Richmond, Va.	—	5,537	9,735	12,046	16,060	20,153	27,483
Charleston, S. C.	16,359	18,712	24,711	24,480	30,289	29,261	42,806
Savannah, Ga.	—	—	—	7,523	9,748	11,214	27,841
Mobile, Ala.	—	—	—	—	3,194	12,672	20,513
Nashville, Tenn.	—	—	—	—	5,566	6,929	17,502
Louisville, Ky.	—	—	1,357	4,012	10,352	21,210	43,217
Cincinnati, Ohio	—	750	2,540	9,644	24,831	46,338	116,108
Columbus, "	—	—	—	—	2,435	6,048	17,367
Cleveland, "	—	—	547	606	1,076	6,071	17,074
Zanesville, "	—	—	—	—	—	4,766	10,355
Detroit, Mich.	—	—	—	1,422	2,222	9,102	21,057
New Albany, Ind.	—	—	—	—	—	4,226	9,785
Madison, "	—	—	—	—	—	3,798	8,037
Indianapolis, "	—	—	—	—	—	2,692	8,034
Chicago, Ill.	—	—	—	—	—	4,479	28,269

* Noch nicht revidirt in der Census-Office.

Städte.	1790	1800	1810	1820	1830	1840	1850
Milwaukie, Wisc.	—	—	—	—	—	1,700	20,026
Racine, "	—	—	—	—	—	2,000	5,111
Dubuque, Jowa	—	—	—	—	—	1,300	3,710
Burlington, "	—	—	—	—	—	1,300	5,102
St. Louis, Mo.	—	—	—	4,598	5,852	16,469	82,744
Little Rock, Ark.	—	—	—	—	—	3,000	4,138
New Orleans, La.	—	—	17,242	27,176	46,310	102,193	119,285
Galveston, Texas	—	—	—	—	—	—	6,000
Santa Fé, N. Mex.	—	—	—	—	—	—	7,713
City of the Great Salt Lake, Utah	—	—	—	—	—	—	12,000
S. Francisco, Cal.	—	—	—	—	—	—	15,000
Sacramento, "	—	—	—	—	—	—	8,000
Oregon City, Oreg.	—	—	—	—	—	—	702

VI.

Religiöse Sekten der Vereinigten Staaten.*

(Nach Berichten aus den Jahren 1844–1851.)

Name.	Kirchen	Priester	Glieder.
Römische Katholiken	1,073	1,081	1,233,350
Protestantische Episcopalen	1,232	1,497	67,550
Presbyterianer, alte Schule	2,675	2,027	210,306
" neue "	1,579	1,489	140,060
Cumberland-Presbyterianer	480	350	50,000
Presbyterianer anderer Bekenntnisse . .	530	293	45,500
Holländisch-Reformirte	282	299	33,980
Deutsch-Reformirte.	261	273	70,000
Evangelisch-Lutherische	1,604	663	163,000
Herrnhuter	22	24	6,000
Methodistische Episcopalen (Nord) . .	—	3,984	662,315
Methodistisch-protestantische Kirche . .	—	740	64,313
Reformirte Methodisten	—	75	3,000
Wesleyan'sche Methodisten	—	600	20,000
Deutsche Methodisten (Verein. Brüder) .	1,800	500	15,000
Allbright-Methodisten (Evangel. Gesellsch.)	600	250	15,000
Mennoniten	400	250	58,000
Orthodoxe Congregationalisten . . .	1,971	1,687	197,196
Unitarische Congregationalisten . . .	245	250	30,000
Universalisten.	1,194	700	60,000
Swedenborgianer	42	30	5,000
Reguläre Baptisten.	8,872	5,509	719,290
Baptisten der sechs Grundsätze . . .	21	25	3,586
" des siebenten Tages . . .	53	43	6,243
" des freien Willens . . .	1,252	1,082	56,452
" der Kirche Gottes . . .	97	128	10,102
Reformirte Baptisten (Campbelliten) . .	1,848	848	118,618
Christliche Baptisten (Unitarier) . .	607	498	3,040
Anti-Mission-Baptisten	2,023	897	64,738

* Dem "American Almanac" für das Jahr 1852 entnommen.

VII.

Wann, wo und durch wen ein Staat zuerst angesiedelt und in welchem Jahre jeder Staat der Union einverleibt wurde.

Staaten.	Jahr der Ansiedlung.	Ort der ersten Ansiedlung.	Abstammung der ersten Ansiedler.	Aufgenom. in die Union
Virginia	1607	Jamestown	Englisch	Die 13 ursprünglichen Staaten.
New York	1614	New York	Holländisch	
Massachusetts	1620	Plymouth	Englisch	
New Hampshire	1623	Dover	〃	
New Jersey	1624	Bergen	Holländisch	
Connecticut	1633	Windsor	Englisch	
Maryland	1634	St. Mary	〃	
Rhode Island	1636	Providence	〃	
Delaware	1638	Wilmington	Schwedisch	
North Carolina	1650	Albemarle	Englisch	
South Carolina	1670	Charleston	〃	
Pennsylvania	1681	Philadelphia	〃	
Georgia	1733	Savannah	〃	
Vermont	1724	Fort Dummer	〃	1791
Kentucky	1775	Boonsboro'	Ver. Staaten	1792
Tennessee	1756	Fort London	Englisch	1796
Ohio	1788	Marietta	Ver. Staaten	1802
Louisiana	1699	Iberville	Französisch	1812
Indiana	1690	Vincennes	〃	1816
Mississippi	1716	Natchez	〃	1817
Illinois	1683	Kaskaskia	〃	1818
Alabama	1702	Nahe Mobile	〃	1819
Maine	1630	York	Englisch	1820
Missouri	1763	St. Genevieve	Französisch	1821
Arkansas	1685	Arkansas Post	〃	1836
Michigan	1670	Detroit	〃	1837
Florida	1565	St. Augustine	Spanisch	1845
Texas	1692	Bexar	〃	1845
Iowa	1833	Burlington	Ver. Staaten	1846
Wisconsin	1836	—	〃	1847
California	—	—	—	1850

VIII.

Präsidenten der Ver. Staaten seit Annahme der Constitution.

1.	Georg Washington	aus	Virginien	vom	30. April 1789—3. März 1797.
2.	John Adams	〃	Massachusetts	〃	4. März 1797—3. 〃 1801.
3.	Thomas Jefferson	〃	Virginien	〃	4. 〃 1801—3. 〃 1809.
4.	James Madison	〃	〃	〃	4. 〃 1809—3. 〃 1817.
5.	James Monroe	〃	〃	〃	4. 〃 1817—3. 〃 1825.
6.	John Quincy Adams	〃	Massachusetts	〃	4. 〃 1825—3. 〃 1829.
7.	Andreas Jackson	〃	Tennessee	〃	4. 〃 1829—3. 〃 1837.
8.	Martin Van Buren	〃	New York	〃	4. 〃 1837—3. 〃 1841.
9.	Wilh. Heinrich Harrison *	〃	Ohio	〃	4. 〃 1841—4. April 1841.
10.	John Tyler	〃	Virginien	〃	4. April 1841—3. März 1845.
11.	James Knox Polk	〃	Tennessee	〃	4. März 1845—3. 〃 1849.
12.	Zacharias Taylor *	〃	Louisiana	〃	5. 〃 1849—9. Juli 1850.
13.	Millard Fillmore	〃	New York	〃	9. Juli 1850—3. März 1853.

* Starb während der Dienstzeit.

www.ingramcontent.com/pod-product-compliance
Lightning Source LLC
LaVergne TN
LVHW021133110826
845150LV00005B/1021

* 9 7 8 1 4 2 5 5 4 9 6 1 9 *